广视角·全方位·多品种

权威·前沿·原创

皮书系列为
"十二五"国家重点图书出版规划项目

杭州都市圈蓝皮书

BLUE BOOK OF
HANGZHOU METROPOLITAN CIRCLES

杭州都市圈发展报告 (2014)

ANNUAL REPORT ON THE DEVELOPMENT OF HANGZHOU
METROPOLITAN CIRCLES (2014)

新型城镇化建设

主　编／董祖德　沈　翔
执行主编／唐龙尧　徐文霞
副 主 编／方晨光

社会科学文献出版社
SOCIAL SCIENCES ACADEMIC PRESS (CHINA)

图书在版编目(CIP)数据

杭州都市圈发展报告.2014：新型城镇化建设/董祖德，沈翔主编.—北京：社会科学文献出版社，2014.5
（杭州都市圈蓝皮书）
ISBN 978-7-5097-5947-9

Ⅰ.①杭… Ⅱ.①董…②沈… Ⅲ.①区域经济发展-研究报告-杭州市-2014②社会发展-研究报告-杭州市-2014③城市化-建设-研究报告-杭州市-2014 Ⅳ.①F127.551

中国版本图书馆CIP数据核字（2014）第080428号

杭州都市圈蓝皮书
杭州都市圈发展报告（2014）
——新型城镇化建设

主　　编 / 董祖德　沈翔
执行主编 / 唐龙尧　徐文霞
副 主 编 / 方晨光

出 版 人 / 谢寿光
出 版 者 / 社会科学文献出版社
地　　址 / 北京市西城区北三环中路甲29号院3号楼华龙大厦
邮政编码 / 100029

责任部门 / 经济与管理出版中心 （010）59367226　　责任编辑 / 冯咏梅
电子信箱 / caijingbu@ssap.cn　　　　　　　　　　　责任校对 / 王绍颖
项目统筹 / 恽　薇　冯咏梅　　　　　　　　　　　　责任印制 / 岳　阳
经　　销 / 社会科学文献出版社市场营销中心 （010）59367081　59367089
读者服务 / 读者服务中心 （010）59367028

印　　装 / 北京季蜂印刷有限公司
开　　本 / 787mm×1092mm　1/16　　　印　张 / 24.25
版　　次 / 2014年5月第1版　　　　　　字　数 / 395千字
印　　次 / 2014年5月第1次印刷
书　　号 / ISBN 978-7-5097-5947-9
定　　价 / 89.00元

本书如有破损、缺页、装订错误，请与本社读者服务中心联系更换
▲ 版权所有　翻印必究

杭州都市圈蓝皮书编委会

顾　　问	张鸿铭　陈伟俊　肖培生　俞志宏
主　　任	谢双成
副 主 任	董祖德　沈　翔
委　　员	唐龙尧　徐文霞　雷金土　徐育雄　张云峰 章雄伟　董祖望　方晨光　黄允钰　柳巨波 张西廷
主　　编	董祖德　沈　翔
执行主编	唐龙尧　徐文霞
副 主 编	方晨光
编　　委	陈钢　杨砚　俞宏陵　吴爽
责任编辑	方晨光
英文翻译	吴　爽

主要编撰者简介

董祖德 杭州市人民政府国内经济合作办公室党组书记、主任,杭州都市圈合作发展协调会办公室主任。曾长期在高校和地方工作,多年从事开放型经济管理工作,担任过杭州市人民政府外事办公室副主任、杭州市人民政府副秘书长等职,至今已公开发表论文30余篇。组织实施的"关于杭州市经济国际化情况的调查分析""上海自贸区对杭州相关产业的影响及招商对策""关于杭州市大企业市外投资和在杭总部贡献的调研报告"等课题调研获杭州市委、市政府高度关注。

沈 翔 杭州市社会科学界联合会党组副书记、副主席,杭州市社会科学院副院长,审计师、注册会计师。长期在县(市)从事基层工作,主要关注县域经济发展、城镇化建设、农业农村工作、政府绩效评估、基层组织建设等。主持或参与有关新农村建设、古村保护开发与旅游发展、政府绩效评估等项目的研究和实践。

唐龙尧 杭州市社会科学界联合会副主席、杭州市社会科学院副院长。长期从事宣传文化、新闻管理、对外传播工作。主持长三角、杭州市多项研究课题。主要编著《构建长江三角洲幸福生活城市圈》《杭州都市圈经济社会发展报告(2007~2012)》《杭州都市经济圈》《杭州社会科学知识普及丛书》《可爱的杭州》《人间天堂杭州》《大杭州实用旅游手册》等著作。

徐文霞 杭州市人民政府国内经济合作办公室党组成员、副主任,长江三角洲城市经济协调会办公室副主任,杭州都市圈合作发展协调会办公室副主任,高级工程师。1984年8月至2007年8月从事环境管理工作,2007年8月至今从事区域合作工作，组织参与都市圈建设理论研究和实践探索，参与长三角经济、社会、文化一体化专（课）题区域合作工作，担任"构建长江三角洲幸福生活城市圈"课题组副组长，参与编著《杭州都市圈经济社会发展报告（2007~2012）》，著有《杭州都市圈协调机制的实践与思考》《高铁时代的长三角城市合作促进杭州都市圈一体化新发展》等调研报告。

方晨光 杭州市社会科学院研究员，《杭州研究》杂志常务副主编，国家"群星奖"（科研成果）银奖获得者。著有《群众文化辅导学》《文艺辅导心理学》《文脉湘湖》《湘湖史》等专著11部。近年来，从事长三角、杭州都市圈等区域经济研究工作，先后撰写《构建长江三角洲幸福生活城市圈》《新型城镇化：长三角一体化的新红利——城镇化模式选择与战略创新》《打造杭州都市圈城市生活幸福圈》《杭州都市圈新型城镇化模式选择与战略创新》等区域发展调研报告，担任《构建长江三角洲幸福生活城市圈》《杭州都市圈经济社会发展报告（2007~2012）》的副主编，承担实际编辑工作，受到《解放日报》《杭州日报》《社会科学报》及杭州电视台等多家媒体的关注，有关区域研究的文章被全国几十家报刊、网络等媒体发表和转载。

摘　要

　　杭州都市圈是以杭州市区为极核，湖州、嘉兴和绍兴三市市区为副中心，杭州市域五县（市）及与杭州相邻的德清、安吉、海宁、桐乡、绍兴、诸暨六县（市）为紧密层，联动湖州、嘉兴、绍兴市域的长江三角洲的"金南翼"。杭州都市圈区域面积为34585平方公里，占浙江省总面积的33.97%。2012年，杭州都市圈常住人口为2210.27万人，GDP达15971.03亿元，分别占浙江省总人口（5472.80万人）的40.39%和浙江省GDP（34606.30亿元）的46.15%；人均GDP超过69000元；城镇居民人均可支配收入为35324.50元，农村居民人均纯收入为17636.75元。杭州都市圈经济社会发展取得了举世瞩目的成就，已经在全国成为发展基础最好、体制机制最优、整体竞争力最强的城市群。

　　以城市群为主导的发展模式，对新型城镇化发展影响重大，是现阶段中国城镇化的主导模式，也是新型城镇化发展的必然趋势。杭州都市圈新型城镇化建设，是杭、湖、嘉、绍4个大中型城市抱团发展，13个节点县（市）和区域共同发展，关系到2210多万人口进入新时期的一件大事。2012年杭州、湖州、嘉兴、绍兴四城市的城镇化率分别达到74.3%、60.3%、55.3%、60.1%，平均城镇化率为62.5%，超出全国平均水平（52.57%）9.93个百分点。

　　在新型城镇化发展中，杭州都市圈具有很强的城市凝聚力和辐射力。杭州都市圈特大城市、大城市、中小城市、小城镇发育全面，是全国产业集聚最好、最强的地区之一。杭州都市圈发展的"规划共绘、交通共联、市场共构、产业共兴、品牌共推、环境共建、社会共享"的"七个共同"历程，以及城镇化进程中演化出来的产城融合、城镇扩张、郊区城市化、新办大学城、小城镇发展、城乡新社区集聚等模式，既是以往杭州都市圈城镇化发展的经验，又

是今后杭州都市圈新型城镇化发展的基础。

《杭州都市圈发展报告（2014）》由杭州、湖州、嘉兴、绍兴四城市的市长担任顾问，杭州市分管副市长担任编委会主任，四城市国内经济合作办公室（发展和改革委员会）、社会科学院共同组成编委会，相关编撰的具体工作由杭州市社会科学院、杭州都市圈合作发展协调会办公室承担。《杭州都市圈发展报告（2014）》以新型城镇化建设为主题，从决策需求的高度进行大量调查研究，从杭州都市圈整体、城市和专业领域三个层面反映所在区域或领域新型城镇化的前沿信息，总结以往的实践经验和不足，研判新型城镇化的发展趋势，为杭州都市圈新型城镇化的发展提出可供决策参考的对策性建议。

目 录

BⅠ 总报告

B.1 杭州都市圈新型城镇化模式选择与战略创新
　　……………………… 杭州都市圈新型城镇化课题组 / 001

B.2 优化提升杭州都市圈城镇体系结构研究报告
　　…………………… 杭州都市圈城镇体系结构研究课题组 / 057

BⅡ 城市篇

B.3 湖州市新型城镇化发展现状与对策 …………… 湖州市课题组 / 085
B.4 嘉兴市新型城镇化发展特征与路径选择 ……… 嘉兴市课题组 / 103
B.5 绍兴市新型城镇化发展经验与推进思路 ……… 绍兴市课题组 / 125
B.6 富阳梦：城镇化"五位一体"的探索 ………… 富阳市课题组 / 146
B.7 桐庐县中心镇走特色城镇化道路的思考 ……… 桐庐县课题组 / 170
B.8 海宁市长安镇打造杭州东部新城的现状与对策
　　……………………………………………………… 海宁市课题组 / 179
B.9 安吉县以城乡一体化建设促进新型城镇化质量的提升
　　……………………………………………………… 安吉县课题组 / 191
B.10 桐乡市新型城镇化城乡发展增长极探索
　　……………………………………………………… 桐乡市课题组 / 201

001

B.11 诸暨市中心镇和小城市建设发展路径选择
.... 诸暨市课题组 / 217

B.12 德清县立足产城融合发展城镇化模式的选择
.... 德清县课题组 / 237

B.13 绍兴市柯桥区小城市培育发展实践与探索
.... 绍兴市柯桥区课题组 / 245

BⅢ 专题篇

B.14 杭州都市圈新型城镇化投融资问题研究
.... 杭州市金融办课题组 / 256

B.15 新型城镇化进程中杭州都市圈的商贸转型发展研究
.... 商贸专业委员会课题组 / 266

B.16 会展业创新促进都市圈新型城镇化建设研究
.... 会展节庆专委会课题组 / 295

B.17 "农民市民化"劳动就业和社会保障研究
.... 劳动就业和社会保障专委会课题组 / 313

B.18 市民卡在都市圈新型城镇化建设中的价值与发展研究
.... 信息化专业委员会课题组 / 331

B.19 杭州市推进城乡文化一体化发展研究
.... 城乡文化一体化发展课题组 / 349

Abstract .... / 364
Contents .... / 366

总 报 告

General Report

B.1
杭州都市圈新型城镇化模式选择与战略创新

杭州都市圈新型城镇化课题组[*]

摘　要： 杭州都市圈城市群新型城镇化建设，是杭、湖、嘉、绍4个大中型城市抱团发展，13个节点县（市）和区域共同发展，关系到2210多万人口进入新时期的一件大事。本文从杭州都市圈新型城镇化的价值入手，通过对多个城市的调查，形成了杭州都市圈城市发展共性与个性的判断；通过对杭州都市圈已经取得的经验和面临的主要问题、杭州都市圈城镇化发展的主要模式，以及杭州都市圈新型城镇化发展的趋势进行分析，提出了进一步推进杭州都市圈新型城镇化发展的目标、思路、基本原则，以及战略创新、战略突破、模式与路径选择等方面的对策措施。

---

[*] 执笔方晨光，杭州市社会科学院研究员，《杭州研究》常务副主编，以城市群等为主要研究方向。

关键词：

新型城镇化　发展模式　经验与问题　创新与突破　杭州都市圈

前世界银行首席经济学家、诺贝尔经济学奖获得者、美国经济学家约瑟夫·斯蒂格利茨说："21世纪影响世界进程和改善世界面貌的有两件事：一是美国高科技产业的发展，二是中国的城市化进程。"国家"十二五"规划纲要指出，要以大城市为依托，以中小城市为重点，逐步形成辐射作用大的城市群，以促进大中小城市和小城镇协调发展。

中央政治局常委、国务院总理李克强在2012年11月21日召开的全国综合配套改革试点工作座谈会上提出，"改革是中国最大的红利"。他说："城镇化是发展最大的潜力，而真正的发展必须依靠改革。""体制的改革包含着巨大的潜力。'城镇化'这个最大潜力的发挥，只有通过'改革'这个最大的红利才能实现。"城镇化的潜力要靠改革红利实现。李克强总理通过"红利"很好地阐述了城镇化与改革之间的关系。

新型城镇化对于杭州都市圈来说意义重大，是促进杭州都市圈经济社会全面发展的又一轮红利。改革开放以来，杭州都市圈经济飞速发展，2012年GDP达到15971.03亿元，人均GDP超过69000元。杭州都市圈GDP占浙江省GDP的比重由2010年的44.54%提高到2012年的46.15%。在经济发展的同时，城镇化步伐也明显快于全国，2012年杭州都市圈城镇化率达到62.5%，比全国52.57%的平均水平高出9.93个百分点。

一　杭州都市圈新型城镇化发展的背景与价值

中国社会科学院财经战略研究院院长高培勇认为，城镇化是中国当前最大的结构调整和最大的内需源泉，也是最大的改革红利。用新型城镇化带动改革，是农村人口不断向城镇转移，从而使城镇人口数量增加、规模扩大的一个历史过程。城镇化作为一种社会历史现象，不是简单的人口比例的增加和城市面积的扩张，而是实现产业结构、人居环境、就业方式、社会保障等一系列由

"乡"到"城"的重要转变,并且随着城镇化的发展,第二、第三产业将向城镇集聚,而地理位置的转移和职业的改变,将引发生产方式与生活方式的演变。①

(一)新型城镇化与杭州都市圈一体化

新型城镇化发展,是党从实践中提炼出来的指导中国未来发展的新举措。党的十六大的"走中国特色的城镇化道路",十七大的"按照统筹城乡、布局合理、节约土地、功能完善、以大带小的原则,促进大中小城市和小城镇协调发展",十八大的"新型城镇化"以及中央城镇化工作会议的召开,是对未来新型城镇化发展方向的"转型"。中央城镇化工作会议提出了新型城镇化必须坚持以人的城镇化为核心,走以人为本、四化同步、科学布局、绿色发展、文化传承的中国特色新型城镇化道路。

所谓新型城镇化,是以城乡统筹、城乡一体、产城互动、节约集约、生态宜居、和谐发展为基本特征的城镇化,是大中小城市、小城镇、新型农村社区协调发展与互促共进的城镇化。新型城镇化的核心在于统筹城乡,推进城乡一体化,实现城乡公共服务均等化,促进经济社会发展,实现共同富裕。与人们日常生活中单纯从字面上理解的意思不同,城镇化涉及社会的方方面面,关系到大至都市小到农户的产销、合作、互动、和谐的新型社会关系。②

城市群是城镇化发展到成熟阶段后出现的地域空间组织形态,是城镇化进入高级阶段的标志。在一定区域范围内,具有不同性质、类型和等级规模的相当数量的城市,依托一定的自然环境和交通条件,以一个以上特大城市或大城市为区域经济的核心,城市之间的关联度比较大,一体化趋势明显,城市间共同构成一个相对完整的"集合体"。③

杭州都市圈是一个大群套小群的城市群,主要包括杭州、湖州、嘉兴、绍

---

① 《"新型城镇化"将成为最大的改革红利》,财讯网,2012年12月16日。
② 百度百科,http://baike.baidu.com/view/3349463.htm。
③ 引国家发改委国土开发与地区经济研究所所长肖金成的观点,载《城镇化要解决人往哪里去,其实是人往城市群转移》,2013年6月15日,http://www.lcwfgg66.com/show.asp?id=961。

兴等副省级城市和地级市域网络化城市,是规模不等、网络化程度不一、具有不同聚散功能的"城市群"。城市群的发展进程,对新型城镇化发展影响重大。以城市群为主导的发展模式,是现阶段中国城镇化的主导模式,也是城镇化发展的必然趋势。

在推进城镇化的过程中,一方面,杭州都市圈相对不发达的城市发展空间比较大,城市新区基础设施建设的推进、中低收入者保障性住房的大规模建设,都将成为投资增长的动力;另一方面,城镇化建设会带动农业现代化和工业化的同步推进,实现农村人口向城市的转移,给农业的现代化、集约化提供更宽松的条件。在"以人为本"的城镇化推动下,许多生活在杭州都市圈的城市中却没有城市户籍的人口会逐步被城市接纳,逐步覆盖的市民待遇、逐渐完善的社会保障制度、公共租赁用房的使用,以及在城市居住的农民工对就业、就医、上学、衣食住行等的需求,都将释放相当一部分消费潜力,进一步推动消费增长。城镇化是扩大内需、产生消费增长的动力,逐步推进基础设施的平稳投资、扩大消费能力、推动农业现代化和相关产业的发展等,将是下一步杭州都市圈城市群发展的新红利。

(二)杭州都市圈新型城镇化的国内外背景

国务院发展研究中心金融研究所副所长巴曙松说,新型城镇化是中国经济增长的巨大引擎,是扩大内需的最大潜力所在。新型城镇化强调以人为核心,它与以往建楼造城的传统改造模式不同。要以城镇化为支点,促使户籍制度、土地制度等相关制度的改革,释放改革红利,以提升整个经济增长的质量与空间。[①] 新型城镇化是扩大内需乃至推动杭州都市圈经济增长的极其重要的力量,尤其是在不同地区,城镇化率差异很大。在杭州都市圈1个大城市、3个中等城市等核心地区一直保持比较高的城镇化率,但在许多县(市)及中心镇,城镇化的空间仍较大。随着城镇化的推进,这些地区将释放扩大内需的潜在力量。

---

① 姚毅婧:《城镇化是最大的内需潜力 有利于释放改革红利》,国际在线,2013年7月27日。

1. 城镇化发展的国内外基本情况分析

以中心城市为核心的都市圈的竞争，已经成为国家和区域竞争的主要表现形式。21世纪是城市的世纪，在美国、日本及欧洲各国，城市圈已经成为参与国际竞争的主导力量。日本近八成的国内生产总值集中在东京、大阪、名古屋、福冈四大城市群中；美国80%以上的人口集中在城市群；欧洲大伦敦地区、大巴黎地区等是世界上历史最为悠久的城市群，从曼彻斯特、利物浦到伦敦，从巴黎经布鲁塞尔、阿姆斯特丹直到鲁尔、科隆，形成了若干在地域上相连的城市群。经济全球化时代，区域和城市发展必须遵从这一规律。

"新型城镇化，应遵循工业化与城镇化、农村与城市、农业与工业协调发展的规律，并建立政府引导（主要以规划引导）、市场主导、民营经济推动的城镇化机制，推动人口、资源和环境协调发展的集约型、可持续的发展道路。"这是党的十八大提出的"新型城镇化"的战略目标。特别是中国共产党第十八届中央委员会第三次全体会议通过的《中共中央关于全面深化改革若干重大问题的决定》，明确提出了"健全城乡发展一体化体制机制""完善城镇化健康发展体制机制""坚持走中国特色新型城镇化道路"的目标，把新型城镇化、信息化、工业化和农业现代化"新四化"作为发展动力。这为杭州都市圈新型城镇化发展指明了前进的方向。浙江省"十二五"规划纲要的第四条"统筹城乡区域协调发展"指出："坚持走新型城市化道路，深入推进社会主义新农村建设，实施主体功能区战略，逐步形成区域经济优势互补、主体功能定位清晰、国土空间高效利用、人与自然和谐相处的区域发展格局。"杭州都市圈发展新型城镇化，是认真落实中央城镇化工作会议精神、实施《杭州都市经济圈发展规划》和《长江三角洲地区区域规划》的重要举措，在加快转变经济发展方式、率先推进新型城镇化、进一步提升杭州都市圈的综合承载和集聚辐射能力、促进长三角地区和浙江省经济社会平稳健康发展中将发挥更大作用。杭州都市圈要加强与上海市、宁波都市经济圈、浙中城市群等周边地区的紧密合作，在进一步促进生产要素跨地区自由流动、增强都市圈集聚辐射能力方面做出更大贡献。

2. 杭州都市圈在长三角城市群中的地位

从区域协调发展全局的高度，中央提出长三角率先发展战略，制定和实施

《关于进一步推进长江三角洲地区改革开放和经济社会发展的指导意见》《长江三角洲地区区域规划》，明确"一核九带"的空间格局，促进长三角科学发展、和谐发展、率先发展、一体化发展。杭、湖、嘉、绍四城市在长三角"一核九带"布局中占有极其重要的地位，面临加快发展的重大机遇，联手打造都市圈、共同建设长三角的条件已经成熟。

打造长三角"金南翼"，已经成为杭州都市圈重要的发展战略。浙江省把城市群作为推进城镇化的主体形态，努力培育杭、甬、温和浙中城市群四大都市经济圈，以推进资源整合和经济融合。《杭州都市圈经济社会发展规划》提出，将环杭州湾产业带打造成长三角"金南翼"，是杭州都市圈参与长三角世界级城市群建设的首要任务，是进一步提升环杭州湾地区在长三角中的地位和作用的重大战略举措。

杭州都市圈的杭、湖、嘉、绍地区地域相邻，人缘相亲，习俗相近，文化相融，经济社会联系紧密。杭州都市圈是长江三角洲城市群的重要组成部分，战略地位重要，产业基础坚实，体制机制灵活，综合实力雄厚。杭州都市圈的发展是中央和浙江省委、省政府区域发展总体战略的重要组成部分，是加快长三角城市群建设决策部署的具体实践，是浙江省加快推进新型城镇化的先行区和示范区，是落实环杭州湾产业带发展规划、参与长三角世界级城市群建设的重大举措，是提升杭、湖、嘉、绍地区发展优势，打造长三角"金南翼"的有效途径，对于参与长三角地区科学发展、和谐发展、率先发展、一体化发展，共同建设"亚太地区重要的国际门户、全球重要的现代服务业和先进制造业中心、具有较强国际竞争力的世界级城市群"，具有十分重要而深远的战略意义。

（三）杭州都市圈新型城镇化的价值

党的十八大将城镇化与工业化、信息化、农业现代化"四化"一起列入全面建设小康社会的载体，凸显了新型城镇化在我国全面现代化征程中的应有之义。杭州都市圈新型城镇化的推进，对于促进区域经济社会的整体发展、区域凝聚力的增强、区域土地利用效益的最大化、区域人口的有序集中、区域环境交通的有效治理、区域城市个性的发展等具有重要价值。

1. 繁荣发展区域经济社会

新型城镇化与区域经济发展是一个相互促进、相互制约的过程。杭州都市圈经济的发展促进了城镇化的进程，反过来新型城镇化对杭州都市圈的经济增长和结构调整也具有重要的推动作用。新型城镇化从本质上说是人的城镇化，是人的经济、政治、文化等社会活动的过程，是向杭州都市圈特定空间集聚的过程。加快推进新型城镇化综合配套改革，是实现科学发展的迫切需要，是推进杭州都市圈城乡一体化的必然选择，是拉动杭州都市圈内需、促进投资的强大引擎，是加快推进新型工业化、信息化、农业现代化在新形势下的新要求。

2. 有序推进区域人口集中

新型城镇化是多种要素集聚和集中的过程，人口要向城市集中，产业要向园区集中。城镇化涉及人、业、钱、地、房五大要素。人是城镇化的核心，是城镇化的出发点和归宿点。新型城镇化要以产业做支撑，要以产业集聚带动人口集聚，只有提供充足的就业岗位，人口才有可能向城镇有效集聚。杭州都市圈是全国外来人口最为密集的区域之一。之所以说外来人口密集，是因为产业发展需要劳动力，劳动力的集聚带来了居住、子女教育、就业、医疗保险、养老保险、最低生活保障等基本公共服务问题，也带来了公共交通、公共卫生、公共文化及城市管理、城市救助、信息通信等一系列问题。要在这些外来人口创造财富的同时，安排好他们的基本生活，并逐步改善其生活条件和环境，达到有序集中、有序管理、有序服务等要求。新型城镇化带来的效益增加，就是要解决区域人口有序集中的问题，并在此基础上逐步实现市民化，使其享受与城市居民一样的子女教育、就业、医疗保险、养老保险、最低生活保障等基本的公共服务。

3. 促进土地利用效益提高

土地是城镇化的关键要素之一。城镇化是人口向城镇集聚、生产力不断发展和劳动分工逐渐加深的必然结果。土地作为城镇发展的物质基础和承载空间，在城镇化中处于举足轻重的地位。提高城市承载力，夯实城镇化发展水平，成为杭州都市圈新型城镇化的重点。在新型城镇化过程中如何高效利用土地、合理进行空间开发，是杭州都市圈各方关注的焦点。国土资源部副部长胡存智在接受《半月谈》记者采访时说，城镇化过程中土地的利用效率

是一个大问题,我国国土资源开发利用中存在集聚不足的问题,原因就是土地利用得不够集中、不够集约,效率低下,即便是目前我国土地集聚得比较好的珠三角、长三角、京津冀三大都市圈,其集聚程度也还不够。① 在新型城镇化的推进过程中,杭州都市圈要注重分析土地利用的现状及问题,提出在快速城镇化进程下的土地承载力适宜性对策,即在一定范围和一定环境标准下的城市生命支持系统可支撑的城市社会经济活动强度的大小和一定生活质量下的人口数量。

4. 改善区域交通问题

北京交通大学交通运输学院副院长闫学东在上海举行的"2013中国城镇化高层国际论坛"上说:"中国城镇化面临交通拥堵、交通污染、交通事故三大交通问题。"② 治理"三大交通问题"已经成为中国城镇化发展过程中非常重要的问题,尤其是在中国城镇化最发达的地区。杭州都市圈高速发展的交通为新型城镇化建设创造了"同城效应"。交通问题已经让人们确确实实感受到城市建设的重要性。除"三大交通问题"外,还有许多地方交通区域限制,如公交车只在城市内部运行、出租车不能跨区域载客、外地车辆与本地车辆的不平等,这些问题都证明了城市治理的必要性。建设新型城镇化无疑对杭州都市圈的交通治理起到了很好的作用。

5. 加强区域环境建设

杭州都市圈环境建设与新型城镇化建设密不可分。新型城镇化建设不能以牺牲环境为代价,其根本之策在于改变城市发展观念,转变城市发展方式,探索一条适合中国的"代价小、效益好、排放低、可持续"的环境保护新道路。环境问题不能等到城市高速发展且与环境资源产生种种矛盾后再寻求解决办法,而是应该在发展的过程中"协同解决",在经济快速发展的同时坚持改善生态环境,提高生活质量。绿色、低碳将成为中国下一轮城镇化发展的主线,是新型城镇化发展的先决条件。杭州都市圈各城市要积极应对环境和气候变化,根本之策在于转变发展方式。促进城市经济增长,要从主

---

① 高远至、何晏:《土地利用效率:城镇化的大问题》,《半月谈》2013年第6期。
② 《闫学东:中国城镇化面临三大交通问题》,城市中国网,2013年4月22日。

要依赖增加物质资源消耗向主要依靠科技进步、人的素质提高和管理创新转变。城市的规划和建设，要从规模扩张、人口集聚为主转向更加注重协调发展、人居环境优化。还要积极推动消费模式的转变，倡导绿色消费理念，大力节约各类资源，鼓励使用可再生能源，加快发展绿色交通，积极推广节能省地型建筑，加强生态环境保护。在新一轮中国城镇化发展中，走出一条改善环境、保护环境的新路。

6. 增强区域城市凝聚力

城市凝聚力，是指城市成员之间为实现群体活动目标而实施团结协作的程度。杭州都市圈城市凝聚力，是区域城市与城市之间相互依赖、相互协作、相互补充并为共同发展而形成的一种相互依存的关系。增强杭州都市圈城市凝聚力，是建设新型城镇化的基本要求。一个城市，通常有自身的运作体系；城市与城市之间，在管理上一般自成一体，很少有相互交叉。随着杭州都市圈经济社会的发展，这种情况已很难适应新的发展的需要。新型城镇化的发展要求城市与城市之间进行合作，形成城市圈的凝聚力，从而在世界城市发展中更具竞争力。建设新型城镇化，需要杭州都市圈区域凝聚力的提升。这种提升，表现为区域文化的提升、区域精神的提升和区域形象的提升，进而表现为区域竞争力的提升。具体表现在区域的政治安定、政策连续、经济安全、社会诚信、治安秩序上，表现在政府形象、办事效率、司法公正、执法力度、廉洁程度上，表现在市民的交往操守、价值取向、劳动态度、创新意识、契约精神、兼容心理上。

7. 体现区域城市个性发展

走中国特色的城镇化发展道路，必须坚持走大中小城市和小城镇协调发展的道路，杭州都市圈城镇化发展也不例外。杭州都市圈不但要发展大中小城市，而且要大力发展小城镇，其特色在于大中小城市和小城镇协调发展，这是与国外相比较而言的。在新型城镇化发展过程中，更重要的是要防止"千城一面"。杭州都市圈新型城镇化应走差异化、个性化的发展道路。城镇的个性化发展，是一个城镇不同于另一个城镇的发展模式，是城镇内在特质和外在品牌的集中表现，由城镇人文与自然资源积淀而成。没有城镇的特色，就难以分辨城镇的个性，更不会有城镇的凝聚力和吸引力。杭州都市圈新型城镇化应该

在塑造特色上大做文章，确立自己的特色定位，打出自己的特色品牌，建立城镇个性的永恒的命题。

二 杭州都市圈新型城镇化发展的基础与城市实践

杭州都市圈位于浙江省北端、长三角南翼，是长三角城市群的重要组成部分。杭州都市圈以杭州市区为极核，湖州、嘉兴和绍兴三市市区为副中心，杭州市域五县（市）及与杭州相邻的德清、安吉、海宁、桐乡、绍兴、诸暨六县（市）为紧密层。杭州都市圈总体发展水平较高，在浙江省乃至全国范围内具有较强的经济实力，这成为杭州都市圈进一步发展的有利条件，也是与南京、武汉、哈尔滨等国内其他都市圈城市相比最突出的优势。

（一）杭州都市圈新型城镇化发展的基础

杭州都市圈区域面积为34585平方公里，占浙江省总面积的33.97%。2012年，杭州都市圈常住人口为2210.27万人，GDP达15971.03亿元（见表1），分别占浙江省总人口（5472.80万人）的40.39%和浙江省GDP（34606.30亿元）的46.15%。与2009年相比（常住人口1996.5万人，GDP 10503.6亿元，分别占浙江省的37.95%和46.00%），人口占比增加了2.44个百分点，GDP占比只增加了0.15个百分点。2012年人均GDP达到了69934元；城镇居民人均可支配收入为35324.50元，农村居民人均纯收入为17636.75元。

杭州都市圈区域内大中城市达4个。2012年杭州、湖州、嘉兴、绍兴四城市城镇化率[①]平均达到62.5%，高出全国平均水平（52.57%）9.93个百分点。杭州都市圈工业化程度很高，先进制造业和高技术产业发达，无论是大中型国有企业，还是中小民营企业，其密集程度均位于全国前列，服务业的发展也处于全国领先水平。这些大中小城市和企业，吸引了来自国内外的许多优秀人才，也吸引了国内外精英来此创业，并消化了来自中西部地区的大量劳动力，成为全国城镇化进程的领跑者。

---

① 本文提到的城镇化率，均按常住人口计算。

杭州都市圈新型城镇化模式选择与战略创新

表1 2012年杭州都市圈城镇化基本情况

地区	面积（平方公里）	常住人口（万人）	每平方公里人口数（人）	GDP（亿元）	人均GDP（元）	城镇化率（%）
杭州	16596	880.20	53.04	7803.98	88661	74.3
湖州	5794	293.50	50.07	1661.97	56626	60.3
嘉兴	3915	456.27	116.54	2884.94	63229	55.3
绍兴	8256	508.30	61.57	3620.10	71220	60.1
杭州都市圈	34585	2210.27	70.31	15971.03	69934	62.5

资料来源："长三角30城市"2012年GDP排名、人口及人均GDP排名。

改革开放以来，杭州都市圈的经济社会发展取得了举世瞩目的成就，已经在全国成为发展基础最好、体制机制最优、整体竞争力最强的城市群。其特征表现为明显的区位优势、雄厚的经济基础、完善的体制机制、完备的城市体系、发达的科教文卫事业、较高的信息化程度、较好的城市一体化基础等。在新型城镇化发展中，杭州都市圈具有很强的城市凝聚力和辐射力。杭州都市圈特大城市、大城市、中小城市、小城镇发育全面，是全国产业集聚最好、最强的地区之一。杭州都市圈城镇化发展的"七个共同"历程，既是以往杭州都市圈城镇化发展的经验，又是今后杭州都市圈新型城镇化发展的基础。

1. 规划：城镇化共同的行动纲领

国务院发布的《长江三角洲地区区域规划》以及浙江省发布的《浙江省城镇体系规划（2011～2020）》《杭州都市经济圈经济发展规划》，为杭州都市圈新型城镇化发展在总体思路、发展定位、发展目标、空间布局、产业支撑、设施共建、环境共建、社会共享、品牌共树等方面做了详细而明确的定位。与此同时，杭、湖、嘉、绍四城市着力推进区域专项规划的形成与融合，形成了综合交通、环境共保、工业发展、金融合作、旅游合作、信息化合作等一系列专项规划。其中，综合交通规划已全面实施，环境共保规划已由浙江省环保厅正式批复，这对实现杭州都市圈城镇化发展起到了重要作用。杭、湖、嘉、绍四城市以项目合作为抓手，以规划共绘、交通共联、市场共构、产业共兴、品牌共推、环境共建、社会共享为重点，不断扩大项目合作范围，每年启动完成跨区域合作项目30个以上，并取得了良好进展。从规划出台起，杭州都市圈

合作发展协调会每年出台关于推进杭州都市圈建设工作的意见,杭州和嘉兴等市分别制定了合作项目推进配套工作意见,协调推进杭州都市圈建设发展。

2. 布局:城镇化聚合的空间体系

2010年,国务院发布了《长江三角洲地区区域规划》,对于城市群发展提出了总体要求:统筹区域发展空间布局,以上海为龙头,南京、杭州为两翼,推动区域协调发展,推动城市之间的融合,加快形成世界级城市群。在长三角"一核九带"空间格局①中,杭州都市圈就占了沪杭甬线、沿湾、沿海、沿宁湖杭线、沿运河五条发展带。与此同时,《浙江省城镇体系规划(2011~2020)》《杭州都市经济圈发展规划》等相继出台,这些都是跨区域规划、统筹区域城镇化进程的设想和追求。2011年发布的《杭州都市经济圈发展规划》提出了区域网络化发展格局,以沿路、沿湾、沿湖区域为重点,形成"一主三副两层七带"的网络化总体布局,以促进产业、城市、生态的融合发展。即以杭州为极核,以湖州、嘉兴、绍兴为副中心,以与杭州相邻的德清、安吉、海宁、桐乡、绍兴、诸暨六县(市)为紧密层,以湖州、嘉兴、绍兴三市除市区及与杭州相邻的六县(市)之外的下辖县(市)为联动层,以嘉杭绍、滨海、杭湖、杭诸、杭千、杭徽、沿太湖为发展带,进行产业、城市、生态布局。区域空间布局研究积极推进,都市圈城市群空间协调发展持续进行,杭州至临安、富阳、海宁、德清等县(市)的轨道线网规划工作深入开展,临平副城与嘉兴海宁、瓜沥组团与绍兴杨汛桥镇和钱清镇等的空间协调发展研究正式启动。

3. 交通:城镇化共联的基础设施

杭州都市圈是全国公路交通最发达的地区之一,这为杭州都市圈新型城镇化奠定了基础。随着沪杭(杭州段)、杭甬、杭金衢、杭宁等高速公路的拓宽改造,杭绍甬、杭长、申嘉湖、绍诸高速公路的建成通车,以及临金高速公路、杭州湾嘉绍通道、钱江通道等的加快建成,杭州都市圈与以上海为龙头的长三角地区的同城效应更加明显,给城市间的交通、物流带来了极大的便利,促进了人口流动,在改善城市经济关系、产业布局等方面发挥了积极的作用,

---

① "一核九带"空间格局:以上海为核心,沿沪宁和沪杭甬线、沿江、沿湾、沿海、沿宁湖杭线、沿湖、沿东陇海线、沿运河、沿温丽金衢线为发展带。

推进了杭州都市圈城镇化建设的高速发展。

杭州都市圈的城际快速铁路建设亦走在全国前列，随着沪杭客运专线、杭宁和杭甬高速铁路客运专线、合湖杭铁路、湖苏杭城际轨道、杭长铁路、杭黄铁路、湖嘉乍（沪）铁路等重大项目的建成通车，以及湖州综合交通枢纽、杭州东站综合交通枢纽等的相继建成运营，杭州都市圈逐步形成了综合大型交通枢纽，缩短了城市间的距离。城市间的交流更加频繁，商贸往来更加密切，大大加快了杭州都市圈一体化的进程。

另外，随着萧山国际机场二期扩建工程的完工，杭州空港经济圈、空港产业园、空港新城正在形成。依托京杭运河、长湖申线、杭甬运河、钱塘江中上游航道等内河航运，以及宁波-舟山港的海河联运，形成沟通全域、长三角乃至全国的航运服务，为货物内外贸易提供高效、便捷、安全的运输服务。杭州城市轨道交通和杭州都市圈城际公交的发展，让城市的交通有了突破性的改善，使城市的交通变得有序而通畅，城市的空间变得更加开阔，并可以接纳更多的城市人口。

4. 产业：城镇化共兴的经济基础

共兴的产业是杭州都市圈城镇化的基础。改革开放30多年来，杭州都市圈的工业化、信息化、城镇化、农业现代化与产业集聚发展取得了令人瞩目的成就，其对资金、技术、劳动力等生产要素的吸引力，使其成为人口流动、资金融通、技术交易、商品流通和中枢管理等经济活动的高度集聚地。杭州都市圈已经形成传统产业、先进制造业、新兴产业的基础。杭州是信息产业国家高技术产业基地，要充分发挥电子信息研发、设计、制造及服务方面的综合优势，整合嘉兴、湖州、绍兴等城市的关联产业，构建国内重要的软件、通信、微电子、新型元器件、家电产业制造中心，与上海、苏州共筑世界级电子信息产业基地。杭、湖、嘉、绍四城市要加快工业产业结构调整，以产业集群和先进制造业为主要抓手。杭州都市圈的传统产业，有高产、优质、高效、生态、安全的现代农业，还有集研发、制造、展销、贸易等多功能于一体的国际纺织及服装设计制造业，不仅具有汽车零部件、交通运输设备、特种船舶、特色装备等制造业优势，还具有新型化工、食品加工等优势，并在新能源、环保、新材料、生物医药等新兴产业上具有发展潜力。2012年杭州都市圈实现工业增

加值6982亿元（2010年价格），比2010年增加21.5%，2011~2012年年均增长10.3%。杭州都市圈积极推进传统农业向现代农业的转变，2012年共实现农业增加值621亿元（2010年价格），2011~2012年年均增长2.7%。

杭、湖、嘉、绍四城市积极培育发展旅游、文化创意、金融服务、信息服务与软件等现代服务业，全力打造长三角区域金融中心。杭州都市圈是国内外轻纺产业的集散中心，是全国电子商务之都。绍兴中国轻纺城、湖州中国织里童装城、中国南浔国际建材城、海宁中国皮革城、嘉兴桐乡濮院羊毛衫市场、嘉兴洪合羊毛衫市场、杭州四季青服装市场、中国茧丝绸市场、杭州农副产品物流中心等，形成了国内外轻纺新产品的集散中心、物流中心、信息中心、价格形成中心。以阿里巴巴等为代表的一批电子商务企业以及以中南集团等为代表的一批文化创意产业企业的兴起，使现代服务业发展突飞猛进，形成了长三角南翼的现代服务业中心。杭州都市圈的旅游业面向全国，西湖、千岛湖、湘湖、钱塘江、富春江及天目山、莫干山等山水风光，绍兴、乌镇、南浔、盐官等古城古村，西施故里、鲁迅故里等名人家乡，河坊街、南宋御街等传统街市，均为旅游业增光添彩，尤其是西湖申遗的成功，为杭州增加了一张世界级的名片。2012年杭州都市圈实现服务业增加值6491亿元（2010年价格），2011~2012年年均增长11.1%。

5. 共享：城镇化民生的同城效应

长三角跨区域医保在杭州都市圈产生效应。2008年3月，上海、嘉兴在全国率先实行跨省、市异地参保人员医疗费用报销服务，上海与浙江的杭州、嘉兴、湖州、安吉等地也相继建立起结算系统，解决了长期以来困扰政府医保部门和参保人员异地就医医疗费用报销的难题。[①] 2012年2月，《社会保险核心业务数据质量规范》的国家标准制定工作正式启动，身份证号将作为社保卡号，终身不变，跨地区转移就业社保接续障碍有望得到解决，国家人力资源和社会保障部也先行发行统一的社保卡，取代各地自制的社保卡。2012年4月，浙江省本级社保卡实行"医保先行"，本地、异地"一卡通"结算，20

---

① 欧钦平：《上海社保卡十年三步走》，《京华时报》2009年1月14日。《长三角多个城市医保异地结算 "社保一卡通"渐近》，新华网，2009年6月2日。

多万名参保个人换领社保卡。

杭州都市圈公共服务加速发展。一是公交线路不断增加和优化。公交合作机制不断完善,共同制定了《杭州都市经济圈"公交一体化"实施办法》《杭州市公共汽车客运管理条例》,确立了跨区域公交线路延伸工作的管理机制。德清、安吉、海宁、绍兴、桐庐、诸暨等县(市)先后开通了到杭州的公交或巴士。2012年8月,杭州都市圈借浙江省并入长三角高速公路ETC系统之机,实现了在沪、苏、浙、皖、赣、闽五省一市的互联互通。二是城际地铁网加速构建。积极构建杭州都市圈大轨道交通延伸,杭州—富阳、杭州—临安、杭州—海宁、杭州—绍兴四条城际轨道的前期审批工作正在进行中。三是参保人员异地就医合作加强。加快扩大杭州都市圈城市联网结算"一卡通"的定点医疗机构范围,截至2013年6月底,杭州已有29家医疗机构与浙江省级异地就医结算平台联网对接,与杭州市医保联网结算的都市圈范围内定点医疗机构扩大至39家。四是通信同城化积极推进。截至2012年10月,60%以上的新增中国电信移动套餐用户在杭、湖、嘉、绍移动电话圈内享受同网同价。

杭州都市圈跨区域人力资源合作加强。一是积极搭建区域共享的人才交流配置平台。充分利用杭州人才市场联合举办各类特色招聘专场,开通了四城市政府人才网,累计为杭州都市圈企业成功推荐132名高级经营管理人才和高级专业技术人才,完成157个人才测评项目。二是共同推动杭州都市圈高层次人才培养。深入实施"万千百"长三角紧缺人才培训工程,通过高层次学历教育、高级研修班、高端讲座等方式,累计培养紧缺人才170名,培训各类都市圈人才406名。三是创新开展高新职业技能培训区域合作试点。杭州市公共实训基地向都市圈开放实训和鉴定平台,每年举办各类面向杭州都市圈的公共实训师资培训班,以更好地培养高素质、高技能人才。四是扎实开展跨区域创业培训合作。2011年至2013年6月底,共举办杭州都市圈创业项目展示会9届,都市圈1188个项目团队参加了第二、第三届中国杭州大学生创业大赛,为都市圈大学生创业提供了很好的沟通与交流平台。杭州市协助安吉县开展SYB创业培训,实现了创业培训项目资源共享。

杭州都市圈区域文体事业抱团发展。一是"文化走亲"与文化活动联办进一步加强。建立了杭、湖、嘉、绍四城市重要文化活动联办机制,共建区域演出网络，全面开展四城市间的"文化走亲"活动，互相组织了24个体验团体验都市圈生活，共同丰富了都市圈市民的文化生活。二是联合开展非物质文化遗产保护活动。开展了杭、湖、嘉、绍四城市传统手工艺类、美术类非物质文化遗产保护宣传展示活动，着手探索区域内非物质文化遗产保护项目的联合申报和合作保护。三是着力推进公共图书馆资源的共建共享。通过文化局局长联席会议、图书馆馆长联席会议等形式，推进了"杭州都市圈公共图书馆服务联盟"建设，力促区域内公共图书馆资源及服务一体化。

杭州都市圈教育领域融合步伐加快。以"共享都市圈优质教育"为主题，促进了杭州都市圈教育合作。通过举办"中国杭州名师名校长论坛""中职校长论坛"等各类研讨会，推进了杭州都市圈内教育理念的互融。加强特殊教育领域合作，杭州聋人学校向湖州市招生、都市圈特殊教育研讨会等活动全面开展。推进杭州都市圈优势教育资源整合，安吉与杭州西湖区签订教育全面合作协议，建立了特级教师安吉工作站。共同编制《杭州、湖州、嘉兴、绍兴四地第二课堂实践活动指南》，探索杭州都市圈内爱国主义教育基地和青少年素质教育实践基地资源共享机制。杭州都市圈优秀教育品牌进一步扩张，如杭州师范大学与桐乡市共建杭州师范大学附属桐乡市实验中学，浙江幼儿师范学院与海宁市长安镇中心幼儿园合作，海宁市高级中学与杭州第二中学合作，德清莫干山外国语小学与杭州崇文实验学校联办杭州市崇文新班级实验小学。

6. 环境：城镇化共建的生态保障

沪、苏、浙跨区域环境治理达成共识。对于环境保护，长三角已经形成了以决策层、协调层、执行层为主的区域合作平台，江、浙、沪已就构建区域环境和生态合作机制进行了积极的沟通与协作。1984年，专门成立了太湖流域管理局。2002年，嘉兴、苏州两市建立了污染防治联席会议制度。2002~2003年，分别在苏、浙两省交界的王江泾水域建立了两个水质自动监测站。2008年，国务院批复了太湖流域水环境综合治理总体方案，签订了《长江三角洲地区环境保护合作协议》。① 2004年12月，沪、苏、浙海洋主管部门达成

---

① 鲍磊、孙克强：《长三角区域现代化与生态建设》，载刘志彪主编《2012年率先基本实现现代化的长三角》，社会科学文献出版社，2012，第226页。

了推进"杭州都市圈海洋生态环境保护与建设"合作协议。2010年,签署《长江三角洲生态文明共同行动宣言》。2013年,长江三角洲城市经济协调会第13次市长联席会议与会的22个城市共同签署了《长三角城市环境保护合作(合肥)宣言》,明确今后各成员城市将携手共创绿色未来,探索建立统一的区域生态系统及规划,在区域内形成统一的生态建设目标和标准,联手打造"绿色长三角"。

杭州都市圈环境综合治理全方位推进。一是流域水环境保护全面实施。推进清水工程建设,杭州大力推进运河综合保护工程和"三江两岸"生态景观保护与建设,深入开展河道水环境整治;湖州对全市7373条河流建立了"河长制",启动实施"139"治水行动;嘉兴聘请院士、专家开展水环境治理政策、规划、技术培训,全面排查河流水体污染源;绍兴以"一江一湖一库一河网"为重点,启动了第二轮为期三年的"清水工程"。苕溪流域德清与余杭交界的东苕溪水环境功能区得到治理。杭、湖、嘉、绍四城市积极开展饮用水源地风险源大排查,健全饮用水源突发污染事件应急机制,确保饮用水源安全。二是共同推进清洁空气行动。杭、湖、嘉、绍四城市签订了大气污染联防联控合作框架协议。杭州推进"无燃煤区"建设;绍兴每年制订清洁能源改造计划,严格控制全社会用煤总量。三是环保基础设施建设步伐加快。城乡污染防治能力稳步提升,实现县以上城市污水处理厂全覆盖。截至2012年底,杭州都市圈已有集中式污水处理厂85个,城镇生活污水集中处理率达到85%以上,农村地区建有生活污水处理设施和生活垃圾集中收集的行政村比例分别达到60%和80%以上。城镇生活垃圾无害化处理率为100%,危险废弃物安全处置率和医疗废弃物集中处置率均为100%。

杭州都市圈生态文明建设效果显著。一是生态创建成果累累。2011年至2013年6月,湖州、嘉兴被列入全国第三批生态文明建设试点地区,桐庐、临安成功创建国家级生态县(市),淳安和西湖通过国家级生态县(区)验收,长兴、余杭通过国家级生态区技术核查,德清县通过环保部现场复核。生态乡镇、村创建不断深入。截至2013年6月底,除嘉兴省级生态县(市)创建率低于50%外,其他城市均已满足"50%以上的县(市)达到省级生态县(市)标准、80%以上的乡镇达到生态乡镇标准"的要求。二是工业污染整治

全面深入推进。杭、湖、嘉、绍四城市深入推进铅酸蓄电池、电镀、印染、造纸、制革、化工等重污染行业整治,加强对富阳造纸、萧绍印染、嘉兴制革、湖州电池等重点地区的重点行业进行污染整治。杭州拟整治的300家造纸企业中已关停淘汰31家;湖州印染、造纸、制革、化工四大行业关停淘汰任务于2013年9月底前已全面完成;嘉兴已基本完成域内铅酸蓄电池行业整治,电镀行业拟原地整治提升的56家企业中已有44家完成整治验收;绍兴的64家电镀企业中已关停30家,17家小皮革企业中已关停14家。

杭州都市圈环境共保合作不断加强。一是积极开展跨界联合执法,解决跨界环境污染纠纷问题。杭、湖、嘉、绍四城市共同签署了《关于加强杭湖嘉绍边界区域环境监管协作的共同宣言》,妥善解决了临安－嘉兴化学品废弃物倾倒、跨地市电镀污泥转运等问题;开展了萧山－绍兴、萧山－诸暨、桐乡－湖州等边界联合执法行动,嘉兴秀洲区固体废弃物联合执法行动,绍兴－湖州边界污泥倾倒事件联合执法行动等;开展了浦阳江萧山－诸暨断面、东苕溪余杭－德清断面、运河余杭－嘉兴断面等沿江沿河和杭湖嘉绍边界区域的化工、印染、重金属及危废处理行业的边界交叉执法检查活动。二是严格准入,推进边界建设项目联合审批制度。不断完善和贯彻执行边界重大建设项目审批会商制度,进一步明确和完善都市圈边界新建项目环境准入条件,推动边界地区工业园区规划环评工作,协助做好跨市转移项目环境信息咨询工作,严格把好边界地区新建项目环境准入关。三是营造环境共保浓厚氛围。联合浙江省级及杭、湖、嘉、绍四城市媒体开展了"绿色出行、低碳生活""杭湖嘉绍环保行""杭州都市圈环保行采访活动"等大型新闻联合采访宣传活动,在杭、湖、嘉、绍四地巡回演出环保戏剧。

7. 机制:城镇化共同的协作平台

《杭州都市经济圈发展规划》实施以来,杭州都市圈进一步完善了以市长联席会议的决策机制、都市圈政府秘书长工作会议的协商机制、都市圈主任办公会议的议事机制和专业委员会项目合作的执行机制等为主体的纵向组织协调机制。杭州都市圈合作发展协调会办公室主任由杭州市领导担任,副主任由湖、嘉、绍三城市领导担任。为进一步完善杭州都市圈合作发展协商机制,建立健全重大事项科学决策平台,一方面,2012年成立了由浙江省内外政府部门、高校和科研机构等领域知名专家、学者组成的杭州都市圈专家委员会，通过专家论证、技术咨询和决策评估制度为决策提供帮助；2013年出台了《关于加强杭州都市圈合作发展协调会办公室建设的意见》。另一方面，杭州都市圈已经形成了各方参与、条块结合的联动机制，社会各方参与的工作格局已经形成。以专业委员会和部门联席会议为主体的工作机制不断完善，专业委员会已经达到15个，部门、群团组织和有关民主党派等联席会议制度已增加到10个；积极探索节点县（市）联动机制，各区、县（市）的联系与合作更加紧密；加强区域民间团体交流，已建的9家跨区域行业协会积极开展多项对接交流合作。

杭州都市圈信息交流平台在全国都市圈中有较好的影响，形成的协调会办公室主任办公会议制度、专业委员会工作会议制度、都市圈通讯员工作会议制度和专业委员会工作通报制度等多层次信息交流载体活动频繁；还建立了杭州都市圈季度形势分析例会制度，搭建了杭州都市圈数据和信息交流工作平台，推进了政府间、部门间信息的交流互通。杭州都市圈市县（区）长论坛、市县（区）之间经济合作交流活动、民进都市圈建设研讨会、文化市场行政执法典型案例分析会等多样化信息交流持续开展。以党报宣传协作体和广播电视宣传协作体等宣传平台为主，连续开展了"立体交通、幸福生活""和谐生态、美丽家园"等聚焦杭州都市圈的大型媒体联合采访活动，联合杭、湖、嘉、绍四城市的五家网站建立了杭州都市圈新闻网站联盟，完善了杭州都市圈网站建设，推进了联合对外宣传工作，打响了杭州都市圈共谋发展的品牌。

（二）杭州都市圈城市质量指数与城市实践

1. 杭州都市圈城市质量指数分析

2013年3月，中国经济周刊杂志社邀请中国社会科学院城市发展与环境研究所进行专题研究，联合推出《中国城镇化质量报告》，对地级及地级以上的286个城市进行排名。在城镇化质量指数排名前20位的城市中，杭州的城镇化质量指数为0.6218，列第19位；嘉兴为0.5918，列第31位；湖州为0.5888，列第43位；绍兴为0.5295，列第69位（见表2）。

杭州都市圈平均城镇化质量指数为0.5830，高于东部地区0.5419的平均指数；杭州、嘉兴、湖州高于东部地区的平均指数，绍兴低于东部地区的平均指数。杭州进入特大城市前20位，湖州列大城市第9位，嘉兴列中等城市第5位。绍兴、杭州列"城镇居民人均可支配收入与城镇化质量比较"前10位，其中绍兴列第7位，杭州列第8位。需要说明的是，上海、江苏的城镇化质量指数排在浙江前面，杭州都市圈各城市的城镇化质量指数在浙江也并不是最好的，与舟山（17位）、台州（29位）、宁波（45位）、温州（60位）相比也有高有低，因而杭州都市圈城镇化质量还有很大的提升空间。

表2　2013年杭州都市圈四城市城镇化质量指数及其在全国的排名

指标	杭州	嘉兴	湖州	绍兴	杭州都市圈
城镇化质量指数	0.6218	0.5918	0.5888	0.5295	0.5830
城市发展质量指数	0.7834	0.7012	0.6693	0.7011	0.7138
城镇化效率指数	0.4511	0.2686	0.3003	0.2415	0.3154
城乡协调程度指数	0.5739	0.7710	0.7031	0.5888	0.6592
在全国排名（位）	19	31	43	69	—

资料来源：2013年《中国城镇化质量报告》。

2. 杭州都市圈大中城市城镇化实践

杭州　杭州市位于中国长三角南翼，是长三角的中心城市之一，也是国家历史文化名城和著名的风景旅游城市。杭州市总面积为16596平方公里，其中市区为3068平方公里，总人口达880.2万人，辖上城区、下城区、江干区、拱墅区、西湖区、滨江区、萧山区、余杭区8个市辖区，桐庐县、淳安县2个县，以及建德市、富阳市、临安市3个县级市，共有200个镇、乡、街道，4400余个社区、居民区和行政村。其中，市辖区共有96个街道和镇、600个社区和居民区、807个行政村。2012年杭州城镇化率达74%。杭州的城镇化率排在全国前列，相比而言，杭州更加注重城镇化质量的提高。杭州长期以来着力打造"幸福城市"，以建设"生活品质之城"为目标，成为国际旅游休闲中心和全国文化创意产业中心。在建设新型城镇化的过程中，杭州始终坚持"环境立市"，努力打造"美丽杭州"，出台了《"美丽杭州"建设实施纲要（2013~2020年）》，提出了"美丽杭州"建设要以实现山清水秀、天蓝地净、绿色低碳、宜居舒适、道法自然、幸福和谐为主要标志，建设生态美、生产美、生活美的"美丽杭州"，努力成为美丽中国先行区；提出了到2020年实现山清水秀的自然生态、天蓝地净的健康环境、绿色低碳的产业体系、宜居舒适的人居环境、道法自然的人文风尚、幸福和谐的品质生活的主要目标和关键性指标。根据国家对杭州在长三角区域"一基地四中心"的发展定位①，不断完善城市功能。钱江新城、城东新城、之江新城建设不断加快，功能日趋完善；西溪天堂、创新创业新天地、星光大道二期等城市综合体建设进展顺利。

湖州 湖州市位于浙江北部，北临太湖，与江苏、安徽接壤，地形特征表现为东部水乡平原，西部山地、丘陵，俗称"五山一水四分田"。湖州市下辖德清县、长兴县、安吉县和南浔区、吴兴区，共有41个建制镇。2012年末，湖州市常住人口为293.50万人，城镇人口为160.07万人，城镇人口占常住人口的比重提升到54.5%。湖州市通过人口城镇化水平的提升、城镇化要素的夯实以及城镇发展水平的提高、城镇生态环境的改善、城镇运行机制的完善等，有效地促进了新型城镇化发展。湖州市以中心镇（小城市）与美丽乡村建设为抓手，培育引领城镇化发展。2012年通过行政区划调整，撤销了雉城镇中心镇建制，17个中心镇城镇化水平明显高于湖州市，达到59.7%。截至2012年末，湖州已通过美丽乡村建设验收的村有355个，创建国家级生态乡镇39个、国家级生态村2个，完成了浙江省级以上生态县的全境覆盖。根据湖州市"十二五"规划提出的"提升城市功能品质，推进重点区域建设"的目标，着力加强"一带两组团四轴线"建设，推进形成南太湖城市带，安吉与德清组团，以及市域东南部、中部、西南部、西部四条放射状城镇发展轴；着力推进重点区域建设，形成"一核七区"（即湖州中心城市核心区，康山、凤凰、仁皇、滨湖、南郊、东部、南浔新区）的布局，以优化中心城市空间结构，强化差别化功能定位。湖州市"中心极化、东西联动、南北呼应、滨湖崛起"的城市框架进一步拓展。2011~2012年，完成新浙北大厦、湖州南站综合枢纽等系列地标工程；累计新建或改造污水管网270公里，中心城市污

---

① 国务院批复的《长江三角洲地区区域规划》提出，杭州要努力建设高技术产业基地、国际重要的旅游休闲中心以及全国文化创意中心、电子商务中心、区域性金融服务中心。

水处理率达到92.1%；基本实现天然气管网在中心城市的全覆盖。截至2012年底，中心城市人口达到86万人，新增4万人；建成区面积达到92平方公里，新增7平方公里；市区城镇化率达到62.5%，较上年提高3个百分点。

嘉兴 嘉兴市位于东南沿海、长江三角洲平原，濒东海、临钱塘江，揽江、海、湖之形胜，素有鱼米之乡、丝绸之府之称。其陆地面积为3915平方公里，2012年人口为456.27万人。下辖南湖、秀洲2个区，平湖、海宁、桐乡3个市和嘉善、海盐2个县。嘉兴的城市性质与定位是长三角南翼的经济重镇、杭州湾北岸的交通枢纽和重要的门户海港、现代江南水乡特色的历史文化名城。2012年嘉兴市城镇化率已达55.3%。近年来，嘉兴市主要通过"强镇扩权"和小城市示范带动、美丽乡村建设的实践推动城镇化发展，落实王江泾镇、姚庄镇、崇福镇3个省级小城市培育试点相关扶持政策，16个镇通过嘉兴市级美丽乡村先进镇验收，51个村通过"优美庭院"示范村验收。"十二五"末，嘉兴市城市发展定位是全力打造现代化网络型田园城市，努力建设长三角创新型经济强市、江南水乡生态型文化大市、杭州湾宜居型滨海新市。形成"1640300"城乡布局体系，即1个嘉兴主城区，嘉善、平湖、海宁、桐乡、海盐五县（市）和滨海新城6个副城，40个左右的新市镇，300个左右的城乡一体新社区。嘉兴现代化网络型田园城市加快建设，优化中心城市空间布局，南湖、秀洲新区初具雏形，国际商务区、湘家荡区域等重点区块开发建设步伐加快，中心城市建成区面积超过90平方公里。深入开展国家创新型试点城市、国家科技进步示范市、国家知识产权示范城市和浙江省区域创新体系副中心创建工作。

绍兴 绍兴市位于浙江北部、长三角南部，海岸线长40公里，总面积为8279平方公里。有着2500年建城史的绍兴，是中华文明的发源地之一，首批国家历史文化名城之一，物华天宝、人杰地灵、繁华富庶、山水驰名之城，是著名的水乡、酒乡、桥乡。绍兴是联合人居奖城市、国际文化旅游城市、中国大陆创新能力最强城市、民营经济活力第一城、浙江城镇收入最高城市、商贸物流中转集聚地和华东重要的交通枢纽。唐代著名诗人元稹赞"会稽天下本无俦，任取苏杭作辈流"，又云"东南一大都会，越中蔼蔼繁华地，仙都难画亦难书"。绍兴市下辖越城、柯桥、上虞3个城区和嵊州、诸暨、新昌3个县（市），2012年常住人口为508.3万人，城镇化率达到60.1%。绍兴市通过行政区划调整、市直开发区体制调整、小城市培育试点和"美丽乡村"建设等推进新型城镇化发展；撤销了绍兴县、上虞市，分别设立柯桥区、上虞区，市区面积扩大到2942平方公里，人口达到216万人；将上虞经济技术开发区升级为国家级开发区，镜湖新区逐步归入越城区管理，并不断完善滨海新城基础设施，扩大了绍兴高新技术产业开发区、袍江经济技术开发区的面积；明确了17个小城市培育试点镇功能定位；开展美丽乡村先进县、先进乡镇、精品村和美丽农家"四级联创"活动，实施"百村示范、千村整治"，启动空心村改造试点78个，完成农房改造2.2万户。绍兴中心城市建设全面推进，组织实施国务院批复的《绍兴市城市总体规划（2012～2020年）》，启动绍兴市区行政区划调整方案，加快推动绍兴从"山阴时代""镜湖时代"进入"海湾时代"。深入实施"三片融合、中心崛起"战略，组织实施"六湖"区域规划，促进中心城市片区融合。滨海新城建设加速推进，"三年拉开框架"目标任务基本完成。

3. 节点县（市）融合都市圈实践

德清 以"杭州北区、创业新城"为主题，打造融杭"半小时交通圈"，开通了德清到杭州的国内第一条跨地区城际公交线，杭宁高铁使德清与杭州无缝连接。面向杭州都市圈的临杭物流园区正在加快建设中，临杭工业区吸引了天马轴承等一大批杭企入驻。

安吉 出台了《安吉县接轨上海融入杭州三年行动计划（2012～2014年）》，提出全力打造"杭州新区"。与西湖区建立了友好县区战略合作关系，成功引入杭州公交自行车系统，安吉—杭州城际轻轨建设工作积极推进，杭州市民卡安吉发放工作及杭州都市圈安吉信息监测站工作顺利推进，浙江科技学院中德工程师学院、浙江省自然博物馆等一批有影响力的建设项目落户安吉。

海宁 "十二五"期间规划建设7条接轨杭州的道路，海宁市与杭州市接轨道路将增至13条，通过道路对接，融入都市圈的程度将进一步提高。大力打造临杭新区和长安镇（高新区），充分发挥与临平副城的"同城效应"，努力成为接轨杭州的桥头堡。

桐乡 桐乡至临平公交南站城际公交线路基本确定，已被纳入杭州轨道交通总体规划。与浙江理工大学、浙江传媒学院分别签署合作办学协议，杭州市中医医院与浙江省立同德医院合作成立桐乡分院。积极承接杭城产业转移，制定了《桐乡市临杭经济区工业产业发展规划（2012~2016年）》，2012年临杭经济区规模以上企业工业总产值占桐乡市规模以上企业工业总产值的38%。

柯桥 主城区全面接轨杭州都市圈，融入绍兴中心城。向东依托高铁站前区，加强与镜湖新区对接；向西开发大小坂湖及周边区域，加强与杭州对接；向北延伸金柯桥大道商贸轴，打造城市商务新高地；向南推进萧甬铁路改造等项目建设，加快南北融合。

诸暨 深入挖掘与杭州都市圈的对接潜力，引入浙江农林大学暨阳学院，杭州口腔医院在诸暨设立分院。2013年引进杭州投资项目13个，努力形成杭州都市圈—诸暨大城市—小城市、中心镇—中心村梯度发展的良好格局。

三 杭州都市圈城镇化发展的主要模式与借鉴

城镇化是一个渐进的过程，城市与城市间存在着差异，城市中的不同区域也有自己的发展方式。调查研究全国城市发展的进程和方法，总结杭州都市圈城镇化发展的经验，可以发现各种城镇化发展的模式。

（一）杭州都市圈城镇化发展的主要模式

1. 产城融合模式

产业与城市融合发展的城镇化模式。产城融合模式，既以城市承载产业空间，发展产业经济，又以产业驱动城市更新，完善城市功能及服务配套。产业推动城市发展，城市承载产业发展，达到产业、城市、人之间的持续向上发展。在推进工业化发展中，依托主城区边缘设立以各类开发区为代表的产业园区，或在远郊以产业园区配合综合住区设立独立新城，是杭州都市圈许多城市拓展发展空间普遍采取的方式。各类产业园区大多以分散组团形式布局在主城区外围，同时以功能分区规划思想为指导，产业园区与城市综合服务区相对分离，城市在空间结构上不连续，并在主体功能、用地布局、发展重点上也存在差异性和独立性。这种由产业园区发展而来的、从最初产城分离发展到产城融合的新城，在杭州都市圈发展得比较充分。杭州都市圈在产城融合中，注重前瞻，规划先行，产城互动；注重更新城市的土地资源、空间资源用于发展新兴产业，引领产业变革；注重产业结构转型升级，鼓励企业做大做强，积极参与国际化竞争，不断提升城市的国际影响力。杭州都市圈的产城融合，促进了城市土地集约化，扩大了产业空间，加速了产业集聚；促进了城市就业人口的增加，规避了盲目城市化带来的空城现象；促进了城市产业生态体系的形成，增强了产业自我更新的能力；促进了城镇化的有序推进，以及城市、产业一体化的建设。杭州的滨江新城、钱江新城，绍兴的中国轻纺城，嘉兴的智富城，海宁的皮革城等的成功建设，均已表明产城融合已经成为杭州都市圈发展新型城镇化的一大趋势。有专家把产城融合提升到新型城镇化发展方向的高度来认识，认为产城融合是区域经济发展的重要推动力，是推进人口集聚的重要手段，是产业集聚的增长点，是统筹解决产业要素和城市资源的基础力量。

2. 城镇扩张模式

城市空间不断向外围扩展推进，或蔓延式扩张、点轴式扩张、飞地式扩张，或网络式扩张，以侵吞外围原有的非城市用地，把城市建成连片发展、没有空间间隔、没有层次性的共同区域。我国在城市化的初期，城市的发展壮大大多经历了市区地域的扩张。主城区的核心具有"主宰"城市的影响力，虽然城市空间的外围地域平面得到扩展，但仍旧有着强烈的向心力和集聚力倾向，所扩张的区域成为整个城市的有机组成部分。如过去杭州城区由于受到西湖和钱塘江的地形限制，其扩展以一种南北狭长且南窄北宽的不规则状蔓延，城市形态形成一种"折扇状"。后来，杭州发展进入钱塘江时代，在向西、向北发展的同时，实行跨江发展，将钱塘江南原萧山市的3个镇划入城区，建立滨江高新技术产业区，经过十几年的发展，迅速成为杭州的江南新城。而萧山、余杭撤市设区成为杭州主城区后，受杭州城市扩张和交通发展的影响，快速融入了杭州主城区。县级层面则包括县改市、县（县级市）改区，浙江富阳市、临安市将分别改为杭州市富阳区、临安区，绍兴县、上虞市已分别改为绍兴市柯桥区、上虞区。其共同的目的是拓宽城市发展空间，适应城镇化发展进程。

3. 郊区城市化模式

"人类生产和生活方式由乡村型向城市型转化的历史过程，表现为乡村人口向城市人口转化以及城市不断发展和完善的过程。又称城镇化、都市化。"①郊区城市化,也称城市郊区化,是城市附近的郊区逐渐发展成城市,人口、就业岗位和服务业从大城市中心向郊区迁移的过程。郊区城市化是现代城市发展的一种普遍现象,是伴随着城市中上阶层人口移居市郊,城市中心城区以外的郊区乡村区域的城市化过程。郊区城市化,包括人口外迁、工业外迁和零售业外迁。"三个外迁"是相互关联的:城市中心巨大的人口压力,以及这一压力对居民生活环境的不利影响,导致人口的外迁;郊区大面积的价格低廉的土地,以及能更好地与铁路、港口、高速公路等交通设施相互配置等优势,促使工业外迁;而由于人口和工业的外迁,市中心商业面对来自郊区商业的激烈竞争,被迫采取了零售业外迁的方式,以提高自身的竞争优势。"三个外迁"也可以看作"逆城市化"的表现。当城市的政治功能、经济功能、文化功能、社会功能以及居住和消费功能集聚到一定的程度,集聚空间达到了趋近的极限,交通、空气、水资源、环境卫生等"城市病"相继出现,于是中心城区的各种功能,比如政治中心、经济中心、文化中心以及居住和休闲娱乐中心等,纷纷向有条件的郊区或中小城镇及乡村分解。从这个意义上说,郊区城市化与逆城市化是一个问题的两个方面。这种现象在杭州都市圈四个城市的扩张中体现得比较充分。

4. 新办大学城模式

大学城(Higher Education Mega Center,HEMC)于半个世纪前兴起于欧美发达国家,其功能主要是为高校提供基础设施和后勤系统社会保障,为大学生提供良好的学习环境和便利的食宿、交通等条件。大学城的形成分自然生成和主动构建两种。中国的大学城均为主动构建,这得益于中国的高等教育由精英教育向大众化和普及化方向发展的背景。20世纪90年代,随着中国社会经济的迅猛发展、人口的继续增长、以技术和通信革命为特征的知识经济革命的加速发展,以及终身学习和终身教育理念的普及,越来越多的人需要接受高等教育。在此情况下,院校实行调整"聚合"。独立大学的规模迅速扩大,多校区大学进一步发展,大学及其校园在空间上进一步集中,各类院校开始向大学

---

① 《中华人民共和国国家标准城市规划基本术语标准》第2.0.6条款给城市化下的定义。

城集聚,逐渐形成了教学主导型和高新技术研究主导型的大学城。与此同时,杭州都市圈城镇化进程持续加快。城市的教育和科研功能的不断强化,学习型城市和学习型社会的倡导,再加上中国政府在高等教育中的角色转换和企业与高校的联姻等社会因素的共同作用,通过一定机制吸纳高校集聚办学,大学城在杭州都市圈得到了迅速发展。杭州滨江高教园区、下沙高教园区、小和山高教园区都是集聚效应和城市效应非常明显的大学城。杭州下沙高教园区面积为10.91平方公里,已入驻的15所高校在校师生约30万人,是浙江省规模最大的高教园区,也是产学研一体化的新城。下沙开发区管委会依托高教园区,正在着力建设大学科技园区、留学生创业园,以构筑15所高校和700多家现代制造企业互动发展的大平台,培育发展具有自身特色的知识经济和技术密集型产业,增强城市产学研一体化发展的核心竞争力。

5. 小城镇发展模式

这一概念是著名的社会学者费孝通先生在1986年经广泛调查和比较后提出的。20世纪80年代,乡镇企业在杭州都市圈蓬勃发展。随着经济的快速发展,民间和地方政府开始投资建设城镇,自下而上地推动小城镇的发展。自城镇化战略实施以来,杭州都市圈小城镇发展迅猛,数量迅速增加,质量也有了大幅度的提高。但区域经济的不平衡性,使小城镇呈现非均衡发展的态势,这在深层次上表现为发展模式的地域差异性。建设部副部长仇保兴把我国的小城镇发展模式概括为十种:城郊的卫星城镇、工业主导型、商贸带动型、交通枢纽型、工矿依托型、旅游服务型、区域中心型、边界发展型、移民建镇型、历史文化名镇。这十种发展模式,除工矿依托型、移民建镇型、边界发展型外,大多能在杭州都市圈找到对应的城镇。按不同的发展路径形成的各类城镇,必然产生了不同的发展结果。小城镇发展模式,是发展农村经济、解决人口"离土不离乡"和"离乡不背井"的有效途径。形成小城镇发展的最有效的方式是"强镇扩权",让小城镇拥有自己发展所必需的权力。2010年底,为期3年的浙江小城镇培育试点工作启动,在全省确立了27个中心镇试点,其中杭州都市圈有11个镇,具体为:杭州的瓜沥镇、塘栖镇、分水镇、新登镇,湖州的织里镇、新市镇,嘉兴的崇福镇、姚庄镇、王江泾镇,绍兴的店口镇、钱清镇。2013年8月,浙江省人民政府批准同意撤销瓜沥镇、坎山镇、党山镇建制，合并设立新的瓜沥镇。新瓜沥镇辖11个社区、63个行政村。瓜沥镇自被列入浙江省确定的27个小城镇培育试点镇以来，启动实施总投资130亿元、涉及100个项目的"百亿百项"工程。

6. 城乡新社区集聚模式

城乡新社区集聚建设，是通过规划对农民住房布局进行空间上的重新调整。城乡新社区集聚建设，有利于土地资源节约集约利用，有利于城镇化进程的推进，有利于改善农民住房条件，有利于美化村容村貌，有利于农村基础设施配套建设。城乡新社区集聚建设，是为解决以下问题而推行的实践工作：农民进城买房的同时，又在其宅基地建房，形成"两头占地"的局面；村民不断向村外占地建房，建新不拆旧，造成农村宅基地闲置浪费；等等。城乡新社区集聚建设可分为向城市集聚、向小城镇集聚、向中心村集聚、本村原址上住房集聚建设等类型。例如，杭州市淳安县于2012年启动高质量、快速度的农民集聚区建设，汾口畹墅农民转移集聚区、威坪三都花园、姜家镇宏山农民集聚区、大墅镇农民集聚区、临岐镇农民集聚房5个中心镇累计投资10794万元。通过加大古村落保护开发力度，加快农村供水及排污管道建设，深化溪流、河道、池塘等整治工作，健全农村基础设施管理，办好农村民生实事，让改造后的"新农村"上升为真正意义上的城市新社区，推动城市发展转型升级，实现新型的全域城镇化发展。

（二）杭州都市圈城镇化国内模式借鉴

中国的城镇化进程起步较晚，但发展速度很快，而且城镇化和现代化同步进行。按照其他国家的经验，城镇化率达到30%~70%时，是城镇化的加速发展期。至于加速发展期的年限，欧洲国家为180年，美国为100年，日本为50年。而中国在1996年时的城镇化率仅为30%，到2012年已增长到52%，估计未来达到70%时，总共用时不会超过30年。中国在城镇化的进程中，先后进行了各种改革尝试，如天津模式、苏南模式、上海模式、广东模式、成都模式等，这些模式对杭州都市圈新型城镇化的推进具有借鉴作用。①

---

① 杭州图书馆编《时事观察》，2013年1月30日。

1. 郊区城镇化的"上海模式"

上海是一个移民城市，而且是一个正在移民过程中的特大城市。上海的城镇化率一直在全国保持领先。2009年我国城镇化率为46.6%时，上海已经达到88.6%，高于北京的85.0%和天津的78.0%。上海是在城镇化的进程中快速前行的，非沪籍人口（约占人口总数的1/3）的迁移、会聚、居民化，既让上海具有都市化、国际化程度越来越高的特性，又让上海的郊县地区迅速城镇化。嘉定新城、松江新城、奉贤新城、青浦新城、临港新城等卫星城的兴起，使得上海又具有了"城中城"的格局。这种注重上海城市郊区发展的"造新城"的城镇化，正是上海城镇化的特色。"造新城"既可以容纳更多原来的农村人口（无论本地还是外来），又能分流中心城区的居民人口，缓解中心城区的人口压力。

2. 宅基地换房集中居住的"天津模式"

天津市创新农村城市化模式，借城市化发展之力，探索以"宅基地换房"建设示范小城镇模式，尝试让农民"安居乐业有保障"。天津破解农村城市化进程中的土地、资金和出路三大难题，通过推进工业园区、农业产业园区、农村居住社区的统筹联动发展，让农民拥有薪金、租金、股金、保障金，促进大城市郊区农村的城市化进程。主要包括整体推进型、都市扩散型、开发拓展型和"三集中"型四种类型。通过政府主导"以宅基地换房"，首先解决搬迁农民的安置问题，然后经过土地集约增值收益发展产业，提高农村居民的就业率，将农民的集中居住与城镇化、产业化有机结合。一是由区（县）政府编制总体规划，报市政府审批；二是组建投融资机构，负责小城镇建设；三是市政府国土管理部门下达土地挂钩周转指标；四是村民提出宅基地换房申请并与村民委员会签订换房协议；五是村民委员会与镇政府签订换房协议；六是镇政府与小城镇投融资机构签订总体换房协议；七是小城镇农民住宅建成后，由村民委员会按照全体村民通过的分房办法进行分配；八是农民搬迁后，对原宅基地整理复耕，复耕的土地用于归还小城镇建设占用的土地挂钩周转指标。从2005年开始，天津市政府通过这八个步骤，先行试点、逐步展开，先后批准了三批试点，规划惠及23个镇、6个村、251个行政村、3个居委会的15万户共计41万名农民，共建设农民回迁住宅和公共设施2000万平方米。

3. 产业集聚带动人口集聚的"广东模式"

广东省城镇化率约为66.5%，是全国城镇化最发达的区域之一。根据自身的区位特征，广东省在珠三角地区以突出的产业集群，借助市场的推动力量和出口企业、乡镇企业的兴起，带动了人口的大量集聚，实现了城镇的快速崛起。珠三角的城镇化走在全国先进行列，城镇化率达82.7%，相当于中等发达国家水平。但珠三角以外的山区，在以县城为中心的城镇化过程中发展得并不尽如人意。

广东省在未来的新型城镇化建设中，将主要根据交通原则和城镇等级序列的数量关系进行安排，从加强中心城市建设和加快专业镇建设着手，以形成中心城市—县城—中心镇—重镇—小集镇五个层次的城镇结构体系，力图做好规划，发挥各自的潜力和优势，突出自身的专业化方向和特色，促进城镇间的相互专业化分工与协作，形成合理的区域城镇体系，提高城镇化水平。

4. 大城市带大郊区发展的"成都模式"

"成都模式"可概括为"城乡统筹"，虽然只有四个字，却代表了国民经济的全局。"成都模式"分四步走。第一步：将空间资源仔细分配。实行工业项目要向工业区集中，农民要向中心村、集镇和城市集中，耕地要向种田能手集中的"三个集中"。第二步：城乡之间搞挂钩交易。即中间人先借钱给农村集体，让集体腾出地方后把指标给他，然后用指标跟高价地去换，获得差价，再拿出钱来给农村建设用地投资。第三步：土地确权，这是最重要的工作。即把已有的资源划清楚，谁家的房子多大、宅基地多大、院盘多大，给一个法律表达，确定资源的主体，并进行议价。确权推动了土地市场化的流转，搭建了农村集体土地交易的平台。第四步：土地流转交易。即在确权流转的基础上，推动全面土地流转交易的进行。

"成都模式"是典型的大城市带大郊区的发展模式。通过对土地确权颁证，建立农村土地产权交易市场，设立建设用地增减指标挂钩机制；通过将发展较好的区域作为起步点，确立优势产业，形成以市场为导向的产业集群；通过对农民提供公共服务和社会保障，提高农民的生活水平。成都的改革，不仅涉及土地管理制度和政策的小调整，而且涉及现行国家征地制度的根本变革。

5. 工贸联动发展的"浙江模式"

浙江省是中国民营经济和股份制改革的发源地,作为社会经济发展的空间载体和空间过程,城镇化发展形成了独特的"满天星斗"般的小城市发展格局。浙江的发展是从以个体经济与专业市场为主导的块状经济发展而来的,义乌的中国小商品城、永康的中国五金城、东阳的中国影视城等,使县域经济发展的优势凸显。之后,浙江大量的园区建设,以及工贸联动发展,吸引了大量农村劳动力,城镇化速度不断加快。有资料显示,浙江的城镇密度为全国之最(每万平方公里宜居空间有8.0个城市、177.1个镇),中等城市密度居全国之先(浙江绝大多数县级市和部分县城的城区人口均已达20万人以上,有的已达30万人以上),设区市发展略胜全国同类市一筹(2001~2011年浙江省11个设区市市区GDP增速达16.9%),浙江"工贸联动发展"的城市化格局,已经或正在形成典型的星云状分布的城市群和城市带。①

6. 以工业化兴城的"苏南模式"

苏南地区包括南京、苏州、无锡、常州和镇江等城市。苏南地区的城镇化动力源于农村工业化,形成以小城镇为主要空间载体的城镇化,后来逐步发展为以资本带动、制造业发展、开发区建设为主要推动力的城镇化模式。农村工业化是源于计划经济框架进行的,在计划经济向市场经济的过渡中,苏南地区尝到了"头口水"。改革开放以来,江苏先后经历了以苏南乡镇工业驱动的小城镇快速发展阶段,以开发区建设和外向型经济驱动的大中城市加快发展阶段,以及以城乡发展一体化为引领、全面提升城乡建设水平的发展阶段。在经过三个阶段的发展以后,江苏城镇化率已经从当初的15%上升到了现在的63%。② 例如,苏州将有计划地通过"三集中""三置换""三并轨""三大合作"的"四个三"建设和发展小城镇,提高公共服务均等化水平,进一步缩小城乡差距,实现城乡发展一体化目标。③

---

① 卓勇良:《浙江城市化:满天星斗》,《浙江日报》2013年2月22日。
② 周岚:《江苏城镇化已经历三个阶段》,新华网,2013年3月9日。
③ "三集中",即农户向社区集中、承包耕地向规模经营集中、工业企业向园区集中。"三置换",即农户将集体资产所有权、土地承包经营权、宅基地及住房置换成股份合作社股权和城镇住房。"三并轨",即城乡低保标准、养老保险和居民医疗保险实现并轨。"三大合作",即社区股份合作、土地股份合作和农民专业合作。

四 杭州都市圈新型城镇化面临的主要问题

杭州都市圈区位条件优越，自然禀赋优良，经济基础雄厚，体制比较完善，城镇体系完整，科教文化发达，一体化发展成熟，"新四化"发展基础较好，是我国综合实力最强的区域，具有高起点上加快发展新型城镇化的优势和机遇，但同时也应看到制约新型城镇化发展的因素。

（一）城镇化发展缺乏统一的理念和规划

从城市发展水平上看，杭州都市圈各城市发展和市域中县（市）级城市发展不平衡，大城市杭州发展水平最高，绍兴、嘉兴、湖州等城市次之，而杭州市域中县（市）级城市淳安、桐庐等发展水平相对较低，具有明显的"三级阶梯"的特征。从客观上说，一般市级区的城镇化发展水平比县（市）级市高，这主要取决于其与大中城市的融合度和接受大中城市辐射的程度，以及以往经济发展的基础与水平。但从主观上说，与城市经营者的城市定位、发展理念和推进力度也有很大关系。

杭州都市圈建立的协调会机制，还处于初级合作层面，从管理上讲还属于浅层次的合作。区域的城镇化发展，更缺乏统一的理念和规划。这与长三角"金南翼"的地位极不相称。各市、县垂直管理，经济上形成了相互竞争的格局，区域内部差距较大，地区发展不均衡。尤其是产业结构相似度极高，产业同质化明显，区域间产业同构性相似系数均超过了国际标准的地区间上限。杭州都市圈存在着城镇体系发展、基础设施建设和市场体系割裂的问题。浙江省发展和改革委员会在2011年出台了《杭州都市经济圈发展规划》，但对于城镇化发展的目的性和统筹性还存在不足。国家城镇化规划尚未出台，各地都在等这一规划的出台，以便与国家的规划相衔接。但无论如何，杭州都市圈应该有统一的新型城镇化发展规划，以便在发展中突出各城市的个性，发挥各城市的特长，避免城市发展的雷同。

（二）"城市病""民工荒"等"逆城镇化"现象加剧

发展了多年的以房地产建设为龙头的"摊大饼"式城镇化已经走到了尽

头。一旦城区"摊大饼"式发展面积过大,就会产生交通、空气、水资源、优质教育、医疗条件、工作机会等众多问题。城镇化很难随着人口的增长而同步发展。各式各样的"城市病"开始发酵,甚至有人选择离开大城市,跳离杭、湖、嘉、绍,"逆城镇化"现象悄然出现。

"逆城镇化"现象突出表现为"城市病"大规模暴发。"城市病"已经让市民不堪重负。杭州都市圈是全国最先进入中等发达国家行列的地区,2007年杭州都市圈人均GDP达到43597元,超过中等发达国家4000美元的标准。但在短短的不到7年的时间里,杭州都市圈城镇化率已达61.13%,在高出全国平均水平8.56个百分点的背后,却隐藏着诸多的"城市病"亟待"医治"。尤其是大中城市的"城市病"已经相当严重,空气污染、交通堵塞、水资源缺乏、人口拥挤、就业困难、住房紧张、贫富两极分化、公共卫生恶化、生态环境破坏等城市快速发展过程中出现的各种"不良症状"已经发生了。如果我们的治理赶不上城市发展自身的要求,那么"城市病"会越来越严重。有专家做过保守的估计,上述所列"城市病"需要花20~30年才能根治,而且投入相当高。

"逆城镇化"现象还表现为企业的"民工荒"。杭州都市圈的产业集群发展虽然令人瞩目,但城市的发展并没有为此做好准备,转型升级尚处于初级阶段,人口密集型产业还是占绝大多数。中西部地区的发展,已经让许多人不愿意远离家乡出来打工。近年来,杭州都市圈"民工荒"现象持续,即使提高工资也未必能招到人。主要原因在于,城市发展吸纳了大批进城人员,其主要目的是获取廉价劳动力,但又不能对其公共服务和社会保障进行必需的开支,农民工无法在打工的城市长久生活,面临子女的上学、医疗的保障、住宿的条件、高企的物价、空气的污染等诸多问题,多数进城人员难以实现落户生根的意愿,他们未能在就业、医疗、教育、养老、保障性住房等方面平等地享受城镇居民享有的基本公共服务。

(三)城市"行政等级"掣肘新型城镇化发展

中国的城镇不是自治的,城镇之间存在着等级化的管理关系。越是大中城市,行政管理的等级越高,发展权力就越大,所占的资源要素就更多,集聚的财力也越多，城市发展也更快，城市发展的质量水平也更高。这一特点深刻地影响着杭州都市圈新型城镇化的发展，杭、湖、嘉、绍等大中城市行政权力高，所占的资源要素多，建设和发展就快；县和集镇行政权力小，所占的资源要素少，建设和发展就慢。国务院发展研究中心资源与环境政策研究所副所长李佐军认为，现在提倡小城市和小城镇都发展，但行政等级低的城市是得不到同等发展条件的。新型城镇化发展需要行政体制改革相配套，体制改革不到位，城镇化发展建设格局就不会变，新型城镇化发展的要求与现行体系不协调的地方也就难以改变，发展竞争的条件也就不平等。要让新型城镇化发展状态比较好，就要为各种不同规模的城市创造平等竞争的条件，消除农民进城障碍，让人口和生产要素在不同规模城市（尤其是中小城市）以及城乡之间自由流动，逐步消除"亦城亦乡"家庭的问题，统筹推进户籍制度改革，实行"基本公共服务均等化"，以逐步解决农民工及其随迁家属落户城镇的问题，并力求在义务教育、就业服务、基本养老、基本医疗、最低生活保障、保障性住房等方面，实现城镇常住人口全覆盖。①

（四）农业转移人口城镇化压力异常沉重

中央农村工作会议提出，到2020年全国有1亿农业人口要转移成市民。杭州都市圈是全国外来农村务工者的集聚地，农业转移人口市民化任务非常艰巨。农村人口变为城市人口，增加的潜在基础设施和公共服务的投资需求为每人10万~15万元。杭州都市圈农业转移人口市民化不仅面临资金的压力，而且面临社会与体制的压力。大量农村转移人口的涌入，已经让杭州都市圈城市社会面临严峻的挑战，现有的行政管理、户籍管理、社会保障、土地管理、财税金融等制度，在一定程度上固化了已经形成的城乡利益失衡格局，制约了农业转移人口市民化和城乡发展的一体化。

（五）城市发展缺乏个性而显雷同

近年来，随着城镇化的发展，蓦然回首间发现各城市走过的道路非常相

---

① 《2013年城镇化率预期至53.37% 仅增0.77个百分点》，《东方早报》2013年3月7日。

似。相同的功能划分、相同的街道、相同的建筑、相同的广场、相同的住宅区等，已经让出差的人不愿意再到街上看风景。以"旧城改造"的名义开发房地产，使许多城市在"旧城改造"中失去个性。越来越多的人发现，许多城市越来越相像，同样标志风格的连锁快餐店、银行网点、五星级酒店，同样的马赛克、玻璃幕墙，同样港式、欧风、新加坡模式的中不中、洋不洋的建筑。如果杭州没有西湖，没有河坊街，那杭州会是什么样的呢？令人惋惜的是，近年来一些城市，尤其是县（市）在低层次重复兴建楼堂馆所的同时，至今还在大规模地、人为地割断城市几千年历史的"文脉"。未来杭州都市圈的城镇化，应该充分利用城市的自然资源、历史资源、文化资源，发展城市的个性和魅力，以城市魅力带动城市发展。

五　杭州都市圈新型城镇化的发展趋势

分析杭州都市圈新型城镇化的发展趋势，离不开国际和国内两个大的背景。分析国际背景，能充分认识杭州都市圈城镇化在国际中的作用与地位，以避免和少走老路、弯路；分析国内背景，能认识到杭州都市圈城镇化的未来演进趋势，充分认识到未来发展的艰巨性和曲折性，以提高新型城镇化发展的质量和效率。

从国际背景分析，据国务院发展研究中心发展战略和区域经济研究部分析，人类经济社会活动空间分布格局进入以城市为主的新时代。按照联合国的统计和预测数据，截至2011年，全球总人口为69.74亿人，生活在城市的人口约36.32亿人，城市化率达到了52.1%。预计到2050年，全球总人口将增长到93.06亿人，城市人口将达到62.52亿人，城市化率将达到67.2%。2011~2050年，全球将新增人口23.32亿人，城市人口新增26.20亿人，人类经济社会活动的空间分布结构进入了以城市为主的阶段。① 影响城市化和城市发展的因素除地理和气候状况、基本经济和政治制度、发展水平等自然和社

---

① 主要观点引自国务院发展研究中心发展战略和区域经济研究部"中国城镇化过程中若干典型问题研究"课题组的《世界城市化发展的新趋势和新理念》，中国社会科学院网站，2013年1月16日。

会条件外，主要还有全球化、技术进步、全球治理模式和治理议题的变化、各国民众权利和平等意识的普遍增强等因素。未来城市化和城市发展的特征和状况，可以说在很大程度上决定了人类发展的特征和状况。在这种趋势下，全球经济网络正日益演变成为一个将全世界各大枢纽与节点连接在一起的横向网络，单个城市的竞争力将日益取决于价值链上的各个参与方、企业及其内部各部门、供应商和客户之间合作的效率和质量，取决于单体城市在城市网络中所处的地位和核心优势。因此，城市群在未来城镇化发展中扮演着越来越重要的角色，尤其是处于城市群中心的核心城市将担当起新型城镇化的"领头羊"。

从国内背景分析，要看人口基数、城乡居民收入差距和解决人的就业问题等指标情况。在人口基数上，2012年我国的人口基数是13.5亿人，20年以后人口将达到14.92亿人，约有11亿人生活在城市，4亿人生活在农村。也就是说，我国的城镇化率从2012年的52.6%到2032年后基本上能达到发达国家73%左右的水平。在解决人的就业问题上，2012年我国城乡居民总收入占GDP的比重为46%，GDP中大部分是支付给人的收入。到2032年我国这一比重如果达到73%左右，才能达到发达国家的水平。

（一）城镇化质量将成为衡量区域幸福的重要标志

以幸福作为城镇化发展根本的价值取向，让发展成果最大限度地惠及市民。"城市让生活更美好"，这是杭州都市圈许多城市孜孜追求的目标。新型城镇化向幸福出发，首先，要让城市经济有长足的发展，改变经济发展方式，增加现代服务在城市发展中的比例，只有经济发展了，市民的收入才能提高；其次，要考虑城乡统筹、社会公平，从"以物为本"走向"以人为本"；再次，要克服空气质量差、环境卫生差、水资源缺乏、交通拥堵、"贫民窟"的出现等"城市病"；最后，要采取必要的行动，实行工业向园区集中、农民向城镇集中、土地向规模经营集中的"三集中"，实行基础设施、公共服务向农村延伸的"两延伸"，实行城乡规划管理、产业发展、基础设施建设、社会事业、就业和社会保障、生态环境建设一体化的"六个一体化"。2011年杭州市社会科学院率先提出构建幸福生活城市圈的目标与设想，成为杭州都市圈所有城市的共识;幸福区域建设也成为杭州都市圈许多城市追求的目标,成为除GDP考核以外的新的指标。如今,幸福作为杭州都市圈城镇化发展的根本目标,无论是城市的居民还是外来务工者,都将享受新型城镇化带来的幸福提升。

(二)大中小城市将成为新型城镇化发展的主角

住房和城乡建设部政策研究中心副主任王珏林从中小城市发展的角度谈了几点看法。一是中小城市面临最好的发展机遇,表现在大城市经历了30多年的发展后,要想达到中等发达国家的水平,如果不发展中小城市是没有任何出路的。国家很重视中小城市发展,很重视推进城镇化和新农村建设,特别是推进省管县工作,实际上给中小城市发展奠定了很好的基础。二是中小城市有很好的发展潜力,表现在中小城市发展刚刚起步,城市功能、城市基础设施配套还处于初级阶段,与大城市相比有较多的土地建设资源,还有很好的依托大城市发展的经济社会环境。三是差异化发展中小城市,不仅产业要错位发展,城市也要特色化发展,并在竞争中发展,避免形成"千城一面"。在同等条件下,城市与城市间只有比经济规划、城市规划、产业定位,比环境整治、城市面貌,比政府的服务能力和服务水平,才能吸引投资者和各类人才,产业才愿意落户。①

杭州都市圈在产业转型、递度转移、创业创新、集聚发展、相互沟通、共同谋划、抱团发展的同时,带领各自区域的中小城市迅速发展,以"规划共绘、交通共联、市场共构、产业共兴、品牌共推、环境共建、社会共享"为重点,进一步提升了城市在区域整体联动发展中的核心作用,强化了中心城市的集聚力、辐射力和带动力,实现了资源共享、城乡统筹、美丽城市等,提高了城市品位,引领了区域协调发展,成为新型城镇化的主力军。根据中央城镇化工作会议精神,全面放开建制镇和小城市落户限制,有序开放中等城市落户限制,合理确定大城市落户条件,严格控制特大城市人口规模。推进农业转移人口市民化要坚持自愿、分类、有序的原则。可以预见,杭州都市圈除杭州等

---

① 王珏林:《对我国中小城市建设和发展的思考》,中国环境资讯网,2010年4月23日。

大城市落户有条件限制外,其余设区城市和县(市)域城市均将有序放开城市落户限制,推进农民市民化发展,让市民更像市民,让农民更像农民,真正实现待遇平等。

(三)小城市(镇)培育将成为城镇化发展新的增长点

杭州都市圈借力浙江省委、省政府及相关部门的政策,着力推进小城市(镇)培育试点工作。浙江省委、省政府相继出台了《关于进一步加快中心镇发展和改革的若干意见》《关于开展小城市培育试点的通知》,浙江省发改委、财政厅、编委办、法制办等出台了《浙江省强镇扩权改革指导意见》《关于小城市培育试点专项资金管理若干问题的通知》《关于小城市培育试点镇行政管理体制改革的若干意见》等配套政策,明确了小城市培育试点的总体目标和主要任务,明确了对试点镇在经济社会管理权限、用地指标、税费支持上予以扶持。例如,浙江省政府出台《关于加快推进中心镇培育工程的若干意见》(浙政发〔2007〕13号),公布了141个第一批省级中心镇培育名单,其中杭州市19个、湖州市10个、嘉兴市14个、绍兴市12个,杭州都市圈共55个,占浙江省中心镇的39%。2011年初,浙江省人民政府办公厅发布《关于开展小城市培育试点的通知》(浙政办发〔2010〕162号),到2015年,纳入小城市培育试点的中心镇要实现建成区面积8平方公里以上,户籍人口6万人以上或常住人口10万人以上,年财政总收入10亿元以上,农村居民人均纯收入2万元以上,工业功能区工业增加值占全镇工业增加值的比重在80%以上,第三产业增加值占GDP的比重在40%以上,第二、第三产业从业人员比重在90%以上,达到公共服务完备、管理体制健全等指标要求。在选定的27个小城市培育试点镇中,杭州都市圈有11个,占浙江省的40.74%。

(四)现代服务业将为产城融合提供新的动力

城镇化和产业化是新型城镇化的"双轮"。只有城镇化没有产业化的发展,只能让城市成为"空城""睡城""鬼城"。城镇化,让城市和乡村主体地位平等;产业化,让城镇化内容更加充实。产业和城市发展相结合,形成"产城融合"模式,是今后新型城镇化发展的趋势和方向。"产城融合模式有望成为未来城镇化发展的方向。"这是在2013年初由中国社会科学院举办的"中国县域经济推动产业升级实践"研讨会上与会专家所做的表述。杭州都市圈已经在"产城融合"上走在了全国的前列,还将在未来的发展中继续领跑全国。在未来的发展中,杭州都市圈"产城融合"的内容将会发生新的变化或者转型。大中城市将在新城的产业转型升级中"退二进三",快速发展现代服务业,以提升城市核心功能,优化空间结构,发展城乡一体化,改善社会人文生态。杭州都市圈的新城开发,将继续以产业为依托,结合当地实际,打造具有地域特色的新城市综合体;将更加注重产业的发展,增加城市基础设施投入,提高居民收入,消除城乡差别,建立完整的城市新区;将更加注重以人为本,实现政治、经济、生态、人口、文化、空间的多向融合。

(五)城市土地利用效率将得到进一步提高

2012年8月,《瞭望东方周刊》利用一项国家自然科学基金项目和国家高科技研究发展计划的研究结果,对中国城市建成区的扩张进行分析和排名。来自卫星遥感图像的数据显示,中国正在进行人类有史以来规模最大、速度最快的城市化进程,整个国家的城市建成区面积从1990年的1.22万平方公里增加到2010年的4.05万平方公里,增长了2倍多。迅猛的城市扩张背后,是20年间有1.7万平方公里耕地"被城市化"。浙江省是中国城市最迅猛"长大"的区域之一,在城市化增量前20位排名中,杭州排在第17位;杭州的富阳市和绍兴的诸暨市分别排在建成区扩张20倍以上城市的第6位和第8位。① 中央城镇化工作会议提出,要严控增量、盘活存量、优化结构、提升效率,切实提高城镇建设用地集约化程度。中国社会科学院经济研究所副所长樊纲在2011年9月举行的"第十六届城市化论坛"上说,特别要重视沿海地区的土地利用效率,减少耕地城市化,提高土地容积率;城市群、城市带是一个发展方向,通过便捷的交通连接起来,就会相得益彰。今后杭州都市圈的发展,在于盘活土地存量,最大限度地提高土地利用效率。

---

① 数据来自《中国1990~2010年城市扩张卫星遥感制图》。

（六）城乡统筹协调发展将成为城镇化的重要抓手

坚持城乡统筹协调发展，促进城乡二元结构向现代社会经济结构转变，是今后杭州都市圈社会经济发展的基本走向。坚持城乡一体化和城市国际化两轮驱动，是不断提升杭州都市圈城镇化水平的重要抓手。在完善城乡一体化格局上，杭州都市圈将坚持以人为本、优化布局、生态文明、传承文化的基本原则，结合新一轮城市总体规划修编，着力完善城市紧凑、乡村疏朗、城乡一体、功能配套的组团式、网络化、生态型的城镇体系。在提升城市国际化水平上，杭州都市圈将启动新一轮城市国际化战略，进一步明确杭州、湖州、嘉兴、绍兴城市国际化的目标要求、总体思路、主要任务、重大事项和推进路径，顺应县域经济向城市经济、都市圈经济转变的趋势，坚持互利共赢、差异发展，加强与以上海为中心的长三角城市群对接，提升杭州都市圈在长三角城市群中的影响力，发挥好长三角"金南翼"的作用。

六 杭州都市圈新型城镇化发展战略与创新

中央城镇化工作会议提出，要积极稳妥扎实推进新型城镇化工作，必须坚持以人的城镇化为核心，走以人为本、四化同步、科学布局、绿色发展、文化传承的中国特色新型城镇化道路，进一步学习中央城镇化工作会议提出的"推进农业转移人口市民化、提高城镇建设用地利用效率、建立多元可持续的资金保障机制、优化城镇化布局和形态、提高城镇建设水平和加强对城镇化的管理"六项主要任务。杭州都市圈新型城镇化发展的目标、基本思路和原则，应紧紧围绕这一建设目标和任务而展开。

（一）推进杭州都市圈新型城镇化发展的目标

推进杭州都市圈新型城镇化的发展，要紧紧围绕党的十八届三中全会通过的《中共中央关于全面深化改革若干重大问题的决定》精神，以中央城镇化工作会议、中央经济工作会议、中央农村工作会议精神为指导，以《杭州都市经济圈发展规划》为依据,坚持走中国特色的新型城镇化道路,推进以人为本的城镇化;坚持产业和城镇融合发展,推动大中小城市和小城镇协调发展;坚持促进城镇化和新农村建设协调推进,优化城市空间结构和管理格局,增强城市综合承载能力。到2020年,杭州都市圈以集约智能、低碳绿色、协调和谐为内涵的城镇化质量得到较大的提升,单位面积创造的GDP达到"最有效率",城镇化率达到70%以上。

(二)推进杭州都市圈新型城镇化发展的基本思路

推进杭州都市圈新型城镇化的发展,要紧紧围绕党中央、国务院新型城镇化发展战略,进一步解放思想,与时俱进,坚持科学发展、和谐发展、率先发展和区域协调发展,坚持以城镇化解决农业、农村、农民问题,坚持以城镇化解决农民工和城中村问题,坚持以城镇化推进内需的扩大和产业的升级,着力建设、调整与创新同步进行,以最终实现人的城镇化、提高城乡居民生活水平为目标,通过杭州都市圈各城市协同一致的努力,提高城乡一体化水平,提高城市环境治理水平,逐步消除城乡二元结构,实现杭州都市圈新型城镇化优质快速发展。

推进杭州都市圈核心城市集聚效应的发挥,在《杭州都市经济圈发展规划》的城市布局中,进一步通过大中城市的经济辐射作用带动周边城镇空间的集聚,并通过空间集聚实现中小城镇的发展、壮大。集聚经济是推进城市化的基本动力,发挥集聚经济效应,让企业和居民因空间集中而带来经济利益或成本节约。提升城市的集聚效应,应抓住两点。一是以包容性提升城市的集聚效应。为生活在其中的市民提供就业便利、生存安全、舒适环境,以吸引更多的人流、会聚更多的人才、引来大量的投资、集聚大量的财富、发挥更大的集聚效应。二是以社会融合分享城市的集聚效应。城市化的过程是一个外来人口与原有城市居民之间的社会融合过程,通过公共服务的均等化政策,消除移民的歧视,实现不同户籍人口之间的社会融合,以最终消除城市内部的社会分割,进一步促进城镇化与城市和谐发展,推动区域经济持续增长。①

---

① 黄永忠:《充分发挥城市的集聚效应》,人民政协网,2011年6月14日。

（三）推进杭州都市圈新型城镇化发展的基本原则

优化杭州都市圈新型城镇化体系，要坚持以人为本，以新型工业化为动力，以统筹兼顾为原则，推动城市现代化、城市集群化、城市生态化、农村城镇化，全面提升城镇化质量和水平，走科学发展、集约高效、功能完善、环境友好、社会和谐、个性鲜明、城乡一体、城镇建设与市场化工业化产业发展良性互动、大中小城市和小城镇协调发展的道路。需坚持以下原则。①

1. 产业集中带动人口集聚的城镇化原则

城镇化的核心是人的城镇化，必须以"产业留人"。没有产业的城市是"空城""鬼城"。城镇化与工业化、信息化、农业现代化同步发展，是中央城镇化工作会议提出的科学发展的目标。工业化、信息化、农业现代化是杭州都市圈的优势所在。城镇化要把产业发展作为重要支撑，把新型城镇化与调整产业结构、培育新兴产业、发展服务业、促进就业创业紧密结合，推动三次产业融合发展，促进劳动密集型、高新技术型产业协调发展，以提高第二、第三产业吸纳转移人口就业能力，形成以产业集中带动人口集聚的发展局面。城镇化的发展需要多方面的条件，关键要为人的城镇化提供发展动力，在当下尤其要解决好进城农民工的就业问题和进城农民工子女的读书问题，从而改善杭州都市圈区域"招工难"的问题。

2. 统筹城乡实现人的城镇化原则

加快推进城镇化进程，走新型城镇化道路，是缩小城乡差别、改善人居环境的迫切需要，有助于促进经济、社会、环境协调发展。推进新型城镇化的根本目的是，要坚持以人为本、城乡统筹，缩小城乡差距，提高农村居民的生活水平和质量，促进人的全面发展；要积极创造城镇就业机会，消除各种体制性和政策性障碍，逐步引导、吸引农村人口向城镇转移；要把推进新型城镇化与建设新农村结合起来，对农村坚持多予、少取、放活的原则，探索建立以城带乡、以工哺农的长效机制。

---

① 陈玉光：《城镇化建设应遵循的基本原则》，《长春市委党校学报》2007 年第 6 期。

3. 贯彻因地制宜规划先导的原则

杭州都市圈区域范围广、面积大，各城市经济发展不平衡，城镇化发展的条件也有很大差别，决不能搞"一刀切"、一种模式、一个速度、一个标准。城镇的形成，是在劳动力转移成本、就业机会、劳动力报酬率、投资收益率等信号和机制的引导与调节下，各种生产要素及企业、市场、设施等在地理上自然流动、聚散的过程。因此，杭州都市圈城镇化应采取"差别化"的发展理念，因地制宜、因时制宜，多途径、多举措地实现城镇化。应从实际出发，根据当地的区位特点、人口规模、经济发展水平、技术优势、主导产业、资源条件，通盘考虑城镇网络体系、产业布局及社会事业发展等方面的要求，明确各城市、区、乡镇的功能定位，科学规划，合理布局，做好发展规划，加强分类指导，引导新型城镇化健康有序发展。当前，应强化杭州、湖州、嘉兴、绍兴等大中城市的辐射效应，重点发展其他中小城市的城镇化，逐步完善城市区域中的模块功能。

4. 实行市场运作多元融资的原则

十八届三中全会提出，坚持市场配置资源，是市场优先的标志。城镇化说到底是一个经济社会现象，必须遵循经济规律。一定数量的资源集聚和产业分工，才能带来生产效率的提升。城市群的出现和发展是市场发展的必然结果。舍弃城市群，转而进行"遍地开花"式的就地城镇化，不仅无法实现规模经济的收益，还将造成大量的资源错配和浪费。资金问题一直是困扰城镇化发展的一大难题，要坚持"谁投资、谁受益"的原则，通过政策引导，建立起一套政府、社会、团体和个人共同参与的多元化投融资机制和体系。从传统的"筑巢引凤"模式向"引凤筑巢"模式过渡。在政府投入、银行投入的基础上，破除融资壁垒，积极鼓励企业和个人参与投资，尤其是在水电、交通、医院、学校、公园、市场等城镇公用设施建设上，要允许投资者以一定的方式收回投资成本并获得一定的收益。

5. 集约利用土地以保护人类赖以生存环境的原则

杭州都市圈新型城镇化发展，必须走集约式、可持续发展的道路，合理集约利用土地、水等资源，以保护好人类赖以生存的生态环境。按照"产业向园区集聚、人口向城镇集中、农业向规模发展"的基本思路，体现节约土地、集约发展的原则,通过整合农村居民点、控制人均居住面积等,实现新型城镇化建设用地增加,并与农村土地增加保持动态平衡。杭州都市圈城镇化发展必须注意对生态环境的保护,把污染控制同生产过程紧密结合起来,以控制和减少最后污染物的排放;大力发展绿色经济,努力实现经济增长方式由资源消耗型的粗放经营向资源节约型的集约经营转变;严格执行国家环境保护等法律法规,坚决关停规模小、能耗高、污染严重的小企业。引导城镇居民绿色消费,参与环保活动;加强宣传与教育,提高城镇居民的环保意识;保护与利用好城镇历史文化环境,努力将杭州都市圈打造成资源节约、环境友好、经济高效、社会和谐的美丽区域。

(四)杭州都市圈新型城镇化的发展策略

杭州都市圈新型城镇化的发展策略,就是要通过新型城镇化建设,逐步解决"人往哪里去、钱从哪里来、土地如何用"的相互关联、相互促进的三个问题。

1. 让都市圈成为农业转移人口城镇化的目的地

城镇化进程并不以人的意志为转移。人往哪里流动,有其自身的规律。人往哪里去?肯定是往有就业岗位的城市去。就业岗位哪里多?肯定是大城市或者城市密集的城市群就业岗位多。在新型城镇化进程中,要尊重客观规律,否则就会走弯路。国家发改委国土开发与地区经济研究所所长肖金成通过分析指出,国家十大城市群已经成为中国经济的十大支柱,城市群10%的面积承载了超过2/3的全国经济总量,说明发展经济并不需要太大的地方;十大城市群以2/3的全国经济总量只承载了全国1/3的人口,说明城市群经济总量与人口总量不匹配,这也是产生区域差距的原因所在。换言之,城市群应该更多地承载为城市做出贡献的农村人口。要实现区域协调发展,一个途径是产业转移;另一个途径是人口转移。目前,城市群中的大城市人口压力已经很大,但中等城市和小城市还有很大的空间,十大城市群承载更多的人口将可以缩小区域之间的差距,"城镇化要解决人往哪里去的问题,其实是人往城市群转移"。确切地说,就是农业转移人口的城镇化主要是往城市群中还有很大发展空间的中小城市转移。未来城市群就是农民工进城打工的主要载体,也是城市群进一步发展的巨大优势。

2. 让都市圈成为城市、产业与人口集聚新的经济增长点

新型城镇化需要很多钱。新型城镇化最终实现的是人的城镇化。有专家统计,农业转移人口城镇化,每转移一人会增加城市支出 10 万~15 万元;如果仅是养老保险、医疗保险及孩子读书等费用支出,每人需要 2.5 万元。新型城镇化,钱从哪里来是个大问题。城市群是多城市合作的城市群,是合作发展经济、合作发展产业、合作提升城市品质的城市群;城市群实现的是城市集聚带来的规模经济效益,实现的是规模经济带来的城市合作共赢。新型城镇化,首先解决的是人的问题,包括人到城市的工作岗位问题、人的收入问题等,其次解决的才是城市的合理布局问题。把城市群作为城镇化的主要载体,是基于城市群经济发展的基础以及由此产生的较多的工作岗位,这些岗位不仅是在工业化中产生的,而且是由于人口集聚而产生的大量服务业的岗位。城市的土地之所以值钱,是因为城市经济的发展和城市人口的集聚,使城市及城市周边的土地增值。而政府通过对土地的整合,就会获得更多的土地收益,这些土地收益,有的直接产生土地出让金,有的产生间接的税收收益。有了土地收益,城市才能发展,才能解决城市发展中带来的农业转移人口城镇化的问题,解决发展中带来的"城市病";才能解决城市民生问题,解决社会管理、环境保护及文化建设等问题。

3. 让都市圈成为土地资源效益最大化的载体

新型城镇化还需要很多土地。土地从哪里来?一是新征土地;二是盘活存量土地。十几年的城市发展,新征了不少土地,占用了不少耕地。有媒体报道,国家城镇化规划几度推迟,其中一个主要原因就是圈地开发的旧有模式仍被视为推动城镇化的主要手段。因此,规划修改重点便是改变地方政府固有的发展观念,避免地方在城镇化发展过程中走偏。北京大学国家发展研究院周其仁教授在接受《财经》杂志记者采访时说,避免新一轮城镇化演变成行政规划下的"造城运动",一方面要发挥政府这只"有形的手"在调控、引导和监督等方面的作用;另一方面要加强市场这只"无形的手"对城镇化进程的牵引力,防止城镇化过程中出现政府唱"独角戏"的现象。① 周其仁说,城镇化

---

① 王延春:《周其仁:人往哪里流,政府难主导》,《财经》2013 年第 25 期。

如果不圈地怎么能城镇化？重要的是怎样才能避免圈错地！要保持生态平衡、坚守耕地红线、抓好粮食安全，就要实现土地效益的最大化。

建设城市群是让土地效益实现最大化的发展途径。城镇化圈地不能以浪费土地资源为代价。如果土地圈对了，产业选对了，人口集聚了，城市收入就会增加；如果土地圈错了，本来种庄稼的土地，现在空在那里，闲在那里，寸草不生，或者变成钢筋水泥以后成为烂尾楼，那就是最大的失败。从杭州都市圈城市群发展的历史看，这种现象还比较罕见。但杭州都市圈的许多城市，同样存在土地利用效率不高的问题，土地利用效率还有较大的提升空间。

中央政策也已经明确，要严格保护耕地，建设用地要以盘活存量土地为主。农村土地制度改革将在较长的时间里允许地方探索进行试点，四川成都、重庆、河南新乡、浙江嘉兴等城市进行了农村土地流转试点，有许多经验值得借鉴。另外，中国农村住宅建设用地占地面积比较大，农村人均占有的住宅建设用地是城市的3.4倍。① 由此可见，中国未来城镇化土地供给的最大潜力是宅基地，也就是村庄建设用地。未来，杭州都市圈可以通过农村宅基地流转改革，增加城市建设用地，满足城镇化需求，而用地增加了，城市的房价自然会下降。

（五）杭州都市圈新型城镇化的模式选择

1. 推进杭州都市圈大中小城市共同发展，实现发展模式的差异化

要坚持走大中小城市协调发展的道路。新型城镇化的发展，实现农业人口向非农业人口的转移，需要大中小城市共同分担。杭州都市圈若不发展大中城市，就达不到规模经济的要求，形不成国家经济的"拳头"，在国际上没有竞争力，在国内起不到强大的中心辐射作用；若不发展小城镇，大中城市又不可能承担起中国城镇化的重任，同时工业化也难以迅速发展。走大中小城市协调发展的道路，是杭州都市圈新型城镇化的必然选择。从杭州都市圈城市群的现实情况看，选择以都市圈为主体的空间布局和发展道路，形成城市之

---

① 目前中国城乡建设用地为22万平方公里，其中城市建设用地为5万平方公里，村庄建设用地为17万平方公里。

间有机组织、合理分工与合作的共赢模式，增强区域整体竞争力，是杭州都市圈城市抱团发展的基础。控制特大城市、大城市的规模，提高容积率，扩充就业岗位，完善吸纳功能是其必然的选择，同时应推进中小城市的快速发展，把资源进一步向中小城镇集中，以尽快完成先进资本、技术与文化的网络化布局。

要坚持走城镇化差异化发展的道路。杭州都市圈地域广阔，人口众多，各地资源禀赋差别大、产业结构不同、经济发展阶段不同、经济发展水平不一，在宏观调控政策执行上承受能力和执行效果存在着较大的差异，因此差异化的城镇化战略是杭州都市圈发展的必然选择。在已出台的《杭州都市经济圈发展规划》中，有许多关于差异化的意见，但在各区域的政策制定和各城市的执行层面上，却没有将差异化政策的效力发挥出来。差异化发展的内容主要包括差异化的都市圈和城镇规划、差异化的城镇发展方向、差异化的产业结构、差异化的城市治理方式、差异化的城镇投融资管理政策、差异化的房地产调控政策、差异化的低碳城镇化、差异化的民生改善路径等。研究差异化发展的内容不是目的，重要的是通过差异化发展，推进杭州都市圈城镇化进程，提高城镇化发展的质量，加快新型城镇化的推进速度。

要坚持走不同模式的城镇化发展道路。探究国内外城镇化发展模式，无论是天津模式、广东模式、成都模式、上海模式、浙江模式、苏南模式，还是产城融合模式、城镇扩张模式、郊区城市化模式、新办大学城模式、小城镇发展模式、城乡新社区集聚模式，目的都是总结经验，吸取教训，借鉴先进经验与做法。就每个城市而言，新型城镇化发展并没有一成不变的固定模式。杭州都市圈各城市要按照时代发展的要求，按照城市自身资源禀赋、社会制度、人口规模、基础建设等情况，进行科学合理的分析，选择适合自身发展的模式，积极引导新型城镇化的健康发展。机械照搬"一般规律"、盲目套用其他地方的经验，甚至强制推行某种模式，都不符合杭州都市圈新型城镇化发展的实际。不管采用什么模式，必须遵循以市场为先导、以服务为主线、以土地为根本的新型城镇化的基本规律。

2. 推进"内涵提升"的城镇化，实现城镇发展的品质化

依据《中国中小城市发展报告（2013）》提出的中小城市新型城镇化质量

评价体系标准，新型城镇化的本质内涵主要包括集约智能、低碳绿色、协调和谐三个方面。① 杭州都市圈的城镇化水平虽然走在全国前列，但面临的老问题和新矛盾依然非常突出，或多或少地存在"五个侧重、五个忽略"的问题，即侧重经济的发展，忽略历史文化的保护与弘扬；侧重城市的拓展，忽略生态环境的保护与修复；侧重城市物质的建构，忽略城市精神文明的职能；侧重城市外观效果，忽略基础设施建设；侧重进度与数量，忽略质量和品质的追求。② 分析杭州都市圈城镇化的发展趋势，要从推动城镇化由偏重数量规模增加向注重质量内涵提升转变，从偏重经济发展向注重经济社会协调发展转变，从偏重城市发展向注重城乡一体化发展转变。为在保持杭州都市圈城镇化推进速度的同时加快提升城镇化质量，唯有选择"内涵提升"城镇化道路，并从推进差异化的城镇化发展战略、实施城乡统筹加速中小城市城镇化、解决杭州都市圈共同的民生问题、建设生态文明的"美丽城乡"、创新杭州都市圈城镇化发展体制机制等方面入手，才能提升杭州都市圈资源环境承载能力，提高杭州都市圈城镇化的质量与水平。

3. 推进全域"智慧城市"的城镇化，实现城镇发展的智能化

"智慧城市"建设是推动集约、智能、绿色、低碳的新型城镇化发展，带动产业升级转型，改善城镇环境，优化社会生活，实现城镇可持续发展的重要途径。"智慧城市"是复杂的、综合的城市管理过程，应运用好已有的数字城管系统，整合交通、医疗、公安等各种社会信息资源，将各方面信息系统进行无缝对接。积极探索智能型城市发展之道，在城市的规划、建设、管理、运行全过程实行智慧化发展，实现信息共享和业务协同，给城镇化建设提供经验借鉴与技术支撑，为合理配置城市资源奠定良好基础。杭州都市圈"智慧城市"建设正处于发展起步阶段，各城市针对"智慧城市"的创建，应从健全组织机构、建设信息平台、城市精细化管理、城市资源整合等方面进行有益的探索，并立足政策、资金、土地等对"智慧城市"创建给予支持。

---

① 集约智能包括新增城镇人口与新增城镇建设用地之比、城镇互联网用户比重两个指标；低碳绿色包括单位 GDP 能耗、水环境功能区水质达标率、二级以上空气质量达标率三个指标；协调和谐包括城乡收入比、城镇化水平与第二和第三产业比重之比。
② 张锦秋：《重视城市发展质量　摆脱五个"忽略"》，《西安晚报》2012 年 3 月 12 日。

4. 推进防止"城市病"的城镇化，实现城镇发展的可持续

在城镇化快速发展的过程中，不可避免地会产生各种"城市病"，出现人与自然、人与社会以及人与人之间关系的严重失调或冲突现象，严重的话会引起系统性的城市运行风险爆发。概括起来有城市流动人口问题、城市交通问题、城市教育问题、城市医疗问题、城市住房问题、城市土地问题、城市历史文化遗产保护问题、城市环境问题八大"城市病"。"城市病"的出现，让居住在城市的市民感到上学难、就业难、就医难、住房难、挤公交难、行车难、喝干净水难、吸清新空气难等各种难题。杭州都市圈中的杭州、湖州、嘉兴、绍兴等大中城市已经深感城市承载的压力，许多中小城市也已经出现了或多或少的"城市病"。城镇化是把"双刃剑"，既是城市发展的动力和扩大内需的潜力，又是城市发展的"病痛"，再也不能"先发展、后治病"甚至"先发展、不治病"了。城市管理者应该牢牢把握"先治病、后发展"或者"边治病、边发展"的"城市病"治理方针，从城市百姓最为关心的问题入手，逐步化解"城市病"，让生活在城市的百姓过上幸福的生活。

5. 推进建设"美丽中国"的城镇化，实现城镇发展与生态兼容

新一轮城镇化成败的关键在于，城镇化如何与"美丽中国"相兼容。城镇化是一项有赖于"耗能增排"的大工程，城镇化依赖于工业化而衍生出的商业模式、生活模式、交通模式等，对能耗与废弃物、废气排放影响很大。可以说，城镇化发展与"节能减排"理念背道而驰，与"美丽中国"建设诉求相去甚远。党中央、国务院高瞻远瞩，在党的十八大报告中将"生态文明建设"同"经济建设""政治建设""文化建设""社会建设"一起列为"五位一体"的总体布局，并提出"美丽中国"的建设目标。中央经济工作会议提出，要把生态文明理念和原则全面融入城镇化全过程，走集约、智能、绿色、低碳的新型城镇化道路，积极稳妥推进城镇化，着力提高城镇化质量。新型城镇化将在优化国土空间利用、缩小区域差距、合理调配资源等方面有所作为，建设生态与经济协调发展、城市人口与资源环境相适宜的"美丽中国"。从城镇化产业上看，在第一轮城镇化高速提升经济实力之后，低工业化的整体城镇化道路的条件或许已经成熟，城市间产业的错位经营是一条可行的"兼容"途径。从建设"美丽中国"的角度来看，城镇化过程的集聚将分散的生产和生活通过

城镇集中起来,通过集聚达到节能减排、节约资源的目的,起到保护环境的作用;集聚后腾出的更多空间,可以通过合理规划成为"美丽中国"的重要源泉。新型城镇化之所以"新",是因为党和国家在城镇化发展中提出生态优先、文明发展的理念,形成了城镇化与"美丽中国"相兼容的思路。可以预见,城镇化将成为"美丽中国"幸福增长的积极内涵。新型城镇化应该走集约、智能、绿色、低碳的道路,并贯彻到城镇化的生态文明过程与行动中,改变人的观念、体制和行为,强化城市和区域生态规划,推进产业生态的转型,注重生态基础设施和宜居生态工程建设,从末端治理向生态文明建设转型,实现污染防治、清洁生产、生态产业、生态基础设施、生态政区"五同步",将生态文明理念和原则融入新型城镇化的全过程。

(六)杭州都市圈新型城镇化的战略突破

杭州都市圈新型城镇化的战略突破,必须坚持大城市与中小城市及城镇协调发展相结合;必须坚持城镇化与产业转移相结合,实现产业在城乡间、地区间合理布局;必须坚持城市土地扩张与农业人口转移相结合,不能单一扩张城市、大搞建设。具体应实现以下"五大突破"。

1. 交通突破:加速城市群一体化发展的进程

2013年3月,国家发改委印发了《促进综合交通枢纽发展的指导意见》,明确了"基本建成42个全国性综合交通枢纽"的发展目标和"按照零距离换乘和无缝化衔接的要求全面推进综合交通枢纽建设"的主要任务。综合性交通规划与城市群规划密切相关,城市群之间、大城市和卫星城市之间要依靠道路网的贯通才能从根本上加强衔接、协调发展。杭州都市圈新型城镇化将强化交通运输网络的支撑,大力推动轨道交通建设。国家正在制定的《城镇化发展规划纲要(2012~2020)》,将有针对性地提出交通运输发展战略,并明确提出通过城际轨道运输建设连接带动城市间发展的战略。国家发改委也正在编制城市群综合交通网规划方案,预备对城市群的轨道交通、航空、公路运输等进行梳理,并强化衔接。打破城市隔离,以高铁、城际铁路、地铁、高速公路及水路、航空、公共自行车等构筑起杭州都市圈大小交通网络,实现杭州都市圈区域交通一体化,推进新型城镇化发展格局。

2. 环保突破：加大区域环境联合保护与整治的力度

实施环保专项治理是认真落实国家产业政策、促进产业结构优化升级的需要，是完成节能减排目标、全面提升环境质量、构建和谐社会的需要。杭州都市圈工业化快速发展，对江河湖海造成严重污染，区域管理的隔离也导致流域治理的困难。杭州都市圈在新型城镇化的发展中，必须打破这种河流、湖泊、海洋的隔离，完善区域流域治理的体制机制，形成区域流域治理的格局。区域流域环境共同保护是杭州都市圈城镇化建设的重要任务之一，是促进杭州都市圈可持续发展的重要保障。杭、湖、嘉、绍四城市抱团发展，有利于加快推进长三角南翼四个中心城市环境共保进程，有利于加强地区间的环境合作，形成共同治理生态环境的局面，提升区域环境竞争力，促进杭州都市圈经济社会的可持续发展。为加快推进杭、湖、嘉、绍四城市环境共保进程和《杭州都市经济圈环境共保规划》的实施，杭州都市圈要在实施流域水环境保护、推进清洁空气行动、加强环保基础设施建设、整治工业污染、跨区域联合执法、创建生态城市、环保联合审批、营造环境共保氛围等方面进行全面合作，突破城市间环保治理藩篱，为区域环境保护做出贡献。

3. 信息突破：形成区域信息一体化的智能架构

新型城镇化与信息化密切相关，城镇是信息化的栖身之地，信息化是城镇产业升级和功能提升的发动机。换句话说，新型城镇化是信息化的主要载体和依托，信息化是新型城镇化的提升机和倍增器。国家已经着力建设信息化框架体系，主要从信息网络、信息资源、信息技术和产业、信息技术应用、信息化人才队伍、信息化政策法规和标准规范六个方面着手。许多城市正在通过信息化提升新型城镇化的质量，通过信息化使城市功能和产业结构进一步优化，使城市从工业制造中心、商务贸易中心转变为信息流动中心、信息管理中心和信息服务中心。

杭州都市圈发展新型城镇化，要继续走在全国的前列，必须以信息化为支撑，打破城市信息不对称的藩篱，形成区域一体化的信息架构。因此，杭州都市圈新型城镇化必须以信息网络和信息资源为核心，以信息化所需的人才队伍、信息产业、信息技术、各种规制环境为支撑，以政府导向、消费观念、用户需求、应用实效、市场供应和价格定位等为应用。通过信息化，改善需求结构,扩大消费需求,优化产业结构,促进城镇加快转变经济增长方式,保障城镇化进程的可持续。当前,城镇化与信息化最好的结合点是"智慧城市"建设,要让"智慧城市"建设在城镇化中发挥更好的作用,如在城乡一体化的房产登记、银行信用、社保存取、医疗结算、学校教育、人才交流、劳动力市场等方面体现价值。归根结底,"智慧城市"建设要最大限度地为生活在城市中的人提供医、食、住、行、游、教等全面细致的服务,最终达到使城市居民都能享受到高效、便捷、安全、绿色的城市生活。

4. 资源突破:实现中小城市的城镇化要素集聚

盘活城市资源,打破资源占用的藩篱,是推进新型城镇化建设的又一举措。应立足突破资源环境现状,规划和使用好土地、环境、水、旅游、教育等城市资源,特别是要与杭州都市圈的能源状况相匹配,在低碳发展、节能减排上着力,走出一条中国特色高效利用城市资源的城镇化道路。打破大中城市占用小城市及集镇资源的藩篱,形成以中小城镇发展为主体的城镇化。让大中城市更像城市,成为区域发展的中心;让小城镇更像小城镇,承担集聚劳动力人口的功能;让农村更像农村,成为区域农产品的基地,成为田园化、生态化的腹地。

实现资源突破,必须转变城镇化发展方式。要优化城镇布局,促进大中小城市和小城镇协调发展,并把战略重点放到中小城市上来;要改变以往偏重大城市发展的倾向,将国家公共资源配置向中小城市和小城镇倾斜;要优化城市结构,提高资源的循环利用和新能源的开发利用效率,不断完善居民小区的各项功能;要走紧凑型城镇化道路,提高城镇的人口承载能力,合理提高城镇建成区的人口密度和分布;要把生态文明理念和原则全面融入新型城镇化的全过程,按照节能减排的要求,推进大中小城市基础设施一体化建设和网络化发展。①

5. 制度突破:顶层设计与地方改革有机结合

实现制度突破,主要从顶层设计与地方改革有机结合着手,在城镇管理体制、土地制度和户籍制度上有所作为。在城镇管理体制改革上,要将公共资源和公共权力协调用于不同规模的城镇发展,大城市应打破行政壁垒,按照区域

---

① 周亮亮:《城镇化应与资源环境相协调》,《中国经济导报》2012 年 3 月 24 日。

一体化和发展城市群的思路，实现从"以大管小"转向"以大带小"，将基础设施和公共服务不断向周边中小城市延伸。在土地制度改革上，要围绕促进城镇化健康发展，改革完善土地管理制度。中央城镇化工作会议提出，要按照严守底线、调整结构、深化改革的思路，严控增量、盘活存量、优化结构、提升效率，切实提高城镇建设用地集约化程度。按照促进生产空间集约高效、生活空间宜居适度、生态空间山清水秀的总体要求，形成生产、生活、生态空间的合理结构。减少工业用地，适当增加生活用地特别是居住用地，切实保护耕地、园地、菜地等农业空间，划定生态红线，按照守住底线、试点先行的原则稳步推进土地制度改革。在户籍制度改革上，要有序推进农业转移人口的市民化，逐步解决现有和每年新增农民工的"半市民化"问题。按照分类推进的原则，逐步把符合条件的农民工转为城市居民，全面放开小城镇的落户限制，有序放开中小城镇的落户限制。按照党的十八届三中全会决议提出的"先行先试"要求，积极快速推进试点工作。

（七）战略创新为新型城镇化提供保障

1. 理论与实践的创新，推进以人为本的深度城镇化

新型城镇化需要用科学理论来指导实践。中央城镇化工作会议为全国的新型城镇化发展提供了高屋建瓴的理论依据，这是中央在总结几十年城镇化经验的基础上形成的富有中国特色的城镇化理论。但相对于城市群来说，国家有关部门正在制定城镇化规划，相信能够提出构建中国特色的城市群理论。城镇化是一个不断探索、不断总结、不断上升到理论，反过来又用形成的理论指导实践的过程。新型城镇化同样如此，从"先行先试、走在前面"的实践中总结理论，然后反过来指导城镇化实践。

检验新型城镇化的理论是否正确、是否符合杭州都市圈发展的实际，要站在统筹区域经济发展的战略高度，从单一的经济学视角转向经济学和社会学双视角的理论视野。要站在以人为本的角度，看看是否符合生产力发展的要求，是否符合人民的根本利益。这是因为，新型城镇化要有"是否有利于发展社会主义社会的生产力，是否有利于增强社会主义国家的综合国力"的科学出发点；要有"是否有利于提高人民的生活水平"的价值出发点。城市的根本价值在于城市能够更好地为人"服务",进而推进"深度"城镇化,实现城镇化的科学发展,并反思和改进目前制约城镇化科学发展中的一些重大问题。

2. 体制与机制的创新,建立有跨区域管辖权的协调机构

有消息显示,国家发改委下属机构正在研究跨行政区域的城市群合作协调机制,并给出了相关的报告。现行的城市行政区划管理体制,使各城市以邻为壑,跨行政区域生产要素难以流动,公共基础设施难以共建共享。因此,要设立一个跨区域城市群协调权威机构,承担起各城市间的跨区域管理职能。报告建议,中央政府设立一个省际城市群协调管理委员会,协调跨省(区)区域城市群;省级政府设立一个省内城市群协调管理委员会,处理省(区)范围内的城市群协调事宜。这两个委员会,应该享有跨区域的土地规划、环境管理、公共基础设施、经济发展等方面的管辖权,应该在跨区域的户籍、教育、就业、医疗和社会保障等制度方面逐步制定并统一实施地方性法规和政策标准。①

3. 方式与方法的创新,推出以制度改革为核心的体系

推进城镇化进程是解决目前经济社会发展中消费需求不足、服务业比重不高、资源环境压力大、城乡就业和农民增收难等诸多深层次矛盾的有效途径。推出以制度为核心的改革,通过倒逼机制的方法,改革户籍制度和土地制度带来的矛盾。即使各地因为财政压力而难以改变户籍门槛,与户籍挂钩的社保、医疗、教育及就业等民生待遇也将逐步脱离,转而以居住证的形式出现,将城镇居民待遇与社保纳税等关联起来。国家相关部门将实施包括社保互转、医保提高、异地高考等在内的社会改造工程,农村土地确权颁证后的农地交易和管理制度改革也值得期待。未来农民可以通过土地交易市场,将土地产权或管理权进行抵押,在市场上流转获得贷款资金,甚至可以将农地产权和经营权进一步资本化、证券化,进入投资领域。在发展现代化农业的同时,保留农民对土地的"长久收益权",以此鼓励其安心进城。② 另外,重新开启撤县(市)改区和将小城镇升格为小城市的进程,在发展模式上进一步探索统筹城乡或城乡一体化道路,以解决城市群难以承载的城镇化发展问题。重新开启撤县(市)

---

① 王卫国、温一冰:《发改委拟再造10个城市群 地方为被纳入各显神通》,《南方都市报》2013年6月2日。
② 广州万隆·证券研究中心:《智慧城市助力城镇化》,凤凰财经,2012年12月6日。

改区的进程,将有助于这些县(市)融入大都市,起到提高城镇化发展的质量和分散特大城市承载能力的作用;开启小城镇升格为小城市的进程,将给予其上一级城市的权益,以集聚产业和人口,推进新型城镇化有序发展,防止"摊大饼"式地扩张。

未来10～20年是新型城镇化快速发展的阶段,杭州都市圈将通过走工业化、产业化、城镇化、信息化共同发展的道路,构建科学合理的大中小城市和小城镇共同发展、与区域经济发展和产业布局紧密衔接的都市圈发展格局,届时杭州都市圈城镇化率将达到70%以上。在新型城镇化的过程中,通过政策与机制的创新,快速实现杭州都市圈农业转移人口市民化,并给予其教育、医疗、养老、公共交通、公共文化等社会保障方面的市民待遇;通过实施公共服务均等化,释放巨大的消费需求,并将这些消费需求与投资需求结构升级产生的机遇有机结合,实现杭州都市圈新型城镇化有质量的、可持续的发展;通过农业转移人口市民化,共同加入城镇经济社会建设,发挥各自的聪明才智,推进杭州都市圈新型城镇化向纵深发展,给杭州都市圈一体化带来新的红利,同时给国家和世界经济注入新的动力和活力。

参考文献

国务院发展研究中心课题组:《中国城镇化:前景、战略与政策》,中国发展出版社,2010。

中国城市和小城镇改革发展研究中心课题组:《中国城镇化战略选择政策研究》,2013。

住房和城乡建设部课题组:《"十二五"中国城镇化发展战略研究报告》,中国建筑工业出版社,2013。

国家行政学院进修部:《中国城镇化建设读本》,国家行政学院出版社,2012。

李铁、乔润令:《城镇化改革的地方实践》,中国发展出版社,2013。

李铁:《城镇化是一次全面深刻的社会变革》,中国发展出版社,2013。

李从军主编《中国新城镇化战略》,新华出版社,2013。

李从军主编《迁徙风暴——城镇化建设启示录》,新华出版社,2013。

张宝秀等主编《中国城乡一体化发展报告·北京卷(2012～2013)》,社会科学文献出版社,2013。

中国（海南）改革发展研究院主编《人的城镇化——40余位经济学家把脉新型城镇化》，中国经济出版社，2013。

吴季松：《新型城镇化的顶层设计、路线图和时间表——百国城镇化实地考察》，北京航空航天大学出版社，2013。

王国平：《中国城市化面临的挑战与对策》，杭州国际城市学研究中心，2013。

顾朝林等：《省域城镇化战略规划研究》，东南大学出版社，2012。

新玉言主编《新型城镇化模式分析与实践路径》，国家行政学院出版社，2013。

新玉言主编《新型城镇化比较研究与经验启示》，国家行政学院出版社，2013。

新玉言主编《新型城镇化格局规划与资源配置》，国家行政学院出版社，2013。

新玉言主编《新型城镇化理论发展与前景透析》，国家行政学院出版社，2013。

北京绿维创景规划设计院课题组：《旅游引导的新型城镇化》，中国旅游出版社，2013。

陈文魁主编《城镇化建设与可持续发展》，国家行政学院出版社，2013。

吴振兴主编《绿色城镇化——城镇化案例》，同济大学出版社，2012。

简新华等：《中国城镇化与特色城镇化道路》，山东人民出版社，2010。

孟祥林、王印传：《新型城镇化形态下的农村城镇化问题研究》，经济科学出版社，2011。

中国城镇化与村镇建设科技发展战略编委会编《中国城镇化与村镇建设科技发展战略》，科学出版社，2010。

辛薇等主编《构建长江三角洲幸福生活城市圈》，中央文献出版社，2012。

胡雅龙：《世界第六大城市群——长江三角洲城市群崛起之路》，上海社会科学出版社，2010。

中国浦东干部学院长三角研究院：《中浦长三角论坛·杭州2012——选择·转型·创新论文集》，2012。

城市国际城市学研究中心等：《中浦长三角论坛·杭州2013——高铁时代长三角城市群转型发展》，2013。

刘志彪等主编《2012年率先基本实现现代化的长三角》，社会科学文献出版社，2012。

刘志彪等主编《2013年中国经济形势分析与预测》，社会科学文献出版社，2012。

屠启宇等主编《国际城市发展报告（2012）》，社会科学文献出版社，2012。

辛薇等主编《杭州都市圈经济社会发展报告（2007~2012）》，社会科学文献出版社，2012。

国务院：《长江三角洲地区区域规划》，2010。

浙江省人民政府：《杭州都市经济圈发展规划》，2011。

杭州市发展和改革委员会、杭州市工程咨询中心：《杭州都市圈发展规划中期评估报告（征求意见稿）》，2014。

B.2 优化提升杭州都市圈城镇体系结构研究报告

杭州都市圈城镇体系结构研究课题组[*]

摘　要： 合理有序的城镇体系结构，对于城镇体系中心城市有效发挥其对周边城市的辐射作用，使周边城市有效承接中心城市的辐射和带动，以及对于区域经济社会的协调发展具有促进作用。本文从杭州都市圈城镇体系的基本情况出发，分析都市圈城镇体系结构演化的过程和存在的主要问题，对优化提升杭州都市圈城镇体系结构发展总体定位、目标和对策提出了建议。

关键词： 城镇体系　空间结构　产业布局　杭州都市圈

改革开放以来，我国城镇化进入了一个快速发展的时期。2002～2012年，我国城镇化率以平均每年增加1.35个百分点的速度推进，城镇人口平均每年增长2096万人。与此同时，对城镇化道路及其主体模式的认识，从中央、地方到学界也逐渐完善起来。党的十八届三中全会指出："坚持走中国特色新型城镇化道路，推进以人为核心的城镇化，推动大中小城市和小城镇协调发展、产业和城镇融合发展，促进城镇化和新农村建设协调推进。优化城市空间结构

---

[*] 课题参与单位杭州市人民政府国内经济合作办公室、浙江大学区域与城市发展研究中心。课题组组长徐文霞，杭州市人民政府国内经济合作办公室副主任、高级工程师。成员陈钢，杭州市人民政府国内经济合作办公室区域合作处处长；杨砚，杭州市人民政府国内经济合作办公室区域合作处副处长；俞宏陵，杭州市国内经济合作交流信息中心经济师。执笔陈建军，浙江大学公共管理学院教授；陈怀锦，浙江大学经济学院博士研究生。

和管理格局，增强城市综合承载能力。"2013年12月召开的中央城镇化工作会议，则进一步明确地描绘了中国城镇化的形态，要"把城市群作为城镇化的主体形态，促进大中小城市和小城镇合理分工、功能互补、协同发展"。在此背景下，近年来，全国的都市圈发展势头迅猛，如上海、南京、苏锡常、成渝、武汉、沈阳、长株潭等地的都市圈发展都有力地提升了其所在地区的区域竞争力。可以预见，积极推进新型城镇化，优化大城市圈和大城市群的城镇结构，形成大中小城市和城乡协调发展的格局，将成为重要的国家战略。

浙江省的城镇化战略也明显地展示了从抓小城市发展走向推动城市群和城市区发展的脉络。2010年底，浙江省进行了27个中心镇的小城市培育。2012年，浙江省提出"精心培育小城市，让小城市上接大都市圈构筑，下承新农村建设，实现大中小城市和小城镇健康协调发展"。2013年，浙江省委、省政府进一步做出决议，指出浙江省要从县域经济走向都市区（城市区）经济，要加快构建杭州、宁波、温州三大都市经济圈和浙中城市群，不断增强区域中心城市的综合实力和提高集聚辐射能力。

在浙江省的都市区（圈）建设中，杭州都市圈的建设具有突出的地位，这不仅因为杭州市是浙江省的省会城市，杭州都市圈也是浙江省起步最早、发展最完善的都市圈。早在2007年，杭、湖、嘉、绍四城市就启动了推进杭州都市圈建设和城乡统筹发展的工作，7年来，杭州都市圈在带动区域社会经济发展方面取得了令人瞩目的成就。在2009年中国城市发展战略研究院和南京社会科学院的"中国城市创新力"六大都市圈（杭州、南京、武汉、长株潭、成都、沈阳）综合竞争力比较研究中，杭州都市圈名列六大都市圈综合竞争力之首；在上海交通大学中国都市圈发展与管理研究中心发布的"2012年中国都市圈评价指数"报告中，杭州在中国18大都市圈排名中，位居上海都市圈、广州都市圈、首都都市圈之后，列中国都市圈综合竞争力排名第4位。

然而，由于城乡二元发展模式及行政区分割等原因，杭州都市圈的城镇结构仍旧存在着一些亟须解决的问题，如中心城市和周边城镇的产业分工问题、推进城市功能的协调和经济社会的一体化发展问题，以及空间结构优化问题等。2012年中央经济工作会议提出，构建科学合理的城市格局，大中小城市和小城镇、城市群要科学布局，与区域经济发展和产业布局紧密衔接，与资源环境承载能力相适应。构建杭州都市圈的城镇结构优化体系，对于提升杭州都市圈城市竞争力，进一步发挥杭州都市圈对周边城市以及浙江省的辐射带动作用，实现区域产业升级和区域协调发展，具有重要的理论和现实意义。

一 杭州都市圈城镇体系基本情况

（一）都市圈概念辨析

都市圈的概念起源于日本，但目前国内外对都市圈并没有形成统一的概念和标准。一般认为，都市圈是以一个或多个经济较发达并具有较强城市功能的中心城市为核心，涵盖与其具有经济内在联系的地域以及相邻的若干周边城镇所覆盖的区域，其经济吸引和经济辐射能力能够达到并能够促进相应地区经济发展的最大地域范围。都市圈的基本特征是高聚集、高能级、开放型、自组织。

（二）城镇体系的概念、特征及结构

都市圈的空间平台是区域城镇体系，又称为区域城市体系或城市系统，是指一定地域范围内若干规模不等、性质不同的城镇及其职能区域相互联系、相互依赖、相互制约而形成的一个有机的地域城镇系统。它具有多层次性、开放性、发展性等特征。具体来说：一是构成城镇体系的城镇不是独立的、分散的个体，而是通过城镇间的纵向、横向联系组成的一个群体网络化组织；二是城镇体系具有梯度性，处于不同阶层的城镇，其影响域不同；三是城镇体系具有区域性，它是区域城镇群体发展到一定阶段的产物；四是城镇体系具有开放性和不稳定性，它的形成和发展是一个动态的历史过程。

长期以来，我国城镇体系研究都是以"三结构一网络"为重点的，具体是指城镇体系的等级规模结构、职能结构、空间布局结构及交通网络。经济全球化、区域一体化及信息技术的发展催生了新的城镇体系理论，城镇体系发展呈现新的要求，主要体现在更加注重城镇体系的开放化、网络化、创新化、（经济系统和社会系统）高级化、生态化发展。

（三）杭州都市圈发展的基本情况

杭州都市圈以浙江省省会城市杭州为中心，主要由杭州、湖州、嘉兴、绍兴四城市组成，位于我国东部沿海和长江流域的接合部，近沪临苏，通江达海，沪杭、杭甬、杭宁、杭徽四大交通走廊贯穿其间，共处长三角中心城市"三小时经济圈"，是长江三角洲的"金南翼"，在长三角、浙江省发展中的地位举足轻重，是长三角地区和浙江省环杭州湾产业带的重要组成部分。四个城市以都市圈的方式组团融入长三角，合力打造"金南翼"，对区域协调发展、交通合理布局、产业分工对接、块状经济发展、提升综合优势具有重要意义。

杭州都市圈包括杭州、湖州、嘉兴、绍兴4个地级及以上城市，9个县级市，9个县，13个市辖区（见表1）。区域规划总面积34585平方公里，占浙江省面积的33.97%。2012年末杭州都市圈常住人口达到了2210.27万人，其中城镇人口1381.42万人，占常住人口的62.5%。2012年杭州都市圈实现GDP 15971.03亿元，增长9.2%，增幅高于浙江省1.2个百分点，经济总量占浙江省的比重由2011年的45.3%提高至46.2%。区域人均GDP达到69934元，按平均汇率折算，达到11994美元。三次产业结构的比重为4.5：50.1：45.4，其中杭州第三产业占比首次超过50%，达到50.9%。杭州都市圈总体发展水平较高，在浙江省乃至全国范围内具有较强的经济实力，这成为杭州都市圈进一步发展的有利条件，也是与南京、武汉、哈尔滨等国内其他都市圈城市相比最突出的优势。

表1 杭州都市圈行政体系

单位：个

副省级市	地级市	县级市	县	市辖区	镇
杭州		建德、富阳、临安	桐庐、淳安	上城区、下城区、江干区、拱墅区、西湖区、滨江区、萧山区、余杭区	86
	湖州		德清、长兴、安吉	吴兴区、南浔区	44
	嘉兴	海宁、平湖、桐乡	嘉善、海盐	南湖区、秀洲区	44
	绍兴	诸暨、上虞、嵊州	绍兴、新昌	越城区	79
1	3	9	9	13	253

二 杭州都市圈城镇体系结构演化分析

（一）杭州都市圈城镇体系等级规模结构分析

合理有序的规模结构，促使城镇体系中心城市对周边城市的发展发挥良好的辐射作用，并使周边城市能够有效承接中心城市的辐射和带动，进而缩小城市经济差距，促进区域经济社会的协调发展。世界五大都市圈之首纽约城市圈，北起缅因州，南至弗吉尼亚，跨越了10个州，它的层级结构酷似一座金字塔：塔尖是纽约，第二层是波士顿、费城、巴尔的摩、华盛顿4大城市，再下面则是围绕在5个核心城市周围的40多个中小城市，是纽约都市圈稳定而繁荣的基础。

按照我国的设市标准，杭州都市圈共有1个特大城市、1个大城市、10个中等城市和12个小城市（见表2）。直观上讲，杭州都市圈层级结构有待优化。

表2 杭州都市圈城镇体系等级规模结构

城市等级	城市非农人口数（人）	城市名称	数量（个）
特大城市	100万~300万	杭州市区	1
大城市	50万~100万	萧山区	1
中等城市	20万~50万	余杭区、湖州市区、嘉兴市区、平湖、海宁、海盐、桐乡、绍兴市区、绍兴县、上虞市	10
小城市	5万~20万	富阳、建德、临安、淳安、桐庐、德清、长兴、安吉、嘉善、嵊州、诸暨、新昌	12

注：在数据处理上，将县级以上行政单位作为基本研究单元，将所有的县和县级市作为城镇体系中的基本单元；在对市辖区的处理上，杭州市的萧山区和余杭区在财政上与杭州市区独立，因此将其作为独立的城镇处理，其余区作为市区处理。

城市首位度指数可以直观地反映出杭州都市圈城镇体系中人口和经济总量在首位城市中的集聚程度，进而判断杭州都市圈高位序城市的发育特征。城市首位度指数主要包括2城市指数、4城市指数和11城市指数。按照位序－规模法则，正常的2城市指数为2，4城市指数和11城市指数都为1。

杭州都市圈2城市指数一直处于4之上，远大于2，4城市指数也一直处于 1.5 以上，说明杭州都市圈城镇体系呈现典型的首位分布等级结构，是高首位度型的城镇体系。人口过度集中于中心城市——杭州。11 城市指数小于1，并呈现下降的趋势，说明杭州都市圈第 2~11 位的城市规模在逐渐变大。11 城市指数小于 4 城市指数，且 11 城市指数与 4 城市指数之间的差距有所扩大，表明第 2~4 位的城市规模扩张进程略慢（见图 1）。

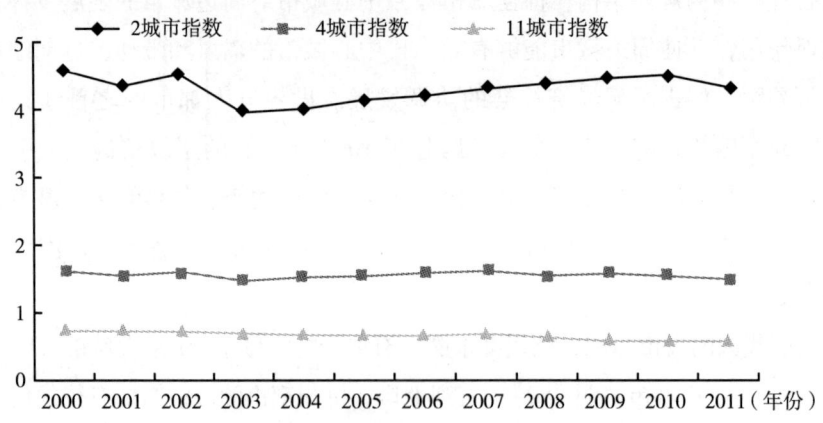

图 1 杭州都市圈城镇体系人口规模首位度演化

位序 - 规模法则可以研判杭州都市圈城镇规模结构的未来发展趋势。位序 - 规模法则指的是把城镇体系中各城镇按人口规模从大到小排序后，每个城镇的位序数与其人口规模之间的关系，即在一定区域范围内，某一城市的人口规模与其排序的乘积不变。利用公式 $LnP_r = LnP_1 - qLnR_r$（式中，P_r 为第 r 位城市的人口，P_1 为首位城市人口，R_r 为第 r 位城市的位序，q 为指数）进行回归分析，得到一元线性回归方程 $y = bx + a$，a 值反映了第一位城市的规模，a 值变动反映了高位次城市尤其是第一大城市的变化趋势（见表 3）。

表 3 杭州都市圈城镇体系位序 - 规模演化

年份	a	b	R^2	回归方程
2001	4.4938	-0.8141	0.9440	$y = -0.8141x + 4.4938$
2005	4.8118	-0.8474	0.9548	$y = -0.8474x + 4.8118$
2010	5.0546	-0.8671	0.9426	$y = -0.8671x + 5.0546$
2011	5.0854	-0.8627	0.9426	$y = -0.8627x + 5.0854$

|*b*|＜1，说明杭州都市圈城市较为发达。|*b*|越接近1，表明规模分布越接近捷夫理想状态，城镇体系发育就越成熟。同时，|*b*|呈现变大的趋势，大城市的发展优于较小城市的发展，城市规模趋于集中的力量占优势。*a*值趋势变大，表明第一大城市规模还在增大，中小城市发育较缓慢，因此杭州都市圈城镇体系还将呈现人口、经济等向极核集中的趋势。同时，第2位城市（萧山区）和第3位城市（绍兴市辖区）等，仍具有较大的发展潜力。

（二）杭州都市圈城镇体系空间结构分析

城镇体系空间结构是区域城镇发展战略的总体设计和规模、职能规划在地域空间上的具体落实，强调的是一个区域内的各城镇存在的空间相互作用，城镇的空间结构是一定区域内自然资源条件、环境状况、经济发展水平和产业结构、交通网络等因素综合作用的产物。

总体来说，目前杭州都市圈区域空间结构仍处于极核式集聚发展阶段，即以杭州市市区为极核，湖州、嘉兴和绍兴三市市区为副中心，杭州市域五县（市）及与杭州相邻的德清、安吉、海宁、桐乡、绍兴、诸暨六县（市）为紧密层，联动湖州、嘉兴、绍兴市域，以沿路、沿湾、沿湖区域为重点，形成"一主三副两层七带"的网络化总体布局特征（见图2）。其城市空间发展结构类型主要为主轴线型，城镇的分布主要是沿路、沿湾、沿湖以杭州市区为中心，若干组团圈层式围绕城市核心分布的结构形态，并呈现核心区向北、东、南三个方向均衡扩展的态势。

具体地讲，杭州都市圈城镇结构体系的空间结构可以定性地从两方面衡量：测度城市中心性，利用城市群城市流强度的分析确定区域联系的中心，反映各城市在区域内的联系地位，即城市对外联系与辐射的能力；测度腹地对中心城市的经济联系隶属关系，反映中心城市与腹地城市的辐射与承接能力。

1. 杭州都市圈城市中心性

从外向功能量指标看，杭州都市圈"一主三副"城市中，杭州市外向功能量显著高于其他几个城市，充分凸显了杭州市辖区在都市圈中的极核地位，其辐射能力最强、影响范围最大，空间要素的流动也最频繁。其他三个城市的

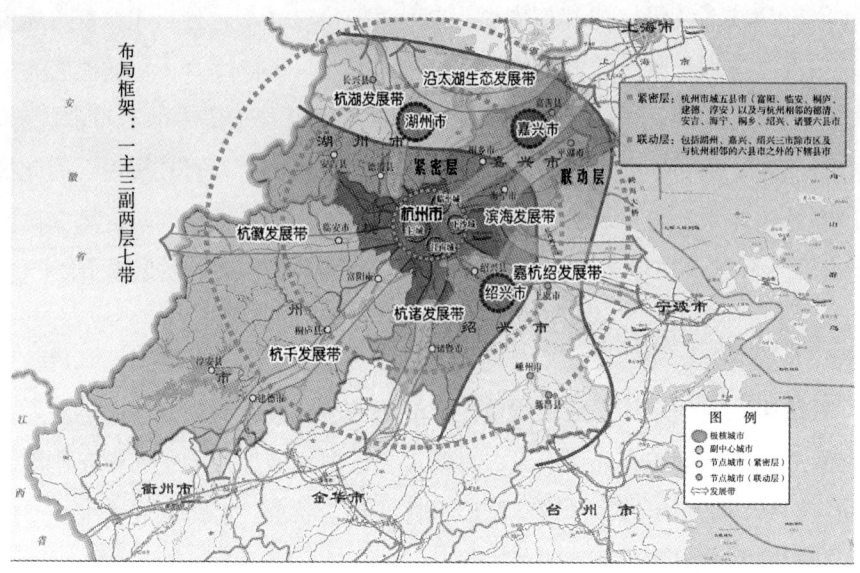

图 2　杭州都市圈空间规划

外向功能量基本相当。

从城市流强度指标看，杭州市辖区城市流强度遥遥领先，表明杭州市辖区在都市圈中的极核地位，其辐射扩散功能最强。三个副中心城市流强度基本处于同一水平，由高到低依次为嘉兴市辖区、湖州市辖区、绍兴市辖区。嘉兴市辖区城市流强度高于其他两个副中心城市，从业人员人均 GDP 也高于其他两个副中心城市（见表4）。

表 4　杭州都市圈城镇体系城市流强度

城市	功能效率 N_i（万元/人）	外向功能量 E_i（万人）	城市流强度 F_i（亿元）	城市流倾向度 K_i
杭州市辖区	32.69	49.88	1630.63	0.29
湖州市辖区	49.46	3.82	189.01	0.27
嘉兴市辖区	29.70	7.78	231.03	0.34
绍兴市辖区	37.40	4.38	163.86	0.30

注：在计算城市流强度时，鉴于数据的可获得性，杭州市辖区就业人口数和相应的 GDP 值包含了萧山区和余杭区。

城市流倾向度反映了城市总功能量的外向程度，即为外区域提供服务的程度。杭州都市圈中心城市的城市流倾向度由高到低依次为嘉兴市辖区、绍兴市辖区、杭州市辖区、湖州市辖区。图3显示了四大中心城市的城市流强度结构。从图中可以发现，杭州市辖区的城市总体实力高于其对外服务能力，杭州市总体经济实力显著高于其他几个城市，外向功能量呈现一定的分散性，向周边腹地扩散，杭州市辖区的中心性有进一步提高的空间。三个副中心城市的城市流倾向度则显著高于其城市总体实力，城市中心性较强，可能是由于周边小城市对其依附性比较强。

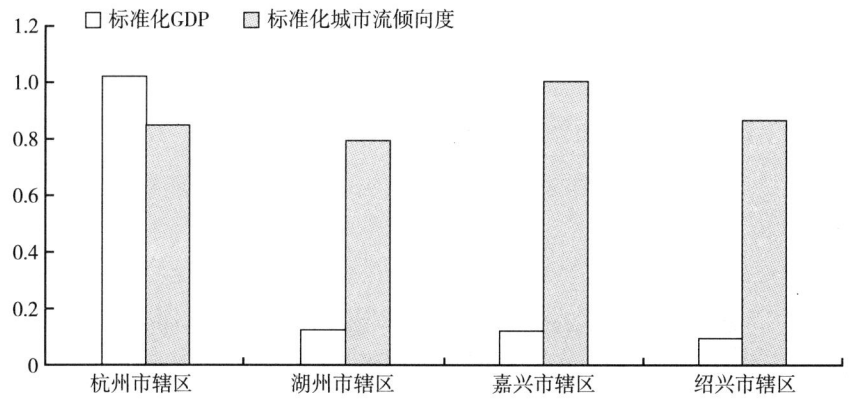

图3　杭州都市圈城镇体系城市流强度结构

从城市服务功能看，杭州市辖区的商贸中心性、服务中心性、交通中心性和生产中心性均有所体现，其中服务中心性、商贸中心性和生产中心性最强，交通中心性则比较弱。且杭州市辖区的服务中心性主要依赖其信息传输、计算机服务和软件业，住宿和餐饮业，科学研究、技术服务和地质勘查业，而水利、环境和公共设施管理业，居民服务和其他服务业，教育业，卫生、社会保障和社会福利业，公共管理和社会组织的中心性为0。这表明杭州市生产性服务业、流通性服务业、消费性服务业对外服务能力强，而社会服务业则有待提高。三个副中心城市的交通中心性都很弱，说明这些城市和周边城市的交通密度比较小；服务中心性体现也很弱，说明流通服务业、社会服务业欠发达（见表5）。

表5　杭州都市圈城镇体系中心城市中心性

中心性类别	杭州市辖区	湖州市辖区	嘉兴市辖区	绍兴市辖区
商贸中心性	15.60	1.03	1.27	0.74
服务中心性	17.42	0.26	0.08	0.18
交通中心性	1.35	0.03	0	0.03
生产中心性	15.51	2.51	6.43	3.43

2. 杭州都市圈腹地对中心城市的经济联系程度

总体来说，相较于2001年，杭州都市圈总体经济联系总量呈现显著的上升趋势，2011年极核城市与三副中心城市的经济联系总量是2001年的6倍之多。2011年极核城市与三副中心城市的经济联系量由高到低依次是杭州－绍兴、杭州－湖州、杭州－嘉兴。而绍兴市辖区的GDP远低于其他两个城市，这说明经济联系强度的大小在很大程度上取决于两个城市的空间距离，同时也证明了极核城市对都市圈中其他城市辐射力的大小深受距离衰减规律的影响（见表6）。

表6　极核城市（杭州市辖区）与三副中心城市的经济联系量

年份	湖州市辖区	嘉兴市辖区	绍兴市辖区	合计
2001	4.14	2.76	5.17	12.07
2011	23.69	18.58	34.36	76.63

"一主三副"城市与其相应的腹地城市之间的经济联系总量以及其他腹地城市之间的经济联系量均呈现增长趋势，其中增长最明显的是杭州－萧山、杭州－余杭、嘉兴－平湖、嘉兴－海盐、绍兴－绍兴县，增长相对缓慢的是杭州－建德、湖州－德清、湖州－长兴。杭州－萧山和杭州－余杭的经济联系量总和占杭州都市圈中经济联系总量的70%以上，说明这两个区与其中心城市联系最为紧密，一方面是因为这两个地区发展较快，经济总量大；另一方面也是由于三者距离较近，杭州都市圈的规划实施加速了城市间的交流。

杭州都市圈城市经济强度的空间格局表现出以下特征：以杭州市辖区为中心城市，经济联系强度由北向南逐渐衰减，紧密型腹地位于杭州市辖区两翼的萧山和余杭。湖州市辖区的紧密型腹地位于其市辖区北部的长兴；嘉兴市辖区的紧密型腹地则位于其市辖区东北地区及西南地区；绍兴市辖区的经济联系强度呈现"沙漏"形特征，几乎四面环绕市辖区的绍兴县的经济联系强度显著高于其他区县，绍兴县周边的上虞和嵊州次之。

各城市与中心城市的经济联系强度差距比较大，大部分城市与其中心城市的经济联系强度处于四级或五级（见表7）。

表7　2011年杭州都市圈城镇经济联系强度等级

联系等级	划分标准	具体联系城市
一级	>500	杭州－萧山
二级	100~500	杭州－余杭
三级	50~100	绍兴－绍兴县
四级	10~50	杭州－富阳、嘉兴－桐乡、嘉兴－嘉善、杭州－临安、绍兴－上虞、嘉兴－平湖、湖州－长兴、嘉兴－海宁
五级	0~10	嘉兴－海盐、杭州－桐庐、绍兴－诸暨、湖州－德清、杭州－建德、绍兴－嵊州、湖州－安吉、杭州－淳安、绍兴－新昌

（三）杭州都市圈城镇体系职能结构分析

城市职能反映出城市在一定地域内的经济和社会发展中所发挥的作用，是城市对所在区域在政治、经济和文化方面所发挥的作用和承担的分工。各城镇依据自身的资源禀赋和社会环境等因素确定的在城镇体系中的职能分工，客观上形成了区域的产业构成和经济职能部门。

杭州都市圈各城市职能概况见表8。

表8　杭州都市圈各城市职能概况

层级	区域	主要职能
极核	杭州市区	着力打造国际旅游休闲中心、全国文化创意产业中心、长三角创新创业中心、长三角综合交通物流中心、长三角先进制造业中心、长三角现代服务业中心、浙江省经济文化科教中心，接轨大上海、融入长三角、打造增长极、提高首位度
副中心城市	湖州市区	长三角旅游休闲中心、交通物流中心、新兴高技术产业基地、区域性会展与研发基地，连接长三角和中部地区的区域性中心城市、最宜人居住的现代化生态型滨湖大城市、我国城乡区域协调发展的示范区

续表

层级	区域	主要职能
副中心城市	嘉兴市区	长三角创新型经济强市、杭州湾宜居型滨海新市、江南水乡生态型文化大市,浙江接轨上海、融入长三角、面向世界的门户型都市和长三角重要的区域性商务中心,城乡统筹先行之地、吴越古韵与现代文明交融之区、生态宜居都市地区
	绍兴市区	以纺织品为主的国家先进制造业和贸易中心、国内外著名旅游休闲城市、国家历史文化名城、长三角南翼最佳宜居城市、杭甬之间百万人口现代化生态型大城市,以"特色产业城市、文化休闲城市、生态宜居城市"为战略目标
紧密层	富阳市	富春江山水文化名城与滨江园林城市,大都市背景下的人居新城、创业新城,杭州大都市近郊综合发展的现代产业新城、杭州制造业转移接纳地、高新技术产业延伸区、重要休闲度假区
	临安市	杭州西部以山水风光和吴越文化为特色的生态旅游中心城市、杭州市区先进设备制造业转移接纳地,以山水风光、吴越文化为特色的休闲旅游度假基地
	桐庐县	以山水风光为特色的休闲度假旅游城市、杭州交通、旅游西进的重要地域空间
	建德市	浙西休闲假胜地和浙西次中心城市、杭州市域西部以文化生态资源为特色的度假旅游胜地、"两江一湖"国家重点风景名胜区重要组成部分
	淳安县	以滨湖山城为特色、生态型的风景旅游城市,杭州市域西部以山水资源为特色的副中心城市
	德清县	环杭州湾地区重要的先进制造业基地,杭州都市圈现代化生态型中等城市、旅游休闲人居佳区
	安吉县	中国竹乡、长三角家具和竹木制品生产基地、生态休闲度假会务胜地、生态影视基地、户外运动之都、全国最美丽的乡村和杭州都市圈最佳人居板块
	海宁市	长三角文化旅游名市、环杭州湾现代工贸强市、杭嘉湖宜居创业新市
	桐乡市	特色文化旅游名城、沪杭城市连绵区重要的工贸经济强市
	绍兴县	国际纺织之都、现代商贸之城
	诸暨市	环杭州湾地区重要的制造业基地、古越文化山水园林城市、新崛起的现代化新兴中等城市
联动层	长兴县	先进制造业基地、长三角省际枢纽、生态休闲家园,山水园林型现代化中等工贸城市
	嘉善县	长三角新兴现代化中等城市、接轨上海的前沿阵地、省际交界的经济重地、江南水乡的人文胜地
	平湖市	上海南翼开放型经济强市、杭州湾畔现代化港口新市、江南水乡文化旅游名市
	海盐县	上海南翼的新兴产业基地、江南水乡的文化旅游名城、杭州湾北岸的滨海城市
	上虞市	浙东北重要的交通枢纽型城市、先进制造业生产基地、具有滨江特色的生态型现代化和谐城市
	嵊州市	以剡地文化和山水风貌为特色的国际领带城(都市);浙东地区以机电、厨具设备为主导,以绢丝针织、领带服饰加工为特色的制造业基地
	新昌县	以先进制造业、旅游休闲、绿色农产品为特色的生态型山水城市

续表

层级	区域	主要职能
七带	嘉杭绍发展带	着力发展优势产业（电子信息、现代医药、装备制造、节能环保等高技术产业，高附加值、低污染的纺织服装与精细化工等产业）；强化城市功能创新，加快发展现代服务业（金融保险、文化创意、教育培训、科技研发、现代物流、信息咨询、医疗保健等）；建设生态宜居城市，服务全省乃至长三角
	滨海发展带	积极发展临港产业、装备制造业、港口物流和高新技术产业，推进建设现代化工业新城，形成专业化分工明确、布局合理、功能协调的现代制造业密集带和城镇集聚带，带动长三角南翼地区的全面发展
	杭湖发展带	重点发展机械电子、金属材料、环保节能、生物医药、丝绸服装、旅游休闲、文化创意、现代物流、生态农业及其资源加工，注重区域资源环境容量和生态服务功能；培育新兴城市，形成生态产业集聚、城镇有序发展的新型发展带，拓展杭州都市圈对苏皖地区的辐射带动作用
	杭诸发展带	重点建设环保设备、服装服饰、新型包装、建筑材料、金属制品基地，积极培育生态型经济发展区，拓展杭州都市圈对浙西南地区的辐射带动作用
	杭千发展带	以"交通西进"为契机，依托块状经济基础，承接中心城市产业梯度转移，发展电子通信、生物化工、新型建材、交通设备、运动器材、针织服装等特色产业，壮大"高速公路经济"；以"旅游西进"为先导，依托"两湖一江"旅游资源，开发特色旅游产品，成为"名城名湖名山"国际黄金旅游线的重要组成部分；充分发挥生态和山水资源优势，积极发展有机鱼、蜂产品、产业、笋竹等绿色农产品加工和食品饮料工业，形成生态型绿色产业优势，拓展杭州都市圈对浙西地区的辐射带动作用
	杭徽发展带	承接主核城市产业转移，加快发展先进装备制造业和以生物医药、电子信息为主的高新技术产业，形成装备制造业和生物产业集聚区；以天目山、青山湖、西溪湿地等旅游资源为依托，积极发展森林旅游、生态度假等休闲产业与高端居住；大力发展笋竹、干鲜果、高山蔬菜等绿色农产品加工，拓展杭州都市圈对安徽的辐射带动作用
	沿太湖生态发展带	以保护太湖及其沿岸重要生态服务功能为前提，积极发展旅游观光、休闲度假、会展与研发等服务业、新兴高技术产业和特色生态农业，成为全国重要的旅游休闲基地和区域性会展与研发基地

资料来源：《杭州都市经济圈发展规划》。

杭州都市圈城镇体系职能结构不断发展，极核城市和副中心城市职能结构的发展总体上沿着产业发展的一般规律演进，适应了城市本身对第三产业发展的客观要求；其余各城市逐渐形成了以本城市优势资源为主的支柱产业，第三产业发展较快，尤其是旅游、生态、文化新型产业发展较为明显。"七带"分别起到了杭州都市圈城市与周边城市的纽带作用，强化了杭州都市圈城市网络的外向化发展。

城镇体系职能结构逐渐趋于合理，但各城镇的职能分工与主导产业存在相似性，特色不突出，部分城市职能结构较为单一，城市专业性较强，但城市自身发展对区域经济社会发展的促进作用较弱，职能结构体系有待进一步完善。这就要求尽快建立和完善产业体系链条，从而推进整个区域的协调发展。

横向比较杭州都市圈各城镇产业结构，2011年，在"一主三副"城市中，第三产业比重在50%以上的只有杭州市区和绍兴市区，分别达到63.81%、52.96%，嘉兴市区次之（44.47%），湖州市区第三产业比重则偏低，为39.90%，大部分城市第三产业比重在40%以下。各城市第二产业比重基本上在50%以上，其中萧山、桐庐、富阳、海宁、平湖第二产业比重达60%以上。第一产业比重在5%以下的城市只有7个。总体上看，杭州都市圈的产业结构除了杭州市区和绍兴市区呈现"三、二、一"产业结构形态外，其他城市均呈现"二、三、一"产业结构形态，大部分城市仍处于工业化进程的第一阶段（见表9）。

表9 杭州都市圈各城市三次产业比重变化

单位：%

城　市	2001年			2011年			2011年较2001年比重变化（百分点）		
	第一产业	第二产业	第三产业	第一产业	第二产业	第三产业	第一产业	第二产业	第三产业
杭州市区	1.72	40.20	58.08	0.26	35.93	63.81	-1.46	-4.27	5.73
萧山区	12.69	82.55	4.76	3.66	61.34	35.00	-9.03	-21.21	30.24
余杭区	12.36	53.60	34.04	5.91	52.51	41.58	-6.45	-1.09	7.54
桐庐县	12.93	59.84	27.23	7.85	60.80	31.35	-5.08	0.96	4.12
淳安县	24.70	38.72	36.58	17.75	43.08	39.17	-6.95	4.36	2.59
建德市	14.98	56.09	28.94	10.65	56.70	32.65	-4.33	0.61	3.71
富阳市	11.32	61.47	27.22	6.75	60.52	32.72	-4.57	-0.95	5.50
临安市	13.99	55.45	30.56	9.14	58.38	32.49	-4.85	2.93	1.93
湖州市区	11.52	55.07	33.40	6.28	53.82	39.90	-5.24	-1.25	6.50
德清县	13.06	59.13	27.81	7.30	57.52	35.18	-5.76	-1.61	7.37
长兴县	15.40	52.62	31.98	11.06	41.50	47.44	-4.34	-11.12	15.46
安吉县	16.66	47.51	35.83	10.68	48.74	40.58	-5.98	1.23	4.75

续表

城 市	2001年			2011年			2011年较2001年比重变化（百分点）		
	第一产业	第二产业	第三产业	第一产业	第二产业	第三产业	第一产业	第二产业	第三产业
嘉兴市区	8.94	49.87	41.19	4.56	50.97	44.47	-4.38	1.10	3.28
嘉善县	13.82	53.37	32.81	7.10	58.98	33.92	-6.72	5.61	1.11
海盐县	12.13	59.82	28.05	5.38	45.01	49.61	-6.75	-14.81	21.56
海宁市	9.65	56.64	33.71	4.55	60.22	35.23	-5.10	3.58	1.52
平湖市	10.64	61.00	28.36	4.54	63.28	32.17	-6.10	2.28	3.81
桐乡市	10.34	53.58	36.08	5.54	54.89	39.57	-4.80	1.31	3.49
绍兴市区	5.71	42.94	51.35	1.50	45.54	52.96	-4.21	2.60	1.61
绍兴县	6.40	64.20	29.40	3.56	59.55	36.89	-2.84	-4.65	7.49
上虞市	11.97	58.85	29.18	6.98	56.61	36.41	-4.99	-2.24	7.23
嵊州市	16.10	52.81	31.09	9.95	52.09	37.96	-6.15	-0.72	6.87
新昌县	11.18	61.79	27.03	7.08	53.86	39.06	-4.10	-7.93	12.03
诸暨市	11.62	57.53	30.85	5.86	57.28	36.86	-5.76	-0.25	6.01

比较2001年与2011年杭州都市圈各城市三次产业比重可以发现，2011年各城市产业结构趋于合理化发展。第一产业比重变化最为突出，2001年第一产业比重在10%以上的城市有19个，到2011年仅有淳安、建德、长兴、安吉4个城市的第一产业比重仍维持在10%以上，各城市第一产业比重均出现不同程度的下降；13个城市的第二产业比重下降，尤以萧山、海盐、长兴、新昌为突出，分别下降了21.21个、14.81个、11.12个、7.93个百分点；第三产业比重均呈现上升趋势。

分行业来看，杭州都市圈各城市采矿业、制造业与能源供应业（主要是制造业）吸纳了大多数就业人员，其次为建筑业，再次为科教文卫业。平湖和嘉善的采矿业、制造业与能源供应业吸纳就业人员达到76%以上；杭州市区吸纳就业人员较多的行业为采矿业、制造业与能源供应业以及建筑业；在绍兴市区中，除了嵊州和新昌，其他几个区、县（市）的建筑业吸纳了多数就业人员；在科教文卫业中，吸纳就业人员比重较大的城市是淳安、建德、桐庐，均超过就业人员的1/5（见表10）。

表10　杭州都市圈各城市分行业就业人数比重

单位：%

城　市	A1	A2	A3	A4	A5	A6	A7	A8	A9
杭州市区	29.10	25.30	3.71	3.11	10.88	5.69	14.48	3.71	4.03
富阳市	44.14	19.31	2.07	0.69	3.02	4.22	17.24	2.76	6.55
临安市	47.77	20.57	1.49	0.46	2.97	3.09	16.57	0.46	6.63
建德市	39.06	4.69	2.90	0.89	4.02	6.03	24.78	5.36	12.28
桐庐县	53.54	3.13	1.67	0.63	5.00	4.58	20.63	1.25	9.58
淳安县	17.90	13.64	3.69	1.14	16.48	6.82	25.28	2.27	12.78
湖州市区	36.36	26.91	3.20	1.29	5.32	7.70	13.17	0.72	5.32
德清县	66.34	10.82	0.33	0	2.30	1.20	11.80	1.31	5.90
长兴县	50.00	17.81	1.85	0.53	4.62	2.24	15.44	0.40	7.12
安吉县	43.66	18.84	1.31	0	2.05	3.17	16.23	1.68	13.06
嘉兴市区	57.02	1.49	1.96	1.75	7.38	8.24	13.66	3.12	5.38
平湖市	76.69	0.21	1.42	0.28	2.56	2.27	8.67	2.91	4.98
海宁市	67.69	0.95	1.58	0.16	3.39	3.55	13.71	3.86	5.12
桐乡市	65.19	2.07	1.26	0	3.61	3.25	15.51	3.61	5.50
嘉善县	76.48	0.92	1.01	0	3.51	2.31	8.86	1.75	5.17
海盐县	61.64	7.32	2.34	0.15	4.39	3.66	12.01	2.78	5.71
绍兴市区	26.81	50.18	2.17	0.90	4.31	3.81	7.76	1.37	2.67
诸暨市	22.94	61.36	0.53	0.25	2.30	1.49	8.05	0.40	2.67
上虞市	31.20	53.65	0.59	0.18	2.34	1.62	6.27	1.76	2.39
嵊州市	47.93	18.20	3.40	0	1.18	2.81	17.75	0.74	7.99
绍兴县	35.46	51.08	0.63	0.10	0.98	1.99	6.17	0.59	3.00
新昌县	50.28	16.88	1.67	0.74	3.53	3.53	14.66	1.11	7.61

注：A1 采矿业、制造业与能源供应业；A2 建筑业；A3 交通运输、仓储和邮政业；A4 信息传输、计算机服务和软件业；A5 商业；A6 房地产与金融业；A7 科教文卫业；A8 服务业；A9 公共管理与社会组织。

平湖、嘉善、海宁、德清、桐乡的采矿业、制造业与能源供应业吸纳了65%以上的就业人员，相对于杭州都市圈内其他城市来说，采矿业、制造业与能源供应业是这些城市的优势职能部门；绍兴市区、诸暨、上虞、绍兴县的优势职能部门为建筑业，这几个城市的第二产业吸纳了多数从业人员。相对于其他城市，杭州市区第三产业吸纳劳动力的比重较大，第三产业发展相对具有优势，其中杭州市区交通运输、仓储和邮政业，信息传输、计算机服务和软件业，以及商业的专业化指数都比较高，凸显出杭州市区作为极核城市，其第三产业比较发达且具有发展优势。相较于其他城市，杭州市区的信息传输、计算机服务和软件业以及淳安的商业优势较突出，其专业化指数分别为3.47和3.60。淳安的商业发展比较突出，可能是得益于其旅游业带动的批发和零售业、住宿和餐饮业的发展。在"一主三副"城市当中，杭州市区的专业化指数为负的部门最少，在第三产业中仅公共管理与社会组织部门具有相对劣势，这表明杭州市区是一个综合性发展的极核城市，而三个副中心城市相对来说还具有一定的专业性发展，进而影响了中心城市对周边城市的辐射带动作用（见表11、表12）。

表11 杭州都市圈各城市专业化指数

城 市	A1	A2	A3	A4	A5	A6	A7	A8	A9
杭州市区	-1.12	0.33	1.88	3.47	1.93	0.98	0.09	1.29	-0.79
富阳市	-0.21	0	0.22	0.12	-0.40	0.23	0.62	0.57	0.04
临安市	0.01	0.07	-0.37	-0.20	-0.42	-0.36	0.49	-1.16	0.07
建德市	-0.52	-0.80	1.06	0.40	-0.10	1.16	2.08	2.53	1.92
桐庐县	0.36	-0.88	-0.19	0.03	0.19	0.41	1.27	-0.56	1.04
淳安县	-1.80	-0.31	1.86	0.74	3.60	1.56	2.18	0.21	2.09
湖州市区	-0.68	0.41	1.36	0.96	0.28	2.02	-0.17	-0.96	-0.36
德清县	1.14	-0.46	-1.54	-0.83	-0.62	-1.33	-0.43	-0.52	-0.17
长兴县	0.15	-0.08	-0.01	-0.10	0.07	-0.80	0.27	-1.21	0.23
安吉县	-0.24	-0.03	-0.55	-0.83	-0.69	-0.32	0.43	-0.24	2.18
嘉兴市区	0.57	-0.97	0.11	1.59	0.90	2.30	-0.07	0.84	-0.34
平湖市	1.76	-1.04	-0.44	-0.44	-0.54	-0.78	-1.04	0.69	-0.48
海宁市	1.22	-1.00	-0.28	-0.62	-0.29	-0.12	-0.06	1.41	-0.43
桐乡市	1.07	-0.94	-0.60	-0.83	-0.23	0.29	1.21	-0.30	
嘉善县	1.75	-1.00	-0.85	-0.83	-0.26	-0.76	-1.00	-0.18	-0.41
海盐县	0.85	-0.66	0.49	-0.63	0.01	-0.06	-0.39	0.59	-0.24
绍兴市区	-1.26	1.68	0.32	0.42	-0.02	0.01	-1.21	-0.47	-1.23
诸暨市	-1.49	2.29	-1.34	-0.49	-0.61	-1.18	-1.16	-1.20	-1.23
上虞市	-0.99	1.87	-1.28	-0.60	-1.11	-1.50	-0.18	-1.33	
嵊州市	0.02	-0.06	1.56	-0.83	-0.95	-0.50	0.72	-0.95	0.51
绍兴县	-0.74	1.73	-1.24	-0.69	-1.01	-0.93	-1.52	-1.06	-1.13
新昌县	0.16	-0.13	-0.19	0.19	-0.25	-0.13	0.12	-0.67	0.39

注：A1 采矿业、制造业与能源供应业；A2 建筑业；A3 交通运输、仓储和邮政业；A4 信息传输、计算机服务和软件业；A5 商业；A6 房地产业和金融业；A7 科教文卫业；A8 服务业；A9 公共管理与社会组织。

表12 杭州都市圈各城市优势职能、突出职能一览

城 市	优势职能	突出职能
杭州市区	交通运输、仓储和邮政业;信息传输、计算机服务和软件业;商业	服务业
富阳市		
临安市		
建德市	服务业;科教文卫业;公共管理与社会组织	交通运输、仓储和邮政业;房地产与金融业
桐庐县		科教文卫业;公共管理与社会组织
淳安县	交通运输、仓储和邮政业;商业;房地产与金融业;科教文卫;公共管理与社会组织	
湖州市区	房地产与金融业	交通运输、仓储和邮政业
德清县	采矿业、制造业与能源供应业	
长兴县		
安吉县	公共管理与社会组织	
嘉兴市区	信息传输、计算机服务和软件业;房地产与金融业	
平湖市	采矿业、制造业与能源供应业	
海宁市		采矿业、制造业与能源供应业;服务业
桐乡市		采矿业、制造业与能源供应业;服务业
嘉善县	采矿业、制造业与能源供应业	
海盐县		
绍兴市区	建筑业	
诸暨市	建筑业	
上虞市	建筑业	
嵊州市	交通运输、仓储和邮政业	
绍兴县	建筑业	
新昌县		

三 杭州都市圈城镇体系存在的主要问题

杭州都市圈自启动以来实现了飞跃式的发展,但城镇体系建设仍存在许多问题。

(一)城镇体系等级规模不尽合理

1. 城市首位度过高,极化趋势明显

研究时段内杭州都市圈城镇的首位度一直处于4以上,等级规模的首位特征非常显著。过高的首位度不利于城市流进行等级扩散，不利于对周边地区带动功能的发挥。位序-规模分析同时表明，首位城市的极化作用十分明显，杭州都市圈目前正处于极化发展的阶段，中心城市对周边城市的涓滴效应尚未发挥明显作用。

2. 副级中心不凸显，市带县动力不足

杭州都市圈共有1个特大城市、1个大城市、10个中等城市和12个小城市，尽管整体上呈现"金字塔"形结构，但是处于特大城市和中等城市之间的大城市只有1个，"金字塔"形结构不是特别合理。杭州都市圈的副级中心城市规模偏小，未能凸显其副级中心的地位，不能承担起次级中心城市的重任。

3. 各城镇规模增长速度存在差异，发展不均衡

2001~2011年，杭州都市圈城镇体系总体上处于稳定的集聚发展的进程中，虽然仍有极化的趋势，但极化的进程有所放缓。从城镇体系内部来看，在24个行政单元中，有22个行政单元是中小城市。同时，各城镇规模增长速度存在差异，"一主三副"城市在2001~2011年的人口年均增长率偏低（3%~5%），大部分中心城市人口年均增长率低于3%。杭州都市圈城镇体系中中等城市规模扩张进程缓慢，小城市发育处于初级阶段。从城镇化水平看，除了作为核心城市的杭州市区城镇化水平较高（96%）外，其他城市的城镇化水平整体上偏低（60%以下），其中萧山区作为大城市，城镇化率低于50%。在10个中等城市中，城镇化率在50%以上的有余杭区、嘉兴市区、海盐县、绍兴市区（4个），其他6个区（市）城镇化率略高于30%；在12个小城市中，城镇化率基本偏低，除了嘉善县城镇化率达到40%外，其余均低于30%。

杭州都市圈城镇不论从数量上还是质量上都表现出明显的不均衡发展的特征，这种不均衡性在很大程度上会制约杭州都市圈的潜在发展能力，影响城市流在城镇之间的流动和扩散，不利于城镇之间的联动发展，极核城市的辐射作用不能充分发挥，中小城市承接辐射的能力不足。

（二）城镇体系空间结构不合理

1. 规划总体格局明晰，发展相对滞后

《杭州都市经济圈发展规划》指出：加强杭州、湖州、嘉兴、绍兴四城市之间资源共享、优势互补，加速形成以区域网络化功能为基础的都市圈发展格局，以沿路、沿湾、沿湖区域为重点，形成"一主三副两层七带"的网络化总体布局框架，促进产业、城市、生态融合发展。该规划明晰了总体格局，杭、湖、嘉、绍四城市在规划的指导下，积极推进城市建设。然而，作为推进区域一体化的核心载体——城镇，其发展仍相对滞后，大部分城镇呈现点状分布，联系松散，节点发育不良。杭州都市圈城镇密度偏小，在22个行政单元中，有14个行政单元的城镇密度不足1.0个/百平方公里，城镇密度大于1.5个/百平方公里的只有绍兴市辖区。杭州都市圈还未形成特征明显的经济发展和经济联系的圈层结构以及沿路、沿湾、沿湖的轴线特征。

2. 极核结构突出，中心城市动力不足

杭州都市圈极核结构突出，杭州市的辐射源地位持续加强。不论从其中心性而言，还是从其与腹地城市的经济联系强度看，都体现出杭州市已经成为杭州都市圈的一大极核。以杭州市辖区为中心，在杭州市域内形成了规律性的圈层结构。相对而言，三个副中心城市的发展则差强人意。副中心城市的中心性与极核城市的中心性相差巨大，副中心城市对外辐射能力还未形成，交通中心性、服务中心性较弱，说明这些副中心城市与周边城市尚未形成网络化的要素流动通道。

总体来看，杭州都市圈城镇体系的空间结构发展相对滞后，中心城市的辐射带动能力不强，其中心性有待强化，副中心城市需要加速发展，从而逐步形成对外辐射能力。同时，城市之间的要素流通网络比较弱，使得整个杭州都市圈中的经济联系强度比较弱。

（三）城镇体系职能结构有待优化

1. 产业结构趋于优化，第三产业发展优势不足

杭州都市圈各城市的产业结构近年来逐步优化，但是产业优化的动力略显不足。副中心城市湖州市区、嘉兴市区的第一、第二产业仍是其相对具有优势的产业，第三产业有待进一步提升发展，以带动周边城市产业结构升级优化。受地理因素和历史发展的影响，杭州都市圈中的中小城市第三产业发展不足，第一、第二产业具有相对优势，部分原因也是在于中心城市尚未形成足够的辐射带动能力。

2. 城市职能专业化程度不突出

副中心城市各行业专业化程度普遍较低,第二产业吸纳了大部分劳动力,不利于其产业结构的优化升级,同时影响了其作为中心城市的综合性,不利于发挥其对周边城市的带动作用。

3. 各城市职能分工体系不完善,城市个性不明显

在中小城市的产业发展上,《杭州都市经济圈发展规划》充分考虑了城市的资源优势和现有的产业优势,但是产业规划比较注重城市层面,对整体产业发展在都市圈层面的更宏观的规划则略显苍白,缺少功能区的合理划分。部分中小城市的职能分工与主导产业存在相似性,特色不突出,产业布局脉络不明晰。

(四)杭州都市圈城镇结构体系存在问题的成因分析

1. 区域经济发展水平不均衡

受地区间客观条件、发展路径等多方面差异的影响,杭州都市圈13个节点县(市)在经济社会发展中呈现不同的特征,经济发展水平差异程度尤为明显。省会城市杭州市发展独树一帜,集聚了大量的资源,成为杭州都市圈当之无愧的极核城市,其人口规模、经济总量等经济指标远高于副中心城市,三副中心城市湖州市区、嘉兴市区、绍兴市区经济发展在与极核城市存在较大差距的情况下,经济增长速度也很有限,低于极核城市的增长速度。2012年,杭州市区生产总值增长8.9%,而湖州市区、嘉兴市区、绍兴市区生产总值增长率分别为8.7%、7.4%、8.4%,这在很大程度上影响了城市流在城镇之间的流动和扩散,副级中心城市不能有效承接极核城市的经济辐射,并充分发挥其副级中心城市对紧密层、联动层等城市的辐射带动作用,城镇经济发展受限,城镇建设速度缓慢。中心城市集聚与扩散效应不均衡,使得城市规模尚未达到理想状态。

2. 区域发展路径雷同

浙江省中小企业较多,民营经济发达,改革开放初期各城市形成了以"轻、小、集、加"为主的轻工业体系,发展方式较为粗放,对外依存度较高,部分企业发展理念、管理水平落后,随着全球化融入程度的深化,民营企

业抗风险能力弱的特点导致一大批企业在金融危机的冲击下倒闭。资金链的断裂、融资成本的升高也使得这些城镇民营经济的转型举步维艰，影响了各城镇长足的经济发展和城镇建设。尽管进入20世纪90年代后，杭州都市圈各城市积极发展机械、化工、电子、医药、装备制造、重化工业，但目前大多仍拥有纺织、医药、化工等传统产业，都市圈内普遍存在着"大而全、全而弱"的产业结构，导致产业差异化竞争不足，都市圈职能结构不完善。

3. 区域内城市发展缺乏个性

随着城镇化浪潮席卷长三角，长三角城镇化发展路径非常类似，再加上杭州都市圈各城市区位条件、地理资源非常接近，城镇建设雷同程度更是有过之而无不及。相同的功能划分、相同的街道、相同的建筑、相同的广场、相同的住宅区等，已经看不到每个城市的独特文化与景观。比如，以"旧城改造"的名义开发房地产，使许多城市的个性在"旧城改造"中失去，宝贵的文明传统被割断了，城市新的建设又对未来表现得无所适从。

4. 区域规划理念不当，资源分配不均

由于各城市经济发展差异较大，杭州都市圈内大部分资源集中在中心城市。小城镇经济发展落后，主导产业单一且落后，公共设施建设与中心城市及上海、苏州等周边大城市差距较大，再加上浙商文化的影响，很多人选择外出打工。中小城镇建设规划初期，注重建城，忽略建产业、建公共服务，导致城市有城无就业岗位、有城无人才，造成了土地、财政资源的浪费，公共资源依旧向有产业、有人才的中心城市集聚。

5. 行政体系制约要素流动，空间布局统筹协调性较差

中国城镇治理的一个主要特点是管理体系的等级化。处于等级结构顶端的城市一般都是大中城市，这些城市的行政管理等级较高，发展权力大，拥有的资源要素也多，城市发展速度快，发展质量也高。杭州都市圈新型城镇化的发展也受到这一特点的影响。相较于都市圈中众多的县和集镇，"一主三副"城市处于等级结构的顶端，拥有的资源要素多，城市建设和城市发展就很快。长期以来，由于行政区划、条块分割等原因，杭州都市圈各城市缺少统筹协调，在空间布局上呈现同质化的发展趋势，而县域经济对都市圈空间布局形成分割，造成了资源的过度消耗和生态环境的破坏，加剧了工业与资源、环境的矛盾，制约了城镇空间布局的优化。空间发展模式较为粗放，目前，发达国家都市圈发展主要以知识经济和高科技产业为主要驱动力，而我国都市圈发展仍然过多依赖土地、劳动力等廉价资源的投入，片面强调城市规模和扩张速度。粗放的发展模式，必然导致低下的效益。如我国杭州市区开发区的地均产出水平只有2.73亿元/平方公里，而日本都市圈工业用地地均产出水平高达50亿元/平方公里。

四 优化杭州都市圈城镇体系结构的目标和对策

（一）优化提升杭州都市圈城镇体系面临的新形势和新机遇

优化提升杭州都市圈城镇体系结构，面临着良好的国际国内城镇化发展形势和机遇。

从国际环境看，城市已经成为人类经济社会活动的中心。据联合国统计和预测，世界城镇化率在2011年底已经达到了52.1%，人口向城市集聚的趋势仍在进一步强化，预计到2050年，城镇化率将达到67.2%。在城镇化进程中，世界经济网络和城市群两个载体的重要性日益凸显。城市网络中各节点城市之间合作的效率和质量，将成为推动城镇化可持续发展的主要力量。

从国内环境看，一是我国城镇化进程正处于加速阶段，城市空间形态开始向都市圈、城市群等组合形态转变，以城市节点系统结构优化、都市区空间发育、城市群空间整合等为主体的城镇化推进方式成为我国区域城市空间快速转变的集中体现。都市圈作为新型的城市组织形态，能够有效促进整个区域的经济一体化进程，带动区域的整体发展。同时，由于其集聚能力和辐射能力较强，能够促使经济要素在圈内集中，都市圈中的核心城市又会对周边地区形成辐射，促进周边城市的发展，有效打破行政壁垒，强化经济联系，提升区域整体竞争力，成为各国国民经济增长的重要推动力量。二是经过近60年的城镇化建设，我国走出了一条适合中国国情的城镇化道路。党的十六大首次提出"走中国特色的城镇化道路"，选择集中型与分散型相结合、据点式与网络式相结合、大中小城市与小城镇协调发展的多元化城镇化道路。党的十七大进一步指出:"按照统筹城乡、布局合理、节约土地、功能完善、以大带小的原则,促进大中小城市和小城镇协调发展。"党的十八大提出"新型城镇化"的战略目标,特别是中国共产党第十八届中央委员会第三次全体会议通过的《中共中央关于全面深化改革若干重大问题的决定》,明确提出了"健全城乡发展一体化体制机制""完善城镇化健康发展体制机制""坚持走中国特色新型城镇化道路,推进以人为核心的城镇化,推动大中小城市和小城镇协调发展、产业和城镇融合发展,促进城镇化和新农村建设协调推进。优化城市空间结构和管理格局,增强城市综合承载能力"。2013年12月召开的中央城镇化工作会议再次强调了城镇化是现代化的必由之路。会议指出,推进城镇化是解决农业、农村、农民问题的重要途径,是推动区域协调发展的有力支撑,是扩大内需和促进产业升级的重要抓手,对全面建成小康社会、加快推进社会主义现代化具有重大现实意义和深远历史意义。会议细化了推进城镇化建设的主要工作,包括推进农业转移人口市民化、提高城镇建设用地利用效率、建立多元可持续的资金保障机制、优化城镇化布局和形态、提高城镇建设水平和加强对城镇化的管理六个方面。此外,会议还讨论了《国家新型城镇化规划》,将中国城镇化建设提升到前所未有的战略高度。

在此背景下,2012年中共浙江省委和浙江省人民政府提出了以大都市区经济带动浙江省经济发展的新的战略构想。可以预见,在"十二五"后期和"十三五"期间,积极推进新型城镇化,优化大城市圈和大城市群的城镇结构,形成大中小城市和小城镇协调发展的格局,将成为浙江省国民经济和社会发展的主要组成部分。

(二)优化杭州都市圈城镇体系结构的目标与定位

杭州都市圈在"中国城市创新力"六大都市圈(杭州、南京、武汉、长株潭、成都、沈阳)排行榜中综合实力位于榜首,发展基础良好。杭州都市圈拥有独特的地理优势,是长江三角洲的"金南翼"。同时,杭州都市圈自然资源富集,拥有"名山、森林、湿地""江、河、湖、海、溪、潮"等旅游资源,生态基础优越,具有巨大的发展潜力。未来杭州都市圈的发展应成为推动世界第六大城市群(长江三角洲城市群)发展的重要板块,成为我国可持续发展的生态都市圈，成为我国城市创新发展的先行区。

1. 等级规模协调化

在做强中心城市的基础上，构建合理的人口、经济总量的"金字塔"形结构。对中心城市杭州的人口发展进行合理的规模控制，积极推动都市圈内副中心城市发展和小城镇建设，巩固和发展小城市实力，促进潜力较好的小城市向中等城市转变，优化都市圈内人口分布；统筹城乡发展，加快小城镇建设，缩小城乡一体化差距；充分发挥中心城市的扩散效应，发挥城市群体能级效应。

2. 空间布局合理化

优化"一主三副两层七带"的网络化总体布局，强化城镇体系的对内经济联系和对外辐射能力；优化产业布局，通过产业联系加强城镇间的空间联系；加快副中心城市发展，发挥次级中心的带动作用；提高城镇密度，培育都市圈经济发展的节点载体；加快交通设施建设，构建现代化的网络交通结构，促进区域间的要素流动。

3. 功能结构完善化

城市功能定位明确，经济错位发展。以现有产业结构为基础，优化产业布局，完善以优势资源产业为主导产业的产业链条；各城镇产业实现错位发展，逐步淘汰环境污染重、资源消耗大的落后产业；积极发展有潜力、条件好的大中城市，提高其专业化程度，调整产业结构，强化其作为地区性中心的生产、服务、集散、管理等功能；加强小城市、县域中心城镇的特色建设，形成特色优势产业，加强对县域经济的辐射带动作用，使其成为区域经济发展的重要增长点。

4. 城镇体系高级化

一是融合经济社会发展一体化，进一步打破行政壁垒，实现区域间经济社会优势资源共享，构筑一体化、广覆盖的社会保障和公共服务体系；二是加强城镇体系网络化发展，以不同等级城市为节点实现空间网络协调化，以现代化立体交通体系为重要支撑打通区域要素流动通道；三是注重城镇体系的开放化发展，积极参与国际经济分工协作，吸纳国际先进要素，参与全球合作，强化对外交流；四是推动区域创新化发展，以现代信息、教育、技术创新为主要载体加快区域信息流扩散,提升区域创新能力;五是注重城镇体系生态化发展,加强生态环境综合整治,充分考虑经济发展的环境承载能力。

(三)优化杭州都市圈城镇体系结构的对策建议

1. 推进杭州都市圈城镇差异化建设,实现大中小城市共同发展

杭州都市圈内各城镇差异化错位发展,形成强烈的经济互补性,是实现都市圈整体功能最大程度发挥、保持都市圈活力的前提条件。要充分重视、培育各节点城市的本土文化,立足本地资源和发展特征,弘扬差异化的制度、差异化的物质、差异化的建筑、差异化的自然、差异化的管理、差异化的民生等。通过差异化发展,推进杭州都市圈一体化发展,提高城镇化发展的质量,加快都市圈新型城镇化的推进速度。

大中小城市协调发展,着力提升区域一体化程度。首先要做强中心城市及副中心城市,以区域核心城市为龙头,打造相对稳定的经济分区,充分发挥其强大的中心辐射作用,带动都市圈形成强劲的竞争力。同时,要积极培育节点城市,充分整合地区优势资源,通过强化不同层次城市在规模、功能和区位上的多样性及相互之间的联系与协作,促进区域整体协调发展。

2. 统筹城乡基础设施建设,推动杭州都市圈公共资源协调发展

完善的基础设施网络是新型城镇化的重要标志,要构建网络化的区域都市圈,打破城市隔离,以高铁、城际铁路、地铁、高速公路及水路、航空、公共自行车等构筑起都市圈内大小交通网络,推进城乡交通体系、城际交通体系之间的交流平台建设,实现区域交通一体化,充分发挥中心城市对周边城镇的辐射带动作用。统筹城乡供水、供电、供气、信息等基础设施建设,加强文化、教育、卫生、体育、就业、社会保障等公共服务设施建设,逐步实现都市圈城乡之间基本公共服务的平衡、协调发展。

3. 分类划分主体功能区,统筹规划杭州都市圈城乡一体化的空间格局

统筹杭州都市圈城乡区域发展,必须推进城乡区域产业发展一体化。通过对都市圈进行主体功能区划分,加强区域产业布局调整,加强中心镇特色产业功能区建设,加快推进产业转型升级,加快发展郊区经济,形成主导功能明确、产业特色彰显、城乡区域联动的区域化、差异化、融合化、高端化产业发展新格局，进一步推进经济转型和城乡互动发展。

4. 创新农村用地制度和市政建设体制，充分释放农村土地资源的空间价值，培育杭州都市圈城乡产业融合的新动力

随着城镇化进程的推进，土地资源稀缺性进一步显现，土地的资产性功能正在增强，但是相关的土地制度安排却没有适应土地由社会保障功能向资产性功能的转变，这在很大程度上制约了土地资产性功能的发挥，影响了农民工融入城市的进程。因此，必须进一步深化农村土地制度创新、完善土地承包经营权流转制度、多元化宅基地资本化的实现形式，增加农民财产性收入，进一步释放农村土地资源的空间价值。要严控增量，盘活存量，提高城镇建设用地集约化程度，实现土地在生产、生活、生态三方面的合理布局。

5. 推动户籍制度改革，推进公共服务的属地化和均等化，加快破除杭州都市圈城乡二元结构矛盾

农业转移人口市民化是提高城镇化质量的关键。目前我国有大量的农村进城人口尚未真正融入城市，实现这些人口的市民化，能够在更大程度上提高城镇化质量。因此，要根据各级城市和城镇的吸纳能力，放宽城镇落户条件，消除农民工流动的障碍因素，有序推进农业转移人口的市民化，逐步把符合条件的农民工转为城市居民。同时，保障和提高农村进城人口权益，实现城镇基本公共服务的属地化和均等化，破除城乡二元结构矛盾，进一步激活新型城镇化建设的能量，共享城镇化发展成果。

6. 创新城市管理机制体制，推动杭州都市圈协调机制建设

一是要实现从"以大管小"转向"以大带小"，通过改革将公共资源和公共权力协调用于不同规模的城镇发展，大城市应打破行政壁垒，按照区域一体化和发展城市群的思路，将基础设施和公共服务不断向周边中小城市延伸，形成"以大带小"效应。二是要推动跨区域城市群协调职能机构的建设，建立一个能够承担跨区域城市群协调职能的权威机构，主要在城市群的公共基础设施、土地规划、环境管理、经济发展等方面享有管辖权；要逐步制定和实施统一的户籍制度、就业制度、教育制度、医疗制度和社会保障制度等地方性法规制度和政策标准。例如，1996年，美国东北部大西洋沿岸城市带强调区域合作的规划是在大纽约市政府和非政府的纽约区域规划协会、纽约大都市区委员会等组织的积极倡导下完成的，政府和非政府机构的紧密合作，在区域规划和区域发展协调机制形成等方面发挥了重要作用。这些跨行政区的协调组织或者都市区政府的存在，并没有剥夺地方政府的权力，而是对传统行政管理体制的必要补充。它的存在极大地强化了规划的科学性、民主性和权威性，并使区域经济协调发展成为可能。三是要逐步推行差异化的城市考核体系，不再单纯地以 GDP 作为考核地方政府政绩的指标，要根据城市专业化定位，实行差别化的考核体系，从而良性地推动城市的差别化发展。

7. 注重城市的生活和生态功能建设

推进实施地区协调发展总体战略，推动资源合理利用、环境有效保护的新格局，实现经济社会全面、协调、可持续发展。改革现有部分资源环境管理制度，加强对区域投资项目的环境监督管理，将环境、社会和经济作为一个整体进行系统的综合评价，并在高层次决策之前提供广泛的可选方案和环境保护措施。统筹规划、协同建设区域科技创新公共服务平台，共同优化区域科技创新合作的市场环境，围绕杭州都市圈经济社会发展中共同面临的重大、关键、共性技术开展联合攻关，率先建成国家自主创新综合试验示范区和环保生态区。

8. 强化城市发展理念，共建城市品牌

鲜明的城市主题文化和城市价值导向，是城市实现国际化的保障，是城市群发展的灵魂。彰显城市发展个性，提升城市发展品质，通过对城市高品质的塑造，形成更强的经济吸纳力，提升民众的整体创造力，对保持城市发展的活力举足轻重。因此，杭州都市圈规划要注重理念先行、规划先导，彰显城市特色，发挥城市文化与人文精神。例如，伦敦都市圈树立了"创意之都"的理念，用政策推动创意产业发展，打造了创意伦敦的国际品牌；北美五大湖都市圈，以治理环境污染实现经济转型的核心理念，自上而下在全社会推动环境保护、节约能源，实现了传统制造业向高科技产业转型；巴黎都市圈，在延续历史传统与实现现代化发展之间寻求平衡点，完善巴黎城市规划，使得这一都市圈独具魅力。因此，要推动杭州都市圈城镇体系优化发展，就要建立都市圈独特的发展理念，推动都市圈品牌建设。

城 市 篇

Urban Topic

B.3
湖州市新型城镇化发展现状与对策

湖州市课题组*

摘　要： 本文立足湖州市城镇化发展现状及存在的主要问题，顺应新型城镇化发展的趋势，通过有效地破解新型城镇化发展的瓶颈，提出了加快湖州新型城镇化发展的对策。

关键词： 中等城市城镇化　区域一体化　杭州都市圈　湖州实践

　　城镇化是人类社会发展的客观趋势和现代化的必由之路。实现党的十八大报告提出的走中国特色新型城镇化道路，必须强化工业化和城镇化良性互动、城镇化和农业现代化相互协调，注重工业化、信息化、城镇化、农业现代化统

---

* 课题组组长徐育雄，湖州市人民政府经济合作交流办公室副主任。成员沈健，湖州职业技术学院教授；张煜，湖州市人民政府经济合作交流办公室处长。执笔陈剑峰，湖州师范学院教授。

筹发展。城镇化在"四化"中的地位特殊、位置关键,是解决我国农业、农村、农民问题的重要途径,也是推动区域协调发展的有力支撑和扩大内需、促进产业升级的重要抓手,对全面建成小康社会、加快推进社会主义现代化具有重大现实意义和深远历史意义。近年来,湖州市积极推进新型城镇化建设,取得了一定的成效。在新的历史时期,如何更好地总结已有经验,深入推进新型城镇化,已成为湖州现实发展和今后很长一个时期的一项重大任务,必须创新破难,切实加以有效推进。

一 湖州市城镇化发展现状

湖州市共有41个建制镇,其中中心镇17个,小城市培育试点镇2个。近年来,在湖州市各级党委、政府的重视和推动下,城镇化发展取得了一定成效。

(一)人口城镇化水平持续提升

人口城镇化是新型城镇化的核心。2006~2012年,湖州市城镇人口占常住人口的比重分别为48.00%、49.29%、50.01%、50.70%、52.89%、53.3%、55.1%。从纵向看,湖州市人口城镇化水平持续平稳上升。截至2012年,湖州市常住人口达到290.5万人,城镇人口达到160.07万人,城镇人口占常住人口的比重提升到55.1%,比2010年提高了2.21个百分点。湖州市人口城镇化水平的快速提升,得益于湖州市经济社会快速发展引发的大量本地农村劳动力向城镇的加速转移和外来人口大量流入的双轮驱动。其中,中心镇日益成为城镇人口集聚的主阵地。湖州市委、市政府高度重视小城市和中心镇建设,2008年选择了18个中心镇进行重点培育,2010年织里镇、新市镇被列为浙江省首批小城市培育试点镇。湖州市通过科学规划、培育区域特色产业、深化改革等措施,引领小城市和中心镇加快发展,人口集聚能力明显增强。2012年湖州市18个中心镇常住人口达到166.05万人,比2000年"五普"时增长23.9%,高于浙江省平均水平13.7个百分点,占湖州市常住人口的比重达到57.4%,比2000年提高6.3个百分点。2012年行政区划调整,撤销雉城镇中心镇建制,湖州市17个中心镇城镇化水平继续高于湖州市整体水平，中心镇人口达到99.17万人，占湖州市常住人口的比重达到59.7%，高于湖州市城镇化水平6.8个百分点。

（二）城镇要素支撑不断夯实

一是财政支持力度不断加大。近年来，湖州市重点加大了中心镇和试点小城市的财政支持力度。湖州市建立了中心镇培育专项资金，每年出资900万元，支持市本级7个中心镇的基础设施、公用事业和体制机制创新，截至2012年已累计出资5500万元。各县（区）也分别设立专项资金，如德清县每年安排2400万元重点支持乾元和钟管两镇；长兴县每年安排4000万元用于中心镇工业平台、基础设施建设和融资贴息；安吉县每年以奖代补落实孝丰和梅溪两个中心镇各1000万元；吴兴区每年安排600万元用于中心镇工业平台、民生事业等的建设；南浔区每年安排800万元用于完善中心镇基础设施及促进民生事业发展。织里、新市两镇每年还分别落实小城市培育试点配套资金1.5亿元和1.2亿元。

二是"用地难"得到有效缓解。在农村宅基地确权发证上，建立了完备的农村宅基地地籍调查数据库，并在市本级试点开展了农村宅基地调查登记发证工作。在土地占补平衡上，大力推进农村土地综合整治项目，有效地缓解了"用地难"问题。湖州开发区荣获浙江省发改委、浙江省商务厅以及《浙商》杂志共同组织评选的"2013浙江新型城镇化（产城融合）示范区"称号。

三是金融服务不断增强。目前，湖州市有17家小额贷款公司、2家村镇银行在城镇开业，成立了浙江省首批试点的乾元镇德农农村资金互助社，孝丰镇推动杭州民生银行与当地中小微企业建立融资服务合作社，为区域争取了1亿元的授信额度。2013年5月，中国农业发展银行湖州市分行与德清县人民政府签订农业政策性金融支持德清县新型城镇化建设合作协议，向德清县人民政府提供总额为30亿元的意向性信用额度，主要用于支持德清县新型城镇化建设等项目。

四是科技支撑不断深化。通过深入推进科技强市建设，湖州市的研发能力稳步提升，政产学研合作逐步深入，科技型企业规模不断扩大，科技综合实力显著增强。湖州市连续多年被评为全国科技进步先进城市，获得了国家创新型

试点城市、国家知识产权示范城市、国家科技金融结合试点城市、国家十城万盏半导体照明示范试点城市等荣誉，科技创新助推新型城镇化发展的能力得到有效提升。

（三）城镇发展水平明显提高

近年来，湖州市城镇发展水平持续提升。

一是城镇经济实力日益壮大。中心镇、试点小城市经济发展尤为突出，2012年湖州市17个中心镇完成财政收入930435.7万元，同比增长15.6%，高出湖州市平均水平2.9个百分点，其中14个中心镇超过湖州市平均增幅，埭溪镇、泗安镇、和平镇3个镇增幅均超过20%，分别为26.79%、25.69%、22.64%。在城镇产业培育上，三次产业协调发展、共同推进，不少城镇已形成自身特色产业，如织里童装、南浔木地板、练市电磁线、煤山新型蓄电池、武康生物化工、孝丰竹加工等已经成为浙江省重要的加工制造基地，新市古镇旅游、泗安生态旅游、和平乡村旅游已成为湖州市旅游业的重要品牌。

二是城镇居民收入持续增长。2013年1～3季度湖州市城乡居民收入增幅处于浙江省中游水平。湖州市1207户城乡住户一体化抽样调查显示，2013年1～3季度湖州市城镇居民人均可支配收入为28103元，同比增长9.7%，高于浙江省平均水平0.6个百分点，增幅在浙江省11个地市中居第5位。农村居民人均纯收入为17272元，同比增长10.5%，高于浙江省平均水平0.2个百分点，增幅在浙江省11个地市中居第6位。农村居民人均纯收入的增幅比城镇居民人均可支配收入的增幅高出0.8个百分点，城乡居民收入比持续缩小。

三是城乡统筹发展有序推进。湖州市历来重视统筹城乡发展，通过全面统筹城乡规划、统筹城乡产业发展、统筹城乡基础设施建设、统筹城乡社会保障和公共服务体系建设、统筹城乡就业，湖州市城乡统筹发展水平持续提升。2012年湖州市"城乡居民收入比"达到1.92∶1，远低于2011年全国的3.13∶1和浙江省平均的2.37∶1。

四是城镇文明水平日益提高。近年来，湖州市按照"结构合理、发展平衡、网络健全、运行有效、惠及全民"的原则，以文化"八有"工程建设为重点，以"文化走亲"为品牌，不断增强"文化为民""文化惠民"的服务水平。目前，湖州市乡镇已实现综合文化站全覆盖，基本形成设施齐全、产品丰富、服务较优、机制健全的新格局，城乡居民对享受公共文化的满意度日益提升。

（四）城镇生态环境不断改善

按照中央城镇化工作会议精神要求，新型城镇化必须践行绿色低碳发展新路子。湖州市城镇化进程中十分重视生态环境改善与保护，把"治水治气"、整治环境作为提升城镇化品质的重要抓手。

一是大力推进水污染治理。围绕浙江省城乡环境整治提升要求，湖州市高度重视城乡环境整治，提出了推进城乡环境综合治理的明确要求，全力落实绿色、循环、低碳发展，加快污水处理厂提标改造进程，改善水质性缺水情况，大力推进"治水"行动，重拳整治重污染企业。

二是大力推进"治气"行动。重点整治工业废气、烟尘、粉尘等各类空气污染源，加大大气复合污染防治工作力度。2013年1月，湖州市启动"四边三化"行动，着力提升城乡环境质量，使湖州天更蓝、水更清、山更绿、空气更干净、老百姓更满意。

三是深入开展美丽创建。目前湖州市已通过"美丽乡村"建设验收的有357个村，其中市级生态村355个，累计创建国家级生态乡镇39个、国家级生态村2个，全市属县均为省级以上生态县。涌现了全国著名的"美丽乡村"安吉县、"省级森林城市"长兴县、"省级森林城镇"长兴县煤山镇和南浔区旧馆镇。浙江省统计局民生民意调查中心在全省范围内开展的2013年度生态环境质量公众满意度民意调查结果显示，湖州市生态环境质量公众满意度综合得分为64.34分，比上年提高3.21分，高出浙江省平均得分6.69分，在浙江省居第2位，仅次于丽水。湖州市分县区看，安吉县得分71.51分，居湖州市三县两区之首，其他县区得分从高到低依次是南浔区66.62分、长兴县66.24分、德清县62.04分和吴兴区56.78分。

（五）运行体制机制日益完善

湖州市委、市政府高度重视城镇化建设，立足自身实际，注重全面把握、统筹规划、开拓创新、协同推进,依托城镇化与新农村建设"双轮驱动",抓住浙江省唯一新农村建设综合配套改革试点市建设契机,紧紧围绕加快"农业资源向现代经营主体集中、农村工业向开发区和功能区集中、农民居住向城镇和农村新社区集中"以及全面"提高现代农业发展水平、提高农民收入持续稳定增长水平、提高城乡基本公共服务均等化水平"的"三集中三提高"工作重心,着力提升城乡一体化水平。

一是深化户籍制度改革。湖州市第七次党代会提出坚持新型工业化、新型城镇化发展道路,结合湖州市新型城镇化发展实际需要,积极推进城镇人口户口登记制度改革,努力消除农村人口向城镇转移的政策性、体制性障碍。德清县作为湖州市户籍管理制度改革的试点县,其制订的方案已经浙江省政府批准,正在开展农村土地林地使用权、宅基地使用权、集体资产股权确认和相关政策调整。

二是不断强化组织保障。自2008年起,湖州市各级党委政府切实将小城市和中心镇建设与发展提上重要日程,成立了中心镇发展改革协调小组,统筹湖州市中心镇发展改革和小城市培育试点工作,各县区也成立了相应的领导协调机构。湖州市制定了《关于进一步加快中心镇发展和改革的意见》和《关于开展小城市培育试点工作的实施意见》,出台了《湖州中心镇发展改革评价办法(试行)》。各县区贯彻落实省、市决策部署,结合实际制定出台了一系列政策性文件。

三是推进管理权限下放。德清县向新市镇下放行政许可和非行政许可项目151项;长兴县部分县局在中心镇设立分局并建立双重管理体制;安吉县将45项管理权限下放或委托给中心镇;吴兴区向织里镇下放85项经济社会管理权限;南浔区将原来派驻在各中心镇的17家事业单位管理权直接下放到镇。由于组织保障到位、政策推进有力,湖州市初步形成了以小城市建设为龙头、中心镇建设为关键、一般镇加快发展的良好格局。

二 湖州市城镇化发展存在的主要问题

湖州市城镇化建设取得了较好的进展,但仍存在不少问题,突出表现在以下几方面。

（一）城镇规划仍需完善

湖州市各类城镇较以往更加注重发挥规划引导作用，尤其是中心镇和试点小城市，均编制了总体规划、分区控制性详规、专项规划等一系列规划，但总体来说，规划理念不够超前、内容不够科学、体系不够完善，如对自身发展定位不明确，编制的规划存在贪大求全、盲目扩张的弊端。一些城镇控制性详规，只为引进项目做了工业片区和新区的控制性规划，或者只对待建地块做了控制性规划，而没有对镇域全域进行规划和全面统筹考虑。部分城镇总体规划与土地利用、基础设施、村庄规划等专项规划脱节，且与其他城镇规划缺乏统筹，造成资源浪费。有些城镇规划，特别是土地利用规划修改过度，修改次数超过了每个乡镇一年一次的要求，修改面积也超过了年度用地指标保障能力。另外，湖州市城镇结构仍欠合理，主要表现为中心镇偏多。湖州市现有17个中心镇，与周边地市特别是省外兄弟地市相比，数量明显偏多，如江苏常州只确定8个中心镇予以扶持，山东青岛、山东临沂分别确定10个重点中心镇和12个重点镇作为培育对象。中心镇数量偏多，容易造成有限的财力和物力无法集中有效扶持。

（二）产业支撑亟待增强

湖州市除中心镇和小城市逐步形成了一定的产业规模外，大多数城镇仍缺少支撑性、主导性产业，产业平台不大，产业集聚程度不高，产业基础较差，经济发展实力相对较弱。已形成一定产业规模的中心镇和小城市，其产业层次也普遍较低，"低、小、散"现象仍较突出，始终处于产业链低端环节，产品附加值不高。如占全国1/3市场规模的织里童装产业，因缺少高端品牌，规模不经济现象较突出。同时，大多数城镇缺乏产业链或产业链不完整，无法形成更大规模的产业集聚与更好的产业品质提升。如南浔电梯产业，本地缺少高质量配件生产厂家。此外，产业定位同构现象在湖州市城镇普遍存在。据统计，湖州市17个中心镇的发展改革规划中，有10个重点发展装备（机械）制造，有7个重点发展新型（现代）纺织，有6个重点发展生态（休闲）旅游，有5个重点发展新型（金属）材料。城镇产业发展水平制约了城镇居民就业与收入增加，表现为湖州市城镇居民可支配收入始终低于浙江省平均水平，这反过来影响了城镇商业、服务业发展水平的提升,影响了城镇产业结构优化和多元发展水平的提升,影响了城镇人口承载集聚能力的进一步提高。目前,湖州市城镇化水平在浙江省11个地市中仅高于丽水和衢州两市,城镇人口比重在浙江省始终处于低位。

(三)综合功能亟须提升

湖州市城镇化水平虽有所提升,但总体仍不高,表现为城镇建设滞缓,城镇人口承载力有限,城镇功能亟须完备。目前,湖州市大多数城镇受建设起步晚、规划水平低、投入少、管理不到位等因素的影响,与大中城市发展环境不断改善相比,其城镇综合功能普遍较弱。即使是中心镇也普遍受到发展空间不大、人口集聚不足、创新能力不强、基础设施不全等历史因素的制约,日渐失去集聚效应,与群众不断增长的期待相比,商贸、物流、旅游、居住、教育、医疗、社会服务及生态保护等方面的功能较欠缺。例如,道路建设标准偏低且承载能力有限;环卫设施数量不足,生活污水集中处置率低,卫生状况较差;金融机构网点偏少且服务形式单一;医疗服务水平不高,距离百姓期待有很大差距;教育资源短缺且分布不均,师资队伍流失严重,教学质量得不到保障;公园、影剧院、体育场等文体场所基本处于空白状态,无法满足群众的文化娱乐需求。相对而言,试点小城市的情况相对较好。基础设施较差、公共服务提供不足、社会保障水平低、城市人口生活水平和生活质量不高等因素,影响了农民的进城意愿,从而影响了农民市民化进程的推进。

(四)要素保障仍需加强

随着新型城镇化的加快推进,发展要素制约越发突出,政策、资金、土地、人才等城镇发展要素保障仍需加强。在制度要素方面,上下条块分割严重,工商、国土、环保、财税等由上级部门垂直或直接管理,就连中心镇也难以实现有效调控,造成"权在上级、责在镇里、条强块弱",办事效率不高。城镇管理权限有限,缺乏行政执法权与处罚权,交通、环保、违建等问题日益增多。城镇在人事调配上也缺乏自主权,干部队伍结构相对不合理,专业队伍弱化,干部队伍老化,行政机构运转效率不高。城乡分割的二元户籍制度尚未彻底打破,目前城镇社会保险对象仅限城镇职工,政府尚未明确将大量农业转移人口中的企业临时工、合同工纳入保险对象，企业通常也不愿承担投保责任。农民工遭受着户籍、就业等多方面的制度排斥，这种制度性排斥极大地弱化了农民工融入城镇的意愿，因而急需加强户籍制度等相关制度改革与政策创新。在资金要素方面，城镇财政收入与财政支出不相匹配、事权和财权不相匹配的问题日益突出，大部分城镇即便是中心镇的财力也比较薄弱，基础设施建设任务极为繁重，现有的镇级融资平台和传统的融资方式已远不能满足城镇建设资金需求。在土地要素方面，城镇土地指标缺乏、项目无法落地的矛盾普遍存在，一般城镇和部分中心镇剩余新增建设用地空间已严重不足。如中心镇方面，长兴、安吉分别只剩下1208.55亩和1857.45亩建设用地，只占规划的17.9%和14.6%，难以满足今后经济社会发展的需要。在人才要素方面，目前湖州市城镇人才支撑普遍较弱，适用、实用型人才严重不足，特别是城市规划、建设、管理、金融等方面的人才以及高技能人才十分紧缺，影响了城镇产业转型升级、社会管理创新及服务水平的提升。

三 湖州新型城镇化发展趋势分析

党的十八大提出了新型城镇化的重大战略部署，十八届三中全会进一步提出要完善城镇化健康发展体制机制，坚持走中国特色新型城镇化道路，推进以人为核心的城镇化。综合分析当前形势及外地经验，今后湖州市新型城镇化发展将呈现以下趋势。

（一）统筹协调将成为推进新型城镇化的关键所在

新型城镇化是一项系统工程，今后一个时期将更加注重"四化"统筹、协调推进，着眼城镇化健康、可持续发展，努力形成城市、城镇、农村协调发展的良好格局。更加注重城乡统筹发展，大力推进新型农村社区建设，切实增强城镇对经济社会的带动作用，强化新农村建设、美丽乡村建设与新型城镇化建设的有机协同和联动推进，以工促农、以城带乡，以新型城镇化带动新农村建设和美丽乡村建设，实现更高水平、更高质量的城乡经济社会一体化发展。更加注重城镇化区域科学统筹、分类推进和协调发展，除开展省级小城市培育试点外，各县区宜选择若干城镇作为市级小城市培育试点，努力构建由省级小

城市、市级小城市和中心镇以及特色小城镇组成的结构合理、梯度推进的区域新型城镇化发展格局,优化城镇化形态和布局。

(二)以人为本将成为推进新型城镇化的核心内容

新型城镇化的核心是人的城镇化,其目的是造福百姓和富裕农民。人口城镇化既与经济城镇化、社会城镇化、空间城镇化相辅相成,更是经济城镇化、社会城镇化、空间城镇化的目标与结果。推进农业转移人口市民化是新型城镇化的关键与核心。从趋势看,城镇化的首要任务是保障农业转移人口在城镇稳定就业,促进常住人口有序实现市民化,花大力气解决已转移到城镇就业的农业人口的落户难题,给予稳定的预期和希望,让他们"放得下心、融得进城、转得了身",并真正"过上和城里人一样的好日子",进而激发更多农民入城成为城镇新市民。这就需要更加注重保障进城农民以土地为核心的财产权利,切实加强就业培训、就业指导,全面启动实施涵盖就业、社会保障、户籍制度、新居民管理、涉农体制、村镇建设、金融体系、公共服务、规划统筹等方面的系统改革与创新,在保障进城农民原有收益的同时,不断强化公共服务能力,确保城镇新居民分享更多、更好的公共服务。

(三)特色培育将成为推进新型城镇化的路径选择

新型城镇化是因地制宜、差异发展的城镇化,既不是粗放盲目的"圈地扩张盖楼",也不是千城一面的"做大做强景象"。今后一个时期推进新型城镇化发展,必将更加注重紧密结合各个地区、各个城镇自身发展的优势与特色,科学合理地做好功能定位,保护、挖掘和弘扬城镇传统优秀文化,延续城镇历史文脉,努力塑造和彰显城镇发展个性,进而不断增强城镇竞争力和发展活力。这就需要进一步加强湖州市各类城镇的调查研究,按照促进特色发展原则,合理科学地编制符合各个城镇实际的特色发展规划,切实增强规划的科学性,着力提升规划管理水平,使特色发展落到实处,切实打造一批特色产业镇、旅游经济镇、文化创意镇、休闲养老镇、生态低碳镇,走"一镇一品""一镇多品"的特色城镇化道路,确保城镇经济社会特色优先发展。

（四）多元参与将成为推进新型城镇化的活力之源

新型城镇化需要市场"无形之手"和政府"有形之手"的共同配合。政府的作用不再是全面、具体的控制和干预，而是通过宏观调控来引导城镇化发展，充分调动市场的创新性和创造性，让人、财、物等各类要素自发配置和流动。这就意味着今后一个时期，将按照"市场筹资为主、政府补助为辅，政府投资、社会集资、农民带资、招商引资等多渠道融资"的思路，努力探索建立多元化的城镇建设投入机制、投资结构与投资体系。不断深化财税体制和投融资体制改革，不断完善资金保障机制，努力化解财政金融风险，全面夯实新型城镇化发展的资金财力支撑。对一些基础设施项目和有赢利保障的重点项目采用BT或BOT模式，对筹资规模较大、前景稳定的项目采用ABS模式，千方百计地吸引社会投资来缓解财政支出压力。由此，城镇建设融资渠道将进一步拓展，除银行信贷、开发性金融等传统融资渠道外，债券市场、股票市场等直接融资渠道会得到有效拓展，民间资本也将参与其中。

（五）可持续发展将成为推进新型城镇化的本质要求

集约、智能、绿色、低碳是新型城镇化的四个关键词。新型城镇化建设的方向就是要紧抓这四个关键词，全面融入生态文明理念，走出与资源环境承载能力相适应、实现可持续发展的新路子。这表明今后一个时期城镇化发展必将摆脱传统的不可持续的城镇化模式，向可持续的城镇化发展转型。为此，新型城镇化将更加注重产业创新、技术创新，强化可持续发展的产业支撑。注重生活方式创新，构建以可持续消费为导向的现代生活方式。注重治理模式创新，调整企业和社会居民的行为模式，通过利用社会的力量、利用信息技术的作用来实现资源节约和环境友好，让政府部门、社会力量、居民行为和企业发展转向更加可持续的发展模式。其中，政府要积极转变城镇发展理念，控制好开发强度，严控增量，盘活存量，调优用地结构，着力提升城镇建设用地效率，努力挖掘城镇发展潜力，在城镇建设各个环节及早谋划融入节能元素，加强配套设施建设，不断完善城镇功能，通过城镇化过程中的可持续治理来实现可持续的城镇化。

四 加快湖州新型城镇化发展的主要对策

立足湖州市城镇化发展的现实基础，顺应新型城镇化发展的趋势，有效破解新型城镇化发展的瓶颈，着眼更好地推进新型城镇化发展，提出如下对策建议。

（一）进一步深化新型城镇化战略认识

党的十八大将新型城镇化上升到国家战略层面，十八届三中全会提出新型城镇化是破解当前我国经济结构性矛盾、促进经济转型的重要利器，必须切实深化对新型城镇化战略的认识。

一是更好地促进统筹城乡发展。城镇往往居于"城市尾""乡村头"，空间布局更优、承载平台更广、发展环境更好、管理权限更大、政府支持更强，可承担起先进农业生产力的带动功能、优质公共服务的辐射功能和体制机制创新的试点功能，能够发展成为城市基础设施向农村延伸、城市公共服务向农村覆盖、城市现代文明与农村农耕文明融合的枢纽。加快推进新型城镇化建设，持续增强城镇产业发展、公共服务、吸纳就业、人口集聚功能，有利于带动城乡统筹协同发展，开创以工促农、以城带乡、工农互惠、城乡一体的新型工农关系、城乡关系新局面。

二是更好地提升城乡经济发展水平。要按照中央"构建科学合理的城市格局，大中小城市和小城镇、城市群要科学布局，与区域经济发展和产业布局紧密衔接，与资源环境承载能力相适应"的指导精神，积极稳妥地推进城镇化，着力提高城镇化质量。小城镇是推进城镇化进程中构建城市格局的重要组成部分，城镇具备良好的人口、产业、物流、商贸、文化等基础，同时又具有强烈的吸纳农业转移人口、实现又好又快发展的现实愿望。必须加快新型城镇化建设，充分发挥城镇的基础和支撑作用。

三是更好地促进农民市民化。促进农业转移人口有能力在城镇稳定就业，推进常住人口有序实现市民化，不断提高城镇人口素质和居民生活质量，是新型城镇化的首要任务。但总体看，小城镇因其乡土性较强、进入门槛较低、交通相对便利等特点，一直是广大农村企业发展、农民创业就业和进城落户的主要场所。要进一步提升加快人口城镇化的重要性认识,建立健全人口城镇化领导机制,充分研判湖州市人口城镇化的有利条件和不利因素,全盘统筹经济城镇化、社会城镇化、空间城镇化、土地城镇化与人口城镇化的协调发展,尽快组织力量编制《湖州市人口城镇化发展规划》,制订推进人口城镇化的行动计划,科学引领湖州市人口城镇化发展。着力推进以人口城镇化为主导、推动城乡一体化的第二次制度变革。要深刻认识人口城镇化的内在规律,牢固树立量质并举、更注重质的人口城镇化发展模式,切实让农民"进得了城、转得了身、立得了业、落得了根",科学引领人口城镇化发展。

(二)进一步完善区域城镇规划体系

结合中央城镇化工作会议要求,区域新型城镇化必须在充分考虑资源环境承载力的基础上谋划并进行科学合理布局,以城镇群为主体形态,注重区域中心城市、小城市、中心镇和小城镇的合理分工与功能互补,实现协同发展。

一是提高规划布局的科学性。要以国家新型城镇化规划精神为指导,科学谋划新型城镇化布局和结构优化,加大湖州市重大政策的统筹协调,高起点、高水准地统一编制湖州市新型城镇化发展规划,各县(区)政府要结合自身实际,制定符合自身实际的新型城镇化具体路线图。

二是制定分类推进新型城镇化发展的路线图。建议在规划布局和发展重点上,紧密对接湖州市"十二五"规划提出的"一带两组团四轴线"城市空间架构,充分考虑高铁经济发展带来的机遇与影响,加快扶持一批交通优势突出、产业基础扎实的重点城镇,集中扶持、加快发展一批与区域中心城市有一定距离,且产业集聚度较高、发展势头强劲、能够对周边起到较强辐射作用的小城市和中心镇。重视对一般城镇的辅导与培育发展,重点通过深入调研,制定符合自身实际的特色发展路子。

三是突出规划体系的整体性。要注重全域规划,重视规划间的整体配套,建设规划、产业发展规划、村庄发展规划、基础设施规划、土地利用规划等,要与城镇总体规划所提出的指导思路、发展目标、功能定位、主要任务、建设重点等相一致,共同构成层次分明、功能清晰、统筹协调、统一完整的城镇规划体系。要适度超前编制好控制性详规,通过认真研究城镇各地块的功能形态和建设形态，把各地块的主要用途、建筑密度、容积率、绿地率、基础设施、环保要求等规划好，并对重要地段和节点地区进行城市设计，从而有效地控制城镇的平面布局、建设容量与风貌特色。要积极探索按功能区划分进行规划的方法，围绕构建生活居住区、商贸服务区、生态保障区、农业保养区、现代物流区、产业集聚区等特色鲜明的功能区，编制好各类规划。

四是维护规划执行的严肃性。规划具有较强的约束力，尤其对于事关城镇发展改革前景的总体规划和控制性详规而言，其刚性、严肃性不容置疑。要切实建立检查、纠正和责任追究制度，加大督查和执法力度，加强对规划的管理，坚决防止将规划束之高阁的情况，杜绝让规划跟着项目转的现象，不折不扣地执行好、落实好规划，防止在规划编制及修编过程中，因随意性、盲目性而导致无序发展、重复建设、自我竞争，确保规划真正发挥引领作用。要建立规划成果的专家审查制度和规划修编的公众参与制度，发挥专家和公众在规划执行过程中的指导与监督作用，促进规划落到实处。要研究编制具体的行动计划，按照规划所确定的城镇建成区面积、人口集聚率、城镇化率等相关指标，围绕城镇建设、经济发展、产业结构、社会事业、生态环境、机制改革等，分年度制定具体目标、建设项目和保障措施，进一步把规划细化、深化、具体化。

（三）进一步夯实新型城镇发展基础

中央城镇化工作会议指出，没有产业支撑的城镇化难以为继。

一是大力发展优势特色产业。产业是城镇化实现可持续发展的关键，必须把做大做强镇域产业提上重要议事日程。要按照因地制宜的原则，根据城镇区位交通、历史文化、产业基础、资源禀赋等，科学合理地确定产业定位，探索不同的发展模式，加强特色产业的培育，尤其是能够吸引当地农村居民就业的本土产业，宜工则工、宜农则农、宜商则商、宜游则游，实行错位发展，防止千篇一律。例如，练市镇具有优越的区位交通优势，可考虑集中力量进行重点培育，依托特色重工业基础，建设浙北工贸型小城市；织里镇应以"减人减量、提质提效"为目标，着力抓好童装产业转型升级，努力打造成为童装先进制造中心、设计中心、营销中心和产业示范基地；煤山镇应进一步促进新型蓄电池业转型升级，并借助合溪水库建成契机，努力建设"宜居宜业宜乐"的山水生态型精致小城市。

二是积极推进产业集聚集群发展。重点要支持和鼓励城镇工业功能区建设，高起点、高标准建设工业功能区，完善配套功能，做好协调工作，把城镇工业功能区建设纳入湖州市统一规划。要出台政策，通过给予补助形式鼓励市区大中型企业，对落户的市级重点项目，由湖州市统一安排建设用地指标。要实行"相同产业相对集中"，坚决防止在同一个工业功能区内对环保要求较高的产业与涉污产业共存。要鼓励民营企业进入城镇工业功能区，鼓励周边村办企业进入城镇，鼓励小城镇向城镇工业功能区集聚，并制定"飞地经济政策"，共享税收分成。通过这一系列有效措施，推进产业布局向城镇尤其是中心镇集中、工业项目向工业功能区集中、生产要素向优势产业集中。

三是强化创新驱动绿色发展。坚持因地制宜，探索各具特色的城镇化发展模式。要认真贯彻落实创新驱动战略决策部署，通过招商引资、科技攻关、与大型企业及高等院校联姻、共建公共技术服务平台等方式，不断提高创新驱动水平。扎实推进城镇生态绿色发展，切实转变经济发展方式。按照"强工、兴商、优农"的理念，大力发展现代物流、商务、金融等生产性服务业，发展旅游、商贸、文化娱乐等面向民生的服务业，推进现代生态农业向产业化和规模化转变。要严格执行产业准入制度，加强企业清洁生产审核，鼓励探索循环经济模式，注重发展科技含量高、附加值大、能源资源消耗低、环境污染少的新兴产业，逐步淘汰落后的生产工艺和设备，实现城镇绿色发展。

（四）进一步提升城镇服务功能

新型城镇化对城镇建设水平提出了更多、更高的要求。必须切合实际，合理确定城市定位，科学制订发展规划和推进行动计划，推进城镇特色差异发展。要依托湖州独特的自然山水环境与风光、深厚多姿的历史文化底蕴，并积极融入现代元素，在保护弘扬传统优秀文化中延续历史文脉，彰显特色。通过嵌入现代元素，使城镇居民享受现代生活和休闲情调。

一是完善基础设施建设，强化整体功能。城乡二元化公共产品供给体制在很大程度上限制了农民的进城意愿与需求。只有调整城镇公共产品供给政策，完善城镇公共产品供给制度，保证城镇公共产品供给的公平性和公正性，提高农民进城幸福指数，提升农民进城预期收益，才能不断激发农民的进城意愿。要加大投入，加强保障，加快路、水、电、气等基础设施建设，改善城镇的硬环境，为居民创造良好的居住和生活环境。要大力提升科教文卫体等公共服务设施档次，建好学校、卫生院、敬老院、文化中心、科普中心、体育中心、商贸网点等公共服务场所，不断完善城镇尤其是中心镇服务功能，增强城镇尤其是中心镇吸纳人口的能力。要坚持人人公平享有基本公共服务的原则，推进基本公共服务均等化，加快完善社会保障体系、住房保障制度，扩大养老、基本医疗、工伤等保险制度的覆盖面，逐步缩小城乡基本公共服务差距。要以顺应城乡居民的需求为核心，整合教育、医疗、社保、就业、住房等各类公共服务信息，加快建设公共服务信息平台。要建立服务满意度反馈机制，建立健全基本公共服务绩效评价体系，完善基本公共服务效果的跟踪反馈制度，不断提高公众的满意度。

　　二是提高城镇管理水平，提升服务质量。要强化统筹意识，坚持建管同步推进，不断健全全民共建、共管、共享的管理体制。要强化环境意识，加强城镇的镇容、镇貌、环境卫生、社会治安等方面的管理，深入开展平安、文明、卫生等创建活动，并在一定时期内，坚持堵疏结合，适当保障流动摊贩的经营空间，创造舒适、文明、卫生、优美的良好环境。要强化创新意识，加强协同管理，深化管理创新，推进城镇管理网格化、信息化、智能化、社区化、专业化，打造"数字城管"和"智能城镇"，提高管理服务效率和水平。要大力培育城镇社会组织，积极推动城镇社会管理和公共服务向社会组织转移，加快实现"花钱养人"向"花钱买服务"转变，努力构建"源头治理、动态管理、应急处理"三位一体的城镇新型社会管理机制。

　　三是加强生态环境保护，优化人居环境。生态优势是湖州最大的优势、最宝贵的资源和最核心的竞争力。要坚持"打造生态城镇，建设和谐人居环境"的发展思路，注重节约集约利用土地、水、能源等资源，切实加强环境保护，弘扬生态文明，促进城镇的绿色低碳发展。着眼优化城镇体系、空间布局，加强保护、优化环境。要强化生态资源保护，切实保护农田、水面（含河流、湖面、水塘和湿地）以及植被丰富的山丘、平地，提高资源利用率。要大力推进"三改一拆"、"四边三化"和节能减排工作,着力改善人居环境,全力建设富饶、秀美、宜居、乐活的现代化小城镇。要建设鼓励、激励机制,努力做到城镇居住环境生态化、建筑材料环保化、生活能源天然化。要严格遵守有关环保法律法规,大力倡导低碳生活方式和消费模式,养成文明、节俭的绿色生活方式和习惯。要十分注重保留好村庄原始风貌,尽可能在村庄原有形态上改善居民生活条件,努力将新型城镇化建设转化为传承城镇历史记忆、地域特色、民族特点的新载体。

(五)进一步健全运行体制机制

建立和完善城镇可持续发展的体制机制,是事关新型城镇化建设成效的核心所在。

一是建立多元可持续的资金保障机制。要在国家进一步完善财税体制、健全地方税体系、逐步建立地方主体税种、增加地方可用财力的基础上,建立市、县(区)财政对城镇化建设的转移支付制度,财政转移支付规模要与农业转移人口市民化挂钩,实现同步增长。要加大财政扶持力度,财税超收部分切实做到全额留镇,在城镇范围内收取的土地出让金净收益除上缴国家和省以外,也要全额返还,同时不断提高城镇培育专项资金的额度,特别是市本级的扶持额度。要积极探索依法组建城镇建设投资公司的新路径,把地方政府的组织担保优势转化为信用优势。要鼓励和引导商业性金融机构与城镇加强合作,为城镇建设提供全方位、多层次、一体化的信贷支持与金融服务。要放开城市公用设施投资和运营领域投入限制,允许和鼓励社会资本通过特许经营等方式参与。

二是不断深化行政管理体制改革。要充分把握城镇发展改革试点、小城市培育试点等机遇,进一步完善政府行政管理体制。一方面,要继续扩大城镇经济社会管理权限。按照"依法放权、便民高效、分类指导、权责一致"的原则,以委托、交办等形式,依法赋予城镇发展决策、项目审批、社会管理、综合执法、人事管理等权力,切实做到权责一致、同步推进,不断简化办事手续,服务基层群众。另一方面,要继续完善城镇评价考核体系。不断加大民生改善、社会进步、生态效益等在考核体系中所占的比重,考核结果将作为城镇领导干部政绩考核的重要内容以及资金分配的重要依据。

三是不断加强城镇人才要素保障。要不断深化城镇干部人事制度、人才管理制度改革。要根据城镇经济总量、财政收入、常住人口规模等主要指标，制定科学合理的定编标准，在总编制不增加的情况下，适当增加行政与事业编制。要重视解决城镇急需人才短缺的问题，特别是经济发展、城市建设、投融资等方面的专业人才，并研究建立城镇吸引人才、留住人才的长效机制。

四是不断完善城镇土地保障机制。要根据城镇发展规模和中长期发展规划，合理确定城镇的土地利用、建设用地规划，市、县（区）政府在安排年度用地指标时，要安排一定比例的土地用于城镇建设，确保城镇发展的空间。要全力推进农村土地综合整治、宅基地专项治理和复垦，由此获得的土地指标要向城镇倾斜。要积极争取基本农田置换试点，在确保基本农田保护面积总量不减的前提下，允许将农村土地整治复垦后形成的高标准农田，与新占用基本农田实行等量等值置换。

B.4 嘉兴市新型城镇化发展特征与路径选择

嘉兴市课题组*

摘　要：

全力打造现代化网络型田园城市是嘉兴"十二五"城市发展的定位目标。作为杭州都市圈城市之一，嘉兴加快推进新型城镇化发展，对经济社会发展具有十分重要的战略意义。本文通过简析21世纪以来嘉兴城镇化发展特征及其成因，指出了嘉兴城镇化发展与经济社会发展存在的一些偏差，并就下一阶段嘉兴新型城镇化发展趋势做了初步展望。

关键词：

新型城镇化　发展分析　杭州都市圈　嘉兴市

关于城市化的概念，不同的学科有不同的解释。人口学认为城市化是农村人口转变为城市人口的过程；地理学强调城市在地区空间上的扩大，认为城市化是农村地区转变为城市地区的过程；社会学认为城市化是由农村生活方式转变为城市生活方式的过程，并伴随着城市文明和工业文明迅速向周围扩大渗透（如美国社会学家路易斯·沃斯认为，城市化意味着从农村生活方法向城市生活方法发展、质变的全部过程）；经济学则认为城市化应当是农业经济向非农经济的转化过程，即由农村自然经济转化为城市社会化大生产的过程。

世界各国（或地区）和国际组织均把城镇人口占总人口（常住人口）的

---

* 执笔蒋明祥，嘉兴市统计局综合核算处处长、高级统计师。

比重作为跟踪、衡量一个国家（或地区）城市化进程的数量指标，尽管这一指标忽视了城市化的质量，但目前还没有公认的更好的指标来替代它。在我国，统计上划分城乡的标准，是以我国市镇建制的要求和当时的行政区划为依据，将地理区域划分为城镇和乡村的。长期以来，这一标准主要用于城镇人口的统计。新中国成立以来，城镇人口的统计标准，随着市镇建制标准的多次调整，几经变化，主要用于历次全国人口普查之中。而城镇人口占总人口（常住人口）的比重是目前衡量各地城镇化水平的主要依据。

一 嘉兴市城镇化发展的主要特征

（一）历史进程回顾

城市化发展过程是一个多种因素综合作用的复杂而长期的动态过程。世界上大多数国家的城市化进程有着相似的发展轨迹，城市化水平从百分之几上升到百分之五十以上，其进程需要200年左右的时间。城市化水平也可分为初期阶段（20%以下）、中期阶段（20%~50%）和高级阶段（50%以上）。新中国成立以来，嘉兴人口城市化进程大体经历了以下四个阶段。第一阶段（1949~1957年）：新中国成立初期，嘉兴人口城市化为低水平的稳定发展时期。第二阶段（1958~1965年）：嘉兴城市化进程处于剧烈波动时期。第三阶段（1966~1983年）：嘉兴城市化进程处于低水平徘徊时期，并呈"U"形特征；第四阶段（1984年至今）：嘉兴城市化水平由1983年的13.0%提高到1990年的27.3%，成为城市化发展较快的时期。1998年底召开的浙江省第十次党代会提出要把城镇化作为浙江新一轮经济和社会发展的重要载体，嘉兴市委、市政府也召开了一系列的城镇化发展会议加以推动，以此为标志，嘉兴的城镇化进入快速发展时期。2000年嘉兴市城镇人口达到136.05万人，城镇化水平为37.97%，比1990年提高10.7个百分点。2010年嘉兴市城镇化水平已达53.33%，比2000年提高15.36个百分点。2013年嘉兴市城镇化水平已达57.10%（见图1）。依照国际上城镇化进程一般呈现"S"形发展规律判断，目前嘉兴市城镇化水平基本处于中期阶段。

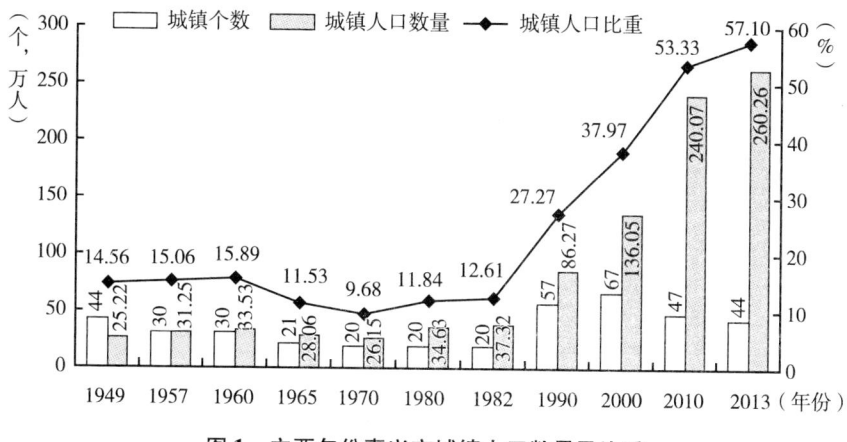

图1　主要年份嘉兴市城镇人口数量及比重

（二）嘉兴城镇化发展的主要特征

改革开放以来，嘉兴城镇化的形态特征和内在机制均发生了较为显著的变化，其主要特征如下。

1. 嘉兴市城镇人口空间布局趋于分散

城镇人口集中指数能够较好地反映城镇人口空间分布的集中或分散程度以及整体变动趋势[①]。结果显示，"四普"以来，嘉兴市城镇人口集中指数呈现低—高—低的变化趋势。这表明嘉兴市城镇人口布局由相对分散到相对集中再逐渐趋于均衡。1990~2000年，嘉兴市城镇人口集中指数变动相对较大，由"四普"的0.123提高到"五普"的0.161。进入21世纪以来，嘉兴市加快了拓展中心城市和撤乡并镇的步伐，从而使城镇人口分布趋于均衡和分散，城镇人口集中指数呈现下降势头，嘉兴市城镇人口集中指数由"五普"的0.161回落到"六普"的0.118（见图2）。

2. 农村人口老龄化程度明显高于城市

人口老龄化是社会发展到一定阶段的必然现象。"六普"资料显示，嘉兴

---

① 城镇人口集中指数的计算公式为：$C = \frac{1}{2} \Sigma (P_i - S_i)$。其中，$C$为城镇人口集中指数，$P_i$为$i$地域城镇人口比重，$S_i$为$i$地域城镇建成区面积比重。若$C$值越小，越接近于0，说明城镇人口向某一地域集中的偏向越小，人口分布越均匀；若C值越大，说明城镇人口向某一地域集中的程度越大，人口分布越不均匀。

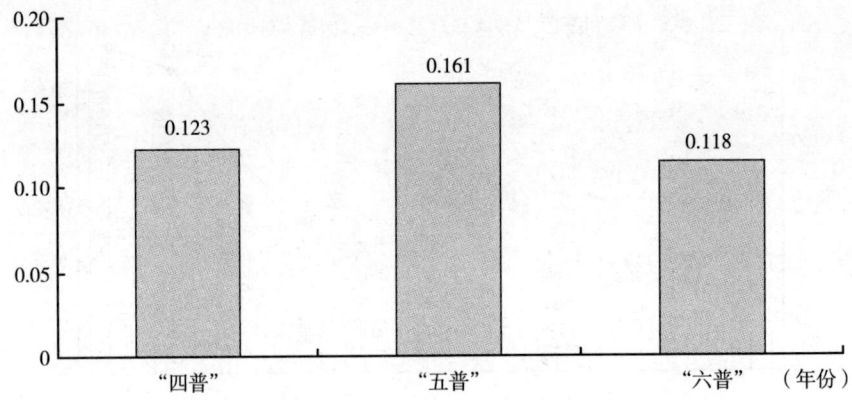

图2 "四普"至"六普"嘉兴市城镇人口集中指数

市常住人口中，60岁及以上人口的比重为15.00%，其中65岁及以上人口的比重为9.99%。嘉兴市60岁及以上人口所占比重比全国、浙江省分别高出1.74个百分点和1.11个百分点，嘉兴市65岁及以上人口所占比重比全国、浙江省分别高出1.12个百分点和0.65个百分点，表明嘉兴市人口老龄化进程在进一步加快。嘉兴市农村人口老龄化程度明显高于城市。"六普"资料显示，嘉兴市60岁及以上城市人口的比重为12.0%，其中65岁及以上城市人口的比重为7.9%；60岁及以上农村人口的比重为18.5%，其中65岁及以上农村人口的比重为12.4%。农村人口老龄化程度高于城市，主要原因是农村大量青壮年劳动力流向城镇，在延缓城镇老龄化进程的同时，在一定程度上加重了农村老龄化程度。

3．"城镇工商业、农村农业"的职业结构特征明显

人口职业结构是指从事不同职业的经济活动人口的数量比例关系。嘉兴市城镇从业人员三次产业就业结构由"五普"的11.0∶44.3∶44.7，调整到"六普"的3.1∶57.7∶39.2，其中第一产业比重下降7.9个百分点，第二产业比重提高13.4个百分点，第三产业比重下降5.5个百分点；农村从业人员三次产业就业结构由"五普"的40.5∶47.3∶12.2，调整到"六普"的20.5∶63.3∶16.2。农村劳动人口中从事第一产业的就业人口比例高出城镇17.4个百分点，而城镇就业人口中从事第二、第三产业的人员达到96.9%，高出农村17.4个百分点，表现出明显的"城镇工商业、农村农业"的行业分布特征。

"六普"资料显示，嘉兴市城镇就业人口按职业类别主要分为商业服务业人员（23.4%）、生产运输设备操作及有关人员（50.0%）和专业技术人员（11.8%）；而农村就业人口按职业类别主要分为生产运输设备操作及有关人员（58.0%）、农业与水利业生产人员（20.5%）和商业服务业人员（13.2%）。随着嘉兴市农村经济社会的发展与分工的不断细化，对服务业等有关产业的需求大大增加，并成为农村吸纳劳动力的主要渠道。嘉兴市农村就业人口中，从事商业服务业人员的比重由"五普"的8.8%提高到"六普"的13.2%；而从事农业与水利业生产人员的比重呈下降趋势，由"五普"的40.3%下降到"六普"的20.5%，下降近20个百分点。随着嘉兴市统筹城乡一体化工作的推进，大量的农村劳动力向其他非农职业的转变成为必然。

城镇人口文化素质明显高于农村。人口文化素质是衡量区域人口特征的重要指标之一。"六普"时嘉兴市6岁及以上常住人口中，城镇大专及以上学历人口占12.7%，农村仅占2.8%。农村低文化程度人口比例明显高于城镇，嘉兴市城镇人口中未上过学的比例为5.1%，而农村未上过学的比例为10.0%，高出城镇近5个百分点。在大专及以上学历人口中，城镇本科比例为5.4%，农村仅为0.9%。城镇万人拥有大专及以上学历人口为1205人，农村仅为268人。嘉兴市6岁及以上常住人口平均受教育年限，城镇为9.14年，农村为7.37年，文化素质较高的人口主要集中在城镇。

二 嘉兴市城镇化发展的推进因素

城镇化是一个由传统落后的乡村社会转变为现代先进的城市社会的自然历史过程，推动城镇化发展必须有强劲而又持续的动力，不同国家（地区）、同一国家（地区）在不同历史阶段及不同地区的城镇化过程的动力是有差别的。嘉兴城镇化持续快速发展的主要因素有以下几点。

（一）得益于嘉兴经济社会的持续快速发展

改革开放以来，特别是进入21世纪以来，嘉兴市认真贯彻落实科学发展观，坚持走率先发展、科学发展与和谐发展之路，市场化、工业化、城镇化和国际化进程加快,嘉兴市综合实力显著增强。嘉兴市按常住人口计算的人均GDP由2007年的38247元提高到2013年的69164元,按年平均汇率折合11169美元,城市综合实力快速提升,为推进城镇化进程打下坚实的经济基础。

1. 非农产业的发展推动了嘉兴市人口向城镇集聚

市场经济体制改革不断深化,嘉兴市第二、第三产业发展非常迅速,形成了很多特色工业园区和专业市场。嘉兴市非农产业增加值占GDP的比重由1990年的69.3%提高到2000年的88.5%,2013年上升到95.1%;非农产业就业比重由1990年的41.5%提高到2000年的67.7%,2013年上升到90%以上。各县(市)城镇人口数量保持较快增长,城镇化水平比较均衡。与2000年比较,秀洲区、嘉善县城镇人口增长相对较快,年均增长率分别为9.0%和7.7%,分别高出嘉兴市3.2个百分点和1.9个百分点。嘉兴市各县(市、区)人口城镇化进程基本接近,城镇人口占总人口的比重为50%左右(见表1)。

表1 "五普"至"六普"嘉兴城镇人口发展状况比较

县(市、区)	"六普"			"五普"			年均增长(%或百分点)		
	常住人口(万人)	城镇人口(万人)	城镇化率(%)	常住人口(万人)	城镇人口(万人)	城镇化率(%)	常住人口	城镇人口	城镇化率
嘉兴市	450.16	240.07	53.3	358.30	136.07	38.0	2.3	5.8	1.5
市区	120.19	76.26	63.5	88.19	45.14	51.2	3.1	5.4	1.2
南湖区	61.27	47.16	77.0	50.03	32.83	65.6	2.0	3.7	1.1
秀洲区	58.92	29.11	49.4	38.16	12.31	32.3	4.4	9.0	1.7
嘉善县	57.42	28.86	50.3	42.60	13.71	32.2	3.0	7.7	1.8
平湖市	67.18	34.69	51.6	50.79	17.15	33.8	2.8	7.3	1.8
海宁市	80.70	39.77	49.3	66.61	23.16	34.8	1.9	5.6	1.5
海盐县	43.09	20.44	47.4	38.77	11.94	30.8	1.1	5.5	1.7
桐乡市	81.58	40.04	49.1	71.34	24.97	35.0	1.4	4.8	1.4

2. 外地流动人口不断增加推动了嘉兴市人口向城镇集聚

嘉兴经济社会的快速发展,以及专业商品市场的繁荣发展,吸引着嘉兴市本地和外地劳动力向城镇第二、第三产业转移,加速了嘉兴市城镇化的进程。

"六普"资料显示,2010年嘉兴市区中心城区①常住人口已达60.70万人,比2000年时的32.06万人净增28.64万人,外地人口对中心城区人口的贡献率为58.3%。嘉兴市流动人口城乡分布主要呈现以下特征。一是嘉兴市城镇吸引流动人口的能力明显高于农村。在城镇地区,嘉兴市平均大约3个常住人口中就有1人是从其他地区流入的流动人口。二是各县(市、区)城镇吸引流动人口的能力差别较大。秀洲区城镇流入人口比例居嘉兴市首位。2010年,秀洲区市外流入城镇人口比例为52.1%,省外流入城镇人口比例为48.5%,分别高出嘉兴市流入城镇人口平均比例16.9个百分点和16.7个百分点。三是同一地区城镇吸引男性与女性流动人口的能力较为接近,但均明显高于农村。从嘉兴市总体分析,市外男性流入城镇人口占男性常住人口的比例为37%,市外男性流入农村人口所占比例为21.3%;市外女性流入城镇人口占女性常住人口的比例为33.4%,市外女性流入农村人口所占比例为19.2%。省外男性流入城镇人口占男性常住人口的比例为33.4%,省外男性流入农村人口所占比例为20.1%;省外女性流入城镇人口占女性常住人口的比例为30.2%,省外女性流入农村人口所占比例为18.3%。可见,无论是市外还是省外,城镇吸引流动人口的性别差异较小,但两性市外流入城镇人口的比例均明显高于农村。

3. 城镇区域建设面积的不断拓展加快了城镇化步伐

自撤地建市以来,嘉兴市城镇建成区面积不断扩大,由1990年的66.35平方公里增加到2013年的242.21平方公里,其中嘉兴市区中心城市建成区面积由1990年的19.8平方公里扩展到2013年的108.52平方公里。②进入21世纪以来,特别是"十一五"以后,嘉兴市紧紧围绕建设"1640"网络型大城市的总体目标部署,以推进城乡建设事业科学发展为重点,新型城镇化建设取得新进展,网络型大城市建设不断推进。突出统筹市域重大基础设施、重大产业和公共事业、社会发展项目的城乡建设格局,加大市域城乡规划编制力度,在浙江省率先编制《嘉兴市域总体规划》。中心城市首位度有所提升,中心城市"一心、两翼、三楔、三廊"的城市框架基本形成。

---

① 本文所指的中心城区包括社区居委会、村委会驻地在中心城区建成区内的所有社区和村的地域。
② 2006年起嘉兴市区范围不包括10个建制镇(含嘉兴港区)。

（二）得益于嘉兴二元经济要素生产率水平差距缩小

国内学者测算了库兹涅茨、钱纳里等的多国模型三次产业结构偏离度演变的一般规律和国际标准模式后发现：当人均 GDP 从低到高演进时，第一产业结构偏离度从较高的正偏离逐步向 0 偏离靠拢，第二产业和第三产业结构偏离度从较高的负偏离逐步向 0 偏离靠拢。

从"三普"到"六普"，嘉兴市第二、第三产业的比较劳动生产率，总体上呈现持续下降的态势，这表明嘉兴市第二、第三产业吸纳劳动力的增长速度始终高于第二、第三产业增加值的增长速度。其中，第二产业的比较劳动生产率从 2.05 降至 0.96；第三产业的比较劳动生产率从 2.11 降至 1.30。进入 21 世纪，特别是 2004 年以后，嘉兴市城乡二元经济结构有所改善，2012 年嘉兴市农业和非农二元对比系数为 0.50（见图3）。尽管嘉兴市二元对比系数与发达国家 0.5 ~0.9 的水平还有一定的差距，但总体上嘉兴市传统农业部门与现代经济部门的二元经济结构差距趋于缩小，而三次产业要素生产率水平差距缩小有利于促进嘉兴市人口和经济产业结构加速从低到高演进，进而推进城镇化水平进程。

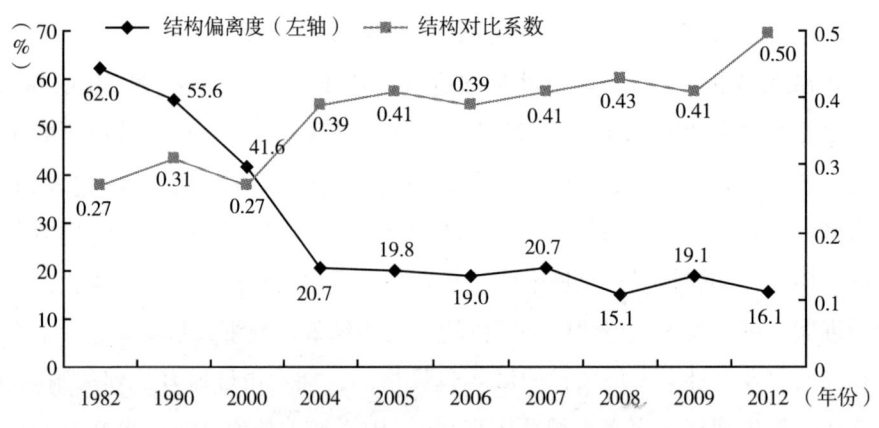

图 3　主要年份嘉兴市二元经济偏差趋势

（三）得益于嘉兴统筹城乡一体化发展制度创新

国家以改变城乡二元结构为主要特征的统筹城乡发展、推进城乡一体化，始于20世纪70~80年代的改革开放时期,十六大以来逐渐形成了统筹城乡发展的新思路。一般认为,统筹城乡经济社会发展(城乡一体化)是城镇化发展到一定阶段的产物。但我们认为,统筹城乡一体化发展是推进和加速城镇化进程的重要抓手。

1. 嘉兴"两分两换"为核心的改革创新实践

嘉兴市统筹城乡综合配套改革大致经历了夯实基础阶段(2007~2008年3月)、扎实推进阶段(2008年4月~2010年)和深化完善阶段(2011年至今)。嘉兴市创新开展以"两分两换"和优化土地使用制度为核心的"十改联动"改革实践,同步推进现代新市镇和城乡一体新社区的"两新"工程建设。2008年以来,嘉兴市先后确定了15个镇先行试点"两分两换"工作。一是统筹城乡就业改革稳步推进;二是率先在国内构建"全民社保"制度体系;三是基本建立新型户籍管理制度;四是加快推进居住证制度改革;五是涉农管理体制改革稳步实施;六是新市镇建设管理体制改革有序推进;七是农村金融体制改革不断深化;八是公共服务均等化体制改革扎实推进;九是规划管理体制得到完善。嘉兴市通过"两分两换"推进农民集中居住工作,实行土地规模经营,让农民变为市民;通过"两分两换"实现农民生产和生活方式的转换,从而使城镇化和工业化同步,实现经济社会的统筹发展和城乡统筹发展。截至2013年9月底,嘉兴市累计有389个集聚点开工建设,启动示范性城乡一体新社区143个,已有24个新社区通过了市级示范性城乡一体新社区考核验收。

2. 嘉兴"强镇扩权"和"两新工程"的创新实践

21世纪以来,作为浙江省统筹城乡综合配套改革试点城市,嘉兴市加快推进现代新市镇和城乡一体新社区建设步伐,大力实施"1640300"工程。嘉兴市委、市政府于2007年底制定了推进强镇扩权、积极培育现代新市镇的政策意见。嘉兴市按照"权力下放、超收分成、规费全留、干部配强"的原则,周密布置,完善措施,狠抓落实,进一步激发了新市镇发展的活力。截至2013年9月底,嘉兴市"1+X"村镇规划布局由原来的"44+325"调整优化为"44+316","1+X"村镇布点不断优化,促进了劳动力从农业向第二、第三产业转移,推动了新市镇人口集聚,加速了新市镇城镇化进程。嘉兴市累计复垦面积2.66万亩,通过市级验收面积1.86万亩,分别占核拨周转指标的

71.5%和49.9%。新市镇建设加快发展，日益成为嘉兴市网络型大城市经济社会发展的重要支撑点。

小城市试点示范效应显现。开展市级小城市培育试点工作，是嘉兴市委、市政府为加快推进新型城镇化进程做出的一项重要决策部署。近年来，嘉兴市认真落实王江泾镇、姚庄镇、崇福镇3个省级小城市培育试点相关扶持政策，研究制定市级小城市培育政策与措施。2012年3个试点镇经济总量由上年的158.7亿元增至180.8亿元，按可比价格计算，增长11.4%，增速高于嘉兴市平均增速2.7个百分点，其中崇福镇、王江泾镇的经济总量分别为76.03亿元和54.93亿元，分别比上年增长18.4%和9.5%，增速位居嘉兴市前列。

全面建设"美丽乡村"步伐加快。嘉兴市按照"四美三宜两园"的要求，加快建设"美丽乡村"。2012年嘉兴市16个镇通过市级"美丽乡村"先进镇验收，51个村通过"优美庭院"示范村验收。

深化村庄整治。"四位一体"（垃圾收集、道路管护、河道保洁、绿化养护）的农村环境综合整治工作初见成效。嘉兴市共建成82座镇级垃圾中转房、2194座村级垃圾收集点，发放垃圾收集桶63万只，拥有农村保洁员8300多名，日处理垃圾2000多吨；农村生活污水治理的行政村和农户比例分别为69.8%、38.0%，城乡一体新社区生活污水处理设施基本配套，其中接入管网的占77.0%。

3. 嘉兴先行推进统筹城乡一体化创新实践

多年来，嘉兴市委、市政府认真贯彻落实《中共中央关于构建社会主义和谐社会若干重大问题的决定》，高度关注民生，以解决人民群众最关心、最直接、最现实的利益问题为重点，在推进统筹城乡一体化发展创新机制上进行了卓有成效的探索与实践。嘉兴市率先制定实施了城乡居民社会养老保险办法和城乡居民合作医疗保险制度，并先后被列为全国和联合国开发计划署城乡统筹就业试点城市。

（1）率先在全国推进城乡统筹就业制度。就业是民生之本。从2003年开始，嘉兴市在浙江省率先实现下岗职工基本生活保障向失业保险并轨的基础上，大力实施中央确定的积极就业政策。制定出台了《关于全面推进城乡就业一体化工作的若干意见》，确定了统一就业政策、统一招聘市场、统一服务制度、统一用工管理、统一社保体系"五个统一"的目标和工作措施，消除了城乡就业的各种政策壁垒，统筹加强农村劳动力素质培训。2005年，嘉兴市被列为浙江省城乡统筹就业试点地区；2006年，嘉兴市又被批准列为全国城乡统筹就业试点城市；2007年，嘉兴市被联合国开发计划署确定为援华统筹城乡就业项目试点城市；2008年，嘉兴市率先在全国启动农村劳动力就业与失业登记制度，将农村居民纳入政府就业服务范围。着力构建和谐劳动关系，着力打造"嘉兴无欠薪"城市品牌，在嘉兴市建筑企业全面推行"工资卡"制度，基本实现了零欠薪目标。截至2012年，嘉兴市农村居民收入水平已连续九年位居浙江省第一。

（2）创新统筹城乡公平教育发展制度。多年来，嘉兴市认真实施科教兴市、人才强市战略，认真制定城乡教育一体化发展规划，坚持教育优先发展，切实增加教育投入，打破城乡二元结构，统筹城乡教育发展，全面加强以农村为重点的基础教育，高标准、高质量地实施15年基础教育，不断扩大优质教育资源，着力实现教育公平。同时，启动新一轮中小学校布局调整工作，全面形成高中段教育向中心城市和县城集聚、农村初中教育向城镇集聚等学校建设格局。截至2012年，嘉兴市15年基础教育普及率达99%以上。

（3）创新覆盖城乡养老保险制度。实现老有所养，是和谐社会的一个基本要求。嘉兴市通过完善政策措施、加强基础管理、健全服务体系等扎实有效的工作，不断深化社会保险制度改革，基本建立起符合嘉兴实际、覆盖城乡、保障水平多层次、保障方式多样化、资金来源多元化、保障制度法制化、管理服务社会化的社会养老保险体系。2007年10月1日，嘉兴市推出社会养老保险城乡全覆盖的制度。这一制度的实施惠及嘉兴市城乡约100万人，其中包括70周岁以上的城乡无保障老年人。此外，嘉兴市在新型社会救助、养老服务、社会福利社会化和创新流浪乞讨人员救助管理等方面卓有成效，初步形成了"投资主体多元化、服务内容系列化、管理形式多样化和服务对象公众化"的社会福利事业发展新格局。截至2012年，嘉兴市社会养老保障基本实现全覆盖。

（4）创新新型城乡居民合作医疗保险制度。嘉兴市着手构建城乡一体化的医疗保障体系，逐步推行以大病医疗保险与个人账户相结合（普及型）为主、以单纯大病医疗保险（大病型）为过渡的城乡居民合作医疗保险制度，并从制度模式上逐步与城镇职工基本医疗保障体系接轨，率先实现城乡居民医

疗保障全覆盖。自2007年起，嘉兴市城乡居民合作医疗实行五个统一，即"统一筹资标准、统一参保对象、统一起报线、统一封顶线、统一统筹年度"。截至2012年，嘉兴市城乡居民合作医疗参保率达99.07%。

（5）创新嘉兴新居民有效管理模式。如何充分发挥外来人口的积极作用，统筹兼顾新老居民利益，推动新老居民和谐融合，已成为嘉兴市各级党委和政府发展经济、统筹社会、构建和谐社会的重要工作。

创新管理模式。2007年9月25日，嘉兴市新居民事务局正式挂牌成立。目前，嘉兴市已基本形成了市、县、镇三级外来人员服务管理工作网络。

创新管理内容。嘉兴市坚持管理与服务并重，对新居民采取"市民化管理，亲情化服务"，在就业、计划生育、教育、居住条件、卫生保健等方面为新居民提供良好服务。2008年嘉兴市新居民就业与生活状况抽样调查显示，嘉兴市新居民子女在民工学校就学的比重为51.9%，在公立学校就学的比重为44.9%，在私立学校就学的比重为3.2%。

构建新型户籍制度。嘉兴市实行城乡统一的户口登记制度，按照公民经常居住地登记户口的原则，将公民户口统一登记为"居民户口"。2008年10月1日全面实施嘉兴市户籍制度改革以来，打破了市域内的城乡和地区界限，取消了农业户口，改革附加在户籍制度之上的相关社会公共政策，加快了农民变市民的步伐。

（四）得益于国家行政管理制度改革与调整

改革开放以来，国家行政区划管理制度调整，特别是市镇设置标准和模式的变化在一定程度上推进了城镇化进程。1984年后国家对市镇设置标准和模式等相关政策做了较大的修改与调整；1986年公布的新的设市标准比以往有所降低，且全面推行"整县设市"和"市带县"体制；1993年国务院对1986年公布的设市标准又做了新的调整。从1980年到1998年，全国撤销了约450个县，行政上升格为"市"或"区"，1万个以上的"乡"在行政上调整为"镇"。市镇行政建制调整对国内市镇数量的迅猛增加和城镇化水平的快速提升起到了重要的作用，市镇行政建制是影响城镇化进程的主要行政机制。

自1983年撤地建市以来，嘉兴市各级领导顺应形势，积极主动地推进城镇化进程，有规划、有步骤地拓展中心城市和县（市）中小城市，撤乡并镇，加快了嘉兴市城镇化进程。普查资料显示，嘉兴市建制镇由1990年的57个减少到2013年的44个；乡由1990年的102个减少到2010年的0个；街道由1990年的6个增加到2013年的29个。建成区面积不断扩大，建制镇不断调整，市镇人口比重快速提高。"六普"时，嘉兴市平均每个镇（街道）拥有常住人口6.16万人，比"五普"时的3.48万人增加2.68万人，比"四普"时的1.92万人增加4.24万人。

三 嘉兴市城镇化进程与经济社会发展差异

城镇化与经济发展密切相关，经济发展水平决定城镇化进程和水平，而城镇化引起的外部性经济又成为推动经济发展的主要驱动力，两者是相互促进、彼此制约、互为因果的关系。纵观世界经济与城镇化发展的历史进程，可以把城镇化与经济发展的相关关系概括为低度城镇化、过度城镇化、滞后城镇化和耦合型城镇化四种主要类型。四种类型粗略地反映出城镇化与经济发展的协调程度，而定量分析城镇化与经济发展的协调性更具有实际意义。

（一）嘉兴城镇化水平与产业结构还不够协调

城镇化水平与经济发展水平之间客观上存在着规律性的关系。由于区域特征、社会经济环境、历史基础的差异，城镇化与经济发展的关系表现出明显的时空差异性。美国著名经济学家钱纳里对1950~1970年间100个主要国家产业结构与城镇化水平之间的关系进行了考察，其结果见表2。根据发达国家的一般规律，在工业化与城镇化自然演进、同步发展的前提下，"城镇化水平/第二产业就业比重"应在1.0以上，即城镇化水平一般高于第二产业就业比重。资料显示，2012年嘉兴市城镇化水平为55.3%，第二产业就业比重为60.5%，"城镇化水平/第二产业就业比重"只有0.91，还没有达到1.0以上。嘉兴市城镇化水平远低于相同产业结构的世界城镇化水平，这与改革开放30多年来农村工业化模式的长期执行及以户籍制度、城乡差别劳动就业和福利保障制度为主要内容的城乡隔离制度，使得这些已经"离乡""离土""进城"的农民工无法成为真正的城市居民、无法摆脱农民的身份有着直接的关系。从长远看,随着嘉兴市工业化进程的推进,城镇化滞后于工业化指标的偏离程度会缩减,但只要二元经济长期存在,就业结构滞后于工业化、城镇化滞后于工业化的现象就将长期存在,并成为嘉兴市未来进入工业化高级阶段后面临的主要问题。

表2 产业结构与城镇化水平关系的经验值

人均GNP(美元)	第二产业增加值占GDP比重(%)	第二产业就业比重(%)	城镇化水平(%)	城镇化水平/第二产业就业比重
<100	12.5	7.8	12.8	1.64
100	14.9	9.1	22.0	2.42
200	21.5	16.4	36.2	2.21
300	25.1	20.6	43.9	2.13
400	27.6	23.3	49.0	2.09
500	29.8	25.8	52.7	2.04
800	33.1	30.3	60.1	1.98
1000	34.7	32.5	63.4	1.95
>1000	37.8	36.8	65.8	1.79

资料来源:〔美〕霍利斯·钱纳里等《发展的型式(1950~1970)》,李新华等译,经济科学出版社,1988,第32页。

(二)嘉兴中心城市辐射集聚力不强

一个中心城市只有成为各类经济要素流动的枢纽,成为人流、物流、信息流、资金流和技术流的聚散地,才能真正构筑"流量经济优势"。中心城市的集聚效应主要体现为人口集聚、产业集聚、财富集聚、智力集聚和信息集聚等;城镇化的辐射效应则主要体现为交通辐射、经济辐射、文化辐射。作为中心城市,嘉兴市区除了交通、教育、卫生和科技等相关领域辐射功能相对较强外,其他领域还较弱。以人口集聚、产业经济集聚为例,嘉兴市区作为中心城区,其常住人口总量、城镇人口总量和经济总量仅为嘉兴市的1/3左右,其中一些经济指标占嘉兴市的份额还有所下降。嘉兴市区常住城镇人口占嘉兴市的比重由1990年的41.1%下降到2000年的33.2%,2012年降至31.9%;GDP

占嘉兴市的比重由1990年的26.1%下降到2012年的24.7%，其中第二产业增加值占嘉兴市的比重由1990年的26.4%下降到2012年的21.6%，第三产业增加值占嘉兴市的比重由1990年的30.9%下降到2012年的29.8%；固定资产投资规模占嘉兴市的比重由1990年的31.6%下降到2012年的27.1%。其他如消费品市场规模、投资规模、外贸出口规模及政府财政收支规模等占嘉兴市的份额均为1/3左右。

（三）新市镇建设水平亟待提升

1. 发展理念有待进一步提升

近几年，嘉兴市新市镇发展理念不新，发展方式粗放，规划实施较差，基础设施和公共服务设施投入不足，人居环境普遍较差，缺乏城市吸引力，人口集聚率低，等等，使新市镇仍没有完全脱胎于原有小城镇的面貌。新市镇要有明确的功能定位，并注意居住、配套设施、工业等各种功能的综合发展，以便为居民提供一个完备、协调、能满足各种生活需求的良好环境。

2. 布局规划有待进一步调整

自2007年嘉兴市实施"1640"现代化网络型大城市建设以来，基本形成了以市区为中心、5个县（市）城和1个滨海新区为副中心、约40个新市镇为节点的网络型城镇体系。但从总体上看，处于节点地位的44个新市镇依然呈现布局过于分散、重点不够突出、功能定位和分工不够明晰、区域地位不够明确、就镇论镇比较严重等问题。

3. 推进机制亟待进一步健全

嘉兴市按照"强镇扩权"原则，对新市镇在事权、财权、用地、要素保障等方面给予了支持，对推动新市镇的发展起到了积极的作用。但由于各镇的经济实力、规模等级、发展水平不平衡，实行"一刀切"的政策不够完善。特别是在当前省管县财政体制下，市级较难对县、镇财政结算体制进行指导和调整。新市镇扶持培育工作的着力点更多地依靠县级政府的自觉与各镇的努力，且县级政府承担着大量的经济社会发展职能和公共服务职能，实施普惠制的分权，将削弱县级政府的统筹能力，容易造成县城的"空壳化"，这是健全新市镇建设推进机制必须面对和解决的问题。

4. 个性特色亟待进一步强化

从总体上看，嘉兴市大多数新市镇还处于有特点无特色、有内容无内涵的境地。各地新市镇产业特色不明显，产业趋同较严重，难以形成规模效应和行业竞争力；城镇建设缺乏个性特色，定位不够明确，历史文化挖掘不深，生态环境保护和利用不够，规划设计类同，等等，使新市镇呈现千镇一面的格局。同时，城镇规模总体偏小，小城镇过多、过小、过密，其拓展空间十分狭小，要素资源集聚度低，难以形成规模经济效益，这些问题势必影响网络型大城市的整体竞争力。"六普"资料显示，嘉兴市镇区常住人口在10万人以上的仅1个（武原镇）；5万~10万人的仅3个；2万~5万人的有8个，占17.0%；2万人以下的有35个，比重达74.5%。嘉兴市人均经济总量在10万元以上的镇只有2个。

四　嘉兴市新型城镇化的发展趋势

（一）与国内新型城镇化发展理念相吻合的趋势

21世纪以来，国内不断更新城镇化发展理念，党的十六大提出了"走中国特色的城镇化道路"；十七大进一步强调了"大中小城市和小城镇协调发展"；十八大又明确提出"发展中国特色新型城镇化"。而新型城镇化的本质是用科学发展观来统领城镇化建设，新型城镇化的要求是不断提升城镇化建设的特色品质和特色内涵。党的十八届三中全会审议通过的《关于全面深化改革若干重大问题的决定》指出，坚持走中国特色新型城镇化道路，促进城镇化和新农村建设协调推进。多年来，嘉兴市坚持城乡一体化战略，围绕建设现代化网络型田园城市，深入推进浙江省统筹城乡综合配套改革试点，积极争创国家农村改革试验区，进一步深化"十改联动"，扎实推进"两分两换"，全面提升新市镇和城乡一体新社区建设水平，着力提升新市镇建设的特色文化、特色产业、特色旅游、特色风貌等，以实体经济为支撑，以城市文化建设和生态文明建设为引擎，以特色城镇发展为主线，为真正率先实现城乡一体化和现代化奠定良好基础。

（二）与城镇化发展一般规律相吻合的趋势

城镇化发展的一般规律主要体现为与工业化、产业集群、服务业等互动的规律。特别是党的十八大提出，坚持走中国特色新型城镇化道路，促进工业化、信息化、城镇化、农业现代化同步发展。因此，城镇化发展要建立与区域经济、政治、社会和文化发展水平相适应的合理生产方式与生产关系的空间结构和布局，通过增强城市的辐射集聚功能，以实现城镇化与农村现代化的同步发展。多年来，嘉兴市以建设现代化网络型田园城市为总目标，以实施城市有机更新为载体，开拓创新、大胆实践，努力推进具有嘉兴特色的新型城镇化建设。一是坚持"特色化"城市发展取向，突出"现代化"城市发展内涵，构建完善的"网络型"城市发展框架，形成"田园式"的城市发展风貌。二是统筹基础设施建设，实现共建共享。三是统筹市域教育、文化、体育、卫生设施，构建功能完善、层级分明、结构合理、优势互补的社会事业服务体系，推进市域共享。四是实施有机更新，推进中心城市转型发展。五是分层、分类加快推进新市镇特色化发展，提升"两新"工程，建设"美丽乡村"。新市镇空间布局应遵从"组团发展、田园城市、紧凑布局"的空间布局原则，重点突出先进制造业功能区、宜居生活区、商贸服务区和生态型农业园区"四区"建设。

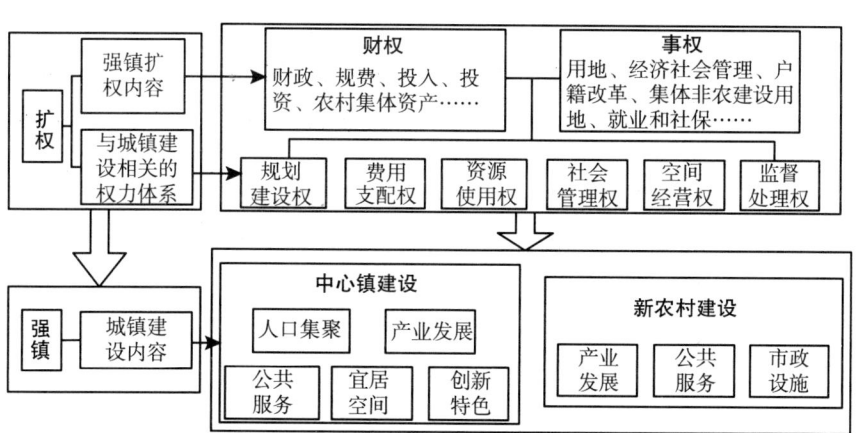

图4　新市镇"强镇扩权"建设内容

（三）与嘉兴"十二五"城市发展定位相吻合的趋势

近年来，嘉兴市紧紧围绕《长江三角洲地区区域规划》《杭州都市经济圈发展规划》《嘉兴市国民经济与社会发展第十二个五年规划纲要》提出的城市发展定位，全面建设创业创新城、人文生态城、和谐幸福城，力争转型发展走在前列，全面建成惠及嘉兴市人民的小康社会。

今后一个发展时期，嘉兴市将更加突出强化各县（市）优势功能和个性特征，合理布局主副中心城市、新市镇和城乡一体新社区，加快形成"1640300"城乡布局体系，充分发挥市区中心城市的集聚优势，完善中心城市的综合功能，大力培育"发展极"，发挥其"磁场"作用，增强对周边市镇的经济辐射和带动作用，促进嘉兴市经济社会科学发展。

提升中心城市功能品位。嘉兴市要以中心城市发展为重点，以建构不同层次的"三沿"产业带为基础，科学规划城市布局和地区布局，形成若干联系紧密的城镇集群。关键在于做大做强中心城市，促进优质资源、高端要素集聚，提高城市规划和管理水平，提升嘉兴中心城市首位度，不断增强中心城市集聚高端要素的能力。

提升现代新市镇建设水平。新市镇建设的目标是镇要成为所在农村地区经济中心、文化中心、服务中心，成为区域特色经济发展中心和城乡居民安居乐业的各具特色的小城市，成为主、副城市的特色功能区和卫星城，成为嘉兴网络型大城市的基础性节点以及推进城乡一体化、统筹城乡发展的重要载体和联结纽带。要按照"梯度培育、特色发展"的原则，借鉴省级小城市培育试点工作的经验，在嘉兴市范围内，选择一批经济基础好、发展潜力大、个性特色明显的新市镇，加快实现其由"镇"向"城"的跨越。通过培育，推进试点镇人口集中、产业集聚、功能集成、要素集约，培育一批经济繁荣、社会进步、功能完备、生态文明、宜居宜业、社会和谐的现代化小城市，构筑一批集聚能力强、带动效应好、体制机制活、管理水平高的城镇化发展新平台（见图4）。

提升市域城乡一体化发展水平。要加快建设"1640"现代化网络型大城市，强化五县（市）城和滨海新城6个副中心城市与主中心城市在空间、产业、功能、基础设施等方面的对接和融合，建成分工协调、特色鲜明的中等城市。对市域范围内重大基础设施、重大资源配置、重大公共服务进行统一布局和规划建设，实现共建共有共享。要以推进"四大"建设和发展海洋经济为契机，实施跨区域联动开发，在更大区域和更广领域对要素重新组合、对资源优化配置，合力打造城市发展新平台。

提升"与沪杭同城"融合发展水平。积极实施"与沪杭同城"战略是长三角加速融合大背景下的必然选择，也是提升嘉兴市城市能级、加速转型升级的必然选择。要树立同城理念，以基础设施、产业配套、社会发展、科技人才对接为重点，实现要素互动、产业接轨和城市功能融合，使嘉兴市成为沪杭的重要组成部分。嘉兴市要在更高的层面、更宽的领域、更大的空间提升城市功能，更好地融入长三角都市圈，促进现代化网络型大城市建设与产业结构战略性调整。要深化产业配套，做大做强海宁、桐乡连杭经济区和嘉善、平湖临沪开发区。

五 加快新型城镇化发展的路径选择

加快新型城镇化发展是实现嘉兴市经济社会转型发展、科学发展的突破口，是进一步改善投资环境，提高开放型经济发展水平的有效途径。"十二五"时期及未来更长的发展阶段，嘉兴市在推进城镇化进程中，要在现有较高城镇化水平的基础上，更加突出城市内涵和功能的现代化，实现"量"的增长与"质"的提高的统一。

（一）创新城市发展模式新理念

发挥城镇在可持续发展中的支撑和示范作用，理念创新必不可少。所谓新型城镇化的"新"，绝不是过去那种片面注重追求城市规模扩大、人口增加、空间扩张，而是使城镇成为有特色产业支撑、有特色文化内涵、有特色城市品质、有良好生态环境的特色之城，真正实现新型城镇科学发展、可持续发展和跨越发展。城镇化是一个地区经济发展水平的主要标志之一。一般的，城镇化水平高的地区，服务业发展的速度及其占GDP的比重也较高。人口城镇化与经济发展是现代化进程的两个重要方面，且呈现紧密的互动关系。经济发展水平越高,城镇化水平就越高,而且经济社会进一步发展也需要更高的人口城镇化水平来支撑。以创新发展特色产业新理念为例,2013年,嘉兴市常住人口人均GDP为69164元,按年平均汇率折合11169美元,人均GDP已突破万美元,按1998年美元汇率折合5000美元以上。通常国际上的发展规律为：人均GDP在达到5000美元之前,经济发达国家基本处于工业化时期,"投资主导－工业推动"的组合是经济增长的主要动力,而人均GDP超过5000美元之后,"消费主导－服务业推动"的组合将逐渐成为新的增长动力。我们现在已经处于经济发展转型的新阶段。发展现代服务业首先是要加快传统的劳动密集型、低加工度、低附加值制造业向战略性新兴产业、高新技术产业等先进制造业转变,带动金融、物流、商务、服务外包等生产性服务业扩张,促进先进制造业与现代服务业融合发展。

（二）统筹城乡一体协调发展

嘉兴市实施城乡一体化战略就是要以新型城镇化为动力,加快形成城乡区域一体化发展新格局。其最终目标是在城乡之间形成合理的社会分工,消除二元结构,城乡享受的公共服务实现均质化,充分体现人文关怀与社会进步。嘉兴市要在新形势下建设更高水平的城乡一体化,坚持走中国特色新型工业化、信息化、城镇化、农业现代化"四化"同步发展的道路。提升城市功能品位,深化"两分两换"试点、"两新"工程建设和城乡综合配套改革,依托江南水乡自然禀赋和越韵吴风文化特质,坚持"特色化"发展取向,突出"现代化"发展内涵,构建"网络型"发展框架,形成"田园式"发展风貌。要进一步提升城乡一体新社区建设水平,完善"1+X"镇村布点规划,引导和支持农户向集聚点搬迁。要统筹规划社区基础设施建设和公共服务设施配套,创新社区管理服务,不断完善社区功能。要深入推进示范社区建设,着力增强示范带动作用。要深化村庄环境综合治理,扎实推进片区化、特色化、长效化"三化"整治,切实改善农村环境,打造美好新家园。

（三）提高城市发展承载力

大量研究表明,随着城市规模的扩大,在一定条件下也会出现诸如资源紧张、交通拥挤、城市污染、住房紧张等"城市病"。要寻找"生态立市"战略实施的着力点。"生态立市",就是以生态价值为支撑点,在保护生态的前提下求发展,实现经济和生态的"双赢",实现经济发展、社会进步、生态保护三者的高度和谐。首先,在理念上强调发展中保护、保护中发展,用环境保护优化经济发展。其次,在内容上既有生态型发展,又包含生态保护、生态治理与修复。最后,在方式上强调减少资源的消耗、增加资源的重复使用和资源的循环再生产。从内涵看,嘉兴市要以资源节约型和环境友好型社会建设为抓手,加强环境保护,改善生态环境,大力发展循环经济、低碳经济,加快形成节约能源资源和保护生态环境的产业结构、增长方式、消费模式,实现城镇化的可持续发展。一是要调整能源消费结构。建立有效的节能经济激励制度,逐步降低单位GDP能耗,在继续推进工业节能的同时要加强建筑、交通等领域的节能。二是优化土地资源利用结构。制订土地资源整合和高效实用计划,做好土地经营性质转变时的衔接。三是开展生态功能区划。根据生态要素、生态敏感性与生态服务功能空间分布规律,开展各城市的生态功能区划工作,为保护城市生态系统提供科学依据。四是构建城市发展创新体系。要以科技创新促进经济社会协调发展,推动经济社会与人口、资源、环境的可持续发展,实现发展模式的根本转变。继续完善创新政策体系,发挥政策支持的重要作用。

(四)完善城市发展体制机制

城镇化进程中体制机制因素起着非常重要的作用。如新型城镇化内涵要求增强中心城市功能,但嘉兴市的中心城市行政主体偏多,在一定程度上形成了政策处理难和项目协调难等局面,同时还带来了重复建设、资源配置效率低等问题。又如滨海开发战略因县域管理体制而没有理顺,影响了开发合力的形成。"十二五"时期,嘉兴市要营造有利于城镇化发展的体制机制政策环境。一要继续创新统筹发展体制。要在户籍制度、就业制度、城乡土地使用制度、社会保障制度、教育管理体制、投融资体制、市政公用事业等方面继续深化改革,加速排除政策和体制上的障碍,建立健全嘉兴市统一的户籍制度、统一的劳动力市场、城乡一体的社会保障制度,加快人口城镇化进程。要继续深化统筹城乡综合配套改革,推进市域一体化,形成城乡经济社会发展一体化新格局和现代化网络型大城市新面貌。二要继续加强市域统筹协调机制。要强化市、县两级行政主体在现代化网络型大城市建设中的统筹作用，建立健全协调推进机制。要制定实施市域公共服务共享项目财政差额结算办法，完善嘉兴市养老保险、医疗卫生、就业培训、中等教育等跨区域公共服务的财政差额结算体制。按照"谁投资、谁受益"的原则，建立跨区域共建共享的项目投融资体制。统筹市域内基础设施、社会事业、公用事业、市域规划、社会保障等建设。三要创新社会管理体制。要为市域一体化发展提供制度保障。四要继续完善收入分配制度。要通过调整国民收入分配政策缩小城乡居民贫富差距，努力推动城乡居民收入增长和经济发展同步、劳动报酬增长和劳动生产率提高同步。

参考文献

牛文元主编《中国新型城市化报告2013》，科学出版社，2013。

郭克莎：《中国改革中的经济增长与结构变动》，上海三联书店、上海人民出版社，1996。

〔美〕西蒙·库兹涅茨：《现代经济增长》，戴睿等译，北京经济学院出版社，1989。

周叔莲等：《中国的工业化与城市化》，经济管理出版社，2008。

史晋川等：《空间转型：浙江的城市化进程》，浙江大学出版社，2008。

周一星等：《中国城镇化水平值的修补和城市规模分布研究》，中国统计出版社，2005。

嘉兴市统计局、嘉兴市人口普查办编《嘉兴人口发展报告》（2000年、2010年）。

金花等：《中国城镇化发展的趋势分析及战略思考》，中国城市发展网，2010年11月12日。

嘉兴市人民政府：《嘉兴市国民经济和社会发展第十二个五年规划纲要》，2011。

B.5 绍兴市新型城镇化发展经验与推进思路

绍兴市课题组*

摘　要：

绍兴市政府通过规划、交通、旅游、环保、产业、宣传、商贸、统计、金融等多方面的合作，在一定程度上加快了杭州都市圈的城镇化进程，提高了要素资源优化配置，同时也推动了绍兴市自身新型城镇化的可持续发展。本文对绍兴市城镇化发展的关键问题、制约因素及目标方向进行研究，从理论上理清了思想认识问题，在行动上为新型城镇化决策提供对策思路，具有重要的现实意义。

关键词：

城乡一体化　城市经营　发展动力　新型城镇化　绍兴市

新型城镇化是解决农业、农村、农民问题的重要途径，是推动区域协调发展的有力支撑，也是扩大内需和促进产业升级的重要抓手。作为工业化起步较早，又率先步入市场化轨道的绍兴市来说，随着工业经济规模的不断扩大、人口的大量集聚以及城镇居民富裕程度的提高，原有的城镇基础设施及其服务功能已难以适应经济社会快速发展的需要，必然要求通过新一轮城镇建设——新型城镇化，来促进产业的转型升级，更快地实现城乡统筹，更好地化解民生领

---

* 课题组组长董祖望，绍兴市发展和改革委员会国内合作交流办公室副主任。成员施荣法，绍兴市发展和改革委员会合作交流处处长；樊昌晋，绍兴市发展和改革委员会合作交流处副处长。执笔陈召，绍兴市发展规划研究工程院院长助理。

域的问题。新型城镇化已成为绍兴市进一步提升区域竞争力、率先基本实现现代化的一种客观的必然选择。

一 绍兴市新型城镇化的成效和经验分析

2007年建立杭州都市圈以来,通过规划、交通、旅游、环保、产业、宣传、商贸、统计、金融等多方面的合作,在一定程度上加快了环杭州湾地区的城镇化进程,提高了绍兴市的要素资源优化配置,新型城镇化也强有力地推动了绍兴市自身的可持续发展。

(一)注重项目推进,建设中心城市

按照"一个密集区、二大组群、三条轴线"的市镇空间结构和中心城市"一城六片"的空间框架结构,在科学确定功能定位的基础上,各片区大力推进城市建设,增强城市整体综合实力,努力将绍兴市打造成为杭州都市圈城市群中的第二核心。实施部分行政区划调整,撤销绍兴县、上虞市,分别设立柯桥区、上虞区,市区面积扩大到2942平方公里,人口达到216万人,同步推进市直开发区体制调整,镜湖新区逐步归入越城区管理,绍兴高新技术产业开发区、袍江经济技术开发区面积大幅增加。

目前,以"镜湖绿心"为核心,三大片区联系紧密,具有综合性城市功能,周边各具特色的卫星镇承接中心城市疏解功能,富有江南水乡特色的中心城市总体格局已初步形成。根据"中心崛起、三片融合"的战略部署,着力加强工程的计划和协调,扎实推进路桥工程、公建配套设施工程,如镜湖"三中心"、市立医院、二环北路拓宽改造、袍中路南延以及小舜江供水环线工程等,大力推进中心城市建设。同时,积极做好绍兴中心城市"六湖"植物景观、青甸湖备用水源地保护与修复、绍兴市妇幼保健院(绍兴市儿童医院)迁建项目的前期论证、规划设计等一系列工作;抓紧做好绍兴中心城市轨道交通建设前期工作,多次召开工作对接、专家咨询以及评审会议,形成了绍兴市轨道交通线网规划最终成果,并通过了专家评审。

（二）着力城乡发展，优化城市体系

按照大中小城市发展路径，着力推进县域城市建设，特别是柯桥区和诸暨市两个杭州都市圈节点县（市）的建设，培育发展中心镇，加快推进"美丽乡村"建设。县域城市建设进程不断加快，各县（市）坚持以规划为先导，着力优化县域中心城市基础设施布局，提高城市综合承载能力，促进了强县经济向城市经济的重大转变，各自的城镇体系格局逐步形成，城市内涵能级不断提升，区域空间重点建设切实推进，综合承载能力得到了大幅提升。以培育发展中小城市为目标，通过扩权强镇和机制创新，不断激发中心镇的发展活力，城镇基础设施和公共服务体系不断完善，中心镇已成为推进新型城镇化的重要节点和综合服务平台。目前，绍兴市包括节点县（市）柯桥区（6个）、诸暨市（7个）在内，已有28个镇被列入国家、省和市中心镇培育建设计划，其中17个镇作为中小城市培育试点。启动实施中心镇"新三年建设计划"（2012～2014年），重点实施基础设施、社会事业、生态环境、公共服务和产业集聚五大类268个项目，总投资262亿元。"美丽乡村"建设得到扎实推进，按照"生活宜居、环境优美、设施配套"的要求，优化县域村庄规划布局，重点是以农村人口集聚工程、人居环境提升工程、农民创业增收工程、文明乡风培育工程、农村综合配套改革工程五大工程为抓手，启动建设10个"美丽乡村"示范区。同时，抓好中心村培育建设，2012年绍兴市启动第三批35个中心村建设，其中11个村被列入省级重点培育中心村；启动建设农民集中居住区38个，投入资金3.69亿元。

（三）促进产业升级，发展城市经济

以转变经济发展方式为主线，积极培育战略性新兴产业，按照杭州都市圈规划布局，加强与杭州、湖州、嘉兴等城市的产业对接，推进传统优势产业转型升级，着力构筑现代产业体系。积极构建以十大产品为重点的现代产业体系，大力推进"腾笼换鸟、机器换人、电商换市、空间换地"，着力培育名企、名品、名家。全面实施战略性新兴产业"新三百推进计划"，新兴产业产值占工业总产值的比重由25.6%提高到27.7%。深入实施"双百技改"工程，改造提升纺织等传统产业。扎实推进现代服务业"310工程"，实施144项重点项目,新增省级集聚示范区3家,服务业增加值占生产总值的比重达到42.1%。积极培育新兴市场主体,完成"个转企"12314家、"小升规"616家。成功创建全国旅游标准化示范城市,启动镜湖旅游综合体、柯桥金沙·东方山水、上虞杭州湾旅游商贸综合体等项目建设,实现旅游总收入584亿元,增长15.4%。加快现代农业园区十大重点工程建设,新建粮食生产功能区12.6万亩,粮食产量实现"十连增"。会稽山古香榧群被联合国列为全球重要的农业文化遗产。积极推进"八倍增、两提高"科技服务专项行动,成为浙江省首批创新型试点城市,并通过国家知识产权试点城市验收,连续九次荣获"全国科技进步先进市"称号。

(四)加大交通投入,完善基础设施

实施大路网、大港口、大物流、大铁路"四大战略",努力实现由"走廊式交通"向"枢纽式交通"转变,着力提升绍兴市在杭州都市圈中的区位优势和综合竞争力。不断加快快速路网构建,重点推进杭绍台高速公路、杭绍甬高速公路、钱江通道南延工程等都市圈交通共联项目,积极构建"一通三纵三横三连"的高速公路网。2013年,连接绍兴和嘉兴两个城市的嘉绍跨江大桥建成通车,在此前连接绍兴市区和节点县诸暨市的绍诸高速公路也实现通车。此外,杭绍甬、杭绍台高速工程等一大批重要基础设施和交通项目正在抓紧进行前期工作。不断改善水路运输条件,加快建设杭甬运河、曹娥江配套港口码头,绍兴港越城港区中心作业区码头一期工程已建成,上虞市杭州湾作业区卧龙重件码头和曹娥作业区码头东区粮食码头已基本建成。不断完善铁路网络,重点实施杭甬客专绍兴段、杭长客专绍兴段、甬金铁路、杭甬客专绍兴北站交通枢纽工程等项目,全力构建"二纵三横"的铁路格局。目前,杭甬客运专线及绍兴北站、铁路货运东站等的建设都已完工并投入使用,这使绍兴与杭州都市圈内城市的联系更加方便和密切。持续推进物流基地建设,重点实施集亚物流基地、绍兴港现代物流园区建设,其中集亚物流基地11个单体建筑主体工程已完成,绍兴港现代物流园区一期已建成并投入运营。上虞市成功引进浙江省高速公路枢纽港综合物流基地、浙江省农发集团商贸综合体等重大项目。

（五）提升城乡环境，加强城市管理

围绕全国文明城市创建、国家环保模范城市和国家卫生城市复查等，切实优化城市功能，美化空间环境，不断提升城市品位，打响绍兴在杭州都市圈四城市中的品牌影响力。编制城市交通治堵五年行动规划，加强道路安全设施、停车秩序和电动三轮车管理，实施交通智能化建设，严查、严处交通违法行为。深化数字城管建设，市区数字城管系统实施范围达到77平方公里，基本覆盖中心城区主要建成区。上虞区、诸暨市及嵊州市等县域城市结合实际，深化完善了"数字城管"工作，实现了城市管理的数字化、标准化、精细化。推进城市有机更新，实施道路（桥梁）大修、背街小巷整治、路灯改造及消暗、大树种植及园林绿化提档工程等十大类45个有机更新项目，重点完成了市区大树种植及园林绿化升级任务；实施了公共自行车服务系统（三期）工程，共完成58个网点的建设并投入2000辆自行车供市民使用；抓紧做好市区环城河步行道改造工程；全面推进户外广告、矿山石料、城市扬尘等专项整治，改造旧住宅区、旧厂区和城中村1031万平方米，拆除违法建筑847万平方米。统一越城区范围征地拆迁政策，出台城中村改造高层集聚安置办法，完成老城区17个新建小区的移交工作。建立工业废水排放在线监控和刷卡系统，启动污水分质提标和集中预处理，清理河道205公里，55个清水工程考核断面达标率由74.5%提高到80.0%。制订大气污染防治计划和应急方案，完成800多台定型机"煤改气"改造任务。扎实推进工业污泥、建筑泥浆、建筑渣土规范化处置。深入开展"四边三化""清理河道、清洁乡村"行动，完成造林更新4.6万亩。

（六）着眼均衡延伸，推进公共服务

全面推进医疗、教育、卫生、社会保障以及市政基础设施等综合配套建设，逐步缩小与杭州都市圈核心城市之间的基本公共服务差距，努力实现基本公共服务一体化。加速推进城乡教育均衡化，建立优先发展农村学校、优先扶持薄弱学校的体制机制，在政策、经费、师资上进一步向农村学校、薄弱学校倾斜，着力改善城乡办学条件，提升城乡教育质量。不断整合城乡医疗服务资源，建立公立医院卫生经济运行新机制，改革医院内部管理和运行机制，县级公立医院综合改革实现绍兴市全覆盖。全面实施社保扩面提标，提高最低工资、城乡低保、医保以及企业退休人员养老金等标准，在绍兴市率先实施城乡居民大病保险制度。绍兴市区及各县（市）全面实现职工医保省市"一卡通"，职工基本养老保险和城乡居民社会养老保险总参保人数达到302.15万人，职工基本医疗保险和城乡居民基本医疗保险总参保人数达到443.21万人。住房保障体系不断完善，围绕开展"阳光工程"建设，着力抓要素保障，探索创新。绍兴市共筹集资金11.65亿元，累计获得保障性安居工程各类补助奖励资金1.67亿元，提前超额完成全年目标任务，保障性安居工程和农村住房改造工程有序推进。城镇污水处置不断提升。2012年底，绍兴市已建成镇级污水处理设施15个，累计建成城镇污水管网79.84公里，城市污水处理厂污水减排成果显著。

二 绍兴市新型城镇化发展的困难及原因分析

新型城镇化是一项建设期长、涉及面广、工作量大、系统性强的战略工程。虽然绍兴市已经做了许多扎实有效的工作，也取得了明显的阶段性成效，但是在多个方面还存在矛盾和问题，而且这些矛盾和问题具有一定的共性，并将在一定范围内长期存在。

（一）中心城市带动作用偏弱

在城市规模上，绍兴市列浙江省第二位，仅次于杭州市。但长期以来，绍兴市本级仅越城区1个建成区，市区面积和人口总量在浙江省11个地市中分列倒数第一、第二位。中心城市规模小、人口少，严重制约了城市经济的发展，也影响了城市竞争力的提升。虽然中心城市"一心三片"的城市发展格局已初步形成，但作为中心城市核心区块的镜湖，目前产业集聚、要素集聚、资源整合的力度有待进一步加强，三大组团之间的同城互动、功能互补效果不明显，尚未发挥中心优势、形成抱团发展合力。缺乏政府各职能部门之间的对话与联系机制，城镇之间仍存在"各自为政"和产业趋同现象；城镇的经济合作关系较为松散，真正意义上的城镇间区域分工、协作尚未形成；与省际中心城市的合作层次和区域一体化程度仍相对较低。

（二）城镇规划亟待规范完善

在绍兴市新型城镇化建设规划中，不少规划存在粗放简陋、相互因袭等问题，缺乏个性和特色，直接导致发展理念、发展路径混乱，也带来城市群产业结构与空间形态的同质竞争。新型城镇化规划建设的标准低，导致低水平重复建设，城镇综合开发率低，出现规划趋同性。规划与建设没有做到统一，存在规划滞后现象，在国家宏观调控和经济迅速发展的形势下，发展规划往往无法执行。同时，在原有的城镇建设规划编制中，还存在着不够系统的问题，规划之间缺少相互衔接和配套。在新型城镇化的推进中，重建设轻管理的问题也比较突出。社会管理主体相对单一化，没有形成"小政府、大社会"的局面，社会中介组织和自治组织比较缺乏。在加快新型城镇化的进程中，村级自治组织的功能如何更快地向城市社区职能转变，对于广大农民尽快融入城镇生活，以及在推动农民的市民化进程中起着相当重要的作用。

（三）城市管理存在薄弱环节

城市管理方式相对粗放，手段比较单一，以行政手段为主，法律手段、经济手段、宣传教育手段和信息化手段为辅的综合管理体系亟待加强和完善。少数群众公德意识、环境卫生意识不强，不文明现象大量存在。部分城郊接合部管理不够到位，环境卫生状况有待改善。城市对外高速公路运输网络体系建设与发展相对滞后，市区内没有建设绕城快速公路，大部分过境车辆不得不经过二环路，加大了市区的交通压力；城市环境污染较为严重，绿化覆盖率与其他省市相比较低，特别是滨海工业区等新开发区块，绿地面积少，大气污染较为严重，尤其是一些企业的"三废"仍没有实现达标排放。城市品位有待提高，城市定位缺乏个性，旅游产业发展需要开拓新的路径。

（四）区域竞争面临较大压力

当前的区域竞争实质上是综合实力的较量，不仅是经济、政治、文化、社会等方面的内容，而且还表现在它们之间相互关系的协调上。目前，杭州都市圈规划已延伸至柯桥、诸暨，杭州延伸至柯桥的市域铁路工程已被列入浙江省铁路网规划，延伸至诸暨的轨道交通方案正在研究中；宁波都市圈规划已延伸至余姚、慈溪。绍兴处在两大都市圈的"切线"上，面临被边缘化的考验。此外，绍兴中心城市经济首位度和产业首位度都较低，中心城市对高级要素的集聚能力较弱，经济社会发展的辐射力和带动力较弱，高层次人才进不来、留不住，导致杭州与宁波把高端要素吸引过去，杭州对诸暨的经济辐射能力超过绍兴，宁波对上虞的经济辐射能力也超过绍兴。并且，绍兴周边都在积极打造发展大平台，特别是杭州大江东新城、宁波余慈统筹核心区的加快开发，使要素资源分流加剧，区域竞争更加激烈。

（五）要素保障面临新的考验

随着新型城镇化的推进，土地、资金、资源等要素短缺现象日益凸显，已经成为重要的制约因素。在土地保障方面，2011~2020年，绍兴市剩余规划新增建设占用土地空间仅为12.63万亩（其中中心城区可新增建设用地2.82万亩），远不能满足经济发展的需要。由于用地总量少，有项目无土地、有土地无指标等现象在各县（市、区）和开发区较为普遍。在资金保障方面，随着货币政策的趋紧，以及国家对政府融资平台管理的进一步加强，融资难度越来越大，同时还本付息压力不断加大，债务风险问题明显增多。资源短缺与利用效率低下并存的格局，已经严重地制约了城镇化的发展。一方面，自然资源日益稀缺，成为城镇化可持续发展的巨大障碍；另一方面，资源使用不当或技术水平落后，造成资源利用效率不高、随意浪费的问题十分普遍，导致自然资源严重损耗，从而进一步制约了城镇化的发展。

三 绍兴市新型城镇化发展的主要内容

2014年是贯彻十八届三中全会精神的重要一年，是实施"十二五"规划承前启后的关键之年，也是绍兴行政区划调整后的开局之年。绍兴市新型城镇化建设必须全面落实绍兴市委关于"重构绍兴产业、重建绍兴水城"的战略部署，紧紧围绕全面提高城镇化质量，把改革创新贯穿于各领域、各环节，以人的城镇化为核心，加快转变城镇化发展方式，以提高群众满意度和幸福感为导向,着力做强城市平台,着力推进创新驱动,着力加快转型升级,着力加强社会治理,着力保障改善民生,实现经济持续健康发展和社会和谐稳定。

(一)加强对新型城镇化发展动力的研究

中国的城镇化是在人口多、资源相对短缺、生态环境比较脆弱、城乡发展不平衡的背景下推进的,这决定了必须从基本国情出发,遵循城镇化发展规律,积极稳妥地走中国特色新型城镇化道路。当前和今后一个时期,绍兴市城镇化将进入以提高质量为主的转型发展新阶段,由数量扩张向质量提升的转型发展势在必行。

1. 城镇化必须与工业化、信息化、农业现代化和谐有机匹配

工业化是主要推动力,没有工业化,就不存在高质量的城镇化。城镇化发展不能简单地以城镇化外在空间形态的成长为取向,而应以日益成长的工业化、信息化与农业现代化为基础,推进信息化和工业化深度融合、工业化和城镇化良性互动、城镇化和农业现代化相互协调,最终实现让居住在城镇以及生活在周边的居民共享工业化、信息化、城镇化、农业现代化同步发展的成果。

绍兴市的新型城镇化,不仅存在内部的发展制约,也存在外部的竞争压力。在长江三角洲地区寻求快速发展的进程中,绍兴市新型城镇化客观条件的优势相对不足,面临着外部竞争的巨大压力。当前的区域竞争确实已经转到综合实力的较量上,主要表现在工业化与城镇化之间相互关系的协调上。当前,沿海发达地区涌现了一批新型城镇化建设比较成功的典型,在那里"镇镇像城市、村村是社区"的景象,促使我们重新思考工业化与城镇化的关系。

2. 正确处理政府推动和城市自然发展的关系

新型城镇化的健康有序发展,需要政府和市场的共同推动。然而,过于依附国家宏观调控的力量,过分看重政府部门的"推力",以至于过多地沿用计划经济的方法,甚至动用行政命令来推进城镇化,不仅不符合城镇化自身的发展规律,而且极大地损害了农民的利益,伤害了农民的感情。城镇化固然需要政府的规划和推动,但它更多的是靠人们趋利求新的内在动力来推动,并结合城市自然的发展规律。对农民来讲,在城镇工作的不稳定、社会保障的不健全使他们不愿轻易割断与承包土地的关系,政府的立场、态度和政策可以鼓励农民迁入城市，但绝不能保证一声令下农民就蜂拥入城，达不到云集响应的效果。因为农民要全面比较、权衡自己进城的收益和成本。所以，要理清政府和市场在推进城镇化过程中的作用，加快消除制约城镇化健康发展的体制机制障碍，充分释放城镇化的潜力。要加强制度的顶层设计，统筹谋划和大力推进户籍制度、土地制度、社会保障、财税金融、行政区划等方面的改革。逐步剥离附加在户籍上的福利待遇，健全户籍制度和居住证制度有效衔接的人口管理制度，探索实行城镇建设用地增加规模与农业专业人口落户数量相挂钩的政策。建立可持续的城市公共财政体系和投融资机制，为实现城镇基本公共服务、常住人口全覆盖和城市基础设施建设提供资金保障。

3. 必须与市民现代化的生活诉求相一致

现代工业的发展，不仅对基本的生产要素配置提出了更高的要求，对人的发展在体能、知识、技术、心理及价值观等方面也提出了更高的要求。要满足人的这些基本的需求，就必须向人们提供现代的生活方式。从社会的发展趋势来看，这就是现代城市的生活方式。绍兴市新型城镇化建设，是现代都市生活的折射，是实现城乡一体化的纽带，将极大地改变人们的生产生活方式和思维方式。随着工业化的不断推进，人的需求必然向着更高层次不断跨越。但是由于理解的片面和操作的无序，在过去的城镇化建设中，也存在着不尊重群众意愿、触犯群众利益、搞劳民伤财的"形象工程"、好大喜功的事件，这都是违背新型城镇化发展道路的做法。城镇化要健康发展，必须因地制宜，以人为本，尊重群众，切实解决群众生产生活中面临的实际问题。

（二）加强城镇体系与中心城市规划

1. 新型城镇化发展战略重点

党的十八大强调坚持走中国特色新型城镇化道路，提出"城乡发展一体化是解决'三农'问题的根本途径"，并对积极稳妥推进城镇化做出了"工业化、信息化、城镇化、农业现代化同步发展"的战略部署。

中国新型的城镇化发展战略，应该是大中小城市、小城镇和农村就地就近城镇化协调发展，人口转移式城镇化和就地就近转移相结合，集中型城镇化和分散型城镇化并举。大城市和小城镇都各自发挥自身的优势，合理地就地城镇化。发展城市的关键是搞好产业的调整和集聚,加强城市的规划和管理;发展城镇的关键在于繁荣城镇经济,把引导乡镇企业合理集聚、完善农村市场体系、发展农业产业化经营和社会化服务等与小城镇建设结合起来,使小城镇有产业和市场支撑。新型城镇化必须坚持两点:一是人口迁移式城镇化,即农村人口向城市迁移和集聚;二是就地就近城镇化,即农村人口就地就近转移。这就要求我们转变思路,把工作重心由单一发展大城市、组建城市群,转移到城市支持农村、工业反哺农业,建设社会主义新农村、实现就地就近城镇化的轨道上来。

2. 城镇体系布局规划

绍兴市的城市总体规划提出,把绍兴市建设成为历史文化与现代文明融为一体的"特色产业城市、文化休闲城市、生态宜居城市",要求统筹城乡就业,提高城乡居民收入水平,缩小收入差距,探索以城带乡的发展机制,加快推进城镇化进程,把做大做强中心城市作为推进新型城镇化的突破口;要按照"坚定一个目标、把握四个要求、抓实四个重点"的思路,着力提升中心城市的影响力、带动力。

根据绍兴市的城镇发展特色及现状,制定城镇体系发展战略为:优先发展市域中心城市,积极发展县(市)域中心城市,重点培育中心镇,合理发展小城镇。2015年城镇化水平达到66%,2020年城镇化水平达到72%。布置合理的市域城镇体系空间结构,即"一个密集区、二大组群、三条轴线"。"一个密集区"是指绍北城镇密集区,包括越城区、柯桥区、上虞区,即现有绍兴城市区域;"二大组群"是指以诸暨市区为核心的诸暨城镇组群和以嵊州市区、新昌城区为核心的双核结构嵊新城镇组群;"三条轴线"是指依托主干交通线形成的绍北、绍西、绍东三条城镇发展轴。同时,中心城市规划区形成"一城六片"的空间框架结构,以中心城市带动周边卫星镇发展,以各具特色的卫星镇承接中心城市疏解的功能。

3. 推进城镇化"三个结合"

在合理的空间结构布局下,坚持"三个结合",做大做强城镇支撑产业。在推进城镇化过程中,要坚持经济社会发展与城镇化互促互动,三次产业相互融合。做到城镇化与工业化相结合,各镇要因地制宜,立足资源优势,建立独

具特色的工业体系;做到城镇化与农业产业化相结合,以城镇为依托,培育和发展农业产业化龙头企业,快速推进农业产业化;做到城镇化与服务业相结合,大力发展现代物流、信息服务、金融保险、现代会展、中介服务等服务业,提高城市对劳动力的吸纳、消化能力。

4. 推进中心城市建设

中心城市2015年人口规模达到140万人,2020年人口规模约160万人,其中镜湖核心和越城65万人、柯桥50万人、袍江45万人;中心城市2015年建设用地150平方公里,2020年建设用地155平方公里。中心城市形成"一心、三片、三楔"的空间结构:"一心",即由镜湖国家城市湿地公园和其南部的镜湖新区共同组成的区域;"三片",即越城片区、柯桥片区和袍江片区;"三楔",即北部镜湖绿楔、西南部鉴湖绿楔和东部湿地绿楔。

中心城市建设要牢牢把握"坚持中心崛起、三片融合,坚持统分结合、共建共享,坚持集聚集约、高质高效,坚持以人为本、惠民利民"的建设要求,重点抓好四项工作。一是全力推进镜湖新区的加速崛起,积极推进一批城市综合体和商贸服务项目建设,加快形成"一湖、一心、六大功能区"的城市功能结构,促进越城、柯桥、袍江三大片区与镜湖"绿心"全面融合。二是积极构建快捷通畅的综合交通网络,加快建设一批重点交通项目,整合提升城市主干路网,扎实推进一批客运枢纽工程,着力抓好现代物流基地建设。三是切实做优以"六湖"为重点的城市生态环境,加快推进河湖水系开发,切实抓好水环境整治,充分彰显水乡特色。四是加快发展以高端产业为支撑的城市经济,全力抓好高端要素的集聚和优势产业的发展,不断提升产业发展水平。

(三)推进城乡统筹一体化建设

以城镇化为重点大力推进城乡一体化。切实增强中心城市的辐射力、带动力,积极培育中小城市,广泛建设"美丽乡村",加快形成以城带乡、城乡一体的新型城乡关系。

1. 合力做强城市平台

进一步完善市与区、市与开发区管理体制,加大简政放权、充分授权力度。启动修编新一轮城市规划和土地规划，统筹市区产业和重大基础设施、公共服务设施布局。实施104国道和329国道改造、群贤路东延、绍三线北延、32省道兰亭至平水段改造、孙端至曹娥公路改造等一批跨区域交通项目，加快世纪大道、展望大道、解放路、兴华路、绸缎路、兴越路等市政道路的延伸建设，促进三区的交通融合和公交一体化。实施"六湖"区域联动开发，加快绍齐公路两侧、高铁绍兴北站广场等重点区域规划建设。充分发挥国家级开发区优势，做强绍兴高新技术产业开发区、袍江经济技术开发区、柯桥经济技术开发区和杭州湾上虞经济技术开发区，提升国家级开发区和镜湖新区的城市管理、社会管理水平。统筹滨海新城各区块发展，加快江滨区开发进度。支持诸暨城东新城建设，力争早日形成诸暨现代城市综合中心。加快嵊州市"三江口"城市新核心区、浦口新区和新昌县七星新区建设，进一步促进嵊州、新昌组团式集约发展。加大店口镇、钱清镇等中心镇培育力度，形成一批各具特色、充满活力的小城市。更加科学、集约、高效地实施城中村改造，推行高层集聚安置，因地制宜开展货币化安置。重点建设中心村，适当兼并行政村、自然村，加快改造城中村、空心村，同时引导基层村的合理建设和科学发展，积极探索新型农村社区建设。深化"村改居"工作，让"村民"真正变"市民"。

2. 切实加强城市管理

健全创建全国文明城市长效机制，按月开展文明指数测评。强化城市科学运营和精细管理，进一步完善城管执法体制，完成市级"智慧城管"项目建设。深化城市交通拥堵治理，完善机动车、非机动车、公交和水运"四张网"规划布局，扩大交通智能化管理覆盖面，加大超限超载等违法行为整治力度。深入开展"三改一拆"，改造旧住宅区、旧厂区和城中村400万平方米以上，拆除违法建筑300万平方米以上，启动"无违建镇村"创建。加强社区建设，规范小区物业管理，完成越城区所有失管小区移交工作。扎实推进"空间换地"，科学利用城市地下空间。

3. 推动城乡空间布局一体化

进一步深化规划体制改革，加强对各类规划的统一管理，强化各类规划的系统性、规范性、有用性和权威性，逐步建立相互配套、相互衔接、管理有序的规划体系。克服长期条块分割的影响,逐步改变地区之间生产力重复布局、产业结构与城镇职能雷同等不合理现象,进一步优化生产力布局规划。在绍兴市范围内统一规划布局重大产业发展项目、重大公共事业项目、重大社会发展项目,进一步提高资源配置效率和设施共享度。安排基础设施和社会服务设施的建设,提高基础设施和社会服务设施的共建共享水平,综合改善交通条件和环境质量。把交通一体化作为推进城乡一体化的突破口,加快建设步伐,尽快形成内外衔接、城乡互通、方便快捷的交通网络,成为浙江省率先基本实现交通现代化和公交一体化的地区。

4. 推进城乡产业发展一体化

统筹城乡发展,统筹区域发展,推动城乡产业发展一体化进程,充分发挥区域经济的"集聚效应"与"扩散效应",构筑城镇与产业结构布局合理、市场体系完善、政策制度一体、信息资源共享、交通体系完备的区域经济共同体。一是打破行政区划界限,从更宽领域、更高层次合理配置区域资源。二是加快实现传统农业向现代农业的跨越。重点发展设施农业、都市农业、观光休闲农业、外向型农业、生态型农业,不断提高农业经济功能,强化农业生态功能,拓展农业社会文化功能,努力为城乡居民提供更多、更好的优质安全食品,大力提高农业比较效益,增强农业的竞争力。三是实施以中心工业园区为核心的集中工业化战略。科学规划,合理开发,全力构筑新一轮发展载体,把园区"做特、做强、做优",积极引导相对分散的同类企业进行集聚,加快农村工业化步伐,发挥产供销群体优势,逐步形成规模化、特色化、生态化的园区发展新格局,创造块状经济发展新优势。

5. 推进城乡生态环境建设与保护一体化

首先要改变的是人的观念、体制和行为。强化城市和区域生态规划,处理好城镇建设中眼前与长远、局部与整体、效率与公平、分割与整合的生态关系,强化和完善生态物业管理、生态占用补偿、生态绩效问责、战略环境影响评价、生态控制性详规等法规政策。加大城镇环境治理力度,彻底转变"重建轻管"的观念,以创建卫生镇、环境优美镇为目标,大力整治环境"脏、乱、差",着力加强对建筑、市政、绿化、环卫等方面的管理,努力打造"美丽乡村"。坚持以人为本,树立全面、协调、可持续发展观,以全面开展创建生态市、县（市、区）、镇活动为载体，大力发展生态经济，改善城乡生态环境，培育生态文化，逐步实现区域经济社会和人的协调发展。

（四）探讨构建新型协调管理机制

1. 构建新型协调管理机制的意义

区域协调管理模式的建立，能够有效推动新型城镇化的发展，良好的社会组织、有效的资源配置、高效的行政管理，对区域尤其是城市密集地区的发展具有十分重要的意义。目前我们需要建立起一个能够整合多元与分散格局的城镇间的新型协调管理机制，调节多种利益主体的行为规范，使有关联的城镇间能各得其所、各安其分、取长补短、共同发展。

加强城镇地区之间的区域协调机制和功能，可以尝试设立具有区域协调机制的委员会或办公室，有关城市和镇（街）及相关的行政主管部门按比例派员参与其中，委员会或办公室定期召开工作会议，讨论地区之间的事务，处理各类跨城镇的问题，并对违背区域整体利益的行为进行干预。

2. 建立新型协调管理机制

以"深化行政管理体制改革，进一步转变政府职能，改进管理方式"的精神为指导，不断探索和实践，创新管理体制和运行机制。紧紧把握城镇区划调整的重要契机，进一步调整并完善政府分级管理体制，理顺城、镇两级政府的关系，充分调动各级政府的积极性和创造性，达到合理配置资源，降低行政成本，促进区域发展的整体性和合理性，实现绍兴市经济社会协调发展的目标。城、镇两级政府应树立全局观念，从全局的高度考虑和着手管理权限的划分。由于现有资源是按照原有行政区的管辖范围配置的，区划调整将打破原有格局，需要对事权分工进行通盘考虑，使资源配置趋向合理。同时，两级政府部分事权的调整还应有利于政府进一步转变职能，提高工作效率，实施行政提速。凡事权下放有利于简化手续、节约成本、提高效能的，就下放给区进行管理。

3. 构建新型要素市场

城镇化实际上是人口、土地和资金三大要素的流动，所以也要注意在实现城镇化的过程中实现要素集聚，避免流失。要素集聚需要外部条件，主要是完善要素市场体系。在市场经济条件下,资源和生产要素向能获得最高收益的最佳区位集聚,这种流动需要完善的要素市场作为传导者。否则,市场结构不完善,会制约城市聚集力的传递作用。如果没有要素市场,资源就不能实现真正意义上的最佳区位选择。地方保护主义造成的市场封锁也不利于聚集机制的正常运转。因此,随着经济体制改革的不断深化和城镇化的不断完善,应逐步建立结构完整的、一体化的、多层次的要素市场。

4. 加快城市基础设施建设

城市基础设施是各种产业发展的基础条件,也是城市聚集机制运行的物质载体。城市基础设施的发达程度决定了城市聚集资源的广度和深度。当城镇化走上快速发展的轨道后,不仅已有的城市交通、地下管道、供电供水和废水、废气、废渣"三废"治理等设施建设,以及住房、教育、医疗等民生工程建设的承载能力明显不足,而且城市各项新建和改扩建基础设施及民生工程建设发展跟不上城镇化速度,难以适应和满足城镇化发展的要求,就会出现许多比较严重的环境污染、交通拥堵、交通事故、住房难、医疗难、就业难、就学难等城市化问题,成为严重影响和制约城镇化深度发展的绊脚石。因此,急需高效能管理城镇化建设。加快城市基础设施建设,城市的道路、排水、电力、通信等配套要齐全,园林绿化、污水治理、垃圾整治要同步进行。

(五)推动公共服务一体化进程

1. 加快形成政府主导、覆盖城乡、可持续的基本公共服务体系

新型城镇化与传统城镇化的最大不同,在于新型城镇化是以人为核心的城镇化,注重保护农民利益。提高城镇化质量,要实现产业发展和城镇建设相融合,让农民逐步融进城市。新型城镇化不是简单地追求城市人口比例增加和规模扩张,而是强调在产业支撑、人居环境、社会保障、生活方式等方面实现由"乡"到"城"的转变,实现城乡统筹和可持续发展,最终实现"人的无差别发展"。调整城镇化与人口、土地政策的关系,最核心的问题是要让农民变为市民后带着土地的收益在城市中立足、发展。若农民的土地没有在城镇化和土地流转中让其获取相应的利益,就会导致农民既想保留农村的权益,又想在城市立足,造成资源分散与浪费,不利于城镇化的发展。应推动农村土地流转，保证农民的土地收益权，为农民直接转化为市民创造决定性的条件。党的十八大提出，加强社会建设，必须加快推进社会体制改革。要围绕构建中国特色的社会管理体系，加快形成政府主导、覆盖城乡、可持续的基本公共服务体系。

2. 加快形成全覆盖、保基本、多层次、可持续的社会保障体系

要逐步统一和完善国家机关、事业单位与企业的社会保险制度，整合城乡居民基本养老保险和基本医疗保险制度，逐步提高全国统筹层次。要扩大社会保障基金筹资渠道，建立社会保险基金投资运营制度，确保基金安全和保值增值。要进一步完善社会救助体系，健全社会福利制度，大力发展慈善事业。要积极应对人口老龄化，建立立足长远、基于精算、确保安全的养老保险基金和制度，形成基本公共服务体系。以保障和改善民生为重点，大力促进公共服务均等化，全面推进教育体制、就业体制、医疗卫生体制等方面的改革。解决进城农民工子女学前教育和义务教育问题，进一步完善农村中小学教育。要加快推进医疗服务、公共卫生、药品供应、监管体制综合改革。要加快健全人力资源市场，完善就业服务体系。要扩大公共产品和公共服务领域的社会开放，鼓励和引导社会力量兴办教育与医疗。

3. 加快形成促进社会和谐、维护公平正义、激发社会活力的社会利益调节机制

建立公平合理的收入分配秩序，保护合法收入，增加低收入者的收入，调节过高收入，取缔非法收入。健全以财政税收、社会保障、社会福利、慈善事业等为主要手段的再分配调节机制，促进社会公平。健全和完善公民合法财产保护制度，坚决遏制对群众合法权益的侵害。健全劳动标准体系和劳动关系协调机制，加强劳动保障监察和争议调解仲裁，构建和谐劳动关系。今后对与城镇企业确立劳务合同关系的新市民，要取消对其的一切非市民化的不公平待遇。可以根据不同的内容，制定在若干时间内逐步取消不公平待遇的目标要求。对今后新进城农民工的数量与速度，应由工业化、农业产业化的市场过程自发形成，政府不应予以指定量化指标。但是对已离开土地并与城镇企业确立劳务合同关系的农民工，应就其享受的公共服务，对政府提出明确的时限要求。

四 绍兴市新型城镇化发展的对策思路

(一)突出以人为核心,科学编制发展规划

按照加快推进新型城镇化和一体化的总体要求,充分考虑不同区域的资源环境承载力、现有开发强度和发展潜力,坚持从大城市建设的高度出发,将科学规划、区划调整作为一个重要环节来抓,切实发挥规划的引领和调控作用。以人为本,做到因地制宜,依靠群众;以民生为本,更好地适应城镇居民生活由小康型向富裕型过渡。掌握整体思维的原则,提高经营新型城镇的思维能力。要结合"十二五"规划,进一步完善《绍兴市城市总体规划(2011~2020年)》,深化《绍兴市综合交通规划》,落实《杭州都市经济圈发展规划》,统筹协调好中心城市、县域中心城市、中小城市、中心镇、中心村等的综合发展规划,促进各类规划之间的上下衔接、横向协调,切实增强规划的系统性、全局性、前瞻性和科学性。要把调整和优化各级行政区划列入重要议事日程,按照"科学谋划、因地制宜、稳步实施"的工作思路,加快绍兴市行政区划调整后相关职能调整的步伐,从而为加快提升新型城镇化和区域一体化预留发展空间和载体平台。

(二)强势推进中心战略,构建现代城市体系

强势推进中心战略,坚持把促进中心城市崛起、发展县域中心城市、培育发展中小城市、统筹建设中心镇和中心村等作为深入推进新型城镇化的重要抓手,进一步加快推进中心战略实施步伐。重点要做好绍兴城市轨道交通、杭绍甬高速等项目的前期工作,开工建设杭绍台高速、诸暨特高压电网等重点工程,加快推进杭金衢高速绍兴段拓宽、绍诸高速诸暨线延伸、31省道绍大线北延、上虞区世纪新丘围涂、新昌钦寸水库建设等,确保杭长客运专线绍兴段、甬金高速嵊州互通、绍诸高速陶堰互通等项目建成投用。加强嘉绍大桥、杭甬运河、曹娥江大闸等的运营管理,充分发挥工程效应;加快推进商业、湖区、教育等城市综合体建设,进一步提升配套能力,集聚人气;充分利用湖区

资源，加快推进"六湖"植物景观工程建设，努力发挥其纽带和载体作用。各县域中心城市，特别是杭州都市圈节点县（市），要结合实际和城市定位，进一步加强城市建设，完善基础设施，提升服务功能，增强综合实力，促进强县经济向城市经济转变。各中心镇要围绕产业提升、功能完善等，加快推进各种项目落地，着力提高综合承载能力和人口集聚能力，把中心镇培育成为县域人口集中的新载体、产业集聚的新高地、功能集成的新平台。要统筹建设"美丽乡村"，深入推进中心村培育工程，进一步完善基础设施，加快农村住房改造，引导农民向中心村集聚。

（三）推进城乡统筹发展，实现城乡服务均等化

新型城镇建设的实质是城乡的统筹发展。坚持把城乡统筹作为深入推进绍兴市新型城镇化的核心任务，着力抓好统筹协调发展。努力形成以中心城市建设为龙头，以新型城镇建设为纽带，以新农村建设为节点的新格局。建设新型城镇也是进一步实现城乡统筹发展的桥梁。中心城市建设、新型城镇建设与新农村建设应协调和谐、配套发展。要统筹城乡基础设施和公共服务设施建设，着力推进城市文明向农村延伸，提升城乡公共服务均等化，切实做到"集约高效、共建共享"。要统筹城乡生态建设和环境保护，着力加强环境保护整治、建筑节能整治、园林绿化整治和环境综合整治等，加快推进城乡生态一体化。要统筹城乡产业发展，进一步明确发展目标，优化空间布局，促进产业集聚，提升集聚和特色发展水平。要统筹城乡社会保障，进一步完善住房、医疗、就业等方面的保障政策，切实深化保障内容，提升城乡社会保障水平。要统筹城乡社会事业，进一步优化完善文化、教育、体育等各项社会事业布局，切实增强区域公共服务供给能力。要统筹城乡建设和管理，进一步理顺管理关系，转变管理方式，强化管理服务，推进城市管理向城镇和农村延伸，不断提升城乡建设与管理工作水平。

（四）推进体制机制创新，深化配套制度改革

体制机制创新是加快新型城镇化建设的动力源泉。大力弘扬创先争优精神，解放思想、放远目光、放开手脚，按照"政府主导、企业主体、市场运

作"的思路，积极创新发展理念，加强政府宏观调控，不断创新体制机制。重点要围绕政府驱动、市场驱动和创新驱动，加强要素支撑体系建设，进一步强化项目、土地、资金等要素保障。以建设滨海新城为突破口，围绕推进整个市域加快发展主旨，进一步理顺体制机制，创新体制机制，处理好不同层级、不同区块之间的关系，构建更加科学的中心城区管理体制，增强中心城区的凝聚力和执行力。如对重大基础设施项目和重大产业项目，争取"挤进笼子"，落实"戴帽指标"。同时，积极向内挖潜，通过清理闲置土地、盘活存量土地、调剂争取指标等各种创新手段，努力增加用地指标，保障城市建设顺利推进。要探索财政和规划审批、监管、执法等方面的分权模式，深化中心镇行政管理体制、投融资体制、户籍制度及相关配套改革，增强中心镇发展活力。要进一步深化户籍制度改革，加大人才支持力度，积极创新投融资体制，整合城市资源，建立政府与市场联动的投融资机制，积极拓展多元化的投融资渠道，努力为深入推进新型城镇化提供重要支撑。

（五）全面提升城镇经济，推动产业转型升级

全面提升城镇经济。城镇经济发展相对缓慢是制约当前绍兴市城镇化的主要因素。城镇经济发展的速度、规模、技术水平和组织结构将直接决定未来绍兴市城镇化的进程以及绍兴市城镇综合发展的规模和水平。要注重城镇经济的发展，充分发挥现有城市资源的作用，坚持因地制宜、集约节约，努力为推进新型城镇化提供内在动力。要强化城镇化的产业支撑，促进产城融合，大力培育战略性新兴产业，构建形成战略性新兴产业功能区综合评价体系，更好地推动产业做大做强。继续推进"1415"现代产业集群培育计划，重点抓好绍兴县纺织、诸暨袜业、嵊州领带、新昌轴承等省级现代产业集群示范区建设，着力提升产业竞争力和集群影响力。综合运用法律、市场、政策、技术以及必要的行政手段，坚决淘汰落后产能。加强企业研究院、企业技术中心（研发中心）、工程实验室等研发机构建设，切实发挥企业创新主体作用。

发展房地产业，推进新型城镇化进程。遵循市场规律，实行放价放购政策；对保障性住房，实行限价限购，限制流通；充分照顾弱势群体，开放大批廉租房，可将部分小产权房转化为廉租房，提高城市容积率。另外，实施城中

村改造工程和旧村改造工程，也是加快城镇化建设步伐的有效途径。

加快培育现代服务业。加速现代物流业发展，引导传统物流企业向现代物流组织形式和经营模式转变，提升竞争力；打造区域性金融集聚区，充分依托区位优势和自身经济实力，积极向上争取有关金融服务机构建设，打造区域性甚至面向长三角的金融服务基地；促进养老、健康等新兴生活性服务业发展，改造提升教育、卫生、文化、体育以及商贸、旅游、娱乐等传统服务业，增强城镇生活的亲和力和便利性。绍兴市政府及其各部门要以发展经济为己任，不断把绍兴市城镇经济推上新的台阶，从而增强绍兴市城镇的吸纳力、集聚力和辐射力，加快绍兴市的城镇化进程。

（六）加强组织保障，实现科学决策

切实加强组织保障。新型城镇建设的关键在于有一大批善于领导、熟悉专业、注重实干的领导干部队伍和专业技术人员队伍，这就需要建立起相应的组织保障体系，打造强有力的新型城镇建设的组织平台。新型城镇建设的组织保障，主要包括组织机构设置、镇（街）权责的明细、相关专业人员的配备以及组织人事部门的参与等。目前，主要是规划、城建、执法、城镇管理与经营类专业人员普遍比较缺乏，这既需要从市镇级机关内部进行人员的优化配置，也需要从外部打通人才流动的渠道，吸引人才。首先，加强对领导干部、现有城镇建设各种专门人员的教育培训，以进修班、短训班等形式，培养一批擅长城镇建设、管理及经营等的队伍。其次，从县级相关部门中，调配专业人员充实到镇级内设机构中，加大具有城镇建设专业知识干部的下派力度，对于县级机关中具有城镇建设专业知识的人员，通过蹲岗等形式，加大选调力度。再次，加强镇（街）一般干部的交流，避免由于长期在一地工作而形成的思维惯性，克服工作惰性，激发工作活力。最后，组织人事部门努力创设有利于推动新型城镇建设的"绿色人才通道"，通过多种形式聚集人才、培养人才、使用人才、保障人才，使人才更好地服务于新型城镇建设。

B.6
富阳梦：城镇化"五位一体"的探索

富阳市课题组*

摘　要： 本文围绕"富阳梦"战略愿景的实现，分析了富阳在生态环境、人民生活、功能产业、城乡空间以及文化景观建设等方面的客观因素和现实差距，并将"富阳梦"解析为生态、富裕、腾飞、发展、阳光五个子梦想，提出了富阳"五位一体"的新型城镇化发展路径。

关键词： "富阳梦"　愿景　五位一体　新型城镇化

从农业文明到工业文明，再到生态文明，随着社会生产力水平的不断提高，人类社会对于发展的认识不断深刻，人类文明的形式与内涵也相应不断地发展转型。中国有着悠久而辉煌灿烂的农业文明，当今正经历着快速而剧烈的工业文明和快速的城镇化进程，需要比以往任何时刻都更加清晰地认识、向往并践行生态文明。在"中国梦"成为激荡神州大地、承载亿万海内外中华儿女梦想和重托的热点词语的背景下，各个城市、地区都结合自身特点和不同的工作内容，确立了城市建设的愿景梦想。

"富阳梦"的理想目标来源于对城市未来发展的愿景规划。根据《富阳市发展战略规划（2007～2030）》，富阳要实现又好又快发展，必须依据自身独特的资源禀赋条件，发掘区域比较优势，确定发展战略定位，统筹整合资源要

---

* 课题组组长王书评，富阳市人民政府副市长。副组长袁小军，富阳市规划局局长。执笔王风，富阳市规划局总规划师；姜金荣，富阳市市政园林规划设计所总工程师；丁彩丽，富阳市规划局规划编制中心主任；吴立军，富阳市规划局规划编制中心副主任。

素，打造个性特色品牌，构筑城市综合竞争力。基于此，"富阳梦"的理想目标必须从富阳本身的竞争优势出发，立足"富裕阳光之城"的打造，以经济发展和腾飞为推动力，共建富春江畔梦想之城。

一 "富阳梦"实践：责任与禀赋

（一）责任：多重发展对富阳未来的新要求

1. 彰显城市品牌价值的战略需求

描绘好"富裕阳光的富春山居图"，加快建设成为现代化的中等城市、美丽杭州的西郊公园、富有活力的新蓝海是富阳发展的美好愿景和终极目标，是在城市发展战略上贯彻与落实"以人为本""和谐发展""科学发展观"理念的具体行动，是经济现代化和社会现代化、物质文明与精神文明在塑造城市品牌上的统一。"生活富裕、生命阳光"，蕴涵了"富阳"的地名，这是富阳最形象的战略目标阐释和最生动的未来城市定义，是富阳差异性最强、认同度最高的城市品牌。

2. 融入大杭州都市区的发展需求

在长江三角洲地区经济一体化、杭州网络化大都市西进等战略实施过程中，富阳作为杭州西部的城市，加快融入大杭州都市区是富阳在未来20多年中必须持续贯彻的主导战略和核心战略。富阳未来的发展必将与杭州紧密联系，深刻践行以规划融入为指导、以交通融入为先导、以产业融入为核心、以环境融入为特色、以功能融入为根本、以观念和体制融入为保证的发展路径，实现"郊县"向"郊区"的历史性跨越，努力打造杭州西郊公园和杭州网络化大都市西部副中心。

3. 参与新型城镇化发展的转型需求

传统城镇化模式存在的问题及新型城镇化理念的提出强调城市发展必须以新型工业化为基础，围绕城市发展的中心环节，以农村人口城镇化来推动社会经济发展，适应小康后人民生活水平不断提高的要求，实现生态环境友好和城市功能增强的生活家园建设模式。这种强调生态、生活、生产、空间、文化等

多重要素的城镇化转型,要求富阳必须以"美丽""宜人""高效""发达""多元"为目标。

(二)禀赋:富阳具备"圆梦"的优越条件

1. 生态环境山水交融

富阳之名,来源于富春江北岸之称。"两山夹江"是富阳生态环境的最大特征:天目山余脉绵亘西北,仙霞岭余脉蜿蜒东南,富春江西入东出,斜贯市境中部。"天下佳山水,古今推富春"历来为世人所推崇。这些优质的资源禀赋使这片"八山半水分半田"的土地成为"两江一湖"国家风景旅游区的前站。境内有华东地区规模最大的杭州野生动物世界,保留了明清古建筑群的孙权后裔聚居地龙门古镇,集山、水、林、洞、村于一体的富春桃源,独具茶园特色的国际高尔夫球场等知名的旅游品牌。近年来,富阳市以生态市建设为抓手,城市环境质量明显改善,2010年城市森林覆盖率达66.8%。此外,富春江水质常年保持在Ⅱ类水标准,荣获国家园林城市、国家卫生城市、国家环境保护模范城市、中国优秀旅游城市等称号。良好的山水生态景观格局为城市的发展带来了巨大的潜力,积蓄了无穷的魅力。

2. 人民生活安居乐业

近年来,富阳市各项基础设施实现均等化覆盖建设。320国道综合整治、320国道环线外移、江北水厂扩建、500千伏宣城至富阳变线路、220千伏万泉变等工程顺利建成,杭富沿江公路拓宽改造、鹿山大桥及连接线和闲祝线改建、大桥南路综合整治以及迎宾大道立体式综合改造等工程加快推进,鹿山新城、东洲新城等城市路网逐步完善,各项基础设施覆盖全市,有效地改善了居民的日常出行条件,提升了生活品质。东吴公园、秦望广场、森林公园、黄公望隐居地、东大道城市小客厅和西城商务中心等工程全面提升了城市的综合服务功能。另外,教育、医疗、福利等设施的建设也极大地提高了居民的生活水平。江南中学、富阳实验中学、新登镇中学、富春第七小学、市实验小学虎山校区等建设工程的完工,公共医疗服务中心、妇保二期、社会福利中心、鹿山新区文化中心等工程的完工,以及杭州科技职业技术学院、浙江中医药大学等高等院校的引进,都保证了全市科教文卫体事业的全面发展。城乡饮用水安全保障能力进一步提高,基本解决了34.4万农村人口的饮用水问题。扎实推进平安富阳建设,富阳连续九年获得浙江省"平安县市"称号。

3. 功能产业稳健提升

2012年,富阳市实现生产总值541.8亿元,同比增长8.7%,按户籍人口计算的人均生产总值为82736元。根据赛尔奎因工业化阶段划分,富阳已经进入工业化后期,即将进入产业结构转型和现代产业开发提升的阶段。

在产业结构上,2012年富阳市域三次产业结构为6.6∶60.1∶33.3,工业已经成为城市经济的支柱,并将逐渐向高端制造业、优质服务业转化。从富阳的现实情况看,培育和扶持运动器材制造、生物医药与保健用品制造、以高新技术为主导的都市型新经济三大潜力产业,促进产业融合,通过运动休闲产业发展带动体育用品和赛艇等运动器材制造业、生物医药和保健用品制造业以及科技创意型经济的发展,将极大地规避造纸、建材、光通信三大现有基础产业带来的环境污染,促进产业升级。

4. 城乡空间多元共荣

随着中心镇的发展和小城市的培育,尤其是在新型城镇化交通框架的联系下,科创园、高教园、东大道城市"小客厅"、迎宾大道中段总部楼宇集聚区等初步形成,"富春山居"新农村精品工程基本建成,新型城镇化、城乡一体化迈上新台阶。

以新登镇入选浙江省首批小城市培育试点镇、场口镇入选浙江省中心镇为契机,"一主两副"的城市发展框架格局初具雏形。东洲运动休闲新城、银湖创新创业新城、新登新城、场口新城、江南新城和鹿山新城的发展定位逐渐明晰(见图1)。

富阳市内320国道环线和迎宾大道、富春江东洲段两条轴线已经基本形成,科创园、文创园、高教园、迎宾大道中段总部楼宇集聚区、东大道城市"小客厅"、黄公望隐居地、新沙岛风情小镇等节点正在轴线的拉动下形成城市空间发展的合力。市域层面九大板块各司其职,在"一城二带四动四区四片"的发展布局下,将更有针对性地引进重大项目,形成分区联动,塑造城市新格局。

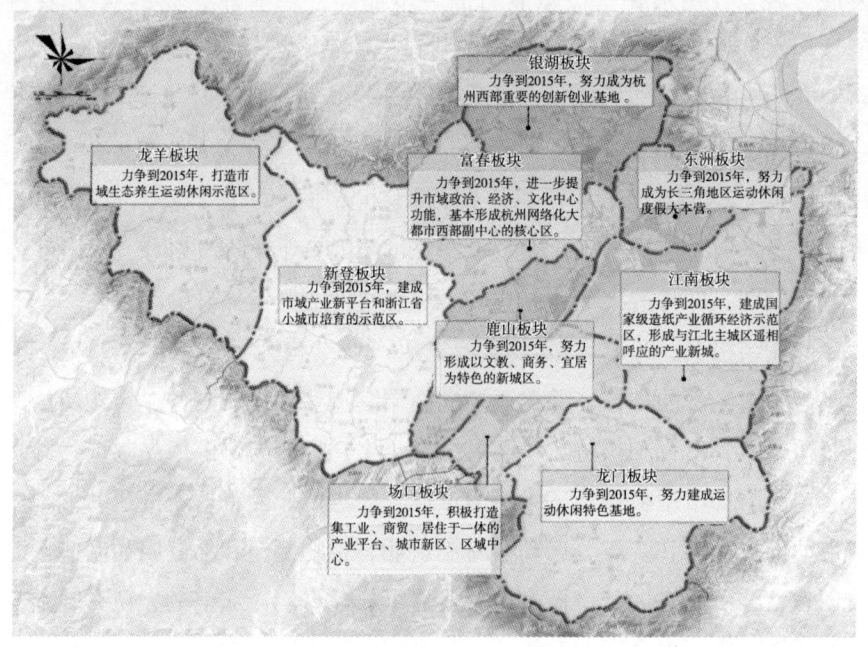

图1 富阳市域功能板块及定位

5. 文化景观资源深厚

富阳历史文化和旅游景观资源异常深厚。历史上孙权崛起江东，黄公望的《富春山居图》至今蜚声海内外，郁达夫橼笔挥洒，更有现代越剧表演艺术家徐玉兰、陈书君，骨伤科名医张绍富，茅盾文学奖获得者麦家，等等。旅游资源以富春十景为品牌，更有杭州野生动物园、龙门古镇、富春山居国际高尔夫球场、富春桃源、鹳山、天钟山等旅游资源。

二 "富阳梦"解析：愿景与差距

（一）解读"富阳梦"的内涵

1. 大杭州：紧密联系，共圆"世纪梦"

随着"美丽杭州"建设的推进，作为杭州的西郊公园，富阳积极融入大杭州，充分承接杭州"以城带乡、以东带西"决策部署，充分发挥自身优势，扬长避短、错位发展、差异竞争、功能互补，与杭州周边县市协同合作，共圆杭州新阶段的"世纪梦"。

首先，从杭州都市圈出发，与周边城市苏州相比，杭州市辖五县市的整体水平较弱，主要体现在五县市的经济规模和制造业发展基础薄弱，而且缺少发展集聚经济的空间条件。因此，从富阳融入杭州都市圈的角度来看，必须加快新型城镇化的建设，推进产业转型、城市空间的结构优化，并在城市空间规划与建设中适时融入现代产业的制造、服务空间，与杭州周边地区形成合力，以增强大杭州的整体竞争力和分县市的个体竞争力。

其次，定位富阳自身、助力杭州发展的优势之处就在于其自然景观资源。作为"一湖四江六条生态带"整体结构中重要带状纽带之一的富春江，在"美丽杭州"建设中必将更多地承担起沿江空间景观塑造的职责，"山水富阳，运动休闲"的旅游形象定位也必将优化和提升富阳的旅游服务业，建立更为牢固的旅游品牌。

2. 新富阳：夯实自身，谱画"新生梦"

从富阳"十二五"期间发展的要求看，统筹发展、融入发展、转型发展、绿色发展、创新发展、和谐发展成为关键。而这种"新生"就体现在新型城镇化背景下城市财富的集聚以及人力资本和信息能量的汇总，城市不断扩散其吸引和集聚能力并发散城市信息，带动周围广大腹地发展，实现其自身的裂变。

（二）定位"富阳梦"的愿景

具体来看，可以从五个方面确立理想目标。

1. 山水本底架构城市环境，共筑"生态梦"

充分利用城市山水本底，成为杭州城市的花园背景，践行生态之城的发展梦想。

根据富阳市"十二五"规划的要求，必须牢固树立"环境建设是最高层次的经济建设"的理念，加强生态文明和生态型城市建设，坚持走山水路、打山水牌、建山水城，深入实施"环境立市"战略和"环境升级"工程，加

大环境整治和修复力度,建设宜居、宜业、宜游城市,努力打造现代版"富裕阳光的富春山居图"。因此,在当前工业文明向生态文明转型过渡的时期,共筑"生态梦"是立足富阳现实、挖掘城市比较优势的第一步。

2. 宜居宜业丰富城市生活,共筑"富裕梦"

在保障市民安居乐业的基础上,实现全市范围内的共同富裕,成为大杭州范围内生态、生活、生产"三生"共融,宜居、宜业、宜游"三宜"共举的富裕之城。

在"富裕阳光"目标的引领下,城市的整体"富裕"是富阳未来努力的方向。首先,通过完善就业、社会保障等公共服务体系,有效推进各项社会事业健康发展,把富阳建设成为人民生活幸福、城乡统筹发展、人与自然和谐相处以及社会安定有序、诚信友爱、活力健康的和谐阳光社会。其次,围绕居住氛围和谐、配套服务完善、生态环境良好和基础设施优质四大抓手,建设宜居环境。形成覆盖全市的生态环境网络,使城镇建设与自然环境更加融合;规范各地区的建筑形式和布局形态,构造体现城市和农村特色的多元化的景观风貌;完善基础设施和公共服务设施布局,满足当地居民的生产和生活需要,提高偏远农村地区居民的生活品质和发展能力。最后,借助城市经济的转型升级,加快高端制造业和服务业的投入转化,实现共同富裕。

3. 现代产业夯实城市经济,共筑"腾飞梦"

切实推进城市经济转型升级,实现跨越式发展,摒弃传统粗放型生产方式,以高效、高质、高产的经济水平助力富阳新一次腾飞。

国际都市发展的经验表明,现代产业的发展有利于更高效地配置城市资源,减少对城市环境带来的压力。富阳发展现代产业必须将产业转型升级作为核心抓手,改造提升传统优势产业,培育发展战略性新兴产业,大力发展现代服务业,着力发展现代农业,努力构建"3+1"现代产业体系,实现大产业、大平台、大融合、大发展。因此,实现经济"腾飞梦",必须依赖现代产业的转型升级,夯实工业基础,提升服务业地位,以优质、高效、低碳的产业模式迎接富阳腾飞。

转变以资源环境为代价的传统经济发展方式,运用循环经济、清洁生产等新型生产模式,促进资源的集约高效利用和生态环境的保护。优化产业结构,大力发展优势产业和潜力产业，合理引导调整型产业，逐步形成以运动休闲等服务业为主导、先进制造业为支柱、都市农业为基础、现代服务业与先进制造业并重的现代产业体系。运动休闲产业以水上运动休闲、浅山健身度假、都市生态农业体验等为主体，全面建设运动设备制造业、面向休闲旅游的其他服务业，以及运动休闲用品大市场，打造支撑城市品牌的运动休闲产业高地。加快调整整合、优化提升基础产业，积极培育光通信、生物制药等现代高新技术产业，鼓励文化创意产业的发展。

4. 沿江拓展巩固城市空间，共筑"发展梦"

与小城镇建设相结合，形成多层级的城市发展结构，以富春江为纽带，巩固城市空间体系，形成体系化的协同发展。

富阳的资源禀赋要求城市空间必须根据不同区域的资源环境承载力、开发强度和开发潜力，合理确定不同地区的功能属性。根据未来经济联系、人口流动、生态联系等的发展趋势，确定廊道建设的基本格局。通过综合功能分区和联系廊道引导城乡居民点合理布局，构建一主（城）一副（城）、组团布局、多点支撑的城乡居民点格局，形成沿富春江主轴和沿北部低丘缓坡副轴的2条综合开发轴带，打造4个运动休闲产业功能板块和4个现代工业经济功能板块，构筑覆盖"点线面"的一体化空间总体结构，形成集约高效、疏密有致、活力多样、生态优先的空间开发利用格局。

5. 旅游休闲彰显城市文化，共筑"阳光梦"

以旅游、休闲为特色，以城市文化为支撑，散播城市能量，扩散城市效应，让富阳更具吸引力。

富阳旅游休闲项目可以从文化旅游、运动休闲两个项目展开。首先，文化旅游与自身条件和基础相结合，形成以名人故居、山水田园为节点，以富春江为纽带的文化之旅，其间结合造纸文化、饮食文化、山水文化设立多个文化体验点，弘扬城市文化。其次，结合运动休闲之城的打造，适时开发运动休闲产业。国际经验表明，运动休闲及其与之相关的服务业、制造业所构成的经济形态，既是满足持续旺盛的休闲生活需求、提高生活品质的客观要求，也是提升城市形象和持续发展竞争力、营造宜居城市环境、推动产业结构高级化的重要内容。因此，打造特色鲜明的运动休闲产业是呼应杭州"生活品质之城""东方休闲之都"的总体发展定位以及"旅游西进战略"的实施,充分发挥区位比较优势和独特的山水文化资源禀赋,前瞻性地谋划运动休闲产业发展,确立"休闲杭州、运动富阳"品牌,加速城市产业转型,积极融入大杭州都市区的重要举措。

(三)审视"富阳梦"的差距

1. 山水田园保育不高——"生态梦"尚不够"绿"

富阳山水田园资源丰富,但从现实的保育程度来看,随着城镇化的推进,其保育程度受到了一定的干扰。新沙岛、大桐州以及沿江景区内的居住人口较为密集,居民活动对这些片区的自然景观资源造成了一定程度的破坏;东洲岛、新沙岛、中沙岛的开发在人口增长和城镇化的背景下面临生态过载的威胁;新桐景区的古镇古树保护应进一步得到重视;舒菇坪景区内尚有部分工业、农居需在风景资源保护的行动指引下进行外迁;黄公望景区优质的森林资源尚未得到充分保护,育林养护工作尚未切实开展。而市区内部的绿地公园同样存在布局不平衡、重要生态廊道未建立、绿地系统不完善、带状公园建设稍显滞后等问题。

现实工作的滞后,不仅遏制了景区品牌的建设,也制约了富阳"生态梦"的实现。要让"生态梦"更"绿",必须依赖生态保育工作的开展,这不仅需要对自然景观进行翔实的现状分析和明确的功能定位,还需要进行统一的绿地系统规划,在系统化、个性化的规划指导下对自然和人工景观进行保护与开发。

2. 城镇化水平有待提升——"富裕梦"尚不够"金"

2012年,富阳市域年末户籍总人口达到65.6万人,其中农业人口51.5万人,非农业人口14.1万人。根据富阳市"五普""六普"人口统计数据,2001~2010年的10年中,富阳市常住人口年均增长1.33%,城镇人口比重上升15.45个百分点,城镇化水平达到57.99%。与此同时,2010年杭州市区城镇化水平为70.72%。由此可见,富阳要融入大杭州都市区,城镇化水平还有待提升。

根据《富阳市域总体规划(2007~2020)》对富阳市人口规模和城镇化水平的预测,规划2010年全市居住总人口达到91.9万人,其中常住总人口81.9

万人，城镇居住人口 61.5 万人，常住城镇人口 51.5 万人；规划富阳城镇化水平持续提高，到 2010 年全市城镇化水平达到 62.9% 左右。

从实际发展情况来看，无论是市域还是市区都与规划目标存在一定的差距。尤其是市域层面的城镇化水平还相对落后，与富阳作为杭州西部"郊区"的定位严重不符。

"富裕梦"的实现依赖全市人民的通力协作，随着城镇化的推进，在融入大杭州都市区的契机下，必须以城镇设施的共享、市民生活水平的普遍提升为首要前提，进一步推进乡村地区的城镇化，提倡更有品质的生活方式，让"富裕梦"见于市民生活细微之处，成为全社会的共同梦想。

3. 产业粗放污染严重——"腾飞梦"尚不够"蓝"

随着工业化的推进，第二产业粗放的生产模式以及大量的工业污染成为限制富阳腾飞的主要因素。从各工业板块的现状产业来看，富阳经济开发区以光通信和机械为主，高桥化工机械功能区以化工和机械为主，东洲五金机械功能区以五金机械为主，大源造纸建材功能区以新型建材为主，新登工艺玩具功能区以机械制造、建材、化工为主，鹿山机械电子功能区以机械、电子为主，富春通信电子功能区以光通信为主，环山再生铜加工功能区以铜冶炼加工为主。其中尤以电镀五金、化工、造纸、金属加工污染最为严重，在这些企业中，排放涉重金属污染物的企业多达 59 家。

根据《富阳市"十二五"环境保护规划》对富阳现状环境的评估总结，"十一五"期间，尽管富阳市生态环境保护工作取得了较为显著的成绩，但全市生态环境质量总体不容乐观，大气、水、土壤环境质量改善缓慢。主要原因之一在于富阳市造纸、冶炼、水泥等高能耗产业占工业经济的比重仍在提高。尤其是以中小企业、块状经济为主要特色的经济发展模式导致了低层次粗放型的增长方式，形成了江南片、环山乡、常安镇等区域的一些小造纸、小化工、小冶炼、小电镀等"低、小、散"企业。产业布局和转型升级面临诸多难点，产业结构高端化不足，产业自主创新能力不强，污染减排面临增量与减量的双重压力，经济转型升级滞缓和污染减排刚性的矛盾突出。

让"腾飞梦"更"蓝"的关键在于，通过经济转型优化产业结构、依靠科技进步改进生产工艺，通过精细化产业策略和减排策略的双管齐下降低工业

污染，使"腾飞梦"更加纯净。

4. 城市板块不够紧密——"发展梦"尚不够"红"

在总体空间结构上，城镇体系初具雏形，但结构不尽合理，城镇数量仍然偏多，特别是三、四级城镇规模偏小，经济总量较低，集聚功能不强，设施配置与资源利用相对粗放。

富阳市城镇规模等级序列呈高度首位性，即市区规模远大于市域内第二级城镇规模，首位度［第一大城镇（包括5街道）人口/第二大城镇人口］为7.0，三城镇指数（第一大城镇人口/第二、第三大城镇人口之和）为4.25。从空间结构和布局联系来看，现状城镇等级可分为三级，各级城镇规模构成中，一级城镇人口占全市域城镇人口的比重达60%以上，二级达8%，三级达20%。一、二级城镇人口规模合计占全市域城镇人口的70%。可见，中心城区对人口、资源等要素的集聚能力显著高于周边地区，沿320国道呈散点状分布的各板块需在设施建设、工业发展、城镇资源要素集聚等方面加强与市区的联系和互动。

要使"发展梦"更"红"，在小城市（新登）和中心镇（大源、场口、万市）层面上，需在与中心城市统一规划布局的过程中，进一步完善区域性公共设施建设工作，以带动区域人口与产业集聚。与此同时，龙门、渌渚、洞桥、里山、常安、常绿等"特色镇"需明确其品牌定位，或以古镇旅游为特色，或以建材工业和特色农业为支柱，或以山水观光、休闲运动为定位，结合本身资源优势和特色，加快市域层面的板块互动和联系，促进城乡一体化发展。

5. 文旅开发亟待推进——"阳光梦"尚不够"绚"

富阳市旅游资源分属7个主类、19个亚类、52个基本类型。与全国旅游资源相比，主类拥有率为87.5%，亚类拥有率为61.3%，基本类型拥有率为33.5%。无论是旅游资源储量丰度还是空间分布，都可谓得天独厚。杭州旅游西进战略的实施，为富阳市旅游业的发展提供了一个良好的外部环境。然而，尽管在这样的发展背景下，富阳的文化旅游开发依然缺乏鲜明的地域特色，不足以形成鲜明的富阳品牌。

以古镇旅游为例，尽管将龙门古镇定位为国内层级的旅游重镇，但在休闲度假旅游、特色文化旅游、乡村旅游等方面却严重缺乏规划指导，导致近年来龙门古镇的建设依然停滞在大杭州都市区的市域旅游层面，显然未能充分发挥"东吴孙权故里"的名片作用。无独有偶，"富春山水"的"甲天下"特色也未能在"两江一湖"旅游线路中脱颖而出。

"阳光梦"的"绚"需充分挖掘源自富阳地域特色的文化基因，开展对应的文旅活动，与旅行游览、文化传承等活动相结合，在活化的行动中得到弘扬。

三 "富阳梦"战略："五位一体"的新型城镇化

坚持以"兼田园之美、具城市之利"为理念，着力建设"美丽富阳"，践行"富阳梦"，探索富阳新型城镇化道路，描绘城乡和谐发展的"美丽画卷"，努力成为"美丽杭州"的重要篇章。

实施生态环境、人民生活、功能产业、城乡空间和文化景观"五位一体"的新型城镇化战略是实现"富阳梦"的必由之路。

（一）生态环境

1. 改善环境：凸显山水之美

深入实施"清水治污"工程。全面开展富春江流域水资源综合保护工程，综合治理"一江十溪"，恢复水体功能，加大截污、活水修复力度。整治造纸、印染、化工、电镀等水污染重点行业，特别是造纸行业。

全面开展"清洁空气"行动。加强整治水泥、造纸、球拍电镀、化工行业及废气有机污染物排放重点行业，有力地削减工业烟粉尘排放。严禁新增、力争拆除供热范围内的燃煤蒸汽锅炉，加速推进燃煤热电厂除尘脱硫脱硝工作，实现2015年建成区建成无燃煤区的目标。

推进"三江两岸"生态修复。加强"三江两岸"环境整治和岸线生态建设，加快沿线污染企业、矿山、砂场、码头和坟墓整治。

持续深化"清洁城乡"活动。巩固清洁城乡活动成果，加大"四边三化"和"三改一拆"工作力度，全面推进农村环境连片整治，切实解决城乡"脏、乱、差"问题。健全"户投、村收、乡镇中转、市处理"的城乡生活垃圾处理机制，加快城乡环卫基础设施建设，推进城区生活垃圾分类收集，完善城乡垃圾集中处理和资源化利用。

2. 统筹城乡：融入大杭州都市区，打造生态宜居城市

一是深入实施融入大都市战略，强化规划功能布局，不仅要在各乡镇片区进一步深化生态环境建设，而且要在主城区重视人居环境规划，突出生态廊道、公园绿地建设的重要作用。打造生态宜居城市，以绿色生态的理念建设和管理城市，突出山水韵味，讲究富春韵律，彰显富阳特色的城市格调、空间布局、建筑景观，形成"山、水、林、园、城"一体化的全域景观格局。编制实施沿江两岸（城区段）景观风貌控制规划，控制和引导城区段沿江风貌，完善沿岸各类公园和绿道、慢行系统建设，塑造城景交融、和谐优美的山水城市。增加城区绿色空间，结合旧城有机更新，建设园林庭院，发展立体绿化，实施"户户放绿、院院透绿"工程，结合新区建设，把人防工程、大型基建工程与城市绿化相结合。到2015年，人均公园绿地将达到13平方米以上，绿地率达到40%以上，绿化覆盖率达到42%以上。统筹城乡，创建"富春山居"品牌，推进"美丽乡村"建设。

二是以"富春山居"新农村精品工程为抓手，推进"美丽乡村"建设，通过"美丽乡村"的协同，与市区共举"富春山居"特色品牌。深入实施"百村示范、千村整治"工程，以"兼田园之美、具城市之利"为理念，以全域景区化为目标，以中心村、精品村、特色村、风情小镇创建为载体，加大专项资金投入，全面推进"美丽乡村"建设，争创浙江省"美丽乡村"先进县（市）。到2015年，"美丽乡村"建设基本实现全覆盖，全市所有规划保留的行政村基本达到"五美"建设要求，实现开展整乡镇创建达60%左右，行政村成为"美丽乡村"精品村或特色村达20%以上，农户成为"美丽庭院"示范户达30%以上。统筹推进以村、水、田、林、路为重点的农村土地综合整治，加大建新拆旧力度，提高土地利用率，合理安排村庄各类建设用地和村民建房指标，集中紧凑、规范有序地建设。加强农村危旧房改造，保障农村人居安全，改善农民居住条件，构建生态美好家园。积极保护古村落、古民居、古建筑和民俗文化等历史遗迹，优化、美化村庄环境。

3. 山水本底体系化:"一江串珠"十二景

富阳风景名胜区属于"两江一湖"风景名胜区富春江富阳段风景分区,"一江串珠"强调富春景观通过富春江的联系形成彼此关联、前后呼应的线性景观格局。在体系中,鹳山、孙权故里、龙门、碧云四个景区成为四大板块片区。与此同时,东洲岛景区、新沙岛景区、中沙岛景区、大桐洲景区、古城景区、黄公望景区、舒菇坪景区、天钟山景区、龙门古镇景区、孙权故里景区、贤明山景区、碧湖双洞景区成为由富春江绵延串联的十二个景观节点。在生态空间的结构上,以富春江为主线,沿线以城景、村景、田园风光交织,富阳风景分区结合自然地理环境和景观特质,形成"一江十二景"的布局结构,犹如"一江串珠"(见表1)。各"珠"以其不同的定位和发展方向形成"沿江移步换景、沿路十里不同"的生态景观格局。

表1 "一江十二景"特色及定位

名称	定位
富春江景带	以江景秀色为特色,江中五个沙洲(东洲岛、新沙岛、中沙岛、月亮岛、大桐洲)、江堤戏浪、东吴文化广场、二董古墓、河口湿地为游览主体,既是游览主线,也是整个风景名胜区的自然资源和人文资源的核心
东洲岛景区	风景资源以沙洲为特色,东部、西部沙滩丰富,植物景观优美。景区定位为休闲旅游度假区,规划景点有山城映霞、枫林唱晚、橘子洲红等
新沙岛景区	以天然浴场、农家乐为特色,加强对沙洲植物景观的营造,达到保护沙洲的目的。景区定位为生态休闲旅游区,规划景点有天然浴场、农家乐、十里红柏等
中沙岛景区	以自然、生态为特色,加强对原生态植物的保护,造就中沙落雁的生态景观。景区定位为城市休闲度假区,规划景点有中沙落雁、月亮岛、富春江大桥、春江桃红等
大桐洲景区	以乡村生态为特色,加强对历史文化氛围的渲染,形成幽境的胜地。景区定位为生态乡村田园休闲旅游区,规划景点有董诰墓、董帮达墓、千年古樟、枫杨洲头、河口湿地等
古城景区	景区有沿江长堤、文化广场、鹳山览胜、恩波桥、镬子山、儿童公园、苋浦归帆等景点,是一段现代文明与历史文化交融的游憩胜地
黄公望景区	以科普、科研、森林观光为特色,是一处休闲的理想胜地。规划景点有净因大佛寺、竹林幽径、松林听涛、书画院、怡香院等
舒菇坪景区	目前已经具备一定规模的度假和文化旅游的设施,有迎曦洞、樟岩朝雾、亚林所、花坞夕阳、中国古代造纸文化村等景点

续表

名称	定位
天钟山景区	山秀色美,古迹众多,拥有优美的历史传说。有天钟禅院、谷地探幽、转马潭、马蹄印等景点,是一处寻古探幽的好去处
龙门古镇景区	古镇四面环山,龙门溪道弯弯,溪水清澈,远处还有百米落差的龙门飞瀑,是一处世外桃源。规划景点有龙门古风、龙门小溪、龙门飞瀑
孙权故里景区	规划景点有吴大帝庙、雄瓜地、集善亭、曹氏宗祠、洋沙庙等,以及沿江富有特色的江滨民居,是一处富有民居特色的追忆历史名人的怀旧地
贤明山景区	以森林观光为特色,定位为休闲旅游度假地。规划景点有贤明山、叮当洞、罗隐碑林等,以及一些富有特色的山里民居
碧湖双洞景区	景区内景观丰富,风光秀丽。有迄今发现的最大的溶洞大厅,有间歇涌泉、幽深古寺等。景区定位为生态山水休闲度假区,规划景点有通天飞瀑、九霄碧云洞、岩岭湖等

4. 山水本底体系化:百里富春·画境林城

"百里富春"侧重突出富阳城市林业建设的区位优势。林业资源在以富春江山水资源为区域自然景观的背景下,倚重独特的地缘特色和资源优势,通过城乡一体的林业建设,进一步强化城市特色,提高了富阳在浙江乃至全国的知名度。不仅要结合富春品牌,突出地院特色,更要突出富阳山高林密、物产丰富的资源优势。

全面建成森林城市。深入实施省级森林城市创建,倡导"让森林走进城市、让城市拥抱森林"的理念,大力开展全民植绿、护绿活动。以"一江三路十溪"为纽带,加强对城乡道路、河渠、庭院、单位、公共绿地和农田林网、山体绿化的总体规划研究,着力推进片林、生态廊道、森林文化基地、城区绿地和森林生态屏障五大工程建设,打造生态林、产业林、景观林共建的森林体系和绿色屏障。大力发展珍贵树种,加强古树名木和名贵树种保护,提高森林品质,积极促进生态多样化。

(二)人民生活

1. 便捷的公共交通网络

以近期行动为抓手,围绕"扩容、提质、可持续"三个方面,打造"高运能、品质化、可持续"的公共交通系统,对富阳市公共交通系统进行优化提升。

在轨道交通尚未建成前,以完善常规公共交通线网、建设场站为重点,结合城市发展规划和城市建设项目,根据用地开发与道路建设情况,优化现有公共交通线网,调整不合理线路。开通、培育骨干线路。落实资金,加强公共交通场站建设,尤其是停车保养中心、各组团中心站的建设,实现良好的可达性,在适应社会发展要求的同时兼顾公共交通企业的经济运营效益。

主城进一步完善公共交通线网及设施建设,坚持以人为本,提高服务水平,为乘客创造良好的乘车环境,提升公共交通品质。副城以增加公共交通线路和场站设施,扩大公共交通覆盖面,形成与城市发展相适应的公共交通网络为主(见图2)。

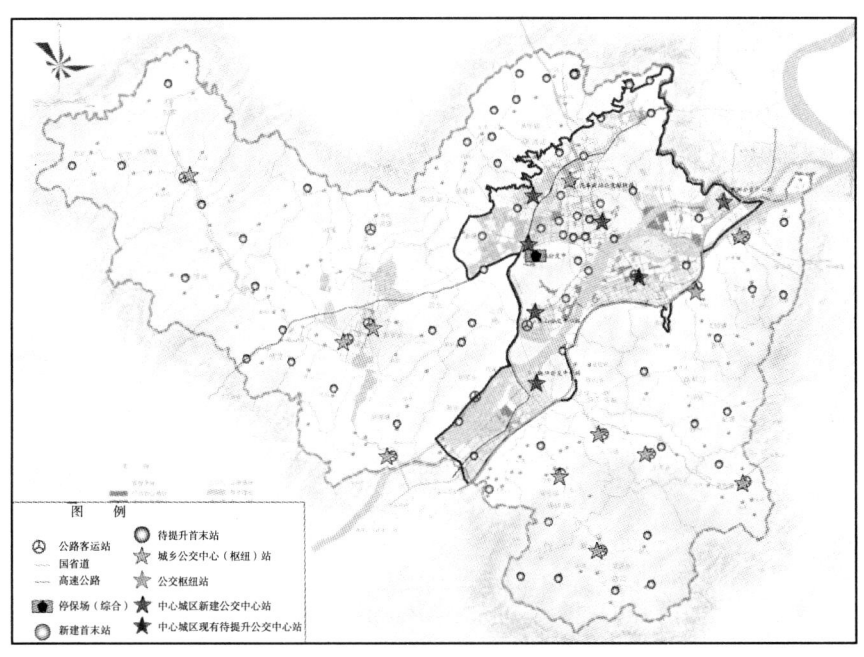

图2　富阳市公共交通网络近期场站建设规划

2. 完善的配套服务系统

完善的配套服务系统包括公用服务设施(科教文卫设施、银行、邮局等)和生活型服务业。

城区。公用服务设施要求具有较高的现代化水平,部分为大型场馆,布局合理,可达性好。建设博物馆、美术馆、档案馆"三馆合一"工程。学校设施先进,特别是中小学设施水平要达到国内优秀水平,同时确保学校数量和布局的合理性。公共卫生体系完善，疾病防控、医疗救治、公共卫生突发事件预警和卫生执法监督体系健全，大中小型医院结构合理，形成网络化的医疗体系。社会公共安全保障有力，防灾、减灾、救灾设施齐全，城市具有较高的抵御自然灾害的能力，并有对突发事件的应急处置设施和能力，生活型服务业部门齐全，形成大中小规模网络化的分布格局。

乡镇。配建小型图书馆、体育馆等设施。中小学设施完善，在居民点附近布局，对较偏远的地区提供开通校车服务。乡镇卫生院设施齐全，医疗网点能够确保所有居民就近就医，图书馆、科技馆等科学普及设施完善。生活型服务业种类齐全、布局广泛，满足居民日常生活的选择要求。

3. 创新的社会管理体制

结合公共服务体系的整体完善，富阳市应进一步改革行政审批制度，搭建公众参与的制度平台，实施积极的人才引入政策，创新共建、共治、共享的社区复合服务体系，完善城市基层社区治理机制，真正形成与公共服务设施硬件相匹配的软环境建设氛围。同时，加强外来人口的服务和管理，保障外来人口的合法权益，夯实社会稳定的基层基础，进一步将社会的多元包容精神融入城市的日常社会管理中，形成促进社会融合的长效机制。此外，还应以中心镇为试点加快集体土地流转和户籍制度改革，真正从制度层面破解城乡社会管理层面的不均衡、不衔接问题。推进"平安富阳、法治富阳"建设，开展"排查整治、强基促稳"专项活动，推进社会管理创新。

4. 综合的就业生活保障

分类设计保障内容。面对不同的消费人群，制定差别化的社会保障内容和政策。通过保证各项政策的有效实施，促进各类社会群体公平、全面发展。

梯次设置施保方式。政府救助与慈善救助等社会救助项目相互衔接，通过调动社会各方的积极性、主动性、创造性，充实社会保障力量，不断提高社会保障水平。

全面扩大救助范围。以维护和发展好人民群众最根本的利益为出发点，加快建立起功能齐全、覆盖面广、保障水平高的城乡社会救助体系，促进城乡经济的协调发展。

扩大经济增长对就业的拉动作用。实现扩大就业与经济增长的协调发展，坚持高新技术产业和劳动密集型产业两手抓，重点开发都市型工农业、旅游、会展、文化体育等领域的就业岗位。

鼓励劳动者自主创业。通过提供贷款贴息或担保、税收优惠等政策，鼓励城乡居民自主创业，逐步让富阳市未就业的人员、城镇复员转业退役军人和农村劳动力等同样享受到鼓励失业人员的创业扶持政策。

完善政府扶助、社会参与的职业技能培训机制。依托企业和学校搭建公共实训和鉴定平台，建成3~5所相对固定的，面向社会各类人员开展职业技能培训、职业技能鉴定的综合实训基地。

（三）功能产业

1. 内部优化：提升产业竞争力

首先，加快造纸等传统产业的转型升级。严格控制造纸业新增用地项目的布局，适时淘汰技术水平低、产品档次低、企业规模小、污染严重的造纸行业。鼓励企业注重生产工艺与管理水平的创新，加快清洁生产技术、废纸制浆造纸技术的研发与应用，提高造纸业的技术水平，促进企业间的兼并与合作，扩大企业规模，形成几家大型清洁生产企业。积极开发医药用纸、高档生活用纸、液体包装纸、特种纸等新产品，优化造纸行业的产品结构。进一步推进造纸业的空间集聚，通过造纸业的集群化发展，提高行业的整体竞争力，促进污水集中处理、资源再利用等循环经济的发展。力争到2015年造纸行业废水排放量和COD排放量分别比2010年减少40%，全市造纸企业控制在100家以内，真正把江南区块打造成为循环经济示范区、清洁生产示范区。

其次，加快发展循环经济。在现代纸业、铜精深加工业等行业全面推行循环经济发展模式，促进企业从原料采购、生产过程到末端控制的全过程循环。其中，现代纸业要加快实施以污水处理及中水回用、集中供热与节能、固体废弃物综合利用、原材料节约与保障"四大工程"为重点的循环经济体系建设，打造循环经济产业链，力争成为国家级循环经济示范基地。铜精深加工业要着力完善"粗铜—阳极铜—阴极铜—其他铜产品"产业链，实施熔炼样板工程、节水节能工程、固体废弃物综合利用工程，选择工艺成熟、设备系统稳定可靠、可回收资源、无二次污染的设备和技术，加强废气、废水的收集和循环利用,力争成为国内生态节能环保的铜精深加工业基地。积极开展国家级生态工业示范园区创建,实现2015年富阳经济技术开发区基本达到国家级生态工业示范园区的建设要求。

最后,大力发展战略性新兴产业。坚持把发展战略性新兴产业作为全市经济工作的着力点,制定全市战略性新兴产业发展规划,率先在先进装备制造、生物医药行业实现突破,形成新的经济增长极。集中力量推进银湖科技新城、新登新区、场口新区、胥口生物医药基地等平台建设,着力打造布局合理、配套完善、特色鲜明的新兴产业集群。

2. 空间引导:合理布局,调整产业结构,形成产业集群

在对产业自身进行内部优化的基础上,通过"优化调整江南区、整合提升江北区、重点发展新登和场口两区"的空间发展战略,形成四区联动发展的格局,引导产业形成合理的空间布局形态,促进产业向集聚化、集约化、高效化发展,实现产业健康、快速、可持续的发展(见表2)。

表2 富阳市工业功能区产业发展现状及方向

工业功能区	现状主导产业	发展方向
高新开发区	生物医药、IT、轻纺、新材料、运动器械制造	整合金桥、高桥和高新园区。立足空间整合及功能提升,培育高新技术产业的创新和孵化功能,形成以运动器材制造、光电子、新材料、生物医药等为主体的中小型高科技企业集群
高桥工业功能区	通信器材、电信电缆、热电、轻纺、机械制造、橡胶化工	
金桥工业功能区	通信电子、机械电子、纺织服装、新材料等	
春江工业功能区	造纸	整合春江、大源、灵桥工业功能区,定位于发展纸制品循环经济,创建生态园区,同时也是富阳未来休闲运动产业、高新技术产业等的预留发展空间
大源工业功能区	造纸、五金、新型建材	
灵桥工业功能区	造纸为主,轻纺、化工、五金等产业有序发展	
东洲工业功能区	五金、机械电子、纺织服装	运动休闲产业
上官工业功能区	球拍	向龙门镇拓展,以球拍生产为主的运动器械制造业
新登工业功能区	纺织服装、工艺玩具、机械制造、五金	积极发展铜工业及相关产业、中高档自行车、机械电子等特色产业集群
环山工业功能区	铜工业	与场口扩容区整合,发展先进制造业
鹿山工业功能区	冶金、纺织、机械电子	都市型产业和高新技术产业

进一步做优做强国家级富阳经济技术开发区，以"引智换脑、引资扩产、引技改造"的思路，优化产业结构，加快转型步伐，承接杭州人才、信息、资金、技术等方面的梯度转移。银湖科技新城要做好对接文章，依托区位交通和自然禀赋，重点引进智慧技术、总部经济、文化创意、创新孵化等"2.5产业"，构筑沿320国道以信息技术为特色的高端产业带和沿闲祝线以田园山水为依托的文化创意景观长廊。东洲新城要做好承接文章，重点发展先进制造业、电子信息产业、现代服务业，通过低效土地二次开发试点，"腾笼换鸟、引资扩产"，为承接产业腾出发展空间。

3. 引爆内核：总部经济树立标杆

以科学发展观为指导，贯彻落实浙江省委、省政府支持浙商创业创新的重大战略决策，结合工业强市建设和城市功能提升，重点招引在外和在内的"富商"，集中建设一批行业集中、特色鲜明的总部经济集聚区块，优化金融商务、商贸物流、教育医疗、居住休闲和政策体制环境，努力成为富阳市新城开发建设的标杆区、产业转型升级的引领区、富春山居文化的样板区。重点打造鹿山总部经济发展示范区，以鹿山新区开发建设为契机，大力支持本地建筑业、造纸业、通信业等"富商"剥离生产性服务业，发展管理、决策、研发、营销等集团型企业总部，形成本地企业的管理决策中心、投资结算中心、销售贸易中心和技术研发中心；加快建设银湖特色总部发展基地，依托富阳高教园杭州科技职业技术学院、浙江中医药大学滨江学院等高校的专业优势，大力发展教育培训、电子商务、文化创意、服务外包、工业设计、科技服务等专业服务型总部经济；带动发展多个总部经济集聚点结合新登、场口工业平台建设和主城区、江南新城、东洲新城等城市开发，做好迎宾路两侧、新登新城核心区、江南新城核心区、东洲工业功能区、富春阳陂湖区块、富阳轻轨高桥站场等区块的总部经济发展规划控制和用地预留等工作，对具备条件的区块，有序推进总部经济集聚点建设。

（四）城乡空间

1. 强化自身融入杭州

通过综合功能区的划分、空间通道的确定和市镇村体系的完善，构筑以点

（市镇村和工业功能区）、线（经济联系通道、人口流动通道和生态景观通道）、面（不同功能属性的区域）为核心内容的富阳市域有序空间结构，以综合功能分区为主要抓手，确定富阳市不同地区、不同乡镇的功能属性、区域定位和重点发展方向。

通过引导城乡居民点布局，确定富阳市不同规模和职能的市镇村的空间组织方式、联系程度和发展方向。以不同类型通道的建设为重点，通过空间通道加强城乡居民点和不同功能区的联系，形成功能区—通道—市镇村有机联系的有序空间。近期从优化整合工业功能区和完善市镇村体系入手，加强各类空间通道建设，初步建立与经济发展水平相适应的空间结构，促进资源的节约集约利用和经济增长方式的转变。远期以各区域功能的调整优化为抓手，确定不同区域的功能定位，通过加强中心城市、中心镇、中心村的集聚，进一步完善市域空间结构，最终形成功能布局合理、资源利用集约高效、充满活力和竞争力、与富阳发展总体战略目标相适应、高度集聚的城镇与错落有致的乡村交相辉映的城乡统筹发展的空间格局，为融入大杭州都市区、努力打造杭州西郊公园和杭州网络化大都市西部副中心做好准备。

2. 城乡一体三级联动

参考《富阳市发展战略规划（2007~2030）》和《富阳市中心镇、中心村布局规划》关于市域城镇结构的发展思路，明确市域城镇体系发展目标为：以各区域功能定位为指导，围绕融入大杭州都市区的核心战略，逐步形成以中心城区、副中心城区（新登）为核心，以城镇组团为支撑，以特色镇和中心村建设为基点的城乡居民点发展格局，形成"中心城市、中心镇、特色镇"三级市域城镇结构。

"中心城市"是指富阳城区，应以运动休闲、生态人居、研发产业为重点，建设成为现代服务业充分发展，现代都市农业先进发达，工、贸、旅综合发展的杭州网络化大都市副中心。

"中心镇"是指新登、大源、场口、万市，其中新登作为富阳西部的副中心，通过功能集聚带动市域西部的发展，远期考虑永昌、胥口两镇融入新登；大源、场口作为过渡型中心镇，在功能分区与设施建设等方面纳入中心城市统一布局；万市作为市域边界城镇应加快镇区空间拓展，完善区域性公共设施建设，带动区域人口与产业集聚。

"特色镇"包括龙门、渌渚、洞桥、里山、常安、常绿镇。其中，龙门镇打造以古镇旅游为品牌，以山地运动、生态休闲为补充的特色旅游城镇；渌渚镇建设成为以建材工业和特色农业为发展支柱的特色镇；洞桥镇宜加强和完善旅游服务设施和相应公共设施建设，形成以山水生态观光和农事体验、高效农业为主导的特色镇；里山镇整合渔山乡沿江地带，在里山镇至渔山乡之间地带利用沿江道路和带状腹地，建设完善深水货运码头和生活岸线，构筑以临港经济带为发展支柱的特色镇；常安镇借助富阳市构筑运动休闲之城的机遇，打造运动休闲观光产业，建设野外运动休闲服务特色镇；常绿镇利用旅游资源优势，实施"以镇带村"发展战略，推动镇域集约发展，保护生态环境。

3. 规划引导村庄建设

目前，富阳市域农村存在村庄分布散、规模小、布局乱、基础设施配置严重不足的问题。结合富阳市现状村庄布局特点和社会主义新农村建设的要求及城镇发展布局，应在规划层面确定现有村庄分别向集镇型中心村、一般中心村、城镇社区、一般行政村发展的原则。①处于城镇规划建成区范围内的村庄，发展规划为城镇社区。②处于城镇规划建成区范围以外的村庄，则选择那些现状规模较大，公共设施较全，对外交通条件较好，对周边村庄具有示范、带动和辐射作用的，作为中心村来发展布局。其中，村庄规模较大、属乡政府所在地或中心小学所在地、发展基础较好的，可设置为集镇型中心村。③为统筹兼顾城乡公共服务设施均等化和促进人口与产业集聚发展，加快人口内聚外迁步伐，对现状通过修缮或少量增加公共基础设施就能使周边居民生活质量有明显改善，或已成为周边村庄的服务中心，以及拥有一些公共设施且规模较大，但用地条件有限的村庄，可设置为过渡型中心村。即近期适当完善一些公共设施，但不增加发展规模，远期仍然将通过人口内聚外迁、有序集聚，推动社会经济和谐发展。④对不具备上述几个条件的村庄，发展转化为一般行政村。

4. 空间增长高效集约

在优化城乡空间体系与结构的基础上，应进一步明确划定空间增长边界，实现对建成空间的严格管理，促进空间的有序、高效增长以及与生态空间的和谐共存。同时，在主城区、副城区及各组团以公交都市理念为先导，形成依托公共交通的紧凑发展格局，构建"精明增长"的城市空间拓展模式。此外，市域层面的空间政策还将从"增量主导"转向"有限增量"和"存量挖潜"协同并重，逐步将有机更新板块作为空间增长下一阶段的重点，循序渐进地加快城乡空间的"退二进三"进程，最终实现城乡空间整体上的集约合理增长。

（五）文化景观

1. 运动休闲特色鲜明

依托区位和山水文化资源禀赋优势，本着"强化休闲功能、做足山水文章、展示文化品位、提升休闲环境"的战略理念，以运动休闲特色为抓手，整合山水景观资源、休闲运动器材制造以及都市休闲农业资源，加快运动休闲产业的发展。近期围绕东洲岛、新沙岛以及两湾（富春湾、东洲湾）运动休闲产业综合开发，逐步建设四大特色运动休闲产业板块和富春江绿色景观休闲走廊，形成"一带、四片、三级节点"的运动休闲产业配置总体格局。

运动休闲产业的布局要尽量遵循特色突出的原则，根据每个区域的资源现状，努力提炼其特色，做到整体布局在空间上呈现鲜明的特色。从空间整体的资源特色来看，富阳市大致呈现东面城市山水综合性、南面文化生态综合性、西面自然山水养生性、北面城郊度假性的特色。依照这种资源特色，富阳市将运动休闲产业在空间布局为东面山水综合型运动休闲基地、南面孙吴文化型运动休闲基地、西面自然山水养生型运动休闲基地和北面都市度假型运动休闲基地。

2. 历史悠久文化深厚

贯彻执行"保护为主、抢救第一、合理利用、加强管理"的文物工作方针，注意对濒临破坏的历史实物遗存的抢救和保护，采取有效措施，加强历史文化遗产的保护，合理发挥其特有的作用，努力实现历史文化资源的可持续保存和适度利用，凸显地域特点。

历史文化遗产分为虚存及实存两大类。其中，虚存主要是指反映富阳市地方特色的传统习俗和诗词歌赋绘画等民间艺术、饮食文化、语言文化等；实存主要是指历史建筑物、构筑物，历史文化街区、古镇、古村落等。

其中，应严格实施龙门古镇等已编制保护规划。同时，应抓紧对市域文物

富阳梦：城镇化"五位一体"的探索

进行普查，对有历史保护价值的历史遗迹，但尚未在文物普查中予以定性的，也应基于历史保护的原则予以严格保护。

以历史文化为依托的文旅活动的开展可以通过故事化、主题化、体验型的活动植入丰富历史文化的内涵，再现当地风土民情，在保护的同时弘扬富阳名人事迹、典籍史记。

践行"富阳梦"作为引导富阳"融入大杭州、建设新富阳"的行动指引，在于从生态环境、人民生活、功能产业、城乡空间、文化景观五大角度剖析富阳目前面临的优势和差距，将宏大的"富阳梦"分解落实为"生态梦""富裕梦""腾飞梦""发展梦""阳光梦"五个主题，并以此提出"五位一体"新型城镇化的努力方向。

"五位一体"的新型城镇化重在全面梳理梦想与发展的关系，紧密联系各个子系统，通过五项合力共同推动富阳的城市发展和转型。基于富阳城市品牌的定位及其融入大杭州都市区、参与新型城镇化发展的责任要求，提出"生态梦"更"绿"、"富裕梦"更"金"、"腾飞梦"更"蓝"、"发展梦"更"红"、"阳光梦"更"绚"的"五梦一体"战略，进而夯实自身谱画"新生梦"，联系杭州共圆"世纪梦"。

"富阳梦"的实现，是富阳人民的渴求和责任，"五位一体"的新型城镇化战略是实现"富阳梦"的必然路径。希望通过践行"富阳梦"的行动研究，凝聚全市人民的认同与共识，明晰未来的方向与重点，共建"富裕阳光"之城！

B.7 桐庐县中心镇走特色城镇化道路的思考

桐庐县课题组*

摘　要： 党的十八大提出建设美丽中国，桐庐县根据杭州战略发展需要做出了战略决策，提出"建设最美县城，发展县域旅游"的发展理念。在城镇化成为桐庐县改革重点的背景下，通过分水镇、横村镇、富春江镇、江南镇4个中心镇的发展建设，走出了一条和谐、稳定、美丽的城镇化道路。

关键词： 中心镇　城镇化　特色发展　桐庐县

党的十八大提出要"坚持走中国特色新型工业化、信息化、城镇化、农业现代化道路"，并进一步指出，推进经济结构战略性调整是加快转变经济发展方式的主攻方向，要以改善需求结构、优化产业结构、促进区域协调发展、推进城镇化为重点，着力解决制约经济持续健康发展的重大结构性问题。最近的中央经济工作会议指出，城镇化是我国现代化建设的历史任务。"城镇化"三个字继续成为当今中国发展的热点词语。以新型城镇化为主导统筹城乡区域发展，是杭州市委、市政府按照科学发展观的要求，根据杭州市战略发展需要做出的战略决策。城镇化将成为改革重点，在这一背景下，对于桐庐县如何通过4个中心镇的发展建设，走出一条和谐、稳定、美丽的桐庐城镇化道路，在这里做一探讨。

---

* 课题组组长杜玉玉，桐庐县发展和改革局副局长。成员韦朝霞，桐庐县发展和改革局体改科科长。执笔周晨来，桐庐县发展和改革局重点办主任。

一 桐庐县加快特色中心镇建设的必要性分析

新型城镇化是对传统城市化的扬弃。新型城镇化就是要坚持以人为本,以新型工业化为动力,以统筹兼顾为原则,以和谐社会为方向,以全面、协调、和谐、可持续发展为特征,着力推进城市集群化、城市现代化、城市生态化、农村城市化,全面提升城镇化质量和水平,走科学发展、集约高效、环境友好、社会和谐、功能完善、个性鲜明、城乡一体、大中小城市和小城镇协调发展的新型城镇化道路。近年来,桐庐县按照实现把桐庐建设成中国最美山水型现代化中等城市的目标,建设宜居宜游的风景桐庐、富民强县的低碳桐庐、崇文尚德的人文桐庐、兼容并蓄的开放桐庐、和美和谐的幸福桐庐的"一个目标、五大桐庐"的发展思路,全面实施2013年为重大项目攻坚年、风景桐庐推进年、社会建设加强年和招商引资、招财引智的"三年活动、一号工程",城乡面貌发生了显著变化,但与新型城镇化的要求相比,还存在不小的差距。党的十八大提出建设美丽中国,桐庐县提出的"建设最美县城,发展县域旅游"的发展理念,在加快新型中心镇建设中将如何体现?桐庐县现有4个中心镇,其中分水镇、横村镇、富春江镇是省级中心镇,江南镇是2010年底增补的市级中心镇,分水镇还被列为浙江省重点培育的27个小城市试点之一。4个中心镇有以下几方面的特色和优势不容忽视。

(一)特色产业明显

分水镇被称为中国制笔之乡,是国内重要的笔类出口基地。横村镇是中国针织名镇、出口毛衫基地,富春江镇是中国水力发电设备制造基地。

(二)旅游资源丰富

分水镇地处桐庐、富阳、临安、淳安四县(市)交会腹地,位于杭州-千岛湖-黄山的黄金旅游线上。境内有县级文物保护单位8处,具有保护价值的文物94处。五云山为唐代状元施东斋读书处遗址,武盛街始建于唐武德四年(621年)。原分水招待所是清代分水县衙、民国分水县政府的府衙所在地,是杭州地区最完整的县政府遗址之一,更有天溪湖休闲旅游度假区项目的带动作用。富春江镇"小三峡"、严子陵钓台、芦茨风情小镇和"三江两岸"绿道建设,打造了一个不同于城市的"慢生活体验区"。江南镇的环溪村为市级风情小镇,深澳村为国家级历史文化名村,依托富春江沿线自然景观,可打造最具特色休闲产业带。横村镇的阳山畈村是风情特色示范村,有现代版桃花源之称;横村镇的独山佛教文化圣地,是值得挖掘的人文资源。

(三)规划体系形成

分水镇已编制完成分水镇总体规划以及分水镇老城区、南门区、中心区、滨江片区、江东区块、工业功能区、天英区块等控制性详规,实现建成区范围内控制性详规全覆盖。横村镇完成镇域总体规划修编,北环路以北区块控制性详规修编完成。富春江镇完成魅力城市建设三年行动计划、沙湾城市设计、"镇县一体"发展概念规划设计工作。

(四)城镇功能增强

按照建设小城市定位,依托大项目战略,推动基础设施建设和公共服务资源从县(市)城向小城镇延伸,小城镇建设投入连年增加,4个小城镇面貌发生了较大变化,城镇功能逐步健全。

综上所述,经过近几年的培育和发展,中心镇的突出地位和重要作用日益显现,部分中心镇综合实力显著增强,中心城区人口快速集聚,建成区面积不断扩大,基础设施日趋完善,已初步具有小城市雏形。

二 桐庐县中心镇建设中存在的问题及发展趋势分析

(一)中心镇建设中存在的问题

1. 经济总量偏小

相对于周边县(市)中心镇,桐庐县中心镇经济总量偏小,财政实力有限,自我发展能力较弱。尤其是工业经济发展比较滞后,工业功能区发展水平还比较低。社会事业发展相对滞后。在人口素质、教育水平、医疗保健水平、社会保障等方面，与县城的差距比较明显。

2. 发展要素制约

制约桐庐县中心镇建设的因素主要是土地、人才、资金。中心镇的建设用地与耕地保护存在矛盾，层层下达的用地指标难以满足中心镇的发展需求。中心镇作为项目的责任主体和建设主体，在项目的包装、申报审批、招投标、资金筹措、工程管理、服务等方面都需要专业的技术人才和管理人才，人才缺乏是目前制约中心镇发展的又一瓶颈。对项目管理、规划建设等人员机构编制没有给予更大的支持。公共投入资金不足也已成为中心镇发展的普遍问题，因此资金保障将成为今后制约中心镇建设的重大难题。

3. 产业层次有待提升

产业发展是中心镇建设和发展的基础，也是中心镇聚拢人气的关键。富春江镇打造慢生活体验区，其他几个中心镇乡村旅游服务业缺少广泛性、特色不强等诸多因素都会直接影响农民转移后的就业和生活问题。虽然目前的集聚房建设可以解决"容得下人"的问题，但要想"留得住人"还必须依靠强有力的产业集聚。中心镇产业支撑不足，招商项目质量不高，中心镇好项目和大项目少，其主平台作用发挥不明显。

4. 体制改革亟待加快

小城镇政府在管理权限与综合服务能力方面，尚不能与经济社会发展能力有效匹配，存在"责任大、权力小"的现象，区域内的社会治安、安全生产、环境整治、计划生育、外来人口管理服务等任务艰巨，客观上需要扩大镇级政府管理权限和提高综合服务能力，进一步落实和深化"扩权强镇"改革。

（二）桐庐县中心镇发展的趋势分析

桐庐县中心镇根据自身产业特点和发展路径，坚持把产业发展作为城镇建设的支撑点，实现产业化和城镇化互动并进、良性发展。推进工业功能区扩园强园，分水镇完成天英工业功能区105亩土地扩容。江南镇实施江南镇工业园区东扩。富春江镇俞赵工业园区、红旗畈工业园区和庄头工业园区基础设施正在加快建设中。以规模企业强强联合、龙头企业技术革新、电子商务技术应用、知识产权保护为依托,提升传统产业的发展空间。分水镇一马平川电子商务有限公司抓住"阿里巴巴·桐庐产业带"项目、桐庐电子商务产业园建设、电子商务平台"潇洒旅游"旗舰店运作的机遇,发展形势迅猛。分水制笔知识产权快速维权中心已通过国家知识产权局预审。横村镇加快针织品市场建设,完善针织产业链,加快电子商务平台建设,成立浙江横春电子商务有限公司。成功创建"江南坎儿井·南宋第一村"深澳古村落风景景创 3A 工作旅游综合体,加快天溪湖休闲旅游度假区、慢生活体验区建设。

各中心镇以项目建设为主要载体,建立基础设施、公共服务、产业发展三年行动计划项目库。重点实施中心镇主干道改造以及立面改造、亮灯工程、绿道建设等景观提升工程,进一步提升城市形态魅力。

积极推动大企业大集团参与中心镇建设。富春江镇与中国水利水电顾问集团华东勘测设计研究院签订了战略发展框架协议,确定了包括前期设计,中期投资、建设、管理以及后期招商等一系列集成式合作模式。分水镇与浙江东冠集团的 BT 合作项目分水市民休闲中心一期工程,主要是建设地下人防工程和地上广场及配套休闲设施、景观等。杭州市燃气集团有限公司直接投资的分水镇天然气利用工程已完成分水镇柏山入城口至天英路口 5.5 公里的燃气管道铺设。横村镇和东冠集团合作,采用 BT 模式建设的横村镇集聚安置项目,占地 58 亩,房屋建筑面积 61000 平方米,总投资 16500 万元。同时,与浙江长荣建设工程有限公司进行谈判,采用 BOT 模式对城镇污水管网进行建设,项目前期工作正在进行中。江南镇依托"美丽乡村"建设示范区的成果,荻浦村将与浙江交投集团合作,在荻浦村集中 100 间"原汁原味"的老房子,积极发展民宿产业。

三 桐庐县中心镇发展的思路与对策

中心镇发展是一个领域广、层次多、系统性强的重大工程,需要多管齐下、多方统筹、全面推进。中心镇发展要有新动力、新特色,在有优势、有潜质的特色上下功夫,着力培育特色功能;在广阔的空间里参与分工,从分工中获得资源,发展壮大自己,以提升中心镇发展的动力。中心镇的规划建设、产业升级、工作措施只有在特色上下功夫,才能走出一条适合桐庐中心镇模式的发展之路。

（一）提高认识，转变中心镇建设的理念

与其他城市一样，桐庐县在今后一个时期，新型城镇化最具有经济潜力。新型城镇化有望引领改革实现突破，扭转以往土地城镇化单兵突进、工业化过度超前于城镇化、户籍城镇化落后于人口城镇化等现状，更强调城镇化与工业化的互动、城镇化与农业现代化的协调、城镇化与经济社会关系的和谐发展。桐庐县发展的最大动力和空间是城镇化。但我们必须转变传统的以追求经济效益为中心的城市发展模式，走以人为本的新型城镇化道路。从以扩大城乡二元结构为代价转变到以统筹城乡协调发展为指针；从以满足传统工业化发展和需要为主转变到以适应新型工业化发展和需要为主；从以资源与环境遭受过度破坏为代价转变到以资源集约利用、发展循环经济、创造宜业宜居的生态环境为目标；从以主要消耗自然资源为代价转变到以提高自然资源利用效能和开发新型资源（包括能源、信息、技术、管理等）为特色。

（二）彰显特色，注重历史文化生态保护

在规划编制和城镇建设上要有新理念和新标准，规划和设施要充分体现个性与特色。一是优先考虑自然生态，把建筑与自然巧妙地融合在一起，让生态环保理念深入每个家庭，美化庭院，打造"最美村庄"和"最美庭院"。二是保护好历史文化。在小城镇建设过程中要突出历史文化遗产的保护和传承，保护历史建筑，使历史文化与现代风尚相得益彰。三是注重挖掘和保护特色乡村文化、传统文化，将文化保护与旅游开发、文化创意有机结合。四是注重保护生态。以全区域的观念进行生态保护，实现垃圾减量化、资源化。制定产业导向目录，建立严格的准入机制。加强对污染重的企业关停并转力度，支持循环经济发展，推广清洁生产技术。

（三）夯实基础，加快集聚功能区建设

一是搭建产业集聚平台。江南镇加快园区东扩，提升承载能力。横村镇实施双湖园区提升工程、深畈园区丰满工程，夯实工业发展平台。富春江镇推进沙湾区块建设，大力推进城乡道路交通、水电气、污水垃圾处理、广播

电视通信网络等工程建设。二是搭建人口集聚平台。推进农民集聚区项目建设。农民集聚区项目建设进度直接影响人口集聚指标的完成。在加快推进4个中心镇农民转移集聚区建设的同时，把工作重心转向农民集聚区建设与人口转移并重，抓紧启动中心村等农民转移集聚区招投标、土地平整、资金拼盘等工作，为农民转移集聚提供更多的空间。加快公用配套设施建设。完善功能布局，加快推进以教育、医疗及文化设施为主的公共事业配套工程建设。中心镇加快网络发展和推广，扩大无线高速宽带网覆盖面，为发展提供强大推动力。

（四）"三业并举"，提升产业经济效益

一是强化招商引资。实行三次产业全面招商、招商引资与招才引智并举。二是积极推进产业升级"三业并举"，发展现代农业，改造提升传统产业，大力发展高新技术产业，加快发展现代服务业。分水镇重点做好电子商务平台建设，探索制笔企业和引导制笔产业整合升级，重点招引高新技术新兴工业。研究分析周边淳安、临安等地居民的消费习惯，培育建设大型消费市场，发展商贸经济。加快建设分水江休闲度假综合体，大力发展休闲旅游业。横村镇依托城郊卫星镇的区位优势，推进总投资3.5亿元的正鸿堂食品饮料产业园建设；推进针织品专业交易市场建设，完善针织产业链。探索农业发展，以农业产业化和乡村旅游为抓手，以工业化的思路经营农业，加快发展色彩农业，推动传统农业向现代化高效农业和观光农业发展。富春江镇重点做好龙生股份、祥龙钻探等重点企业的服务协调工作。抓好慢生活体验区建设，做好保护、推介文章。江南镇推进新型产业延伸，积极引进先进装备制造、生物医药、新能源、新材料等新兴产业。拉长有色金属产业链。成立镍铁协会，规划建设有色金属交易市场，培育总部经济。加快推进中心村、特色村建设步伐，以景区的理念深化"古风民族风情带""春江休闲产业带""生态农业观光带"建设。

（五）建管并重，创新城市管理水平

城市"三分建，七分管"。要综合运用法律、经济、技术、教育和数字化

等多种手段管理城市，不断创新工作载体，推进城市管理现代化，实现城市的和谐发展。创新城市管理方式。完善"数字城管"建设，进一步拓展"数字城管"的管理和服务领域，全面抓好立面景观管理、城市环境品质管理等工作，推动城管模式不断走向数字化、实时化和精细化。加强道路整治改造，提升通行能力。加强建筑、燃气、水务等行业质量安全生产监管，加大供水、建筑施工等重点领域隐患排查治理力度。加强社区管理。不断加强社区居民自治、社区服务、社区治安、社区文化建设、社区人居环境改善等工作。在社区管理上，重点加强物业管理，不断提升物业企业服务水平，充分发挥业主大会、业主委员会的自治管理作用，完善老小区物业管理体制，促进物业管理健康发展，确保社区和谐稳定。

（六）开拓思路，切实缓解要素瓶颈

研究改革创新办法，更加注重在节能降耗以及土地、资金、人才要素集聚等问题上深入研究、先行先试。一是推进农村金融制度创新。支持有条件的中心镇设立村镇银行和小额贷款公司。积极推进农村金融产品创新，推广小额信用、联户担保等信贷产品，支持中心镇开展农村住房产权、土地承包经营权抵押融资。积极稳妥地推进农村资金互助社和农民专业合作社开展信用合作试点，探索建立政府主导、社会参与、市场运作的农村信贷担保机制。二是完善土地管理制度，加大中心镇的用地支持，建立完善土地使用权流转机制，进一步推动农村产权制度改革，推进农房抵押贷款，先行开展农村"两权一房"抵押贷款工作，启动农村住房产权证发证试点工作，加快农村产权流转服务体系建设。三是推进行政管理体制改革。创新机构编制管理，根据中心镇人口规模、经济总量和管理任务等情况，在额定编制总数内统筹安排机构设置和人员配备，积极探索综合执法和行政审批、土地储备等服务平台建设。创新垂直部门和派驻机构管理体制，配优配强中心镇党政领导班子。四是优化配置，强化人才力量支持。中心镇建设与发展同样需要各类人才的保障，特别是领导人才、规划人才、经济人才。按照"精简、效能、统一"的原则，科学合理地设置机构，建立健全中心镇综合执法管理机构，以进一步提高行政执法效能；按照"权责一致、人随事走"的原则，将县级管理事权下放到中心镇,并根据中心镇经济发展和社会管理实际,调整充实中心镇政府机构设置和人员编制;采取上挂外派、集中轮训、外出学习考察等多种方式,培养中心镇班子成员和干部队伍,提高其城镇化知识水平。中心镇建设对于桐庐县实现城乡经济社会一体化发展具有战略意义,当务之急是针对存在的突出问题,完善扶持政策和采取工作措施,确保中心镇健康、有序发展。

B.8
海宁市长安镇打造杭州东部新城的现状与对策

海宁市课题组*

摘　要： 推进新型城镇化发展，打造杭州都市圈东部新城，是海宁市长安镇面临的新任务。本文从长安镇（高新区）小城市发展的现实性和必要性入手，调查分析了长安镇（高新区）经济社会发展的现状、存在问题和发展趋势，提出了长安镇（高新区）发展小城市的战略举措。

关键词： 融入杭州　新城建设　高新区　海宁市长安镇

积极培育小城市、中心镇，促进县域经济转型升级，是推动区域发展、统筹城乡发展的重要内容，也是建设物质富裕、精神富有的现代化海宁的战略任务。海宁市长安镇（高新区）位于海宁市域西部，镇域面积91.9平方公里，建成区面积22.53平方公里，辖20个行政村、8个社区，辖区常住人口13.1万人，户籍人口7.9万人，建成区常住人口5.05万人。长安镇（高新区）最大的区位优势是接壤省会城市杭州，地处大杭州都市区东翼，与杭州下沙、临平副城零距离接轨，在杭州都市圈空间布局上融合为"同城"，是海宁市接轨杭州的桥头堡，承载着海宁市副中心的功能。长安镇（高新区）于2007年被列为省级中心镇，并先后获得全国环境优美乡镇、省文明

---

* 课题组组长许明华，海宁市发展和改革局副局长。成员褚荣法，海宁市发展和改革局科长；唐宇明，海宁市发展和改革局科长。执笔金春晖，海宁市发展和改革局科员。

镇、省教育强镇、省体育强镇、省东海文化明珠镇、省级生态镇、浙江省卫生镇等荣誉称号。

一 长安镇（高新区）发展小城市的现实性和必要性

（一）区划调整为小城市发展奠定基础

2012年3月，海宁市委、市政府审时度势，做出了关于完善连杭经济区领导管理体制的决定，对长安镇和高新技术产业园区进行整合，实行"区镇合一、以区带镇"的管理体制，有利于优化功能布局，整合资源，实现优势互补，为下一步小城市的发展奠定了基础。

（二）小城市发展基础条件扎实

近年来，长安镇（高新区）在经济社会发展各方面取得了显著成绩。2012年实现生产总值79.23亿元，占海宁市经济总量的15%，财政收入9.01亿元，目前拥有以机械电子、纺织、食品、包装等产业为特色的省级高新技术产业园区，以科教文化产业为特色的科教新城服务业集聚区，以浙江省最大的鲜切花生产基地为特色的农业产业园区。商贸服务业发展日新月异，五星级酒店、奥特莱斯直销广场、大型超市、影视城等项目落户长安镇（高新区）。浙江省人民医院海宁医院新院、仰山学校、游泳馆等公共服务项目启动建设。科教新城已有浙江财经大学东方学院成功运行，浙江机电职业技术学院也已签约。长安至杭州九堡客运中心公交线路的开通实现了融杭交通接轨。

（三）小城市发展具有内在动力

加快小城市发展有利于发展经济，拉动基础设施投资，扩大城乡居民消费。小城市发展对经济发展的带动效应明显。加快小城市发展，有利于经济结构调整，为第三产业发展拓展新的空间；有利于统筹城乡发展，承接中心城市产业转移，吸纳农村劳动力就业，使城市资源向农村延伸。从历史文化传统来看，长安自古就是交通要道、商贸重镇，新中国成立以来，工业发展基础良好。当前，随着环杭州湾产业带和杭州都市圈建设的加快，长安镇（高新区）的经济区位优势将更加凸显。同时，桐乡崇福等周边县（市）小城市建设如火如荼地开展，使长安镇（高新区）面临着新的发展压力。因此，长安镇（高新区）各级干部群众要求建设富强文明的现代化副中心城市的呼声越来越大。

二 长安镇（高新区）经济社会发展状况

（一）经济社会发展取得显著成效

1. 历史文化底蕴深厚

长安历史悠久，唐开元十一年（723年）设长安市，北宋时改市为镇，至今已有千余年历史。长安古迹众多，有东关宋代窑址等古文化遗址7处，江南名刹觉皇寺始建于唐代；运河古道"一闸三坝"已有2500多年的历史，目前正申报中国大运河世界遗产点；"汉画像石墓"被列为省重点文物保护单位；西街、中街、东街拥有保存完好的古建筑，还有丝绸等工业遗址。长安名人荟萃，有陈沂、杭慎修、太虚法师、沈鼎三等。长安还有独特的自然景观，南面有著名的世界奇观钱江潮回头潮景区。

2. 区位交通条件优越

长安镇（高新区）地处大杭州都市区东翼，与下沙开发区接壤，是海宁接轨杭州的桥头堡。镇域内交通网络发达，杭浦高速、沪杭高速、沪杭铁路、杭州绕城公路、01省道横贯全境，特别是正在规划中的杭州至海宁城际轨道交通，一旦建成将实现与杭州的同城效应。

3. 公共服务和基础设施齐全

辖区内文化、教育、卫生设施完善，拥有全日制本科大学1所（另在建1所、洽谈中1所）、高中1所、初中2所、小学3所、幼儿园8所。建有图书馆、体育馆、电影院各1个。组建浙江省人民医院海宁医院并已开始异地扩建，拥有卫生院2所。科教新城的不断建设，为发展教育、文化和第三产业拓展了新的空间。各大金融机构均设有分理处，商贸、餐饮、宾馆、娱乐业初具规模，水、

电、气、广播、宽带等基础设施比较完善，建有10万吨级地面水厂和22万伏、11万伏变电所，第二水厂扩建工程已启动。规划、土管、环保、供电、国税、地税、卫生监督等市级相关部门都在长安镇（高新区）设立分局或办事机构，极大地提高了办事效率，有效地支撑了经济社会快速发展。

4. 体制机制保障有力

2012年以来，以扩大镇级经济社会权限为目标，加强长安镇（高新区）公共服务中心建设，市级向镇级共下放128项行政审批权限。以改革行政执法体制为目标，成立了长安镇（高新区）联合执法办公室，积极探索多部门参与的联合执法工作。

（二）发展小城市中存在的问题

1. 经济实力较强但经济结构有待进一步优化

长安镇（高新区）经济实力较强，但第三产业的比重仅为24%，在产业发展上门类较多但特色不够鲜明，企业亩产效益偏低，亩均销售收入只有海宁市平均水平的3/4。因此，长安镇（高新区）经济结构有待进一步优化。

2. 城市框架初步形成但规划布局有待进一步调整

目前，长安镇（高新区）建成区面积22.53平方公里，中心城区初步形成了"一心、两轴、四片区"的功能布局。"一心"即规划建设中的连杭行政中心；"两轴"即沿长安路形成的城镇公共服务轴和沿仰山路形成的产业发展轴；"四片区"即科教园区、城镇西侧的生态园区、铁路以南的生活片区、铁路以北的工业片区。南部高新区为产业园区，其产业主要是机械电子、食品、纺织、包装等，其中高新区南面奥特莱斯区块将规划建设为接轨杭州下沙的高端商贸金融区。在行政区划调整后，进一步调整整体规划布局，按照一个主体规划、一盘棋建设的要求，高起点、高标准地修编长安镇（高新区）总体规划，进一步明晰城市定位，优化功能布局，整合资源要素，实现各功能区块的互动发展。

3. 基础设施比较完善但承载能力有待进一步提高

长安镇（高新区）交通道路经过近几年的发展，初步解决了城镇规划区南北不通、东西不畅的问题。供排水设施较为完善，第二水厂实现日供水能力

10万吨,污水收集管网覆盖地区污水入网率达到80%以上。电力供应能力较强,变电所密度在海宁市范围较大,能基本满足当前的供电需求。但是城市基础设施的承载能力较薄弱。镇区道路较窄,通行能力差,科教新城路网建设有待拓展。城市供电、供水能力随着城市的发展仍显不足,城市排污管网、用气、宽带、数字电视等设施覆盖面需进一步扩大,老镇区居民住房条件较差,居住生活环境有待改善。

4. 公共服务较为齐全但集聚辐射作用有待进一步加强

长安镇(高新区)拥有从幼儿园到大学的较为完善的教育体系,包括全日制本科大学1所——浙江财经大学东方学院,省级重点高中1所——海宁中学,浙江机电职业技术学院已签约落户。浙江省人民医院海宁医院新院已开工建设。商贸服务业发展势头较好,奥特莱斯广场、鸿翔生活广场、城北皮草市场一期、骏宝骏马汽车贸易公司相继开业;五星级太平洋大酒店、长安华府大酒店开工建设;长安财富中心即将竣工。但从长安镇(高新区)公共服务设施对周边人口的集聚、辐射、服务效应看,还难以满足落户长安镇(高新区)的高素质人才和周边人口对教育、医疗的高标准要求,人们在长安镇(高新区)居住生活的意愿不高,人口集聚速度较慢。群众性的健身、文化、公园设施比较缺乏。在消费动向上,长安镇(高新区)的商贸服务业满足不了群众的消费需求,而杭州、临平服务业和城市配套设施相对完善,吸引了大量许村及长安镇(高新区)的消费者前往消费。

5. 要素保障得到加强但力度有待进一步加大

一是财政政策体制内,海宁市近几年多次调整财政政策支持中心镇和小城市发展,但与小城市发展的需求相比还存在差距。目前,各镇执行的是按照上年度收入实绩确定当年度收入基数。在超收分成上,小城市第三产业企业分成比例为100%,其他收入分成比例为75%;省级中心镇第三产业企业分成比例为90%,其他收入分成比例为75%。原长安镇按照省级中心镇执行。

二是财政政策体制外,在土地出让金分配上,海宁市执行净收益全额返还与浙江省小城市试点镇一致,但在成本、税费项目上增加了一项重点项目建设统筹资金,收取标准为原长安镇7%、高新区和科教新城30%。经测算,土地出让金净收益原长安镇、崇福镇和王江泾镇均为65%左右,高新区和科教新城为40%。

三是在土地要素保障上，自2006年以来，长安镇（高新区）共办理建设用地4034亩。2011年长安镇（高新区）用地指标为467亩，均为省切块指标，其中215亩用于卫片执法（由海宁市解决下拨），129亩用于第二水厂（市重点项目），123亩用于本镇项目。随着城镇框架的进一步拉大，建成区面积不断扩大，基础设施建设投入加大，长安镇（高新区）面临的土地和资金压力将更加突出。

6. 体制改革不断推进但深度和广度有待进一步拓展

海宁市在2008年的强镇扩权改革中，按照"能放则放、服务基层"的原则，以授权、委托或机构延伸的形式，将相关权限下放到各镇。各镇都设立了行政审批服务中心，其中规划、国土、环保、国税、地税、供电、卫生监督等市级部门都在长安设立分局或办事机构。但与小城市发展的需求相比，还需要在扩大经济社会管理权限、加强公共服务平台建设、深化户籍制度改革、提高综合行政执法能力等方面进行进一步改革创新。

三 长安镇（高新区）小城镇发展趋势

（一）完善小城市规划体系

区镇合一以后，按照一个主体、一盘棋的要求，以小城市标准修编长安镇（高新区）总体规划，明确城市定位，优化功能布局，并与土地利用总体规划相衔接。处理好新区建设和旧城改造、历史传承、文化挖掘、生态环境的关系，以总体规划为统领，及时编制各重点开发区块的控制性详规以及产业发展、道路、交通、供排水、电、气、文、教、卫等专项规划，注重城市设计，塑造城市形象，提高城市品位。

（二）以大学城建设为契机，打造科教新城

科教新城规划占地面积5平方公里，目前，浙江财经大学东方学院的全面入驻、浙江机电职业技术学院的签约落户等，使科教新城内的基础设施建设不断完善。"四横四纵"（"四横"，长河路、汉帛路、长安路、开元路；"四

纵",学院路、仰山路、越川路、和平路)交通构架已形成。下一步,要争取用3~5年的时间,使空地变工地、工地变高楼,建设近百幢高楼,打造新区整体形象。建设占地面积为68亩的修川湖公园,在新区河道建设8.5万平方米的沿河绿道,改善新区生态环境,为群众提供休闲娱乐场所。以大学城的人才优势为依托,规划建设一个占地面积为160亩,容纳高端家纺、皮草等企业入驻,集商务办公、设计研发、品牌展示于一体的"长安智谷",以带动人才引进、产业升级、商贸发展。推进浙江机电职业技术学院建设,确保2014年招生开学,同时尽快落实国际公共关系学院正式落户。加快文化活动中心、佳源城市综合体、浙江省人民医院海宁医院、仰山学校、华府五星级酒店等项目的建设,以满足居民不断提高的消费、卫生、文化等需求。在新区中心建设占地面积为140余亩的安置房小区,改"人等房"模式为"房等人"模式,为推进征地拆迁工作、加快人口集聚做准备。规划建设建筑面积为2万平方米的公共服务中心,为整个海宁西部提供更好的公共服务。

(三)以高新区转型升级为契机,打造临杭新城

加快高新技术产业园区工业转型发展的步伐,以引进和培育战略性新兴产业为主攻方向。着重实施涉及68个主体、118家企业、2500亩土地的低效用地整治工作。在高新区西部紧靠下沙的区域优先发展第三产业,加快奥特莱斯周边1000多亩区域"退二进三",通过合理规划,引进世嘉等知名公司,着力将该区域打造成辐射连杭区块的商贸中心。充分利用"回头潮"这一不可多得的自然资源,加快回头潮公园建设,打造钱塘江北岸又一个观潮胜地。

(四)以老镇区有机更新为契机,打造宜居新城

长安"一坝三闸"已被列入中国大运河世界遗产点预备名单中的立即列入名单,长安东中西街也被列入中国大运河世界遗产点预备名单中的后续列入名单,"一坝三闸""二澳蓄水"还被列为浙江省申遗重要节点。要以大运河申遗为契机,加强运河历史文化遗产的挖掘与保护,展示运河历史文化遗产的魅力与价值,建设历史文化名镇,有序推进老城区的有机更新改造。在还运河

文化本体一个整洁环境的同时,还周边群众一个有文化底蕴、有文化品位、有良好生活环境的更加宜居的古镇。

(五)深化体制机制创新,加强要素保障

扩大长安镇(高新区)经济社会管理权限,赋予其与海宁市级相同的经济社会管理权限。加快公共服务中心、联合执法中心、劳动保障中心、应急维稳中心、土地收储中心、公共财政服务中心六大中心建设,尽快启用新建设的社保大楼。加强土地要素支持,在浙江省下达的年度用地指标中,按照市切块指标不低于20%的额度予以优先安排,加快推进农村土地综合整治,优先安排城乡建设用地增减挂钩周转指标,盘活土地存量。

(六)加快人口集聚

以新型城镇化战略为指导,以"两新"工程建设为抓手,积极探索"两新"建设农民安置的新模式,加快土地流转。研究制定本地农民既可保留过渡原有农村居民政策待遇,又能享受当地城镇居民各项福利待遇的制度。制定有效的人才引进机制,鼓励和推进大学毕业生、具有中级职称或高级技工以上职称的高素质外来人员落户,并享受当地的基本公共服务。多渠道促进人口就业性、居住性、迁移性转移,加快人口向城镇集中。

四 长安镇(高新区)发展小城市的战略举措

(一)加强领导,完善机制

长安镇(高新区)发展小城市,打造杭州都市圈东部新城,将是今后一个时期的重要任务,既要坚持发挥市场在资源配置中的决定性作用,又要加大政府调控管理的力度。需进一步健全组织领导机构,建立自上而下的组织领导体系,及时研究解决小城市培育中的问题。在市级层面建立市小城市培育协调小组,由市主要领导任组长,分管领导任常务副组长,各相关部门和长安镇(高新区)为成员单位。协调小组负责小城市试点工作的牵头协调,定期召开

小城市试点协调小组会议，协调小组下设办公室，负责定期了解试点镇项目建设动态，掌握存在的困难和问题，及时向上反馈信息，帮助提供指导和服务。在镇级层面建立镇小城市培育试点工作推进小组，由党委书记任组长，镇长任副组长，负责小城市培育工作计划的实施、项目推进，以及与上级部门的沟通与联系等，积极争取工作支持。

（二）规划先行，整体推进

1. 修编完善总体规划

实行区镇合一，统筹要素资源，对原有规划做进一步完善。立足规划先行，以规划带动小城市建设，把总体规划的编制作为小城市发展的统领，作为小城市培育工作的首要任务。围绕经济社会发展目标确立城市功能定位，合理布局居住、商贸、工业、生态、文化等功能区块，处理好新区建设和旧城改造、历史传承、文化挖掘、生态环境的关系，体现长安区域特色，着力打造富强、人文、生态、宜居新长安。

2. 编制三年行动计划

编制长安镇（高新区）小城市三年行动计划，明确发展目标，提出工作任务、改革重点、保障措施，制订小城市三年项目投资计划，把小城市建设落实到具体项目上，争取一年一个样、三年大变样，推动试点镇人口集中、产业集聚、功能集成、要素集约，努力把试点镇培育成为产业特色鲜明、生态环境优良、社会事业进步、功能设施完善的现代化小城市。

3. 制定年度工作目标

对三年行动计划分解落实到年度，提出年度工作重点，分解落实部门目标任务，形成齐抓共管、合力推进的工作机制。

（三）狠抓投入，着力提升

项目是载体，小城市建设的各项目标要靠项目这个载体来实现。围绕三年行动计划的目标任务，按照产业发展类、基础设施类、公共服务类、生态环境类的要求提出三年内计划投资的项目，并按年度分步实施，形成启动一批、建设一批、竣工一批、前期一批的小城市项目建设良性循环

机制。

1. 产业发展提升工程

在长安镇（高新区）优先发展第三产业，加快"退二进三"步伐，重点培育发展现代商贸、专业市场、物流、科教等产业；做大做强第二产业，加快原高新区"退二优二"步伐，明确退进方向，以培育发展先进制造业为主攻方向，加快"腾笼换鸟"，加快发展区域特色产业；做优第一产业，积极推进现代农业园区建设，大力培育发展都市型生态农业，做优休闲体验农业。

2. 基础设施提升工程

加快长安镇（高新区）城市基础设施建设，做到新区建设和旧城改造有机结合，以拓展新区为主，重点推进科教新城及周边区块开发，同时有序规划、推进老城区的有机更新改造，加快城市拆迁，做好历史街区保护和开发。完善城市交通网络，加快"四横四纵"路网构建，完善城市框架，结合规划建设中的城际轨道交通，建设综合性城市客运交通枢纽，构建便捷通畅的城市交通体系。加快输变电设施建造，优化配电网建设。推进供排水、供气、宽带、数字电视建设，提高其覆盖面。

3. 公共服务设施提升工程

加快科教新城东方学院配套设施、浙江省人民医院海宁医院新院建设，启动浙江机电职业技术学院、国际公共关系学院建设，加强现有中小学、幼儿园改造提升，积极引进市外优质教育、医疗项目，探索与名医、名校合作，加强教育、医疗人才的引进和培养，吸引优质教育、医疗资源向长安镇（高新区）转移，提高教育、医疗的质量和水平。发挥教育、医疗等优质公共服务资源对人口的集聚作用。规划建设修川湖公园、运河文化设施、文化体育中心、图书馆等文化体育设施。

4. 文化生态环境提升工程

大力推进运河文化名城建设，加强历史街区保护与开发，强化文化遗址节点的保护与挖掘，推进"回头潮"景区建设，大力弘扬运河文化、蚕桑丝绸文化、潮文化，培育发展文化旅游业。切实加强生态建设，加强水环境的保护与修复，全面实施城市河道整治，建立长效管护机制。全面提高生产生活污水处理能力，确保城镇生活污水处理率达到100%。实施主城绿化工程，增添和完善市政保洁设施，建立城市环卫整体长效保洁机制，努力打造生态宜居新长安。

5. "两新"集聚提升工程

科学推进"两新"工程建设，由内而外，循序渐进，整村整组实施搬迁。合理确定"两新"安置区块和方式，扩大公寓房安置比例，提高土地利用效率。在长安城区合理规划"两新"公寓房安置点，引进知名开发商合作建设高品质的安置公寓房、保障房。

（四）改革创新，激发活力

1. 建设公共服务"四大中心"

建立市行政审批服务中心西部分中心。赋予长安镇（高新区）与市级政府基本相同的经济社会管理权限，通过设立分局、延伸机构或委托下放等方式下放经济社会管理权限。设立市行政审批中心西部分中心，使其具有与市级审批中心同等的权限，辐射整个西部地区，为百姓提供方便快捷的服务。

建立城市综合执法中心。深化行政执法体制改革，组建城市综合执法中心，整合部门执法资源，提高执法效率，形成快速响应的综合执法工作机制。

建立就业保障服务中心。按照管理、政策、服务、培训、维权、保障"六到位"的要求，组建集信息发布、技能培训、劳资纠纷调解处理、保险业务办理于一体的便捷高效的就业保障服务中心。

建立应急维稳中心。按照功能完善、反应快速、分工明确、处理高效的要求，建设集防灾救灾、安全生产、消防治安、重大疫情、群体性事件和其他突发事件处置职能于一体的城市应急维稳中心。

2. 调整完善财政体制

原长安镇与农发区实行两个独立运行的财政体制，这次区划调整以后，需要按照统筹的要求对长安镇（高新区）财政体制进行完善。建议按照浙江省小城市试点镇一级财政政策，执行以2011年度为基准年、核定基数、超收按较高比例返还、一定三年的财政激励政策。同时，参照省级小城市试点镇设立

小城市培育试点专项资金,用于列入三年行动计划投资项目的建设。完善国有土地出让金净收益分配机制,加大对长安镇(高新区)小城市基础设施建设的支持力度。实施税费优惠政策,给予基础设施配套费等税费地方留成部分按较高比例返还的支持。

3. 深化资源要素配置改革

在浙江省下达的年度用地指标中,每年下达切块指标的数量有限,为缓解用地紧张的状况,应从争取城乡建设用地增减挂钩周转指标、推进土地综合整治、盘活土地存量、加快"退低进高"上做文章。加强政、银、企融资对接,加大各金融机构的信贷支持力度,力争成立小贷公司或村镇银行。扩大镇级城市建设投资开发公司权限,给予相当于市一级的投融资职能,承担重大项目的开发与建设。创新融资方式,推行BT、BOT等模式,吸引有实力的民间资本进入基础设施和社会事业建设领域。强化人才保障,采用上派下挂的方式,推进人才的培养。与高校开展合作,积极引进紧缺专业人才。

综上所述,长安镇(高新区)经过多年发展,在经济总量、城镇建设、社会事业等方面取得了显著成效,发展小城市具有扎实基础。海宁市将以规划为引领,从政策上、组织上、财力上、体制上给予有力的保障和支持,在创建小城市过程中不断培育小城市,打造杭州都市圈东部新城,实现海宁西部区域经济社会统筹协调发展。

B.9
安吉县以城乡一体化建设促进新型城镇化质量的提升

安吉县课题组*

摘　要： 安吉县在"中国美丽乡村"建设行动中，对构建新型工农、城乡关系等进行了有益探索，以"优雅竹城、风情小镇、美丽乡村"建设为抓手，城、镇、村三级联动，走出了一条新农村建设与生态文明建设相互促进、城镇与乡村统筹推进、三次产业相互融合的科学发展之路。

关键词： 安吉县　城乡一体化　新型城镇化　互动发展

安吉县，是浙江北部一个极具发展特色的生态县，也是我国"联合国人居奖"唯一获得县。县域面积1886平方公里，县域人口46万人，辖9镇4乡1街道和1个省级经济开发区。近年来，安吉县紧紧围绕建设"富裕美丽、幸福安吉"的目标，立足区域经济社会发展实际，坚持城乡互动协调共进，积极探索山区新型城镇化发展新路子。2011年安吉县统筹城乡发展水平综合评价在浙江省61个县市区中排名第19位，安吉县城镇化水平由2006年的49%提升到2012年的57%。

一　安吉县推进新型城镇化取得的成效与存在的问题

安吉县以"优雅竹城、风情小镇、美丽乡村"建设为抓手，城、镇、村

---

* 课题组组长（执笔人）孙水明，安吉县区域交流合作办公室（招商局）副主任（副局长）。成员李群刚、任强松，安吉县区域交流合作办公室（招商局）工作人员。

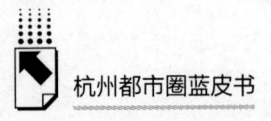

三级联动，新型城镇化发展取得了明显的突破，中心城市功能进一步完善，小城镇发展进一步加快，新农村建设优势进一步彰显。

（一）主要成效

1. "优雅竹城"框架清晰，功能品位进一步提升

安吉是"优雅竹城"，是着力打造的现代化新型城市，中心城区定位为"功能优越、品质卓越、竹韵深厚、充满活力"。提出"东育、南优、西进、北拓、中间提升"的城市空间发展路径，大力实施"递孝同城"战略，实施"一环七纵七横"路网建设，城市框架逐步拉大。中心城市框架面积目前已扩至50平方公里，县城建成区面积由2006年的12.8平方公里扩大到2012年的21平方公里。

以项目建设提升城市功能，增强城市综合承载能力。浙北商厦建成运营，天使乐园快速推进，城市商贸休闲功能增强；城市天然气、自来水以及垃圾、污水处理工程加快推进，城市基础设施进一步完善；昌硕文化中心、教科文新区加快建设，引进中德工程师学院和浙江省自然博物馆，文化教育功能进一步优化。"杭安长高速"顺利通车，城市慢行系统不断完善，建成城市公共自行车服务系统，城市交通更加通畅。

城市品位提高。实施"引竹入城""引山入城""引水入城"工程，有序推进灵峰山森林公园、浒溪、西苕溪等水系景观建设，山水资源成为城市景观的重要组成部分，展现城市竹文化印象和优雅魅力。凤凰山公园、昌硕公园等投入使用，城市街角合理布设一批精致高雅的人文雕塑，城市文化韵味更加浓厚。

2. "风情小镇"定位明确，功能特色进一步彰显

把小城镇定位为"环境优美、功能完善、产业提升、特色鲜明"的"风情小镇"，着力打造新型城镇化的重要节点。

基础设施不断完善。2011~2015年的5年中，县财政整合安排2亿元专项资金对"风情小镇"建设进行补助，建设项目有212个，共投入资金3.9亿元。城镇道路、车站、停车场、农贸市场、环卫设施、旅游集散中心、星级厕所、敬老院、卫生院、学校等基础设施加快建设。垃圾收集系统、城镇供水

设施、污水处理设施建设工作深入推进。实施集镇改造工程,推进沿街立面景观改造、沿河绿化、道板及护栏建设。实施沿线绿化及人行道、景墙、广告标牌等全方位改建修复工程。

特色风情不断彰显。各乡镇结合地理风貌和文化、产业元素,立足现有基础,挖掘自身特色,展现了不同的创建风格:浪漫山川、爱情天荒坪、文化鄣吴、休闲章村、静心杭垓、白茶溪龙等特色迥异,各有其美。

3. "中国美丽乡村"彰显优势,农村环境进一步改善

"中国美丽乡村"建设创造全国领先优势,安吉县187个行政村已有179个完成美丽乡村创建,美丽乡村覆盖率达到95.7%。

基础设施逐步完善。"中国美丽乡村"创建五年来,完成各类项目总计2526个,项目财政总投资25.39亿元,撬动社会工商资本投入超过50亿元。行政村通公交率、老年活动中心覆盖率、连锁超市及放心店覆盖率均达到100%,农村电网改造全面完成;80%以上的村完成中心村建设,95%以上的行政村建有阅览室、体育设施、公园等文体活动场所,建成186个农村社区综合服务中心;实施农村危房改造2393户,新增公共绿化面积179万平方米;实施农村饮用水工程建设6134处,农村合格饮用水普及率达93%。

公共服务扩大覆盖。安吉县已有28.6万名农民(占农村总人口的75%)参加新型农村合作医疗,农村最低生活保障实现应保尽保。深入实施就业信息发布、劳动保障平台建设工作,实现城乡劳动就业信息互通共享。建立县、乡、村三级医疗卫生服务和医疗服务体系,安吉县建成128家农村卫生服务站、29个乡镇医疗服务中心。

乡村特色逐步彰显。积极探索和践行一村一品、一村一业、一村一景、一村一韵建设模式,注重文化传承和内涵挖掘,提升村庄品位,形成了一批主题鲜明的村庄。结合安吉特色品牌,打造了"中国大竹海""昌硕故里""黄浦江源""白茶飘香"四条极具地方特色的精品观光带。从弘扬传统文化、建设生态文明的高度,将安吉县作为一个大型生态博物馆,建成了一批不同地域特色、不同文化类型和不同展示方式的村落文化生态展示馆,农村乡土文化得到全面挖掘和繁荣。

4. 三次产业加强联动，产业格局进一步优化

产业是城镇化的内生动力。安吉立足县情，推动产业融合发展，促进经济转型升级，持续夯实城镇化基础。

第一产业"接二连三"。大力开展农业"两区"建设。2010年以来，安吉县共启动建设省级现代农业综合区2个，建成了白茶园等现代农（林）业园区58个、粮食生产功能区10个，形成了以环笔架山10万亩都市园区为核心的现代农业大平台。积极推进农业品牌化建设，目前安吉县农产品注册商标为471个，其中获得证明的商标有2个，获得"驰名商标"或"中国名牌产品"称号的有7个。

第二产业加快转型升级。项目引进加快。以开发区、省际产业示范区、临港工业区为核心的"金三角"主平台，引进了中策、安工等一大批"大、好、高"的项目。加快改造提升传统产业。实施"腾笼换鸟""机器换人"，椅、竹两大传统产业继续发挥优势。加快培育新兴产业。五大新兴产业的投资、产值占比不断提高，装备制造业跃升为安吉县第二大产业。科技含量提高。大力实施科技创新，成立白茶产业、竹产业研究院，延长产业价值链，提升产品价值。绿色发展水平提升。2012年安吉县万元GDP能耗为0.46吨标准煤，每度电创造的GDP达13.32元，高于浙江省平均水平。

第三产业彰显特色。以浙江省首批旅游经济综合改革试点县建设为契机，加快休闲产业发展。以生态乡村休闲旅游为主题，以"一核四带六区"为重点，加快县域大景区建设，建设25公里休闲产业带，布局天使乐园、港中旅、浙商论坛等15个重大旅游休闲项目。2012年接待游客876万人次，旅游门票收入1.6亿元，旅游总收入68亿元。着力推进乡村经营，壮大村集体经济，促进农民增收。

（二）存在问题

1. 城乡规划体系有待健全

安吉县面上规划编制与管理还需进一步统筹整合，"规划一张图"建设有待进一步完善。水利、通信、供电、文保、绿化等相关专项规划存在缺陷，影响了整体规划实施的质量和效率。

2. 城乡建设要素制约明显

受土地指标和城市布局的制约，可用土地资源总量有限与用地需求逐年增加的矛盾凸显。另外，城镇化建设都是以政府为主体的，市场运作机制不完善，民间参与城镇化建设的积极性不高，推动力不足。

3. 城镇化内生动力不足

几大产业园区框架初显，基本属于单一的生产型园区，缺乏生产、服务、消费等的多点支撑，以产带城、以城促产的能力不足，产业集聚水平不高。

4. 城乡社会管理难度增大

当前，城乡户籍和社会保障制度改革相对滞后，新进城人员与原有城镇居民享受的社会保障存在较大差异，在就业、住房、医疗、子女就学等方面仍存在许多问题，且外来人口具有来源地广、民族成分复杂、流动性大等特点，给地方政府增加了管理上的压力。

二 安吉县推进新型城镇化的理念和主要做法

（一）规划统领，科学布局

围绕打造城乡统筹全国样板的目标定位，坚持不规划不设计、不设计不施工的原则，始终把高标准、全覆盖的理念融入规划中，以高品质规划提升建设水平。

注重规划衔接。在县域总体规划的基础上，有序编制城、镇、村规划，完成交通、旅游等各类专项规划，形成了覆盖城市乡村、涵盖经济社会的规划体系，构建了从宏观到微观、从全域到局部、从综合到专项、从指标到空间、从用地到景观整体衔接的规划格局。

明确规划导向。明确城市公共服务资源向农村辐射、延伸，推进城乡基础设施、服务设施共建共享，着力提升城乡基础设施、公共服务均等化水平。

严格规划执行。高度注重规划审批和执行的严肃性，强化规划刚性管理，明确"一张图规划""一支笔审批"。充分尊重规划成果，严格各类规划会审，加强规划与项目对接，严把规划许可关、验收关。落实重大规划批前公示和批

后告示制度，全面实施"阳光规划"，按照"专家设计、公开征询、群众讨论"的办法，发动广大群众共同参与和监督城乡规划的执行。

（二）立体推进，统筹城乡

按照安吉县一盘棋的思路，立体推进城、镇、村建设。

人居环境城乡共推。把安吉县当成一个大景区来规划和建设，着力做好"三绿三生"文章，建设绿色环境、推广绿色建筑、发展绿色经济，打造优美生态、倡导低碳生活、推行清洁生产。开展"520行动""四边三化""三改一拆"等环境综合治理工作，打造"中国美丽乡村、世界绿色人居"品牌。

着力推进公共服务城乡共享。推动农村联网公路、城乡公交、劳动就业、居家养老、医疗卫生、集镇污水设施、农村生活垃圾处理、广播电视、文化体育、学前教育、城乡居民社会养老保险等公共服务全覆盖。坚持把改善民生贯穿于城镇化建设的全过程和各方面，推动城乡基础设施和公共服务一体化。建设村（社区）便民服务中心，下放县级层面服务事项到"中心"，把邮政通信、农村金融、疾病普查等纳入服务范围，构建"便民服务超市"。

着力推进产业发展城乡互动。安吉县187个行政村，按照宜工则工、宜农则农、宜居则居、宜游则游、宜文则文的原则，建设40个工业特色村、98个高效农业村、20个休闲产业村、18个城镇化建设村、11个综合发展村。通过发展现代农业、发展工业园区、发展休闲旅游和乡村经营，实现三次产业互动发展，解决农村劳动力就业，促进农民增收。

（三）项目引导，考核跟进

把规划内容分解成定性、定量的具体任务，转变成政府工作语言，以美丽乡村建设为载体，推动蓝图从纸上落到地上。

明确行动计划。通过制定《"优雅竹城"建设实施意见》，制订年度计划，分步实施，有序推进，以展竹城新姿。通过制定《"风情小镇"建设五年计划》，逐步将安吉县所有城镇打造成为"环境优美、功能配套、产业发展、特色鲜明"的小城镇。研究制定《安吉县建设"中国美丽乡村"行动纲要》，着力抓点成线、打出品牌、延伸扩面、产生影响，巩固美丽乡村先行地优势，打造美丽乡村全国示范区。

突出考核引导。实施"四大提升"工程，细化具体指标，实行考核，强化对城市公共服务向农村延伸的引导，突出受益率考核。

科学布局项目。围绕中心城市建设，集中力量，重点推进城市综合体项目以及公共服务设施和基础设施项目，加快完善城市功能，提升城市品质。

（四）机制创优，建管并重

创新长效管理机制。完善城市管理体系，健全城市管理综合协调机制，提升城市经营管理水平。深入推进"数字城管"，构建县域全覆盖的数字化大城管。出台《美丽乡村长效管理办法》，建立动态评价机制，实行美丽乡村警告、降级、摘牌制度，强化过程监管。规范物业管理，明确各方职责，进一步健全完善物业服务体系和市场监管体系，扶持物业服务专业化发展，提升城市自我经营能力。

不断提升市民素质。启动"文明相伴、美丽相随"主题活动，创设"大家找、大家评、大家改"载体，发现、整改不文明行为，提升优化管理细节。积极开展"3·25"安吉生态日，激发全民环保意识。出台《生态安吉县民守则》，开设学校地方课程，把生态教育作为素质教育的重要内容。启动"幸福安吉"指标体系建设。

严格生态环境保护。实行最严格的生态保护分级控制，开展"811"生态文明建设推进行动，强化生态公益林、生态植被和环境敏感点保护，大力推进生态河道、矿山复绿、小流域治理等生态修复保护工程。大力推广生态经营理念，推动农民从"靠山吃山"向"养山用山"转变。率先开展农业面源污染治理，创新矿产资源的保护、利用与开发机制。

三 安吉县推进新型城镇化的思路

（一）着力完善规划体系，优化整体发展思路

按照城乡一体化的要求，着力完善规划体系，形成城市、集镇、乡村、景

区、园区规划横向全覆盖以及总体性规划、控制性详规、策划、设计完整的纵向体系。

完善县、乡镇区域总体性规划。加快推进县域总体规划修编,争取形成高质量的规划成果,以尽快发挥其统领全局的作用。加快推进各乡镇修编区域规划,着力打造新型山区经济的样板示范区。

完善县域专项规划体系。推进完善通信、水利、文保、供电、绿道系统、地下空间利用等专项规划的编制或修编工作,高质量地推进城市控制性详规的编制和梳理整合。

完善特色专项设计。启动城市重要(特色)街区色彩控制研究,着力为"优雅竹城"项目建设提供管理依据。全面总结"风情小镇""美丽乡村"规划设计工作,积极探索理念更新、品质更高、价值更大的规划设计思路。认真组织开展社会征询、专家论证、听证公示以及规划监督员工作,切实汇集社会智慧,提高规划编制和规划管理水平。

(二)推进产业转型升级,实现产城互动发展

加快推进工业转型升级。大力发挥大平台、大产业、大项目、大企业在推动城乡产业融合发展中的积极作用。开发区要着力优化产业布局,大力发展现代科学创新产业,加快打造国家级开发区;天子湖、临港等省级产业示范区要着力完善基础设施和功能配套,增强平台承载能力。各大园区要与城市建设有机衔接,不断加强园区生活服务设施与城市服务设施配套等基础设施建设,建设集生产、生活、管理、商业、服务等功能于一体的现代化生态型综合工业新城。加快打造百亿级企业,推动县域企业上市。深入推进"腾笼换鸟、机器换人、电商换市、空间换地",强化土地节约集约利用。严格项目环保准入,严控企业排放标准,推行低碳、清洁生产。

深入推进农业园区建设。加快环笔架山农业园区建设,加强农业科技创新,优化生产经营方式,完善农业产业体系,提高农业综合生产能力。

加快推进休闲旅游业的发展。环灵峰旅游度假区要积极争创国家级旅游度假区,着力壮大城市休闲旅游新区。发挥安吉休闲旅游业的特色优势,以农家乐、美丽乡村游等方式提高农村生活水平。

加快发展现代服务业集聚区。加快发展金融保险、现代商贸、文化创意、物流配送、电子商务等现代服务业，积极推动城市现代服务业向广大农村延伸、辐射，推动城乡服务业协调发展。

（三）提升公共服务水平，实现城乡民生共享

在城乡基础设施建设上，加快推进商合杭高铁、申嘉湖高速西延工程规划建设。加快推进教科文新区建设，争取中德工程师学院、浙江省自然博物馆、新职教中心尽早投入运营；深入推进"智慧乡村"建设，完善城乡信息服务；加快完善城乡公交、城乡天然气、农村自来水等基础设施，推动城乡基础设施从行政村到自然村最后到户的全覆盖；扎实推进保障性安居工程建设。

在公共服务水平提升上，着力优化城乡教育、卫生、养老服务资源配置，实现城乡均衡协调发展；加强城镇居民医疗保险、城乡居民社会养老保险和新型农村合作医疗制度建设，积极探索城乡社会保险制度有机衔接，逐步形成广覆盖、保基本、多层次、可持续的城乡一体社会保险体系；健全城乡社会保障制度，完善城乡一体的就业促进工作机制和协调机制；加快构建城乡公共文化设施服务网络，大力推进文化惠民工程建设，增强城乡公共文化服务供给能力。

在推进城乡精神文明建设上，深入开展浙江省文明县、文明村镇等创建工作，深化创建内涵，不断提高城乡居民的文明素质；大力宣传《生态安吉县民守则》，倡导文明行为、低碳生活。

（四）加大改革创新力度，完善城乡统筹机制

围绕破解城乡分割、城乡二元体制，加大改革创新力度，着力构建有利于加快推进新型城镇化的体制机制。

探索户籍制度改革。逐步使进城务工人员在劳动就业、医疗卫生、社会保障、住房购房等方面与城市居民享受同等待遇。

深化土地管理制度改革。完善征地补偿机制，推进城乡建设用地增减挂钩工作，科学利用低丘缓坡资源，优化征地补偿安置方式，提升节约用地水平。完善土地储备制度，科学运作土地资源，通过先征地后配套、先储备后开发、

先做环境后出让等办法,发挥好土地资产的"乘数效应"。

创新城乡管理体制。进一步理顺城乡规划建设管理体制,建立城乡一体、精简高效、分工合理、职责明确的城乡管理新体制,提高管理效能。

创新投融资机制。树立经营城市理念,发挥市场机制作用,整合各种资源,坚持"谁投资、谁受益"的原则,统筹运作政府资产、市政公用设施,多渠道筹集建设资金,解决困扰城乡建设的资金问题,形成城乡建设投入产出的良性循环。

B.10 桐乡市新型城镇化城乡发展增长极探索

桐乡市课题组*

摘　要： 本文通过分析桐乡市在提升市域综合实力、转变经济发展方式、统筹城乡一体化发展、改善民生状况等方面的成效，剖析在新型城镇化发展中桐乡市存在的问题，提出了实施"空间引导、极效推动、人才集聚、城乡统筹、乡村建设"五大战略，走科学发展和"统筹、集约、和谐、创新"的新型城镇化道路，发挥桐乡市在杭州都市圈新型城镇化中的增长极作用。

关键词： 新型城镇化　增长极　城乡统筹　服务配套　桐乡市

走新型城镇化道路是国家今后发展的新举措，是中国经济增长的持久动力，是未来扩大内需的最大潜力所在。构建新型杭州都市圈是贯彻落实中央和浙江省委、省政府新型城镇化发展总体战略，推进新型城市群空间发展主体形态，加快新型都市圈建设决策部署的具体实践，也是参与新型长三角世界级城市群建设、打造新型长三角"金南翼"的重大举措。2008年以来，杭州都市圈在区域内城镇基础设施网络、生态保障与屏障、区域性公共服务设施建设、

---

* 课题组组长厉海光，桐乡市发展和改革局副局长、桐乡市人民政府合作交流办公室副主任。副组长邵利明，桐乡市住房和城乡规划建设局副局长、桐乡市城乡规划局局长。成员张永清，桐乡市发展和改革局区域合作科科长；陈元栋，桐乡市发展和改革局（市接轨办）职员；陈骏，桐乡市城乡规划局常务副局长；姜宇虹，桐乡市城乡规划局副局长；王菁，桐乡市规划编制研究中心主任。执笔赵栋杰，桐乡市规划编制研究中心职员。

空间资源优化整合配置等一体化发展方面取得了明显成效。作为杭州都市圈节点城市之一，桐乡市坚持科学发展、和谐发展，充分发挥独特的区位优势，积极融入杭州都市圈一体化建设，加大空间结构调整步伐，新型城镇化进程保持了持续较快增长的良好态势，城镇规模和城镇内涵有了较大程度的扩充和提升。全面分析桐乡市新型城镇化过程中取得的成就、面临的问题和未来的发展趋势，并在此基础上提出符合发展规律的相对可行的建议，对于桐乡市在新一轮城镇化发展中大力实施"一市三城、一城五区"规划，力争新型城镇化发展走在前列，全面建成惠及桐乡市人民的现代城乡体系具有十分重要的现实意义。

一 五年来桐乡市新型城镇化发展回顾

2008年以来，桐乡市以新型城镇化发展观为指引，坚定不移地走浙江省委提出的"统筹、集约、和谐、创新"新型城镇化道路，大力实施生态立市、工贸强市、科教兴市、开放融合、城乡统筹、民生优先六大战略，扎实推进规划修编和建设管理，全面加强生态文明建设，以项目和创新为载体，努力化解要素制约，着力提高城市运行质量，呈现综合实力显著提升、城镇结构日趋优化、发展方式积极转变、统筹发展水平不断提高、民生状况持续改善的良好局面。桐乡市按常住人口计算的城镇化水平提前超过了第十二次党代会提出的奋斗目标，城乡面貌发生了巨大变化，各项城镇事业发展取得新突破，全面现代化城镇建设水平不断提高，为桐乡市"十二五"新型城镇化发展奠定了坚实的基础。

（一）新型城镇化稳步推进，综合实力明显提升

2008年以来，桐乡市贯彻落实中央新型城镇化调控政策和浙江省委、省政府各项决策部署，坚持走统筹发展、集约发展、和谐发展、创新发展之路，努力保持新型城镇化平稳较快增长，坚定不移地推进结构调整和发展方式转变，创新发展思路和发展路径，新型工业化、农业现代化、新型城镇化进程加快，城镇综合实力明显提升。

2012年，桐乡市实现地区生产总值520亿元，按可比价格计算，同比增长8%；三次产业增加值分别为28.5亿元、282.0亿元和209.5亿元，同比分别增长3.3%、7.6%和9.0%。完成固定资产投资255.2亿元，同比增长18.3%；财政总收入76亿元，其中公共财政预算收入41.8亿元，同比分别增长12.6%和15.1%；实现社会消费品零售总额216.1亿元，同比增长15.7%；城镇居民人均可支配收入、农村居民人均纯收入分别为36617元、18660元，同比均增长13.0%。

（二）经济转型成效明显，产业结构趋向合理

2008年以来，桐乡市紧紧围绕"优先发展现代服务业、大力发展特色及新兴产业、积极发展生态高效都市型农业"的思路，转型升级成效明显，大力推进产业集聚，逐步优化全市生产力布局，加快三次产业结构调整步伐，着力构建以服务业为主的现代产业结构。桐乡市在新型城镇化保持较快发展的同时，产业结构继续调整优化。桐乡市三次产业结构由2008年的6.43∶56.39∶37.18转变为2012年的6.1∶53.1∶40.8。

现代服务业加快发展。桐乡市2012年新增服务业限额以上企业119家，分离发展服务业29家，实现"个转企"199家。乌镇省级旅游试验区已经浙江省政府批准，乌镇国际旅游区被列为省级现代服务业集聚示范区，全市共接待游客1189万人次，实现旅游收入103亿元，同比分别增长16.6%和18.9%。完成建筑业总产值241.6亿元，其中市外产值128.8亿元，同比分别增长14%和45%。

工业经济平稳发展。作为浙江省工业强市建设试点县（市），桐乡市2012年实现规模以上工业总产值1138.9亿元，同比增长7.5%，其中新兴产业增加值占规模以上工业增加值的比重提升至35%；全年净增规模以上企业95家，其中亿元以上企业12家。

农业提质增效显著。进一步推进"两区"建设，建成省级主导产业示范区1个、特色农业精品园2个、高标准农田示范园3万亩，土地流转1.6万亩，新增粮食生产功能区2.2万亩。扎实推进农田水利设施建设，圩区、河道整治分别完成3.2万亩、130公里。

对外开放步伐加快。桐乡市2012年实到外资2.3亿美元，实到内资72亿元；引进"浙商回归"项目102个，到位资金28.1亿元；全年实现进出口总值38.6亿美元，其中出口25.5亿美元，玻纤出口基地获批为国家级出口基地；积极开展对外合作交流，成功承办中国-中亚合作论坛。

（三）市域统筹加快发展，城镇建设夯实推进

五年来，桐乡市顺利完成市域总体规划、新一轮土地利用总体规划和村庄布点规划修编工作。作为桐乡核心区域的中心城市建设稳步推进，同时崇福、乌镇、洲泉也加快建设步伐。基本形成全覆盖、网络化、具有较强支撑能力的市域基础设施。不断加快推进现代新市镇和城乡一体化新社区建设步伐，桐乡新型城镇化建设进入较快的发展时期，新市镇发展和农村新社区建设成效显著。

中心城市功能品位提升显著。按照"东联、南进、西拓、北扩、中兴"的总体思路，濮院镇与中心城区有效连接，镇区功能布局不断优化，差异化发展稳步推进。高桥新区规划建设起点高，商贸、居住、教育、研发等城市服务业发展特色明显；中心城区和经济开发区联动发展，建成沪杭城市群的交通枢纽和桐乡南部新城区。积极实施中心城区向西拓展，以建设临杭大道为契机，不断实施城区向西推进，拓展生产性服务、商贸、生态等功能。积极推进中心城区向北扩展，实施跨运河发展举措，建设运河两岸集商贸、居住、生态、文化休闲于一体的多功能城市新空间。推进中心城区从注重城市规模向提升城市品质发展，积极实施"退二进三"，完善给排水、生态带、城市亮化、城市交通等配套设施；以打通永丰路为突破口，实现中虹广场与沃尔玛商业中心对接，高标准建成中央商务区。

三大副中心快速发展。崇福以培育建设省级小城市试点为契机，基本形成工贸并重的南部副中心；乌镇以建设国际旅游区为载体，基本形成旅游休闲为主的北部副中心；洲泉以建设西部工业新城为重点，基本形成工业主导的西部副中心。

网络化基础设施基本建成。建成覆盖城乡的绿化、交通、供电、通信、供水、排污等一体化基础设施体系，建成区绿化、亮化、美化水平显著提高，形

成铁路、各等级公路、城市道路和乡村道路交通网络，供电、通信、供水、排污等基础设施也加快向农村延伸，污水收集处理系统及尾水外排工程等一批环保项目建成运行。

新农村建设不断改善。全面深化"十村示范、百村整治"工程，扎实推进"两分两换"试点和"两新"工程建设，并已取得阶段性成果，农村集聚水平、公共服务设施水平逐步提高，农村面貌焕然一新。

（四）公建服务配套改进，文明程度日益提升

2008年以来，桐乡市各级党委、政府着力改善民生建设，拓宽融资渠道，构建城乡民生建设保障机制，桐乡市民生建设跃上新台阶，民生状况日益改善，文明程度跨越式演进，实现了新型城镇化建设和民生建设稳步推进、基本协调发展。基本建成教育、医疗卫生、文化体育等城乡一体化公建配套体系。

教育现代化设施建设成效明显。2008～2012年教育基本建设总投入近8.6亿元，完成项目108个。2008年推进书香校园工程，全年安排图书经费141万元。2009年桐乡八中迁建项目基本竣工，桐乡二中项目已进入室外附属工程建设阶段，桐高改扩建工程进展顺利。2010年桐乡二中、桐乡八中、青石小学迁建工程，桐高、桐乡一中改扩建工程和实验幼儿园城北分园建设工程已全部投入使用。2011年校安工程扎实推进，完成全市中小学校舍的消防、避雷设施改造工程，《桐乡市中小学校安工程2009～2011年规划》危房改造工作全力推进。出台了《桐乡市区学前教育布局专项规划》，逐步加强幼儿园建设。布局调整工作富有成效，成立了"实验小学"教育集团和杭州师范大学桐乡实验学校，全市中小学布局更趋合理。

医疗卫生基本设施建设不断完善。通过建设卫生强市、实施"六大工程"，有力地推动了桐乡市医疗卫生建设的全面发展。一院、康慈医院以及濮院、石门、洲泉中心卫生院迁建等项目全面竣工并投入使用，中医院搬迁改造工程等项目顺利推进，社区卫生服务机构规范化建设基本完成，极大地改善了医疗卫生条件。

文化体育设施建设逐步推进。建成包括文化馆、博物馆、漫画馆、摄影艺

术馆等建筑在内的市文化艺术中心。通过城乡体育场地建设,维修改造市体育馆,建造环北菜场的乒乓球中心、羽毛球中心、健身中心,以及镇(街道)、社区健身设施,形成公共文化体育服务网络。东海文化明珠工程、村级文化阵地和市图书馆镇(街道)分馆实现全覆盖,满足和繁荣人民群众的文化体育生活。

二 新时期桐乡市新型城镇化发展面临的主要问题

2008年以来,桐乡市新型城镇化发展中的深层次矛盾和问题仍没有得到根本解决,比如市域空间仍需整合、增长极综合能力欠佳、城镇人口面临逆城镇化、城乡综合配套有待推进;主副中心城市的辐射和带动能力还不强,中心城市的能级有待进一步提升;市域空间资源约束强化,可持续发展任务艰巨;城乡公共建设配套投入仍需加大,提升公共服务能力形势紧迫。

(一)市域空间仍需整合

目前,桐乡的市域空间结构为"一主三副",即市域形成以中心城市为主体、小城市和中心镇为骨干的"一主三副"四个组团构成的城镇体系。"一主"为中心城市组团,包括中心城区、濮院镇、高桥新区,辐射屠甸镇;"三副"为三个城镇组团,包括以崇福为中心的南部工商贸组团、以乌镇为中心的北部旅游组团、以洲泉为中心的西部工业组团。现状的市域空间分散,城市骨架正在不断拉大,但市域空间结构不明确,各乡镇各自为政、分散扩张。特别是长期以来,中心城区的发展四向摇摆。重点区块多,导致无的放矢,同时带来不同区块分散规划、分散开发和分散管理的问题,容易造成相互竞争、相互雷同的建设。

(二)增长极综合能力欠佳

依据相关城市增长极理论,作为桐乡市域三大极核的中心城区、崇福、乌镇,在通过极核的高级化对市域产生支配效应、乘数效应和极化与扩散效应方面有待加强。中心城区作为市域最重要的极核区,各区产业功能急需加快完善。梧桐城区现代化城市综合功能有待明晰,仍需强化商业金融、行政服务、居住休闲、文化教育四大功能。振东新区有待加大市场建设力度和商贸提升力度,以进一步提升市场商贸功能。经济开发区有待加快庆南商贸区、三期扩征区、四期新能源材料产业区三大区块基础设施建设及土地开发工作进度,明确以长三角先进制造业基地为目标。濮院镇区有待进一步强化市场功能,发挥市场带动作用,促进市场提升和城市开发良性互动,尤其加快市场东区改造提升步伐。高桥新区有待加快推进各项基础保障工作,重点做好区内水、电、气、路等配套建设准备工作,西部工业区北延进度需加快,以实现与开发区对接。崇福、乌镇作为中心城区的腹地及辐射区,作为市域的两大极核区,在新市镇集聚区和新社区建设的示范作用方面有待强化。崇福老镇区有待整治提升,落后传统毛皮产业急需转型升级,经济区、商贸区、崇东新区建设力度和进度仍需进一步加大和加快,生产性服务业和新兴产业联动需要进一步加强。乌镇旅游区在人口集聚、空间拓展和功能提升方面有待进一步发展,现有景区传统节点有待整治改造,公共及基础配套设施建设急需推进,纺织服装、工艺制鞋等传统产业急需改造升级。

(三)城镇人口面临逆城镇化

一方面,桐乡市加快集聚转型,打造现代产业高地,做强做精特色优势制造业,大力培育新兴产业,加快发展现代服务业,积极发展现代农业;另一方面,人力资源开发利用有待强化,高端人才引进集聚的进度缓慢,十项"重大人才工程"推进力度仍需加大,人才发展环境急需进一步优化。科技、知识、资本、管理替代劳动力不仅是现代社会化大生产的必然趋势,更是顺应经济全球化、可持续发展的时代要求和国情需要。因此,桐乡市新型城镇化面临的就业结构性矛盾也将凸显无疑,并将伴随城镇人口外移化和郊区化,印证西方国家工业化后期城镇人口"逆化"的工业化和城镇化历史规律,制约城镇在人口方面的空间集聚作用。中心城区作为产业升级的主阵地,逆城镇化首当其冲,其他镇区也面临两难境地,劳动力密集型现状与技术知识型形势,虽能维系一时,却不能避免时势所趋,成为桐乡市市委、市政府重点关注的新课题。

（四）城乡综合配套有待推进

当前，桐乡市按照人本发展、改革领动、集成创新、联动推进的思路，通过城乡综合配套改革，加快新市镇与新社区（"两新"）的建设与发展。虽然改革实践在"两分两换"（"两分"：宅基地与承包地分开、搬迁与土地调整分开。"两换"：以承包地换保障、换股权、换租金，推进集约经营，转变农业生产方式；以宅基地换钱、换房、换地方，推进集中居住，转变生活方式）、户籍制度配套、社会保障制度完善等方面取得了重点突破，但这只是阶段性成果，有待进一步完善，并且在统筹城乡就业、涉农工作管理体制、村镇建设管理体制、农村金融体制、新居民服务管理体制、公共服务均等化体制、规划管理体制等方面也仅仅是做了试探性的工作，模式仍需改进升级，尚未在城镇一体化中推进。基于上述新市镇、新社区建设进程中综合配套推进的事实，整体推进城乡统筹的十项改革有待进一步落实和完善。

三　新时期桐乡市新型城镇化发展的基本趋势

（一）与中国新型城镇化发展相契合

党的十八大关于新型城镇化的重要阐述，指明四项基本要求。要进一步以"四化"协调发展为引领，坚持走中国特色新型工业化、信息化、城镇化、农业现代化道路，推动信息化和工业化深度融合、工业化和城镇化良性互动、城镇化和农业现代化相互协调，实现"四化"同步发展；要进一步坚信新型城镇化作为刺激内需的最大潜力所在，应以改善需求结构、优化产业结构、促进区域协调发展为重点，着力解决制约经济持续健康发展的内需问题；要进一步创新城镇体系发展模式，科学合理规划城市群规模和布局，加快推进中小城市和小城镇产业集聚、公共服务、设施支撑、人口吸纳功能，加快改革户籍制度，创新农业转移人口市民化的路径，以城镇基本公共服务常住人口全覆盖为考核机制，最终实现城镇化质量明显提高的目标；要进一步统筹城乡一体化发展，加快完善城乡一体化体制机制，将县域作为城乡一体化统筹的重点区域，形成以工哺农、以城带乡的新型工农、城乡关系。

2012年12月，中央经济工作会议重点强调积极稳妥推进城镇化，着力提高城镇化质量，因势利导、趋利避害，积极引导城镇化健康发展。要以构建科学合理的城镇格局为指引，逐步形成城市连绵带、大中小城市和小城镇有序发展的城镇体系，并且需要与区域经济发展及产业布局、资源环境承载力紧密衔接和相互适应。要把有序推进农业转移人口市民化作为重要任务切实抓好，推进以人为核心的新型城镇化。要将生态文明建设放在城镇化的突出位置，坚定不移地走集约、智能、绿色、低碳的新型城镇化道路。

（二）与桐乡市"十二五"新型城镇化发展战略目标相一致

坚持将统筹城乡发展作为破解"三农"问题的有效途径。以新型城镇化为动力，全面深化统筹城乡综合配套改革，优化空间布局，完善基础设施，推进现代新市镇和城乡一体新社区建设，促进城乡资源合理流动，以城带乡、城乡联动、整体发展，加快形成城乡一体化发展新格局。

城乡发展更加均衡。新型城镇化进程明显加快，"两新"工程深入实施，至2015年，中心城区建成区面积达到40平方公里以上，城镇化率达到55%。加快推进农房改造集聚，建立覆盖城乡居民的社会保障体系，加快转变城乡二元结构，逐步缩小城乡差距。

（三）与桐乡市空间发展战略相融合

坚持特色化引领的战略思路，提出"三、三、三"市域空间发展战略，即"突出三大功能、明晰三大板块、提升三大节点"，总体形成"一市三城、以城带区"的市域空间结构。

以中心城区带动东部品质城市板块，依托市场商贸特色，强调城与贸的结合，突出浙北商贸中心的职能，并通过整合濮院、高桥和屠甸，建设组合中心城市，是引领桐乡未来发展的重中之重；以崇福带动西部特色城镇板块，依托民营经济特色，强调自上而下和自下而上相结合，突出民营创新典范的职能，并重点发挥崇福省级小城市的引领和示范作用；以乌镇带动北部文化水乡板

块,依托田园水乡特色,强调水乡古镇与生态休闲的结合,突出文化水乡休闲的职能,并以乌镇为龙头引领桐乡国际知名旅游城市的建设。

四 推进桐乡市新型城镇化发展的若干建议

浙江省"十二五"新型城镇化建议提出,推进新型城镇化,必须以科学发展为主题,以加快转变城镇化发展方式为主线。针对桐乡市在杭州都市圈中的相对优势和劣势,我们认为,在杭州都市圈加速融入省域4个都市区和长三角世界级城市群的现阶段,桐乡市应抓住机遇,继续发挥新型城镇化进程快速、外向型城镇化发展良好等优势,加快城镇结构调整,尽快转变城镇化发展方式,充分挖掘城镇化发展的潜力,提升在杭州市都市圈、省域城镇化发展中的综合竞争力。要依据《浙江省城镇体系规划(2011~2020)》《杭州都市经济圈发展规划》《桐乡市域总体规划(2006~2020)》《桐乡市空间发展战略规划》,结合桐乡市新型城镇化发展实际,进一步树立机遇和忧患意识,不断巩固与增强科学发展、富民强市的责任感和紧迫感,大力实施"空间引导、极效推动、人才集聚、城乡统筹、乡村建设"五大战略,全面建设中国旅游第一大县、未来中国文化创意城市、休闲养生目的地、长三角新型工业城市和中国十大市场强市,加快建设现代化网络型田园城市。

(一)实施空间引导战略,明确市域空间结构,以空间引导促新型城镇化发展

将"一市三城、以城带区"作为桐乡的市域空间结构,即市域形成以中心城区带动东部品质城市板块、崇福带动西部特色城镇板块、乌镇带动北部休闲水乡板块的组合空间。

东部品质城市。以中心城区、濮院、高桥和屠甸为主体,整合空间资源,构建组合中心城市,并重点突出综合商贸优势,借鉴义乌国际贸易城市的发展经验,从市场集聚区向商贸城市转型,鼓励市场贸易功能的延伸和高级化,重点完善创意研发、总部商务、金融服务和商业休闲等市场的高端职能。通过强调市场商贸与城市服务的结合,来确定其作为浙北商贸中心的地位。中心城区

是引领桐乡未来发展的重中之重，是建设浙北商贸中心，打造凤栖梧桐地、运河水乡城的核心。规划提出五大策略促进中心城区的提升与空间发展：功能升级，从市场集聚区变为商贸城市；联动濮院、高桥和屠甸，构建组合中心城区；形成"一城五区"的组团型城市格局；每个板块有核心抓手，亮点突出；突出品质，重塑田园水乡城市特色。

西部特色城镇。以崇福、洲泉、大麻为主体，突出西部乡镇一镇一品的特色产业优势，既要发挥自下而上民营经济的活力，引导块状经济向现代产业集群转型升级，又要发挥崇福作为省级小城市在城镇化、工业化以及城乡公共服务设施均等化方面的示范和引领作用，以自上而下的方式引导实现城镇化集聚。强调自下而上和自上而下的结合。崇福，整合洲泉和大麻两个特色镇，定位为千年运河崇德地、时尚皮草新福城、省级一流小城市和西部特色城镇板块的副中心城市，并通过"双城双园"带动崇福提升。洲泉，定位为中国化纤名镇、中国蚕丝被名镇、杭州都市圈外围特色生态休闲镇，引导化纤产业向现代产业集群转型。大麻，定位为中国家纺名镇、杭州都市圈外围特色生态休闲小镇，引导家纺产业向现代产业集群转型。

北部休闲水乡。以乌镇为龙头和主体，西翼联动以生态休闲为主的石门、河山，东翼联动以都市休闲为主的濮院、龙翔，并扩展到整个市域。通过挖掘若干特色村庄、特色生态等休闲旅游资源，以水乡古镇与生态休闲相结合的方式，重点向北对接太湖，融入环太湖生态旅游圈，以水乡休闲旅游为主要职能。乌镇，整合石门和河山两个特色镇，定位为中国第一旅游大镇、世界一流风情小城、北部文化水乡片区的副中心城市，并通过"两区两化"带动乌镇提升。石门，定位为运河文化古镇、环太湖生态休闲小镇，限制工业或发展"1.5产业"。河山，定位为中国绢纺蚕丝名镇、桑蚕丝的重要产地、环太湖生态休闲小镇，限制工业尤其是污染型工业的引入，或鼓励发展"1.5产业"。

（二）实施极效推动战略，推进城镇项目建设，以增长极效应促新型城镇化发展

以城市建设三年行动计划为引领，全速推进"一城五区"新城市建设，包括梧桐城区、振东新区、经济开发区、濮院镇区、高桥新区，是桐乡城市建设发展的核心区域；以建成浙江省一流小城市为目标，加快崇福镇省级小城市建设步伐；按照打造中国最美小城市的要求，加大乌镇世界一流风情小城建设力度。

梧桐城区。以建设现代化城市综合功能区为目标，以改造提升为重点，大力实施绿化、美化、亮化、净化工程，全面改善城市面貌、完善城市功能，强化并协调各功能片区的开发建设，突出商业金融、行政服务、居住休闲、文化教育四大功能，新增3平方公里以上建成区面积。加快完善城市功能。大力推进旧城改造，开展背街小巷改造、建成区路网及人行道改造等工程；加快东兴生活广场、永利广场等城市综合体建设；完善中小学、幼儿园等教育设施的布点建设。促进城市交通改善。实施一批主干道路建设、改造工程和城市主要道路交叉口渠化改造工程，加快推进永丰路贯通工程，努力实现外联内畅；积极挖掘中心城区停车资源，建设一批公共停车场，实现机关事业单位停车场地错时开放；坚持公交优先，加快公共交通配套设施完善和智能化建设，大力发展公共自行车等公共交通配套设施建设。加快城市景观提升。实施凤鸣公园改造提升工程，推进北港河生态修复和亮化提升工程，完成庆北绿地项目建设，加快城市绿道、街心绿地和小广场建设。振东新区。以打造浙北最具经典的城市亮点为目标，高起点规划，高标准推进凤凰湖及周边区域开发建设，努力实现"一年打基础、三年出形象、五年大变样"的预期目标，新增建成区面积1.5平方公里以上。加大市场建设集聚和商贸提升力度。加快推动世贸中心二期、森茂汽车城及汽车4S店集聚区等专业市场建设，努力提升振兴路两侧商贸业态，激活商业氛围。加快凤凰湖及周边区域开发进度。完成中心湖区开挖，科学、有序地谋划周边区域建设，重点推动金融商务区、凤凰湖启动区和振东城市综合体建设。经济开发区。以打造长三角先进制造业基地为目标，加快完善配套设施建设，重点做好庆南商贸区、三期扩征区、四期新能源新材料产业区三大区块的基础设施建设及土地开发工作，新增2平方公里以上建成区面积。加快推进吉奥动力等总部项目落户建设，稳步打造具有一定规模的总部经济产业带。濮院镇区。以建设现代化桐乡东部新城为目标，进一步强化市场功能，发挥市场带动作用，促进市场提升和城市开发良性互动，新增建成区面积1.5平方公里以上。重点做好市场区功能完善。大力推进电子商务、产品设计等微

桐乡市新型城镇化城乡发展增长极探索

笑曲线两端产业的配套发展，加快市场东区改造提升步伐，以市场提档升级为目标，不断拓展市场功能。推动老城新区的保护与建设。启动濮院古镇保护和旧镇区改建工程，同时加快翡翠江南生态湿地建设，强化与凤凰湖、梧桐城区的景观和功能对接。大力推进高新产业园区开发建设，不断提高产业层次。高桥新区。以建设南部新城为目标，发挥高铁优势，围绕"2.5产业"、商贸旅游、休闲居住等重点，加大迎宾大道以东站前广场区域、商贸区建设，新增建成区面积1.5平方公里以上。扎实做好各项基础保障工作，做好区内水、电、气、路等配套设施建设的准备工作，高起点规划，高标准建设。加大平安项目、站前四星级酒店和企业总部等项目的推进力度。推进新区空间规划和基础设施建设与经济开发区的对接，推动西部工业区北延，做好与开发区产业的对接。加快桐九公路客运中心至高铁火车站改建工程建设。

崇福。围绕"构建都市节点小城市，打造活力开放新崇福"的总体要求，加快崇福经济区、商贸集聚区、崇东新区建设，推进老镇区整治提升。坚持"效益优先、品牌优先、市场优先"的原则，强化产业和市场工贸联动发展，打造中国皮草行业设计研发高地、生产出口基地和展示展览中心，大力发展专业市场、物流运输、科技研发等生产性服务业和新特材料等新兴产业。

乌镇。积极扩大城镇规模，提升现有景区品质，全面推进城镇建设发展，打造富有江南水乡特色的旅游重镇。加快传统节点整治改造进度，拓展文化创意、影视、会议、度假等功能，打造旅游度假经济、创意经济和商务会议经济联动发展的国际旅游区。加快古镇主要道路、宾馆酒店等配套设施建设，着力提高游客容纳能力，促进景区和镇区的协调发展。拓展完善光电产业园，引导纺织服装、工艺制鞋等传统产业升级。

（三）实施人才集聚战略，构筑人力资源高地，以人才保障促新型城镇化发展

贯彻《国家中长期人才发展规划纲要（2010~2020年）》，积极开发利用人才资源，为全面建设小康社会提供人才保证和智力支持。

加快高端人才引进集聚。完善人才引进计划，重点引进对全市经济社会发展影响较大的优势产业、现代服务业以及重点建设工程项目急需的各类高层次

和高技能人才。加强与高校、科研机构合作,拓宽人才引进渠道,完善人才柔性引进政策。以优势产业和高新技术产业项目为载体,鼓励有条件的单位和园区建立博士后科研工作站或研发机构。加快实施创业创新领军人才集聚计划和重点创新团队推进计划,积极实施海内外高层次人才引进计划,引进一批海内外高层次人才和创新团队。

推进各类人才队伍建设。实施企业经营管理人才素质提升工程,提高企业现代化经营管理水平;实施高素质专业技术人才培养工程,加快高层次专业技术人才的开发;实施高技能人才振兴工程,培养引进一批技术技能型、复合技能型和知识技能型的高技能人才;实施现代农业人才支撑计划,选拔支持一批农业科技带头人;实施卫生人才保障工程,加强医学学科带头人和基层医疗卫生人才队伍建设;实施社会工作人才培育工程,培育造就一支职业化、专业化的社会工作人才队伍;实施高校毕业生基层培养计划,培养锻炼一批后备人才。"十二五"末,力争实现桐乡市人才资源总量达到12.6万人。

着力优化人才发展环境。深化人才选拔任用机制,创新人才评价制度,完善人才激励制度,强化人才公共服务。探索建立完善以鼓励创业创新为目的的人才分配激励机制,完善促进人才投资优先保证的财税金融优惠政策。鼓励扶持各镇(街道)、开发区建设科技人才公寓,设立人才开发专项资金。

(四)实施城乡统筹战略,促进城乡均衡发展,以城乡统筹促新型城镇化发展

稳步推进农民就业转移,加快促进农民向市民转变,探索城乡利益协调发展机制,努力破解城乡二元结构,建立城乡统筹发展新机制。

推进农民转移就业。鼓励和扶持农民从事第二产业,以及社区服务、商贸流通、休闲旅游等第三产业,拓展农民创业发展空间。结合旧城改造、新农村建设,分类引导农村人口转移转化。完善农民就业服务体系,加强农民转移就业培训,积极做好信息发布、用工推荐等工作,促进农民从小农身份向经营大户、农业工人转变,在公平自愿的基础上,稳步推进农民就业转移。

探索城乡利益协调发展机制。完善"以土地换保障"政策,以"确权、扩权、维权"为基础,鼓励农户采取转包、出租、入股等多种方式,实现土地承包经营权的流转。积极推进农村集体资产产权制度改革，提升发展农业专业化合作组织，优化专业化合作组织生产与经营机制，提高农业生产的整体效益，实现农村集体资产保值增值、农民持续增收。以土地使用制度改革为契机，加快推进就业、社保等"一改带九改"配套改革。

完善户籍转换制度。充分发挥省级小城市、中心镇、新市镇、新社区在农民市民化进程中的作用，实行以具有稳定就业一定年限、固定住所和居住期限为基本条件的户口迁移准入制。对自愿放弃土地承包经营权和宅基地使用权的农村居民，实行与城镇居民享受同等的社会保障政策待遇。稳步推进社会保障、劳动就业、教育医疗、社会管理与户籍制度改革的配套衔接，推进城乡居民权益均等化、服务均衡化。

（五）实施乡村建设战略，落实农村新村建设，以美丽乡村促新型城镇化发展

以集聚为核心，以现代化的居住小区和完善的基础设施及其公共服务配套为重点，加快新市镇和城乡一体化新社区建设的步伐。

积极实施"两新"工程。以"12＋68"总体规划为基础，完善新市镇集聚区和城乡一体化新社区建设详规。采取整治改造型、旧村扩张型、搬迁安置型、拆迁集聚型等模式，鼓励农户跨区域搬迁集聚；以公寓房安置为主体，积极推行整村整组连片置换。全面实施村庄环境整治长效管理，积极开展美丽乡村建设。以省级中心村为重点，精心设计，不断提升建设品位；对拟保留的特色村，充分发挥水乡风光秀丽、农耕文化多样、人文底蕴深厚的优势，通过整治改造，重塑"小桥、流水、人家"的江南水乡特色与个性。

强化新市镇集聚辐射功能。深入推进扩权强镇改革试点步伐，实施一批新市镇旧城改造和新区开发项目，切实发挥强镇集聚辐射带动作用。全面推广濮院镇、洲泉镇和经济开发区改革试点，切实抓好崇福镇省级小城市试点工作，构建省级小城市—中心镇—新市镇多层次、差异化的扩权体系。强化新市镇在科技、就业、社会保障、文化体育、义务教育、医疗卫生等领域的公共服务职能。加快推进新市镇交通、信息、邮政、供水、供电等基础设施建设，提升通路、通信、通水、通电、通气、通污、绿化的"六通一化"水平。

创新新社区管理模式。积极创新适应农民生产生活方式转变的社会管理模式，构建基层党建新格局，加强新社区基层民主政治建设。积极探索新社区管理服务体制建设，加强社区政法综治组织建设，有序推进居民自治。强化新社区公共服务配套，完善农村文化、医疗卫生等功能，合理配置社区综合服务中心等公共服务设施。

B.11 诸暨市中心镇和小城市建设发展路径选择

诸暨市课题组*

摘　要： 中心镇和小城市建设是推动新型城镇化发展的一项重要战略举措。诸暨市紧紧抓住国家、浙江省和绍兴市推动小城镇发展的战略机遇，以"一主一副五组团"市域发展空间布局，通过规划引领、产业支撑、功能强镇、体制创新等一系列举措，推动了新型城镇化的快速发展。诸暨市以"转型升级示范区、统筹发展示范区、社会管理示范区"建设为引领，滚动实施中心镇和小城市培育中长期发展计划，加速推进中心镇和小城市人口集中、产业集聚、功能集成、要素集约式发展，实现产业现代化、城镇现代化、社会现代化、生态现代化、管理现代化五个现代化，在杭州都市圈率先走出了一条中心镇和小城市培育发展的路径。

关键词： 中心镇　小城市　城镇化路径　诸暨市

现代化城镇体系的一个重要节点是中心镇。中心镇建设是打造创业创新发展新平台的有力抓手。诸暨市区域面积2311平方公里，户籍人口107万人，外来人口近50万人。作为一个人口大市、经济强市、资源小市，面对长三角一体化的快速推进以及杭州都市圈的深度融合，特别是诸暨向现代化大城市转型的发

---

* 课题组组长陆琪军，诸暨市发展和改革局副局长。执笔孙国民，原诸暨市发展和改革局国民经济综合科副科长、经济师、高级人力资源管理师；金炯，诸暨市发展和改革局合作交流科科长。

展新趋势，如何紧紧抓住历史机遇，走出一条产城协同的中心镇和小城市发展的"诸暨路径"，是一个重大而紧迫的现实课题。2012年来，我们通过查阅资料、深入走访、问卷调查、外出取经等形式，就此进行了深入调查研究。

一 诸暨市加快中心镇和小城市建设的重要性与紧迫性

加快中心镇和小城市建设，对于推进全域城镇化、提升城乡统筹水平、率先基本实现现代化，意义重大而深远。

（一）是推进新型城镇化、加快现代化城市建设的战略选择

城镇是推进城乡统筹发展的重要节点，是实现诸暨更好更快发展的强大引擎，是率先基本实现现代化的必由之路。没有城镇节点的突破性支撑，诸暨的现代化就难以深入推进。近年来，各级政府对城镇建设越来越重视，特别是浙江省更是提前把中心镇建设作为重大发展战略，出台了一系列重要政策强势推动。改革开放后，特别是撤县设市以来，诸暨市先后实施跃江东进、越山西拓、旧城改造、城东新城等重大战略举措，着力构建"一主一副五组团"的城镇格局，新型城镇化水平快速提高，但整体上仍滞后于服务业发展和工业化水平，特别是与周边发达县（市）相比差距还在扩大。必须不断增强忧患意识、危机意识，把中心镇和小城市建设放在更加突出的位置，强化规划引领、政策推动，充分调动各方积极性，更大力度、务实有效地推进中心镇和小城市建设。

（二）是加快转型发展、集约发展的必然要求

诸暨素有"七山一水二分田"之称，全市共有27个镇（乡）、街道。随着近几年社会经济的快速发展，发展空间、资源瓶颈、环境容量等硬指标约束日益加剧，传统的粗放型、数量式扩张等经济增长方式已难以为继，形势倒逼我们必须加快推动发展向主要依靠科技进步、劳动者素质提高、管理创新和低碳发展转变，倒逼我们必须更加注重主体功能区建设，继续探索加大镇乡"撤扩并"力度，并最大限度地做好空间要素资源文章。中心镇和小城市转型

发展、集约发展的成效如何，直接决定了诸暨能否在新一轮发展中继续走在前列。因此，必须把增强发展的全面性、协调性和可持续性作为战略性任务，全面实施经济立市、生态靓市、创新驱动战略，大力培育战略性新兴产业，加快发展现代服务业，扎实推进大城市建设，在加快转型中优化增长，在优化增长中提速发展。

（三）是统筹城乡发展、建设幸福诸暨的现实需要

城市，让生活更美好。诸暨市区域面积2231平方公里，其中90%以上的区域为农村，107万人口中约72%是农民。因此，诸暨的现代化必须以农村的现代化为基础，没有农村现代化就没有城市现代化。如何加快由"镇"向"城"跨越，大力建设发展中心镇、培育小城市，成为诸暨一项义不容辞的重大历史使命。要将发展中心镇和小城市作为加速城乡一体化、率先基本实现现代化的突破口来抓，将更多农村人口变为城镇居民，让更多城市产业向农村拓展、基础设施向农村延伸、公共服务向农村覆盖，使人民群众生活得更有尊严、更加幸福，共享诸暨发展和城镇化建设的成果。

二 诸暨市中心镇和小城市建设的主要实践

近年来，诸暨市委、市政府以科学发展观为指导，以"一主一副五组团"市域发展布局为引领，以强镇富民为目标，坚持政策推动、产业拉动、文化带动、城乡互动，中心镇和小城市实现了发展提速、发展提质。

（一）注重全局谋划，格局体系日渐清晰

把中心镇作为推进现代城市建设、统筹城乡发展的关键节点。早在1998年，《诸暨市城镇体系规划》就确定了"一个中心、两条轴线、六大城镇组群"的总体框架。2006年编制的《诸暨市域总体规划（2006～2020）》，延续了"一个中心、六大组群"的框架。2010年7月通过的《中共诸暨市委关于大城市建设的决定》和2011年1月通过的《中共诸暨市委关于制定诸暨市国民经济和社会发展第十二个五年规划的建议》，明确要以全域城镇化为引领，

形成以中心城区为极核，店口诸北新城为副中心，牌头、枫桥、次坞、五泄、璜山五大中心镇为城镇组团的"一主一副五组团"格局。一是加强组织领导。诸暨市委常委会每年召开专题会议研究促动，各级政府主要领导多次开展专题调研。成立了全市中心镇培育发展领导小组，办公室设在诸暨市发展和改革局，专职负责中心镇培育的工作指导和政策协调，协调解决推进过程中的重大问题。各中心镇也成立了相关机构，形成了分级负责、上下联动的工作格局。二是出台政策实施激励。先后出台了《关于积极培育中心镇的若干指导意见》（市委〔2007〕63号）、《关于加快培育枫桥等五个中心镇的若干意见》（市委〔2009〕8号）、《关于加快发展中心镇培育小城市的若干意见》（市委〔2011〕2号）等政策，并为店口镇量身定做了《关于加快培育店口中心镇的若干意见》（市委〔2007〕86号）、《关于扩大店口中心镇经济社会管理权限的方案》和《诸暨市店口镇小城市试点三年行动计划（2011～2013年）》。近四年来，诸暨市财政共切出专项资金1.2亿元，突出"优化规划布局、推进扩权强镇、提高规费返回和财政分成比例、搭建融资平台、强化用地保障、加大投入力度、加强干部配备、加快产业集聚和基础设施建设、推进社会事业发展"等重点，加大倾斜扶持力度，有效地提升了中心镇的发展活力。目前，诸暨市拥有省级中心镇5个、绍兴市级中心镇7个，其中店口镇被列入首批省级小城市培育试点。

（二）强化产业支撑，综合实力快速提升

把培育特色产业作为夯实中心镇实力、加快转型升级的核心内容。一重产业提升。采取有力、有效措施，成功应对国际金融危机的严峻挑战，并以"6+2"现代产业体系为引领，配套跟进"八个一"推进机制，一手抓传统优势产业改造升级，一手抓战略性新兴产业培育发展，中心镇的产业支撑力和核心竞争力明显增强。7个中心镇集聚了诸暨市六大工业主导产业中的五大产业，2010年中心镇五大产业产值占诸暨市总产值的62%。如店口镇坚持新型工业化与新型城镇化互动，以仅占诸暨市5%的土地，创造了1/4的工业总产值、1/6的财政收入，综合实力居浙江省首位。大唐镇做足袜业产业特色，走出了一条产业立镇、商贸活镇的发展之路。二重平台打造。紧紧抓住新一轮土

地利用总体规划调整契机,将中心镇工业功能区面积从13平方公里扩大到39平方公里。店口镇新晋为省级现代环保装备高新技术产业园区,大唐镇被列入浙江省第二批现代产业集群转型升级示范区试点,牌头镇成为国家级环保装备基地和省级循环经济试点单位,五泄镇获批建设省级旅游度假区。三重项目支撑。2007~2010年,各中心镇共上千万元以上产业项目574个,累计投入近330亿元。2011年,7个中心镇工业性投入达90.45亿元,占诸暨市总额的53.8%。2012年,各中心镇计划实施工业、商贸千万元以上项目187个,占诸暨市总数的44.2%;上半年实际完成固定资产投资71.1亿元,占诸暨市总额的43.4%。2012年诸暨市被列入浙江省"双千"工程的13个项目中,在中心镇实施的就有7个。四重企业培育。把大企业作为转型升级的主体力量,诸暨市共有3家中国500强企业,店口镇就占了2家,海亮集团为浙江省10强企业、绍兴市最大企业。诸暨市7个中心镇拥有上市企业7家、股权投资企业10家、30强工业规模企业16家,分别占诸暨市企业总数的58.3%、43.4%和53.3%,有力地支撑起了诸暨大企业的"半壁江山"。五重市场拓展。把平台建设作为转型升级的重要基础,大唐新袜业市场、店口华东汽配水暖城等一批闻名海内外的本土市场先后建成,连续成功举办11届中国国际袜业博览会。店口、大唐两镇组织五金水暖、袜业企业抱团参展,大力拓展内贸市场。

(三)着力功能强镇,承载能力明显增强

把完善功能、增强综合承载力作为发挥中心镇集聚辐射作用的重要前提。一重基础配套。加快推进以"一路"(高标准进镇公路)、"二厂"(自来水厂、污水处理厂)、"三网"(自来水供应网、垃圾收集运转处理网、通村公路网)为主的基础设施建设,农村的基础设施网络进一步健全。店口镇乘着浙江省首批小城市培育试点的东风,4年累计投入超10亿元,先后建成全省首个镇级日处理能力达300吨的垃圾焚烧厂、首条镇级天然气管道、首家镇级商贸综合体、首个镇级现代数码影城、首家镇级四星级现代化农贸市场等多个"全省第一"。目前,各中心镇连接高速、国道、省道的道路基本建成,拥有至少一条以上的高标准进镇道路,标准化公路通村率达95%以上,基本实现"半小时经济圈"。7个中心镇的垃圾集中收集处理率、污水处理排放率、有线

电视联网率、广播电视覆盖率均达100%。5个中心镇建有自来水厂，3个中心镇的自来水入村率达100%。二重文化强镇。所有中心镇都创建成为浙江省教育强镇。全面推进"一校"（高标准普通高中）、"二院"（医院和敬老院）、"三中心"（文化、科普、体育中心）建设工程，其中3个镇建有高标准普通高中，镇镇都有中心卫生院、综合性敬老院和文化中心，5个镇拥有科普中心和体育中心。三重公共服务。7个中心镇的城乡班线通村率达100%，建成区排水管网覆盖率达100%。星级宾馆创建卓有成效，其中店口、大唐、璜山、五泄等镇拥有1家以上四星级宾馆。6个中心镇建有能提供700种商品以上、占地面积500平方米以上的连锁超市，4个中心镇拥有大型商贸综合体共10个。新型农村合作医疗平均参保率达91%，农村养老保险、政策性农民住房保险等参保人数明显提高；各中心镇都实现了镇、村两级便民服务中心"全覆盖"。

（四）着力创新破难，发展活力不断增强

把体制机制创新作为破解中心镇发展制约的突破口来抓，努力为中心镇建设发展增添改革源泉、改革动力和新鲜活力。一是扩权强镇。2009年，按照诸暨市委、市政府"依法下放、能放则放"的改革原则，全面向中心镇下放经济社会管理权限，采取委托、授权或直接设置派出机构等形式，赋予中心镇部分市级管理权限。特别是为店口镇下放了157项权限。二是创新破难。积极推进投融资体制改革，各中心镇均成立了政府性投资公司，大力引进民间资本、社会资本，以BOT等形式参与中心镇基础设施建设。特别是店口镇，着力破解资金难题，大胆尝试"民资造城"，以政府性投资公司为平台或媒介，先后筹资30多亿元民间资本投入公共设施建设。积极推进户籍制度改革，出台实施宅基地置换相关政策，店口镇出台农民进城购房补助政策，加快农民就地城镇化步伐。加快空间拓展力度，实施"三改一拆"。三是优化机构。到目前为止，各中心镇内设机构统一为"四办三中心"架构：党政办、村镇建设办、社会事业办、经济发展办；综治工作中心、驻村指导中心、便民服务中心。店口镇将内设机构调整为"三局三办二中心"，将规划、建管、环保、安监、劳动保障、城建监察等驻镇部门纳入机关局、办和中心，实行集中办公、统一考核管理，增强对经济社会发展的调控能力。同时，配强配优中心镇干

部，深入实施"五驻"培养锻炼，通过"内培、外引、上挂、下派"等多种形式，提高中心镇干部的综合素质。

经过 4 年的培育发展，诸暨市中心镇实力得到明显增强。2006～2010 年，诸暨市 7 个中心镇的生产总值、财政收入、规模以上工业总产值年均分别增长 17.8%、25.7% 和 26.6%，分别占诸暨市生产总值的 2/5、1/3 和 3/5 以上。

三 诸暨市中心镇和小城市建设中存在的主要问题

（一）思想认识有待提高

思想是行动的先导，思想解放的程度决定了中心镇建设发展的速度。从调研情况看，在回答中心镇发展"谁来做""做什么""怎么做"的问题上，还存在认识不清、思路不明、措施不实等问题。市级层面，虽然建立了领导小组和办公室，但与周边先进县（市）以及诸暨市城乡统筹的推进力度相比，还存在领导力量偏弱、组织架构欠合理、协调能力不强、举措抓手偏少等问题，影响了诸暨市面上的均衡快速推进。中心镇层面，或多或少还存在"等、靠、要"的思想和"缩手缩脚、怕这怕那"的思想，加快发展的紧迫意识、破难奋进的创新意识、走在前列的率先意识不够强，发展眼界不够宽、思路不够清、措施不够实，大气魄规划、大手笔建设、大力度推进的氛围还不够浓厚。相关部门层面，服务意识和服务水平仍有待提高，或多或少存在权力没有"应放尽放"的现象，往往是任务繁重的、无关紧要的权力"放给"了中心镇，而含金量高的审批权力仍"留用"。对"哪些权力最迫切需要下放""哪些权力没必要进行下放"等问题，没有从优化行政资源利用效率、提高中心镇一级对经济社会发展的调控能力、方便广大人民群众办事出发来统筹考虑权力下放。

（二）定位思路还欠清晰

发展定位是一个中心镇最基本的属性、最核心的灵魂，直接决定着发展走向。调研发现，在回答"我是谁"的问题上，还存在着以下一些突出问题。一是功能定位不够清晰。规划是对城镇未来发展的预见和安排，必须具有前瞻性。从调研情况看，各中心镇都按照上级要求编制了相应规划，但从总体上看，规划的超前性、系统性、权威性、操作性仍然不强，按照区位条件、产业基础、人文资源、发展空间等要素禀赋优势资源，在对城市功能进行明确定位等方面，尚需做进一步努力。除店口镇外，其他中心镇总体规划大都为 2007 年和 2008 年修订，已明显滞后于形势发展的要求，同时规划与规划之间的衔接还不够紧密。二是建设发展缺乏特色。城市特色是一个城市的"名片"，事关一个城市的影响力、集聚力和生命力。在产业特色上，与"东方好莱坞"东阳横店镇发展文化影视旅游业、"江南四大名镇"之一桐乡乌镇发展水乡旅游业等相比，诸暨市中心镇在传承挖掘特有文化资源、做强特色产业、扩大知名度和美誉度等方面的意识还不够强。在城市建设上，大到区块的总布局，中到城镇的天际线，小到建筑的外立面，都给人以"千镇一面"的感觉，看不出城市的特色和"气派"。城市管理差强人意，特别是在培育市民素质、市民意识等方面的差距更大。三是发展视野还需开阔。中心镇上连大城市，下接广大农村，在功能定位的过程中，既要考虑到承接配套大城市，又要考虑到与周边镇乡、组团区域的互动对接。调研发现，除店口镇按照浙江省小城市试点三年行动计划统筹考虑带动诸北片区发展，以及大唐镇按照融入诸暨中心城区的要求统筹带动市域西南部发展之外，其他中心镇的集聚辐射能力有待进一步增强，整合资源、集聚要素、组团发展的理念还不够新。

（三）总体发展尚欠平衡

中心镇之间发展还不够均衡，与市外强镇、省内小城市培育标准相比还存在不小的差距。

（1）从本市看。一是经济总量差距拉大。店口、大唐、枫桥、牌头、次坞、璜山、五泄 7 个中心镇生产总值比由 2006 年的 31.5∶19.2∶16.0∶11.1∶9.4∶9.8∶3.0 发展为 2013 年的 32.5∶19.2∶15.9∶10.7∶10.3∶9.4∶2.0；财政收入比由 2006 年的 35.2∶20.0∶17.7∶12.8∶5.9∶7.4∶1.0 发展为 2013 年的

诸暨市中心镇和小城市建设发展路径选择

36.8∶25.1∶12.7∶8.6∶8.2∶7.5∶1.1；工业总产值比由2006年的40.1∶21.9∶9.6∶8.6∶7.4∶11.4∶1.0发展为2013年的39.0∶22.0∶8.5∶9.5∶8.4∶11.0∶1.6。其中，2013年生产总值、财政收入、工业总产值最高的店口镇，分别是最低的五泄镇的16.25倍、33.45倍、24.38倍。二是城镇化程度差距拉大。从建成区面积的绝对数看，店口镇是次坞镇、五泄镇的7.8倍。从建成区面积占镇域行政区划面积的比重看，建成率最高的是大唐镇（14.9%），其次是店口镇（12.2%），最低的是次坞镇（1.7%）和璜山镇（2.3%），大唐镇是次坞镇的8.8倍。从人口集聚率看，建成区人口数占镇域总人口数的比重最高的是店口镇，达到78.7%，最低的是次坞镇，达到19.3%，人口集聚率相差59.4个百分点。从城镇化率看，城镇化率最高的是店口镇，达到62.4%，最低的是次坞镇，达到29.0%，城镇化率相差33.4个百分点。三是创新能力差距拉大。从发展改革层面看，店口镇在投融资体制、农村宅基地置换和户籍制度改革以及扩权强镇改革等方面走在浙江省前列，其他几个中心镇的发展改革则相对缓慢。从创新指标看，中心镇专利拥有量为1531个，企业技术中心有36个，拥有中国名牌和中国驰名商标60只，上市公司有6个，其中店口镇分别占51.6%、38.9%、28.3%、50.0%。创新是发展进步的动力源泉，创新能力的差距，实质上反映了各中心镇内生增长能力的巨大差距，并直接导致诸暨市中心镇在发展改革中的不均衡性。

（2）放眼省市看。从绍兴市排名看，2010年绍兴市28个中心镇中，诸暨市有3个镇进入前10名，其中店口镇居第1位，大唐镇居第3位，枫桥镇居第9位，整体排名处于绍兴市中等偏上水平。从浙江省排名看，诸暨市有2个镇进入前20名，其中店口镇居第3位，大唐镇居第18位，整体排名处于浙江省中等水平。从浙江省中心镇发展绩效看，店口镇占据优势的是工业总产值、城镇居民可支配收入、农村居民人均纯收入三项指标，均在浙江省排名第一，但其他核心指标与先进镇比还有差距。例如，建成区面积低于周巷镇2.1平方公里，镇区建成率低于周巷镇7.7个百分点，外来人口、人均生产总值分别低于钱清镇4万人、4000美元，说明发展绩效仍待进一步提升。

（3）对照标准看。与绍兴市、浙江省中心镇建设标准相对照，诸暨市中心镇的发展还有不小的差距。按照绍兴市小城市培育指标要求，五泄镇所有定量指标均不达标，且差距相当大；璜山镇、次坞镇建成区面积目前尚未达到4平方公里的底线要求。按照省级小城市培育试点指标要求，店口镇除在个别指标上，如第三产业比重未达到40%外，其余指标均表现较好。若按省级小城市培育指标来分析其他6个中心镇，按现有发展速度推算，大唐镇达标大致需要3年时间，枫桥镇达标需要6~7年时间，牌头镇、璜山镇、次坞镇达标大致需要10年时间，五泄镇则需要更长时间。就有关单项指标分析，中心镇建成区面积、建成区户籍人口或常住人口达标，省级中心镇和绍兴市小城市培育试点镇则需要5年左右的时间。从服务水平要求看，社会事业发展网、商贸金融服务网、社区服务网的建成和完善尚需时日；从管理体制要求看，建立与中心镇和小城市发展相适应、权责一致、运作顺畅、便民高效的行政管理体制和行政执法体制还需进一步规范理顺。

（四）产业基础仍待夯实

产业是城市发展的基础，城市是产业发展的载体。诸暨市中心镇的特色主导产业，历经改革开放起步之时的"一镇一品"阶段，过渡到20世纪末21世纪初的块状经济阶段，再到现在的六大工业主导产业发展阶段，产业发展基础逐步得到改善，但还需要进一步稳固。一是产业结构有待优化。2010年，诸暨市中心镇三次产业结构为4.5∶73.8∶21.7，工业主导趋势极为明显，但战略性新兴产业发展势头不足，第三产业发展仍显滞后，与新型城镇化发展所需现代商贸、金融和科技服务支撑的发展要求不相适应。二是科技创新能力有待加强。2010年，7个中心镇研发投入占GDP和销售收入的比重分别达到1.9%和2.0%，整体比重略高于诸暨市，但仍低于浙江省2.3%和2.5%的平均水平，对产业持续快速发展形成了一定的制约。普遍缺乏"大、高、好"的项目引领，影响了产业转型升级的速度和质量。三是平台支撑力度不够。除牌头国家级环保装备基地、五泄省级旅游度假区、店口省级环保装备高新技术产业园以外，其他中心镇还没有一个省级或省级以上的产业集聚发展平台，对中心镇人口集中、产业集聚、要素集约发展形成了制约。四是产业主体需进一步壮大。尽管中心镇规模以上企业占据了诸暨市企业的一半左右，但市场经济竞争激烈，企业不进则退，科技型、品牌型、环保型企业还属稀缺资源，以大企业大集团和上市公司为领头、以市级规模企业和中小企业为主体的雁行发展梯队有待进一步壮大。

（五）承载能力有待增强

承载能力与中心镇建设规模密切相关，有多大的规模就需要有与之匹配的城镇承载能力。按现有发展水平，诸暨市中心镇的承载能力需进一步提升，承载功能有待进一步完善。一是环境承载力总体不高。店口、牌头、枫桥等中心镇已通过BOT等运作模式建成了污水处理厂，但其他中心镇的进度偏慢，农村生活垃圾处理中心以及生活污水、工业生产污水处理覆盖网还不够完善。二是基础设施面临提档升级。一方面，公路等级不够、路网不畅，电力、通信等设施需进一步提档升级；另一方面，公共服务功能和设施相对落后，部分中心镇尚缺乏文化中心、科普中心、二甲以上医院，公用基础设施承载能力与城镇化进程不相适应。三是社会保障能力尚需加强。普惠性的社会保险覆盖面有待进一步提高，如枫桥、牌头、璜山等镇社会及合作医疗保险参保率均低于90%。优质教育的发展步伐有待进一步加快，高标准的12年义务教育除已在店口镇实现外，其他中心镇目前尚未实现。如何让外来建设者子女在教育、医疗、保障等方面享受"同城待遇"，从而推动提高中心镇和小城市的人口集聚水平，依然是一个目前迫切需要完成的任务。

（六）要素制约亟待破解

要素保障是中心镇可持续发展的重要支撑，在回答"地从哪里来""钱从哪里来""人从哪里来"的问题上，还需做进一步探索。一是发展空间受制。一方面，中心镇的镇域面积过小。如店口镇现有面积105.7平方公里，小于浙江省中心镇119.3平方公里和浙江省小城市135.9平方公里的平均面积，影响了其进一步的发展，迫切需要积极稳妥地推进行政区划调整。另一方面，用地指标短缺。受"农保地"政策、工业投资强度指标等制约，可用土地资源总量有限与用地需求量逐年增加的矛盾日益凸显，建设用地特别是工业用地指标不足的问题仍是中心镇建设发展的主要瓶颈之一。二是资金投入不足。公共投入资金不足已成为中心镇发展的普遍问题，受金融大环境和现有融资体制等的影响，各中心镇现有的镇级融资平台不能正常运作，其作用没有得到充分发挥；公共财政投入不平衡、部分镇级财政收入偏低、民间资本未被充分利用，也制约了总体投入规模的扩大。三是人才日益紧缺。还没有造就一支规模适度、结构合理、与中心镇和小城市建设发展相适应的高素质人才队伍，能带领企业走向中国500强乃至走向世界的企业家人才、创业创新领军人才、高素质人才匮乏，城市规划、市政建设、工程设计、创意设计、城市执法、管理人才紧缺，在扩权强镇方面既有理论知识又有实践经验的"操盘手"式改革人才更是凤毛麟角。

四 诸暨市中心镇和小城市建设的发展思路与任务

（一）总体思路

深入贯彻落实科学发展观，按照"一主一副五组团"的"十二五"发展布局，以"转型升级示范区、统筹发展示范区、社会管理示范区"建设为引领，以三年行动计划为抓手，加速推进产业集聚、功能集成、要素集约、人口集中。通过3~5年的努力，使店口镇成为全国小城市发展的典范；大唐镇进一步融入诸暨中心城区发展框架；枫桥镇成为省级小城市培育对象；其他中心镇建成特色鲜明、活力迸发、生态环保、宜居宜业的绍兴市级小城市，形成以中心城区为极核，以2个省级小城市和4个绍兴市级小城市为紧密层、联动其他现代新型城镇的"众星拱月"的诸暨现代化城市发展架构，率先走在浙江省新型城镇化发展的前列。

（二）目标任务

需从产业现代化、城镇现代化、社会现代化、生态现代化、管理现代化五个现代化入手，加快实现以下目标任务。

产业现代化。至2015年，店口镇财政收入达到24亿元以上，大唐镇财政收入达到16亿元以上，枫桥镇、牌头镇、璜山镇、次坞镇、五泄镇财政收入分别达到6亿元、7亿元、4亿元、5亿元和1.3亿元以上，年均增幅均在

15%以上；农村居民人均纯收入增幅不低于诸暨市同期增幅；第三产业比重达到30%以上，其中店口镇、大唐镇、枫桥镇达到40%以上。工业主导的中心镇，工业功能区工业增加值占全镇工业增加值的比重在80%以上，第二、第三产业从业人员比重达到90%以上。

城镇现代化。店口镇、大唐镇建成区面积达到镇行政区划面积的20%，枫桥镇、牌头镇建成率达到10%以上，次坞镇、璜山镇、五泄镇建成率达到5%以上；店口镇建成区户籍人口达到6万人以上，大唐镇、枫桥镇均达到5万人以上，璜山镇、牌头镇、次坞镇均达到3万人以上，五泄镇达到1.5万人以上，建成区户籍人口集聚率达到60%以上；省级中心镇城镇化率达到50%以上，绍兴市级中心镇城镇化率达到40%以上。

社会现代化。加强科教文卫、计生服务等公共设施建设，社会保障体系进一步健全，基本公共服务、居民互助服务、市场商业服务"三结合"的社区服务体系加快构建。"枫桥经验"不断深化，群众安全感和满意度不断提升，争创社会管理示范镇。

生态现代化。完善主体功能区布局，健全生态倒逼机制，完成上级下达的节能减排目标任务，实现绿色低碳发展，加大绿化覆盖率，争创全国环境优美乡镇、国家级生态镇、"人居环境奖"等。

管理现代化。加大行政管理改革创新力度，健全依法规范的行政执法体制、充满活力的社区自治机制、文明祥和的社区管理体系，建成与城镇发展相适应、权责一致、运作顺畅的现代高效服务型政府。

五 推进中心镇和小城市建设发展的路径选择

按照"产业强镇、功能兴镇、特色活镇、生态立镇"的思路，着力打造各具特色的经济强镇、文化名镇、商贸重镇、生态美镇，努力走出一条具有诸暨特色的中心镇和小城市科学发展之路。

（一）加快规划提升

规划是纲。必须牢牢树立"抓规划就是抓未来"的理念，立足诸暨城市能级提升，严格按照高标准、高起点、可持续的要求，宽视野、前瞻性地科学编制规划，努力以规划领先推动发展率先。

优化规划。除店口镇外，其他还没有根据形势发展调整现有规划的中心镇，要抓紧修编好相关规划体系。要统筹谋划自身及区域发展，充分审视和利用自身资源、比较优势，充分整合利用已有规划编制成果，并着眼未来3~5年发展，加快完善以经济社会发展总体规划为核心，以社会发展、产业培育、土地利用、生态建设等专项规划和基础设施、地下空间、管网建设等子规划为补充的"1+X"规划体系。要注重规划的相互衔接，注重与各地实际相结合，切实提高规划的可操作性。

科学定位。店口镇，要抢抓浙江省首批小城市培育契机，用现代城市的理念、标准，大力推进诸北新城建设，着力打造"产业名城、现代新城、和谐金城"，统筹诸北片区发展，成为经济转型发展先行者、新型城市建设先行者和社会管理创新先行者，建成全国小城市建设样板，综合实力力争进入全国十强。大唐镇，要依托良好的产业基础和集聚优势，大力实施"商贸兴镇"战略，着力完善商贸服务、生态人居两大功能，不断深化与城西新城的融合互动，切实提升"国际袜都"的集聚力和辐射力，加快成为中心城区的重要组成部分。枫桥镇，要充分利用绍诸高速通车契机，按照建设"市域东北部重要工贸功能区、文化生态旅游区、和谐发展示范区"的要求，大力实施"工业强镇、商贸富镇、文化兴镇、依法治镇"战略，充分激活"枫桥经验""三贤文化"等特有历史文化元素，积极放大对周边地区的集聚吸附效应，加快建设诸东小城市。牌头镇，要以环保新能源产业为特色立镇，主动承接浙中城市群特别是义乌国际商贸名城辐射，全力打造先进制造业集聚区，成为科教事业发达、商贸旅游业繁荣的诸南小城市。次坞镇，要充分发挥临杭区位优势，主动承接产业转移，不断拓展融入杭州的广度、深度，打造接轨杭州的"桥头堡"，建成现代化气息更浓、人民幸福指数更高、社会和谐程度更优的宜居新家园。璜山镇，要充分发挥区位优势和产业优势，加快建设轴承轴瓦业"省级高新技术特色产业基地"，推动陈璜地区融合提升，打造宜居宜业的现代化小城市。五泄镇，要以省级旅游度假区建设为龙头，进一步整合资源、集聚要素，倾力打造长三角乃至全国知名的生态休闲旅游度假胜地，建设旅游经济发展的示范区。

（二）加快产业提升

要把强化产业支撑作为小城市建设的重中之重来抓，积极策应现代产业体系建设，加快构建特色鲜明、活力充沛的区域经济发展平台，提升"以产立城、以城促产、产城融合、集群发展"水平。

促进产业现代化。坚持战略性新兴产业培育和传统优势产业提升"两手抓"，进一步加快经济转型升级步伐。要提升壮大工业主导产业。按照诸暨市新兴产业"325"计划的要求，力争通过3年努力，打造铜加工及新型材料、机电装备制造两大"千亿级新兴产业集群"，将环保新能源发展成"百亿级产业集群"，积极扶持轴承轴瓦产业发展，确保新兴产业总投资和总产值占诸暨市中心镇全部工业的50%以上。加快袜业、纺织服装业向时尚型、品牌化方向发展，汽车配件制造向差异化、高端化、总成化方向发展，着力建设袜业国际化中心、纺织服装全国性基地。要大力发展城市经济。积极发展总部经济、现代物流、连锁经营、电子商务等新型流通业态和流通方式，加快发展交通、通信、文化、金融、保险等现代服务业，大力提升住宿餐饮、批发零售等传统服务业，努力提高第三产业对劳动力的吸纳消化能力。要积极发展现代农业。按照诸暨市现代农业"四大板块十大主导产业"的发展方向，加快现代农业园区和粮食生产功能区建设，做精生态农业，做优观光农业，做活创意农业。要按照诸暨市"大三线"旅游格局，大力发展森林旅游、特色旅游和休闲旅游，重点加快五泄省级旅游度假区建设。

提升产业平台。牢固树立绿色低碳发展理念，按照诸暨市"一核两极多点"的产业平台架构和"布局集中、产业集聚、用地集约、功能集成"的具体要求，立体提升现有工业功能区，重点推进店口解放湖高新技术产业园区、牌头国家级环保产业基地建设，抓实大唐袜业省级现代产业集群示范区试点，提升枫桥汽车配件、璜山轴承轴瓦等特色园区集聚能力。要重抓空间拓展，不折不扣地完成诸暨市下达的年度目标任务，推进闲置土地和转而未供土地清理工作，抓好工业用地提升容积率专项工作，为发展腾出更大空间。要健全完善袜业、珍珠产业、环保装备产业等公共创新平台，积极推进产业共性技术创新，把高新技术转化为现实生产力。

拓展专业市场。充分发挥店口华东汽配水暖城、大唐新袜业市场，以及中国最大的针织原料基地、针织原料市场等现有市场作用，进一步丰富市场功能，做大市场规模，提升市场品位。加快建设华东水暖汽配城二期、汽车4S广场、盾安五金交电市场等有形市场，扩大市场影响面，提高市场竞争力。大力发展电子商务，积极创新市场经营模式和交易方式，加快建立以网上交易和信息交互为核心、以现代物流为依托、以网上市场管理服务为辅助的电子商务平台，引导企业开展B2B、B2C等业务，重点推动袜业、绣花机等行业电子商务应用，促进实体专业市场与网络专业市场一体化经营、互动式发展。

（三）加快功能提升

宜居是中心镇和小城市集聚人气的关键因素，也是其发展价值的根本所在。要按照"适度超前、设施完备、要素齐全、便捷高效"的要求，进一步提升中心镇和小城市的综合承载力。

完善综合配套。要着力推进区域内外基础设施的配套延伸和共享，加快形成结构优化、城乡共享的基础设施布局，努力形成与中心镇和小城市规模相适应的基础设施网络体系。要加强道路、给排水、供电、供气、通信、公交、停车场所、交通信号、环卫设施、治安监控等市政基础设施建设，重点抓好三环线建设，推进璜山至牌头公路、次坞至枫桥公路等工程前期工作，加快永宁水库建设。要提升商业、娱乐、科技、教育、文化、体育、医疗卫生等公共服务设施档次，不断提高中心镇吸纳人口、增加就业和集聚产业的能力。要完善污水处理、垃圾处理、市民公园和公共绿地等生态设施，重点推进镇级污水处理设施和污水管网建设，实施店口（二期）污水处理工程，加快建设璜山、次坞等镇级污水处理厂，推进大唐片区等工业区块污水集中处理。

涵养城市品质。品质是城市的灵魂，代表城市的整体形象，彰显城市的特色风貌，引领城市的未来发展。在推进中心镇和小城市建设过程中，要尤其注重发掘城市精神，逐步涵养城市品质。要提炼和弘扬城市的特质、精神，使之成为引导社会、教育人民、推动发展的强大动力。如店口镇要大力弘扬创业创新精神，致力打造深具现代气息的小城市；大唐镇要进一步激活商业文化，致力打造更为繁华的区域商贸中心；枫桥镇要挖掘深厚的人文精神，致力打造博大厚重的历史文化名镇。要注重本土特有文化的保护传承，在城市的空间布局、建筑造型、雕塑小品以及道路、广场、公园建设中注入更多的文化元素，打造城市标识形象，塑造城市个性特色，强化人们对城市文化的归属感。在推进老街区风貌改造过程中，要综合考虑历史文化、特有风貌、功能布局和群众承受能力，因地制宜采用"以旧换新""改旧建新"等方式，进一步改善小城市的整体风貌。要充分借鉴运用现代管理手段，推广运用"数字城管"，创新管理方式手段，健全各类长效机制，提高城市管理的规范化、精细化、高效化水平，让生活在小城市的人们舒心、安心、放心。

优化生态环境。生态环境是竞争力，也是生产力，抓生态建设就是抓可持续发展。要坚持把生态现代化作为增强小城市吸引力和竞争力的重要举措，更大力度地推进生态环境建设，使群众真正拥有明媚的阳光、干净的空气和清洁的饮用水。要坚持保护和修复并重，突出抓好以水源、森林等为重点的生态环境系统建设，持续加大浦阳江、杭坞山等保护力度，全力推动白塔湖湿地创建国家级湿地公园，提升中心镇和小城市的生态文明水平。要大力发展循环经济，全面推行清洁生产，坚决抵制高能耗、高污染企业向中心镇转移。要加大城镇绿化美化力度，积极实施"一块中心公共绿地、一条绿色景观大道、一处河道防护林带、一个标志性生态入口、一批江南式园林社区""五个一"绿化工程，努力把森林建在城里，把绿色留在身边，把"氧吧"放在家门口，大力营造"城在林中、楼在绿中、人在景中"的优美环境，让更多的群众生活在"富饶秀美、和谐安康"的山水园林型城镇。

（四）加快管理提升

城市发展，"三分建、七分管"。随着人口集聚、功能提升，中心镇和小城市在管理上面临新的挑战和压力，唯有不断提高管理水平，才能实现城市运营更富效率、人民生活更加美好的生动愿景。

加强民生保障。把保障城镇化人口长期的生存权、发展权摆到突出位置，让更多的进城人口、更多的农村居民共享发展成果，最大限度地吸附本地人口、吸纳外来人口。要深化户籍制度改革,降低落户门槛,施行"同城待遇",加速农民市民化。要推进农村集中居住区建设,加快农房改造进度,推进实施农民宅基地置换,大力建设城市新社区,促进人口向中心镇和小城市集中。要不断提高社会保障和基本公共服务均等化水平,加快推进养老、医疗、失业、工伤、生育等保险从"制度全覆盖"向"人群全覆盖"转变,力争3年内各中心镇社会保险参保率达到98%。要稳健发展房地产业,加大各类保障性住房建设。要完善覆盖城乡、结构合理、功能齐全、实用高效的公共文化设施网络,开展群众性精神文明活动,培育良好的社会风尚和精神风貌,实现"学有优教、业有普就、劳有多得、病有良医、老有善养、住有宜居",不断优化中心镇和小城市的生存、发展环境。

强化政府服务。在加快经济转型的同时,积极推进政府转型,着力打造现代服务型政府。要按照"小政府、大服务"的要求,科学、合理地界定中心镇和小城市政府职能,重点强化面向基层和群众的社会管理与公共服务职能。要树立"经验城市"理念,借鉴国内外城市管理的先进经验,将市场经济原则自觉导入中心镇和小城市经营管理,大力推进公用设施管养和服务的市场化、产业化、专业化、社会化,促进中心镇和小城市自我积累、自我增值和自我发展。

创新社会管理。要以纪念"枫桥经验"50周年为动力,坚持以人为本、服务为先,加快构建"党委领导、政府负责、社会协同、公众参与"的工作格局,拓展社会管理的广度与深度,为中心镇和小城市建设创造和谐稳定的社会环境、公平正义的法治环境和优质高效的服务环境。要加强基层基础建设,健全多层次、专业化、全覆盖的"枫桥式"调解体系,把各类矛盾纠纷化解在基层、解决在萌芽状态。要加大社会管理硬件建设,枫桥镇要扎实推进文化体育中心、便民服务中心等的建设,全力争创全国社会管理示范镇。要着力完善服务体系,提升镇、村两级便民服务平台效能,进一步整合资源、延伸触角,开通"服务直通车",引导居民在参与管理中接受教育、提高素质。要始终保持对刑事犯罪活动的高压态势,确保人民群众生命财产安全。要统筹抓好企业、校园、矿山、道路、消防等安全生产工作,把生命高于一切的理念落实到生产、经营、管理的全过程。

（五）加快体制机制创新

加大改革创新力度，重点推进行政区划、扩权强镇、要素保障等方面的创新，逐步建立适应中心镇和小城市建设的体制机制，不断激活发展的内在动力。

适时调整行政区划。加快行政区划调整，实现更大范围内的资源整合利用，是当前突破中心镇和小城市发展空间制约的有效途径。2012年以来，浙江省内多地着手开展行政区划调整，特别是温州市已完成了大规模调整，镇乡总数从290个调整为140个，平均人口达7.45万人。反观诸暨市，镇乡数量过多、发展空间偏小、辖区人口偏少，已成为加快中心镇和小城市发展的严重束缚。为此，建议诸暨市委、市政府向绍兴市级层面反映，力争在上级支持下加大力度推进镇乡行政区划调整。在具体工作中，应在兼顾历史沿革、群众生活习惯的基础上，充分考虑交通区位、辐射能力、发展空间等因素，打破建制，开展规划，以充分优化资源配置，激活发展潜能。如阮市杨梅桥区域可并入店口镇；视北区域可并入枫桥镇；阮家埠区域可并入山下湖镇；马剑镇和草塔青山区块可并入五泄镇；草塔除青山区域外可并入大唐镇；陈宅、浬浦可调整至璜山镇；应店街可考虑与次坞整镇合并。

深入推进体制创新。要按照"人责统一、权责统一、财责统一"的原则，深入推进"扩权强镇"，进一步扩大人权、事权、财权。要人责统一，优化调整中心镇和小城市内设机构，定岗定责、一岗一责。除国家垂直管理或有特别规定的部门外，市级机关计划在中心镇和小城市一级新设的各类站所，可参考店口镇现有机构设置办法，在镇政府内统一设立分局，与原有管理机构融合，实行"条块结合、以块为主"的管理体制，建立"精简、统一、效能"的运行机制。要权责统一，立足中心镇和小城市实际，处理好需要与可能的关系，进一步研究并推动事权下放，尤其要加快行政执法、土地储备、就业保障、公共资源交易、行政审批服务等权限下放，同时强化授权部门与中心镇的相互对接，规范审批人员自由裁量权。要财责统一，按照"发展优先、区别对待"的原则，根据中心镇职能范围扩大、建设任务重等实际，持续扩大中心镇财政自主权，增强其自我造血、自我积累、自我发展的能力。

强化核心要素保障。坚持政策帮扶与市场运作相结合,着力破解中心镇和小城市建设要素制约。坚持"谁投资、谁经营、谁受益"的原则,鼓励引导民间资本、社会资本参与投资、建设、经营中心镇公用设施,逐步建立"投资—回收—积累—再投资"的模式。推进农村金融创新,鼓励金融机构在中心镇设立分支机构,深化小额贷款公司试点,探索建立村镇银行、农村资金互助社,加快发展多元化的新型农村金融组织。坚持向上争取、向外购买和内部挖潜并举,通过旧镇改造、退二进三、迁村并点、土地整理、建设用地复垦、清理闲置土地等方法,提升集约节约用地水平,切实保障中心镇和小城市重点建设项目用地需求。要突出向强镇倾斜、向"一把手"倾斜、向优秀干部倾斜,推动各项工作向乡镇靠拢,各项要素向乡镇集聚,大力营造"一切围绕镇乡转、一切为了发展干"的创业氛围。要大力加强中心镇和小城市领导班子建设,完善年度考核、实绩考查、干部考查"三考"合一的干部评价机制,因地制宜采取增配和挂职下派等方式,加大干部交流力度,大力倡导"肯做事、敢担责、公正廉洁"的良好风气。要加快创新型、紧缺型人才的引进培育,根据城市发展管理需要,积极推行编外紧缺专业人才公开招聘,由固定用人向合同用人、由身份用人向岗位管理转变;对规划、建设等专业人才,可选派进驻,强化管理能力;加大政府对人才安置补助、人才公寓建设等方面的支持力度,建立健全灵活的分配激励方式,最大限度地吸引各类优秀人才安家落户。

切实加强领导考核。要健全完善中心镇建设工作领导机构,充实加强领导小组办公室力量,承担起组织协调、政策研究、工作指导等职责。要调整考核政策导向,从更好地践行科学发展观、更好地推进工作落实、更好地调动各方面的积极性和创造性出发,建立健全强有力的工作倒逼机制,研究出台《诸暨市小城市和中心镇发展工作考核办法》,加快建立以落实"三年行动计划"为导向的中心镇建设考评机制。加快完善考核指标体系,纳入城市规划、基础设施、生态环境、社会保障等基础性考核内容,以及经济、人口方面的结构性、素质性考核指标,全面、客观地评估经济社会发展的总体情况,并充分运用考核结果,激发中心镇和小城市创先争优动力。

B.12
德清县立足产城融合发展城镇化模式的选择

德清县课题组*

摘　要： 产城融合是新型城镇化建设的模式之一。本文从德清县选择产城融合发展模式的角度出发，分析了德清县产城融合建设的现状和存在问题，进而提出了德清县推进产城融合发展的对策建议。

关键词： 产城融合　发展模式　统筹规划　德清县

党的十八大提出，要坚持走中国特色新型工业化、信息化、城镇化、农业现代化道路，推动信息化和工业化深度融合、工业化和城镇化良性互动、城镇化和农业现代化相互协调，促进工业化、信息化、城镇化、农业现代化同步发展。根据中央四化同步发展的要求，德清县以"产城融合"为抓手，着力推进新型城镇化建设，从顶层设计出发，统筹规划，创新方法，科学实施，踏上了一条德清特色的城镇化发展之路。

一　产城融合是德清县新型城镇化建设的必然选择

"产城融合"是指产业与城市整合发展，以城市为基础，承载产业空间和

---

* 课题组组长王法弟，德清县政协副主席。成员蔡勤峰，德清县政协办公室副主任；尤小春，德清县经济与信息化委员会纪委书记；俞炳轩，德清县委农业农村工作办公室副主任；沈海峰，德清县住房与建设局规划科科长；佘琳，德清县人力资源与劳动保障局副局长；邱芳荣，德清县国土资源局副局长。执笔张志鸣，德清县政协文史与宗教委员会主任。

发展产业经济，以产业为保障，驱动城市更新和完善服务配套，以达到产业、城市、人之间有活力、持续向上发展的模式。① 产业是城镇化的基础，城镇化是产业发展的载体。产城融合有利于实现城市土地集约化，扩大产业空间，加速产业集聚；有利于增加就业人口，规避盲目城镇化带来的"空城"现象；有利于构建产业生态体系，增加产业自我更新能力；有利于城镇化的有序推进，促进城乡一体化建设。

（一）产城融合是德清县工业集中集群集约发展的必然趋势

多年以来，德清县工业逐步从布局分散、粗放经营向德清经济开发区、临杭工业园区、德清工业园集中集群集约发展。2013年，全县三大主导产业产值占全县规模工业产值的比重达64.7%，三大工业平台产值占全县规模工业产值的比重达38.0%。资源和能源消耗明显降低，具备了工业化带动城镇化快速发展的现实基础，产城融合的意识已初步形成。

（二）产城融合是统筹城乡发展的必然结果

多年来，德清县全面实施城乡统筹、科学发展的战略方针，产业结构加快调整，城镇化加速发展，城市影响力和竞争力显著提升，经济社会变化巨大，初步形成了城乡共同发展、共同繁荣，城乡群众共创共享改革成果，城乡经济社会一体化发展的新格局。2013年，全县规模工业实现增加值147.2亿元，比上年增长12.0%。截至2013年底，德清县城镇化率为62.5%。因此，以新型工业化为"发动机"引领城镇化水平提升，以新型城镇化为"增长极"支撑工业优化升级，联动推进新型工业化、新型城镇化和农业现代化，努力实现产城融合发展，是未来深入推进城乡统筹发展的必然要求。

（三）产城融合是推进德清县现代田园城市建设的重要抓手

德清县第十三次党代会确立了建设"秀美、富裕、和谐"的现代田园城

---

① 陶清清等：《华为科技城引领高新技术二次创业　产城人结合奏响转型升级坂田音符》，《南方日报》2012年8月9日。

市的历史定位和战略目标，对产业发展和城乡建设提出了更高的要求。"产城融合"可以打造产业支撑强大、城镇功能完善的产业新城，促进社会资源的整体高效运用，加快实现建设城乡繁荣、产业发达、居民幸福、社会和谐、环境优美的现代田园城市。

二 德清县在产城融合发展中存在的问题

（一）产业集聚力不明显，竞争力不强，对城镇化的支撑作用不够

长期以来，德清县缺乏大中型核心企业的引领作用。德清县的工业企业以中小企业为主，全县有工业企业2551家，年销售收入2000万元以上的规模企业只有604家（年产值亿元以上企业160家，其中年产值超5亿元企业18家、超10亿元企业10家、超20亿元企业5家、超50亿元企业2家、超100亿元企业1家）。目前，德清县非常缺乏产值超百亿元、产业链长、带动能力强的大型核心企业引领全县工业产业的跨越式集群发展。德清工业的发展领域过于宽泛，发展重点不够突出；主导产业带动作用不强，无法形成产业规模大、上下游产业链长、能集聚大量相关配套企业的产业集群。

（二）产业结构不合理，第三产业比重低，吸纳农村剩余劳动力的能力不强

在发达国家GDP构成中，第一产业所占比重一般不超过5%，第二产业所占比重一般不超过30%，而第三产业所占比重一般为65%以上。截至2013年底，德清县三次产业结构为6.5∶56.7∶36.8，第三产业的比重还偏低，因而对吸纳农村剩余劳动力的能力还不强。

（三）现有工业集中发展区功能亟待完善

德清县规划了工业集中发展区和工业集中发展点，高效推进了工业的集中发展，但工业区规划缺少市政、生活配套，符合产业发展特点和要求的道路交通、水、电、气、通信等基础设施配套建设不足，特别是企业发展所需的商务

配套、公共综合配套等较为缺乏，满足工人居住的生活配套更为稀缺，企业的商务需求难以满足，企业员工通勤半径大，运营成本高。

（四）在规划与管理等整合执行上存在问题，导致产城不能完全相融

长期以来，在规划布局产业和城镇建设时，联动考虑较少，产城分离较多，产业区与生活区、休闲区相隔较远，城镇缺乏特色与活力，园区缺乏人气和商气，传统的产城分离格局难以实现"城以业兴、业以城荣"。同时，无论空间利用、资源利用还是资源整合运用，集约效益均不高，导致整个社会的资源浪费或运用不经济。

规划、建设和管理在顶层设计时，尚有产城融合的想法，但在具体执行时，都各自为政，无法整合，互相脱节。如工业规划、城市规划、产业规划没有"三规合一"，工业区和城区的城市管理不相融，等等。

（五）对产城融合发展的理念和思路认识不到位

对产城融合的认识还十分肤浅，缺乏权威、清晰、统一的认识，在推进产城融合的系统规划、运作方式、实施意见等方面缺乏系统的思考和探索，存在就工业发展工业、就城镇建设谈城镇建设的"两张皮"情况，缺乏系统性较强的顶层规划、指向性较强的发展标准和评价体系、实践性较强的实施意见、推动性较强的运作方式和操作模式，以及土地、资金等扶持政策，难以找到工业的着力点和抓手。

三 推进德清县产城融合健康发展的建议

（一）加强对产城融合的组织领导，提高对产城融合的认识

做城市就是做产业，做产业就是做城市。应该把加快推进产城融合作为德清县推进新型城镇化建设的重要举措，作为加快转变经济发展方式的有效途径，作为构建新型城乡形态的现实选择，按照"产城融合、宜居宜业"的发

展要求,坚持"功能复合、要素多元、配套集成、充分协调、效应综合"的具体要求,加快建设产业支撑强、城镇功能完善、生态环境优美、辐射带动作用大的"产城融合"的发展区,全面推进"以业兴城、以城促业、产城相融"的发展之路,努力构建符合"秀美、富裕、和谐"现代田园城市发展要求的新型城镇。

建议成立德清县产城融合发展领导小组。由县主要领导任组长,发改、经信、商务、农办、规划、建设、国土等相关部门为成员单位。办公室可设在发改委,形成县政府领导下的各部门分工负责、齐抓共管的工作机制。

建议建立考核鼓励机制。由领导小组办公室牵头,研究提出产城融合的统计指标和考核评价体系,并纳入目标管理。产城融合的标准体系和考核评价体系初步考虑可以包括产业集聚度、主导产业规模、市场投入产出比等产业发展状况,水、电、气、道路、通信等生产性服务设施和配套水平等城镇发展状况,以及从业人口的调整人口比重、工作半径、工作区和生活区通行时间等产城互动状况的内容。

(二)创新产城融合发展规划、建设和管理体制

1. 专题研究产城融合规划

应加强产城融合发展规划引导,注重产业特性、人口特征、城镇特色,注重产城之间的融合互补,专题研究德清县产城融合发展的具体措施,围绕重点产业发展、完善要素保障、功能配套、深化细化规划布局、落实具体措施和重点项目等进行系统研究,提出符合德清实际的指导性意见。

2. 探索建立新型管理体制

建立"统一规划、科学管理、协调联动、产城融合"产城一体的管理体制和运行机制,加大统筹协调力度,同步推进工业集中发展区和城市新区基础设施、公共服务、生态环境、社区管理等配套建设,理顺管理体制,把工业集中发展区建设成为宜居宜业的现代化新城集中发展区。

3. 探索多元化建设模式

充分发挥市场在资源配置中的基础性作用,广泛吸引社会资本通过实行BT、BOO、BOT等多种途径参与产城融合建设。探索建立政府主导型、企业

主导型、政企合作型等多种产城融合建设模式。

4. 研究产城融合的政策保障

增强土地保障。加大产城融合发展的土地要素保障，在年度土地指标安排时，优先保障产城融合发展项目建设。合理配置工业园区内工业用地和配套设施用地，加大对园区内低效利用的建设用地和闲置用地的清理和处置力度，切实提高土地利用效率，加大推进农村土地整治工作，促进农村土地节约集约利用，提高产城融合土地保障能力。

完善融资体系。加强园区融资平台建设，积极引导社会资金投入产城融合建设，努力争取国家和省专项资金支持，为产城融合提供资金保障。

支持人才引进。建立引进人才"绿色通道"和"一站式"服务机制，对引进高层次人才，在创业启动资金、工作场所、住宅公寓、风险投资和商业担保等方面给予支持。

（三）着力转变发展方式，走新型工业化发展之路

在经济增长与经济发展中，产业结构调整始终是一个中心话题。在产业结构调整过程中，城镇化推进对第一产业的优化作用、对第二产业的提升作用以及对第三产业的带动作用十分明显，而产业结构的合理调整同样需要以城镇为载体，以城镇化为依托，并对城镇化的发展起着积极的促进作用。要不断推动工业化与信息化、工业化与城镇化互动，坚持集群化发展战略，全面实施"3131"工程，着力构建"3+X"工业产业体系。坚定不移地重点培育先进装备制造、生物医药、装饰建材三大重点产业，全面推进产业集聚、企业集群发展，努力建设战略性新兴产业发展基地；要优化提升发展特色产业，将德清县新型纺织、食品加工、文化休闲用品、皮具皮件、电子信息等特色产业做大做强；要把发展现代服务业放在更加突出的位置，努力抢占杭州都市圈服务业发展的制高点。按照现代服务业集聚区的空间布局，加快德清临杭物流园区、下渚湖生态休闲度假区、莫干山国际休闲旅游度假区、城东商务总部服务区、永安金融商贸服务区、城南科技创新服务区、站场商务商贸服务区等生产性服务业的建设，巩固提升住宿餐饮、批发零售等生活服务业，努力形成以生产性服务业为主导、生活性服务业为配套的现代服务业发展格局。

（四）以"生产、生活、生态"为理念，大力推进产城融合

随着新型城镇化的持续推进，将会有越来越多的农民走进城市。因此，还需要通过持续的制度创新，进一步破除城乡二元体制上的障碍。要按照规划引领、设计引导、环境先行、配套先进、产城相融、居商相宜的发展思路，凸显"低碳、生态、智慧、宜居"新理念；要建管并举，以城带城，合理布局重点区域功能，构建与城市快速发展相适应的路网、公交等城市基础设施体系，推进城市智能管理；要坚持产城融合理念，加快构建新城产业综合服务体系，着力推动产业载体建设，加快打造生产性服务业功能区、高新技术研发区、中小企业总部商务区等重要产业载体；要坚持社会事业与新城开发同步推进，完善基本公共服务体系，加大公共服务投入，加快引入优质社会事业资源，着力推动形成满足各层次需求的便捷、完善的生活服务体系。

（五）强化"一主、一副、三大组团"的城镇结构模式，充分贯彻产城融合的发展理念

1. 着力打造中心城市

德清县"十二五"规划中，整合提升武康城区、高水平建设站场新区、加快开发临杭工业区、改善城市宜居的品质等方面的设计思路清晰明了，产城融合的理念十分凸显，只是在具体的推进过程中要坚持有效执行，贯彻到底，决不走样，并在此基础上创造新思维，探索新方法。

按照"三区一湖"中心城市框架，根据德清县"十二五"规划提出的"整合提升武康城区、高水平建设站场新区、加快开发临杭工业区、保护性开发下渚湖湿地"的要求，加快"三区一湖"高水平开发、高标准建设、高效能管理，建议将"三区一湖"中心城市作为一个"大武康"概念，撤销武康镇、乾元镇、雷甸镇、三合乡，建立武康街道和乾元街道，将乾元镇的部分区块和雷甸镇整体并入临杭工业区，三合乡并入武康街道。将乾元镇站场高铁区块作为德清交通枢纽，统筹乾元旧城改造，强化与武康城区的基础设施衔接，延09省道至武康城东区块作为今后城市建设的核心区块，前瞻性地规划建设城市新区。将下渚湖湿地开发和塔山森林公园建设，作为今后城市休闲旅游度

假区建设重点整体推进。在产业布局和发展方面，今后重点推进开发区和临杭工业区建设，加快完善两个园区商务配套服务功能，全面推进产城融合。

2. 大力培养发展特色城镇

以中心城市为依托，其他乡镇可以根据区位、交通条件、产业倾向、生态条件和文化特色等因素，进行合理分工，彰显各自的特性。努力打造一批特色乡镇，如工业强镇、商贸重镇、交通枢纽重镇、旅游名镇、文化古镇、风情小镇等，加快形成特色突出、设施良好、功能完备、环境优美的小城镇群。如副中心城市新市镇，以省级小城市培育试点为契机，重点推进德清工业园区等平台建设，承接上海、杭州等地的产业转移和扩散，培育、壮大传统特色产业，完善城市功能，加快产业发展和人口集聚，成为杭州都市圈重要的卫星城市和统筹带动县域东部及周边地区的中心，打造具有历史文化风貌和运河特色的历史文化名镇。而对于筏头和莫干山，应有计划、有步骤地转移人口，将西部山区作为国家级森林公园来规划建设，加强生态功能保护，积极发展山林资源加工、旅游度假、运动休闲、文化创意等产业，使之成为杭州都市圈休闲旅游产业的重要组成部分。

B.13 绍兴市柯桥区小城市培育发展实践与探索

绍兴市柯桥区课题组*

摘　要： 小城市培育和中心镇建设是浙江省推进新型城镇化建设的独特抓手。本文通过绍兴市柯桥区小城市培育发展的探索实践和经验，阐述了培育发展小城市的意义以及当前面临的挑战，进而提出了对绍兴市柯桥区小城市培育发展的思考及相应的保障。

关键词： 小城市培育　中心镇建设　城镇化实践　绍兴市柯桥区

绍兴市柯桥区（原绍兴县）地处杭州湾南岸，东接宁波市，西临杭州城。2013年11月撤县设区后，区域面积从原来的1177平方公里调整到约1040平方公里，下辖1个国家级经济技术开发区、1个省级开发区、1个省级旅游度假区和4个街道、12个镇，户籍人口从原来的72万人减少到63万人，登记在册的外来人口约86万人。

2013年，柯桥区完成地区生产总值1103.05亿元，增长8.5%；完成财政总收入135.77亿元，其中地方财政收入77.57亿元，分别增长6.3%、10.1%；规模以上工业总产值3508.86亿元，增长5.3%；全社会固定资产投资总额503.32亿元，其中工业投资254.92亿元，分别增长17.0%、15.8%。

柯桥区牢固树立"中心镇就是小城市"的理念，把中心镇作为统筹城乡发展、走新型城镇化道路的重要节点，切实加大小城市和中心镇的培育力度，

---

* 课题组组长高建强，柯桥区发展和改革局副局长。成员俞惠江，柯桥区发展和改革局高技科科长；陶迎春，柯桥区发展和改革局高技科科员。执笔孔小明，柯桥区发展和改革局体改科科长。

柯桥区16个镇（街）中有6个镇（钱清、杨汛桥、平水、福全、兰亭、马鞍镇）被定为省市级中心镇，其中钱清镇被定为浙江省级小城市培育试点镇，其他5个镇被定为市级小城市培育试点镇。自2006年底以来，柯桥区先后通过三次扩权，逐步实现"强镇扩权"向"扩权强镇"转变，"委托授权"向"机构延伸"转变，小城市试点镇和中心镇呈现经济发展提速、财政实力增强、集镇建设加快、社会事业提升的良好发展势头。2013年，柯桥区6个省市级小城市试点镇的生产总值、财政总收入、规模以上工业总产值、固定资产投资总额分别占柯桥区的39.3%、34.2%、60.7%、39.4%。通过小城市的培育，柯桥区的城乡统筹水平逐年提高，2012年浙江省发改委、浙江省统计局联合下发的《浙江省2012年统筹城乡发展水平评价报告》显示，经过经济发展、公共服务、人民生活、生态环境四大领域的评分，绍兴县（柯桥区）总得分为93.35分，连续8年获浙江省县（市）第一，也是浙江省唯一一个城乡发展水平进入全面融合阶段的县。但与此同时，乡镇经济发展了，相关配套环境和管理却出现了"小马拉大车"的困局。如何逐步消除城乡发展的不均衡现象，稳固中心镇"经济转型发展、城乡统筹发展、社会和谐发展"的地位，继续发挥其辐射带动作用，已经成为"十二五"时期区域发展的重大课题和迫切任务。

一 小城市培育发展的意义

近年来，浙江省高度重视小城市和中心镇的培育工作，特别是2010年下发了《中共浙江省委办公厅浙江省人民政府办公厅关于进一步加快中心镇发展和改革的若干意见》（浙委办〔2010〕115号）、《浙江省人民政府办公厅关于开展小城市培育试点的通知》（浙政办发〔2010〕162号），全省形成了小城市、中心镇培育的高潮。

小城市概念为浙江省首创，它是参照基本相似中等城市的标准进行规划建设，能主动承接大中城市的转移，并有效带动周边乡村发展的载体。由中心镇培育建设而成的结合了柯桥区经济社会发展阶段性特点的现代小城市，应该是充分体现城市与农村联姻发展、绿色城镇与美丽乡村相得益彰的城乡一体化田园城市。其特征应表现为：新型城镇化与新农村建设"两新联动"，使小城市成为带动新农村建设、提升城镇化水平的新平台；城镇集群与产业集群"两群互动"，使小城市成为人口集聚、城镇集群和区域产业集群的新载体；全面创新与全民创业"两创驱动"，使小城市成为体制全面创新的试验区和农民进城创业的新基地；和美家园与和谐社会"两和协动"，使小城市成为务工、经商农民宜居、宜业、宜游的田园城市。

培育发展小城市具有以下意义。

（一）小城市培育是区域城乡转型的重心

面对农村城镇化和工业化的浪潮，少数具备条件的中心镇发展成为小城市，是中国发达农村地区工业化和城镇化的一种趋势，是在农村"提升工业化、加快城镇化、率先现代化"的新背景下应运而生的，是城乡统筹发展的一种必然。它有利于公共基础设施及服务向农村延伸、覆盖和辐射；有利于缓解大中城市的发展压力，优化城乡布局，实现大中小城市协调发展；有利于提升基层公共服务和社会管理水平，探索建立权责一致的乡镇管理体制和运行机制，从而实现区域城乡转型、协调、统筹发展。

（二）小城市培育是区域建设发展的中心

柯桥区"十二五"规划已明确"一主三城三区"的区域总体布局，其中钱杨新城是柯桥区接轨杭州大城市门户、柯桥区域的副中心城市，平水新城是柯桥区南部山区统筹示范区、绍兴休闲宜居后花园，福兰新城是区域组团式城镇群、绍兴市区卫星城市。而每一个新城均有1~2个省市级小城市做支撑，这为三个新城的区域腾飞提供了十分有利的契机，也为区域城乡转型升级夯实了基础。各个小城市试点镇通过体制机制创新、政策激励扶持等举措，将为三个新城推行区域内统一行政服务、统一行政执法等各项改革，并为完善区域配套功能、加快发展第三产业等带来良好机遇。

（三）小城市培育是投资消费增长的核心

小城市培育试点具有强大的引领作用，有利于加大区域城镇化改造的力度,增强综合服务功能,优化投资发展环境,提升招商选资能力,加快产业服务体系建设,是扩大投资的重要渠道。而加快启动和激活农村市场,是当前扩大内需、促进消费、实现经济平稳较快发展的迫切要求。以小城市建设为平台,改善城镇和农村消费环境,激发城镇居民的消费欲望,无疑为扩大城镇消费能级、推动消费较快增长创造了必要条件。

二 小城市培育发展的探索与面临的挑战

(一)小城市培育发展的探索

1. 小城市人口集聚

一是创造更多就业机会。柯桥区由于近几年经济的发展,特别是小城市培育,以及新型城镇的异军突起,为更多的外来人员提供了大量的就业岗位。随着人类社会的进步,人们已经改变先安居后立业的思维定式,考虑的是在哪里可以找到稳定的好工作,哪里可以成为安身之所。所以更多的人愿意留在小城市或中心镇,在就业中得到发展,在实现自己价值的同时安身在小城市或中心镇。

二是实行便捷落户政策。凡在小城市或中心镇投资兴办实业和公益事业,或拥有合法产权房屋并实际居住的外来人员,允许本人、配偶及其直系亲属在实际居住地登记户口。凡在小城市或中心镇从业1年以上并有稳定生活来源,按规定缴纳各种社会保险的租住外来人员,准予其本人、配偶、父母、子女登记户口。凡来小城市或中心镇工作的博士、硕士、大中专毕业生,或者中级以上技术职称人员,已在小城市或中心镇应聘就业的,即允许本人及其直系亲属在小城市或中心镇落户。

三是实行平等社会保障。实行城乡统一的劳动就业政策,城乡劳动者同工同酬。已落户小城市或中心镇的居民(或农民),可以自主选择参加城镇居民基本医疗保险或新型农村合作医疗等方式;享有与小城市或中心镇居民同等的接受教育的权利,其子女按相关规定在辖区内各类学校就近就读,享受与小城市或中心镇义务教育阶段中小学生同等的待遇,各学校不得收取政策规定之外的其他任何费用。

2. 小城市集镇建设

钱清镇在被列入省级小城市培育试点镇以后，实行财政倾斜政策，极大地增强了小城市培育试点镇的财力，加快了小城市建设的进度，完善了小城市硬件设施，增强了公共配套功能，提升了小城市的形象与品位。一是打造核心商圈。大力实施西小江"跨江战略"，加快"大钱门"城市核心区建设，不断壮大楼宇经济规模。目前，"大钱门"核心区已建成商业、住宅高楼49幢，在建20幢，面积100多万平方米，小城市形象日益彰显。同时，发展壮大楼宇经济，其中总面积11万平方米的永通国贸广场现已入驻各类公司71家、金融机构3家，成为发展楼宇经济的标杆。二是完善配套功能。小城市公共服务配套区建设项目获批省重点项目，项目规划总用地371.5公顷，总投资114.3亿元，建设行政服务、医疗教育、文娱设施、滨水生态等公共配套项目，包括筹建1所九年一贯制实验学校和1家二级医院。实现"八网"覆盖，全面完善市政设施。遵循公共服务均等化要求，"八网"推进，提升城市内涵，完善城市功能。先后完成"一桥五路"工程，基本形成畅通的城市路网；投入运行12辆空调公交车，实现村村通公交，率先构建镇域公交网；全面完成城乡自来水一户一表改造，努力构建城市化供水网；建成覆盖面积2.4平方公里、总长7公里的集镇新区集污网；完善22个村（居）卫生服务站（室）建设，构建镇村社区卫生网；"一镇四校"全部创建成为省级示范学校，基本形成镇级教育网；改造完成全镇数字电视网；加快推进建设集镇燃气网。三是优化人居环境。全力推进"清水工程"，全面实施清淤疏浚、河面清理、河岸砌坎。健全完善市场化保洁机制，扩大保洁范围，切实改善城乡环境卫生面貌。

3. 小城市经济发展

2013年，6个省市级小城市培育试点镇加大工业投资力度，加快经济发展，提升城乡统筹发展水平。6个镇累计实现规模以上工业总产值2128.6亿元，财政总收入46.4亿元，固定资产投资总额198.4亿元，工业性投资175.7亿元，同比增长5.3%、-0.6%、17.9%和17.1%，分别占柯桥区的60.7%、34.2%、39.4%和68.9%，确保了主平台地位继续巩固提升。如钱清镇致力提升传统产业，培育壮大新兴产业，不断优化产业结构，努力加快产业集群。一是提升市场发展水平。升级传统实体市场，培育壮大网上市场，优化市场交易环境，努力增强市场综合实力。2011年4月，中国轻纺城钱清原料市场成功创建浙江省"五星级文明规范市场"，成为浙江省唯一的"五星级"生产资料市场，全年市场成交额突破400亿元。二是扶持做强优势产业。着力加快钱清物流产业园报批建设，打造绍兴西部最大的"公、铁、水（路）一体化"物流基地；充分发挥工贸结合优势，促进化纤原料差异化、功能化、系列化，切实提升化纤产业竞争力。三是培育集聚新兴产业。充分利用已收回的南部工业园区原32个"低、小、散"传统项目1258亩预约土地，积极调整用地空间，规划建设一个集新能源新材料、生物医药、高端装备制造、汽车配件于一体的现代新兴产业集聚区。全镇2013年实现地区生产总值119.7亿元，财政总收入10.36亿元，三次产业结构从2010年的1:71:28调整到1:63:36。

（二）小城市培育发展面临的挑战

小城市培育推动柯桥区小城市建设步伐逐步加快，发展水平有了新的提升，但小城市建设仍面临不少问题和困难。

1. 区域制约，需要调整完善小城市区域范围

柯桥区6个省市级小城市培育试点镇2013年底合计镇域面积达510平方公里，平均为85平方公里，特别是钱清镇作为省级小城市培育试点镇只有53.6平方公里的镇域面积，仅是浙江省27个小城市培育试点镇平均镇域面积120.3平方公里的44.6%。又如杨汛桥镇的镇域面积仅为37.7平方公里。由于镇域面积过于狭小，拓展空间有限，严重制约了小城市的培育发展，需要根据实际情况，适当调整小城市试点镇区域范围，拓展发展空间。

2. 土地制约，需要单独下达用地空间及土地指标

小城市的快速发展对土地的需求越来越多、越来越强烈，如钱清镇作为经济先发地区，一直以来用地十分紧张。2010年虽然调整了1985亩新增建设用地和13392亩有条件建设用地，但新增建设用地主要用于农民保障房建设和原料市场仓储配套等，有条件建设用地又很难调整为新增建设用地，用地紧缺已成为制约小城市建设的最突出问题。因此，需要对小城市试点镇用地空间及土地指标单独下达，将试点镇的重大项目优先选作省重点项目，确保小城市试点镇的用地需求。

3. 环境制约，需要集中搬迁、集中收集，保持良好环境

柯桥区是一个纺织大区，也是一个印染大区，保持经济发展和保护良好环境历来是柯桥区的一个重大课题。如钱清镇53.6平方公里的镇域面积上，现有40家印染企业和3家热电企业，同时，钱清镇有5.9万常住人口和10万多外来人口，人口密度较大，生活习惯不一，给环境改善带来不小的挑战。为此，柯桥区按照"集聚整合、控量提质、节能减排"的基本要求，力争通过5年时间的努力，使柯桥区80%以上的印染企业实现集聚提升，印染企业工业增加值能耗、主要产品单位能耗和废水排放量达到国内领先水平，着力把柯桥区打造成国内先进的染整技术应用示范基地和国际重要的"绿色印染"生产加工基地。同时，在小城市建设当中，加快基础设施建设，积极推广垃圾集中收集和无害化处理、工业与生活污水预处理和进管进网，加快改善生态环境，让老百姓的生活更加舒适、工作更加便捷，切实增强集聚和辐射能力。

4. 政策制约，需要延长小城市培育政策扶持时间

从城市发展规律看，任何一个城市从最初建设到逐步成形都要经历一个过程。小城市规模虽小但功能俱全，因而也不例外，但三年试点期限相对偏短。另外，许多项目从立项、审批、土地挂牌、开工建设到建成竣工，周期较长，尤其是试点期间新增的项目，建设时间更加紧张。因此，建议适当延长小城市试点期限，结合试点进度以再延3~5年为宜。同时继续深化政策扶持，特别是定向倾斜土地空间与指标，保障小城市建设项目需要。

三 对小城市培育发展的思考

（一）强化规划龙头作用

准确把握小城市的发展定位，着眼于以小城市为中心的区域范围，统筹考虑区域内镇村空间布局、功能定位和发展方向，统筹谋划城乡建设规划和产业发展规划，以及一系列专项规划、村庄（社区）规划，加快形成"总体规划（专项规划）—分区规划—控制性详规"的规划体系，优化资源配置，增强集聚和辐射能力,形成若干各具特色的区域圈。在大力推进柯桥新区城建设的同时,分别以钱清省级小城市以及平水、福全、兰亭市级小城市为核心,规划建设钱杨新城、平水新城、福兰新城,作为柯桥区城镇化建设的三个"副中心"。

(二)统筹产业拉动作用

以钱清镇小城市规划建设为样板,其他小城市统一实施规划编制工作,同时依托区域内各镇现有产业基础条件和优势特色,科学编制区域内产业发展规划,加快传统产业改造和高新技术产业培育,引进实施一批投资规模大、科技水平高、示范效应强的高新技术项目,共同培育与区域功能相吻合、布局合理、业态先进的特色产业基地。同时,加快集群化发展,形成以大企业为龙头、中小企业专业化配套的产业链,积极发展公共服务平台,逐步提升第三产业比重,支撑钱杨新城、平水新城、福兰新城等区域做大做强。各小城市培育试点镇根据柯桥区总体部署,结合区域实际,加快推进产业结构调整优化,如钱清镇按照"提升传统产业、扶持优势产业、培育新兴产业"的发展思路,鼓励化纤、纺织等传统产业加大技改投入,推进新能源新材料、中药颗粒药剂、新型功能纤维等新兴产业项目投入。特别是积极发展金融服务业,既能优化产业结构,又能为经济转型、城乡建设提供融资保障。目前钱清镇引进成立了钱安股权投资公司,这是中国平安金融集团在乡镇设立的首家股权投资机构,已完成工行、建行、绍兴银行入驻钱清"大钱门"金融服务区的签约工作,正在积极筹备成立村镇银行和小额贷款公司。

(三)发挥设施支撑作用

按照"统一规划、综合开发、配套建设"的原则,以小城市培育建设为核心,在区域内实行道路、公交、客运、供水、排水、电力、通信、污水处理、垃圾处理等基础设施的共建共管共享,真正实现区域范围内重大基础设施和社会事业建设的无缝对接,探索建立规划共编、工程共建、设施共管、功能共享的运作机制,实现区域公共设施投资效益、社会效益的最大化。同时,加快完善小城市服务功能,按照区域范围内公共服务体系规划布局,优先安排重大公用设施，促进城市公用设施向小城市延伸。依据服务人口规模、人口结构与分布、设施服务半径等，加快区域内教育、科技、文化、卫生、体育等设施建设，积极培育资本、劳动力、土地等生产要素市场和综合性公共服务平台，使区域范围内拥有完备的城市管理体系、社会事业体系、公共服务体系，实现区域服务共享。积极推进小城市培育试点镇"新三年建设计划"（2012～2014年），柯桥区6个省市级小城市培育试点镇共确定77个建设项目，总投资103.5亿元，其中钱清镇以楼宇经济为重点加快小城市建设步伐，全镇已建成高楼49幢，在建20幢，"大钱门"核心区现已基本形成。另外，加快推进基础设施建设，钱清中学、钱东小学、钱清医院提档，平水大道延伸段工程，浙东古运河钱清段引水活水工程等启动建设，第二医院平水分院、平水镇中学、平水中心幼儿园、平水消防站、钱清市民公园、兰亭镇阮港农民集中居住区一期工程等基本建成，6个省市级小城市培育试点镇全部完成集镇生活污水收集系统建设。

四 加强小城市培育发展的保障力度

（一）强化组织保障

一是探索对小城市培育试点镇领导进行高配。钱清、杨汛桥和福全三个镇的党委书记享受副处级待遇，更好地提升小城市培育试点镇统筹协调区域内经济社会发展能力。

二是探索成立区域发展议事协调小组。柯桥区先后成立了钱杨新城建设指挥部和平水新城建设指挥部，指挥部下设办公室，由正科级干部任办公室主任，同时抽调区域内相关镇人员到指挥部办公室工作，加强区域内协调工作。

三是全力配强队伍力量。按照人口规模、经济总量和管理任务，根据需要统筹安排机构设置和人员配备，并按程序报区机构编委审批，在总量控制的前提下，允许自主实施编外紧缺专业人才聘用工作，并确定相应的待遇。如钱清镇专门落实了分管小城市培育发展的镇党委副书记、党委委员和副镇长各1名，增加小城市建设专业人员编制15名；大力实施"招才引智"工程，积极吸引各类实用型和紧缺型人才落户小城市，确保人才智力需求。

（二）细化政策保障

一是强化资金保障。2011年柯桥区政府制定了新一轮财政政策，对省市级小城市培育试点镇加大财政倾斜力度，增加专项资金定额补助和落实地方配套建设资金。钱清镇按1∶3的比例落实地方配套建设资金（浙江省每年安排10亿元资金扶持小城市培育，其中柯桥区钱清镇每年安排4000万元），每年安排1.2亿元进行专项扶持，其他小城市培育试点镇每镇每年给予500万元建设培育定额补助。

二是强化用地保障，通过印染企业集聚升级、拆迁改造、宅基地置换、向上争取重点项目等措施，着力缓解用地难题，将有限的土地指标重点向小城市培育、大项目特别是战略性新兴产业项目倾斜。对钱清镇建设用地计划实行单列，重点倾斜，在柯桥区用地指标十分紧张的情况下，2013年优先安排钱清镇建设用地计划指标604.95亩，确保小城市发展空间需求。与此同时，为更好地推动钱清镇小城市的建设进程，钱清镇争取建设用地计划指标610余亩，盘活利用可调整建设用地空间250余亩，对其他省市级中心镇也实行倾斜政策，将有限的土地指标尽可能多地安排给中心镇。

三是探索区域统筹考核。制定区域发展目标和任务，签订区域发展责任状，对区域发展的情况进行一体化考核。

（三）优化服务保障

一是建立区域性行政服务中心。成立柯桥区行政服务中心分中心，实行双重管理，承担区域内行政审批服务职能，切实提高服务质量，增强小城市的集聚和辐射能力。成立柯桥区行政服务中心钱清分中心，钱清分中心明确为区行政服务中心派出机构，区级进驻部门单设窗口12个（工商、公安、住建、规划、国土、交通运输、财税、国税、气象、质监、人力社保、环保），镇政府综合（代办）窗口1个（办理发改、经信、商务、建管、农业、林业、卫生7个授权部门和民政、安监、水电、食药监4个代办部门事项），现在钱清分中心已可办理23个部门的243项审批事项，基本涵盖了区级审批的所有范围。设立绍兴市柯桥区行政服务中心平水分中心，增强平水新城对南部三镇的统筹和辐射功能，现有 15 个部门的 130 项审批事项进驻平水分中心办理。其他 4 个小城市培育试点镇也都相应建立服务中心，各部门下放授权，实现了管理升级、便民服务。2013 年重点启动平水和马鞍两个区行政服务中心分中心的建立工作，进一步加大扩权力度。

二是探索实行区域性联合执法。成立城市综合执法中心，建立权责明确、行为规范、监督有效、保障有力的行政执法体制，切实提高综合行政执法水平。

三是切实推动部门设立区域机构。如柯桥区的财税、工商、质监等部门都相应地在小城市试点镇和中心镇设立区域机构，受理辖区范围内的工作事宜，方便区域内群众办事，切实提高服务效率，健全城市功能，提升发展品位。

专题篇
Special Topic

B.14 杭州都市圈新型城镇化投融资问题研究

杭州市金融办课题组*

摘　要： 金融作为现代经济的核心，为新型城镇化提供着"血液"和动力。本文通过对杭州都市圈城镇化投融资现状及面临的主要困难进行分析，在借鉴国内外城镇化投融资方式和对未来投融资发展趋势分析的基础上，提出了完善杭州都市圈新型城镇化投融资机制的政策建议。

关键词： 金融支持　融资平台　产业创新　新型城镇化　都市圈

新型城镇化是推进转变经济发展方式的重要抓手，是社会主义现代化的战略任务，也是应对当前经济形势的现实选择。金融作为现代经济的核心，为新

---

* 执笔吕东东，杭州市金融办地方金融处副处长。

型城镇化提供着"血液"和动力，发挥着不可或缺的重要作用。

金融支持着新型城镇化的基础条件——基础设施建设。城镇化的快速推进会带来人口和产业的迅速集聚，产生对基础设施的巨大需求。有专家根据1980～2004年全国30个省份的截面数据测算，城镇化水平每提高1个百分点，将带动8.99%的新增固定资产投资需求。我国自20世纪90年代中期开始进入快速城镇化阶段，对城镇基础设施和公共服务的需求十分巨大，必须借助金融体系的支持为推进新型城镇化提供长期而稳定的资金来源。

金融支持着新型城镇化的经济条件——产业的发展。国际经验表明，在一个相当长的历史阶段内，城镇化与工业化之间存在明显的正相关性，这是城镇化发展的一条基本规律。著名经济学家H.钱纳里和M.塞尔昆在1975年提出的城镇化与工业化的"发展模型"论述了两者之间的关系：在发展初期，城镇化是由工业化推动的；在工业化率与城镇化率共同达到13%左右的水平后，城镇化开始加速并明显超过工业化；到了工业化后期，工业化对城镇化的贡献开始减弱。产业的发展尤其是工业的发展对资金及其服务的需求非常迫切。

金融支持着新型城镇化的基本条件——人的城镇化。城镇化归根结底是要实现人的城镇化，金融在改变传统农业生产生活方式方面发挥着重要作用。金融覆盖面的扩大可以使乡镇乃至农村地区和偏远地区享受到方便快捷的现代金融服务；可以满足失地农民对保障的需求；可以满足进城农民自主创业、就业的需求；可以为居民新的消费方式和消费需求提供服务。

一 杭州都市圈城镇化投融资现状

（一）杭州都市圈基础设施建设投融资主要方式

1. 财政投入

财政投入包括政策扶持和资金扶持两种形式。杭州都市圈内许多县（市）都安排了专项资金用于城镇化建设。如绍兴县设立总额达3.29亿元的基本发展资金，并对镇（街）、开发区的税收收入县级所得超基数部分实行全额分成。除保障省级小城市培育试点县的配套经费外，每年再给予省级中心镇500

万元的专项补助，对省市级中心镇经营性用地土地出让金净收益按60%~100%的比例予以返还，以促进县域新型城镇化建设。

2. 政府平台融资

除了县级融资平台外，不少镇也建立了镇一级的融资平台。如桐庐县在各中心镇组建与县对应的、国有性质的"桐庐滨江建设有限公司分公司"，作为中心镇公寓房建设主体，负责项目的立项报批、资金筹措、开发建设等工作。淳安县成立新农村建设开发公司，并由县总公司出资在所有中心镇设立子公司。富阳市新登镇和场口镇成立工业园区投资发展公司，负责工业新区的基础设施投资建设。余杭区塘栖镇成立城建开发公司、资产经营公司和农转居公寓开发公司三个融资平台。

3. 大项目带动

即借助打造新区或工业平台等机遇，通过招商引资引进大项目，以此快速推进城镇基础设施建设。如湖州市长兴县吴山乡城南工业功能区平台建设机遇，引来"江森""天能""华亿电源"等一批大项目，进而带动社会资本和银行资金进入，快速推动城镇基础设施建设。

4. BT（Build-Transfer）模式

由投资人负责工程的融资和建设，项目竣工验收后移交政府，由政府在回购期内支付回购款。如杭州下沙建筑开发公司在建德市大同镇的府东新区项目、浙江正见建设集团在建德市寿昌镇的农民集聚房项目、泰众建设开发公司在淳安县临歧镇的农民集聚点项目、中国联合工程公司在淳安县汾口镇的畹璐农民集聚区项目、杭州市工投集团和财开集团在淳安县姜家镇的宏山农民转移集聚区项目、东冠集团在桐庐县横村镇的徐家埠农民安置项目、浙江省建工集团在桐庐县江南镇的窄溪集聚安置小区项目等。

5. PPP（Public-Private Partnership）模式

即社会资本合作模式，政府与社会机构以特许权协议为基础，利用社会机构的资金、人员、设备、技术、管理从事公共项目的开发建设和经营。如嘉善县与华夏幸福基业股份有限公司采用PPP模式合作，建设嘉善科技商务服务区（高铁新城）。临安市於潜镇与杭州大自然科技股份有限公司、杭州东部软件园合作开发逸逸村工业平台。

（二）杭州都市圈城镇化建设投融资面临的主要困难

1. 财政投入压力巨大

按照各中心镇初步的项目计划安排，2013年，杭州市中心镇共安排512个项目，共需资金572.1亿元，初步计划政府出资119.2亿元，当年拟投资126.9亿元。大致测算，2013年20个中心镇政府需出资近27亿元，但2012年五县（市）财政总收入仅103.4亿元。

2. 政府融资平台运转困难

2010年国务院曾下发通知，要求加强地方政府融资平台公司管理，清理地方政府融资平台。银监会要求各级银监部门严格履行职责，要求各金融机构严格执行名单制管理、集中审批管理和分类管理等规定，严格执行"四个不得"的不可贷规定，同时对平台贷款的审批权限上收，目的是对存量规范整改、控制风险，对增量严格控制规模。这些措施大大增加了融资平台运作的难度。此外，融资平台本身也参差不齐，资金实力、负债规模、运作能力都有很大差异。尤其是一些县级甚至乡镇级平台没有什么经营性资产，资本实力不强，缺乏足够的现金流和还本能力，还大量举债。大部分基础设施的经营性比较差，财务自偿率低，即使有现金流也需要很长的回报期，最终还款来源或多或少会依赖土地出让，一旦土地市场遇冷，融资平台的资金链风险就显露出来。在内部管理上不少平台关联结构复杂，没有清晰的责任主体，也有许多不规范操作之处。

3. 后续还债的压力已经开始显露

目前，不少中心镇的项目以BT模式在建设，这一模式尽管可以在短期内建成依靠财政难以完成的项目，减轻财政压力，但与其他项目相比，BT项目融资成本相对较高，如果BT项目的回购期过于集中，将会给政府带来较大的还债压力。

二 国内外城镇化投融资方式借鉴及未来趋势分析

（一）国内外城镇化投融资方式借鉴

基础设施资金来源除政府投入外，一般来说有债权融资、股权融资、夹层融资和项目融资等几种方式，城镇化主要的融资方式及适用对象见表1。

表1 城镇化主要融资方式及适用对象

融资方式	适用对象
BT	适用范围最广,只要在延期支付期间,满足一定的担保付款条件,有到期足额偿付的资金保障都可以采用此模式
BOT	适用于可经营、项目本身有还贷能力的项目;通过财政补贴或政策扶持来维持运营、取得合理回报的项目
股权投资基金	适用于收益较高、退出机制良好的项目
信托、保险融资	适用于收益稳定的项目
城投债	发债企业要达到规定要求:三年连续实现盈利;流动性好,偿债能力强;发债余额不得超过净资产的40%
资产证券化	适用于有稳定现金流入的资产

1. 债权融资

债权融资包括银行贷款、向公开市场发行债券、向非公开市场进行债务融资(如保险资金、融资租赁、信托资金、产业基金等)。

美国的市政债券。美国市政债券的发行人是州、市、县、镇政府或其代理机构。市政债券在美国资本市场中占有重要地位,与股票、国债、企业债共同构成了美国资本市场的主体。美国的市政债券种类繁多,按照发债项目是否有固定收益可以分为两类:一般责任债券或税收支持债券。以发行者的税收收入作为偿债的保证,一般是财产税,用途大多是没有固定收益的基础设施项目建设。收益债券主要用于建设有固定收益的基础设施项目,如电网、收费公路、机场、港口等,偿债来源于设施有偿使用所带来的收益。从期限上看,美国市政债券的期限都比较长,长期债券占绝对多数,占到债券总额的97%以上。从债券持有人结构看,美国家庭是最主要的持有者,达到了35%,其余较大规模的持有者有:共同基金,占比为29%;保险公司,占比为16%;商业银行和储蓄机构,持有8%。

我国的城投债。由于我国法律规定地方政府不能发债,因此我国没有真正意义上的市政债券,只能以间接方式发债。一是由财政部代理发债,二是通过政府融资平台来发行"准市政债",即城投债,用于地方基础设施建设或公益性项目。包括企业债、短期融资券、中期票据等品种,主要类型是企业债。发行主体最为集中的是市级企业，期限一般为中长期债券，其中7年期的占到总发行量的41.22%。市场机构数据显示，我国城投债存量规模已达3.2万亿元。

保险资金债务融资。自2006年保监会颁布《保险资金间接投资基础设施项目试点管理办法》以来，我国也有一些地区在利用庞大的保险资金方面进行了探索。如泰康保险公司旗下的泰康资产管理公司发起设立债权计划，定向募集20亿元资金，投资于上海城投实施的上海新水源地——青草沙原水工程。

融资租赁。目前融资租赁在地方基础设施建设过程中使用得越来越广泛，其中应用较多的是出售回租方式，即地方投融资平台将拥有的存量基础设施项目出售给金融租赁公司，再向金融租赁公司租回使用。如2010年福建省福宁高速公路公司以售后回租方式向国银金融租赁有限公司融资80亿元，这是目前国内最大的一笔固定资产融资租赁业务。借助于融资租赁，地方投融资平台盘活了存量基础设施项目，而且融资标的物仍为承租方使用，承租方可以继续实现其管理职能。

2. 股权融资

股权融资包括上市、股权信托、非上市股权合作等。

非上市股权合作。我国首例规范操作的城市公用设施股权合作的成功案例是徐州自来水总公司。2004年，徐州自来水总公司为解决新建水厂和远期新建供水管网的资金需求，与国有控股的首创股份合作。首创股份出资1.44亿元，与徐州自来水总公司合资成立徐州首创水务有限责任公司，占80%的股权，首创股份获得30年合资经营合同和现有服务范围内的独家特许经营权。改制后既解决了投资建设的资金缺口问题，徐州市政府的原始投资也得以回收用于其他项目，而且改制后国有资本仍然具有绝对控股地位。

3. 夹层融资

夹层融资，如资产证券化。即拥有未来可产生现金流资产的所有者将资产转移给受托机构，由受托机构以证券的方式销售给投资者。珠海市是我国较早采用ABS（资产支撑证券化）模式进行基础设施建设融资的城市。1996年8月，珠海市以高速公路收费权为质押，通过中国国际金融公司在国外发行2亿

美元的资产抵押债券，筹资成本低于当时的国内市场资金成本。

4. 项目融资

项目融资包括 BT 融资、BOT 融资等。

BT 模式以类似于按揭的金融模型延缓了资金支付的期限，对投资人选择主要需考虑融资和建设能力的要求，合作对象容易寻找，而且融资方式简单，不需要繁杂的手续和审批。近年来 BT 模式凭借其"保障资金、工期更快"的优势，成为武汉城建融资的主流模式。2011 年 7 月，武汉首批 BT 项目——武汉大道、二环线汉口段、白沙洲大道、沙湖大桥四大工程竣工通车，使市民提前 3 年享受到"三路一桥"带来的便利。

（二）未来城镇化投融资的发展趋势分析

1. 城镇化投融资主体将更加多样

目前在推进城镇化过程中，政府承担了绝大多数任务。仅仅依靠当地财政是难以满足资金需求的，改革这种投融资模式势在必行。政府应当主要发挥引导和杠杆作用，为民营资本进入城镇化建设领域创造良好的外部环境，使民营资本成为基础设施建设特别是营利性基础设施建设的重要力量。在时机成熟时，也可以引入外资发挥积极作用。

2. 投融资平台更加规范

投融资平台在为当地城镇化做出重要贡献的同时，自身存在着实力参差不齐以及运作不规范、不透明等问题。经过国家规范整顿后，地方政府投融资平台将更加透明，公开、及时地向社会披露资金使用情况、债务规模、偿债来源、风险提示等信息。未来地方政府隐性债务将受到更强的外部监督，地方政府担保行为将被严格管理，可用于抵押的资产范围将被严格界定。

3. 促进城镇化的财税政策体系更加完善

财税政策的设计要以财权和事权相统一为原则，理顺财税关系，合理划分县、镇财税的分配比例。强化中心镇一级的预算权和决算权，使小城镇成为一级独立的财政。健全转移支付体系，保证城镇基础建设和长远的发展。

三 完善杭州都市圈新型城镇化投融资机制的政策建议

从杭州都市圈城镇化投融资的现状出发，借鉴国际国内经验，适应新型城镇化建设的要求，需要改革目前的城镇化建设投融资体制，建立起投资主体多元、融资方式多样、可持续、风险可控的投融资体系。

（一）根据发展规划，统筹制订融资与建设计划

当前投融资问题凸显，既与国家宏观调控有关，更与短期内集中上项目有关。应综合考虑各类规划的衔接，分清轻重缓急，安排好项目建设时序。根据项目的不同性质，选择不同的资金来源，通盘制订项目融资计划。对于纯公共产品的公益性项目，要依靠财政投入进行建设。在当前经济形势紧张、土地出让不畅、财政收入减少的情况下，项目建设应充分考虑财政的承受能力，进行政府财力动态平衡论证，在防范地方财政风险的前提下，着力保障在建项目、民生项目等对区域经济社会发展关系重大的建设项目，严格控制小而散的一般性项目。对于可经营性强、财务自偿率高的项目，应当解放思想，尽可能吸引社会资金进行投资。对于现金流缺乏、经营性不强的项目，应当由政府承担主要责任，但也要注意引入其他渠道的资金完成项目融资。此外，建议由县（市）一级政府统筹制定对中心镇建设融资的配套政策，如切出一部分省、市、县（市）补助资金专项用于融资贴息并保持长期稳定；成立政策性担保机构；对具有较强实力和信用等级的融资平台，继续以出具推荐函等监管部门允许的形式为其发行债券、向信托和保险债权融资提供支持。

（二）完善政府融资平台，多种形式利用各类资金

当前制约融资平台融资能力的因素是经营性资产不足和缺乏持续稳定的现金流。完善政府融资平台要围绕壮大平台实力和实现稳定现金流两个核心，通过向平台注入能产生现金收益的经营性资产、能获得财政补贴的准公益性资产、能实现经营收入的国有实体企业股权资产等具有收益性的优质资产，壮大其资本实力，提高其融资能力。各地可以根据自身条件，探索尝试新的金融工

具,利用股权融资、债权融资、夹层融资、项目融资等多种模式,广泛引进吸收各类非自有资金参与新型城镇化。如2013年杭州市中心镇共有新开工项目282个,其中B类项目(水电气、污水处理、垃圾处理、广播电视、通信网络等生活设施和生产基础设施)58个,占20.6%;预安排项目185个,其中B类项目26个,占14.1%。这些项目大多具有不同程度的可经营性,能够产生一定的现金流,对社会资金的利用具有广阔的空间。要创新社会资本合作方式,广泛开展社会资本对接。对于投资回报率比较稳定的项目,如电力、通信、供水、污水处理、垃圾清运等,可以采用BOT模式。对于有一定的现金流入,但财务自偿率不高、无法实现自身收支平衡的经营性基础设施项目,如学校、托老所、医院、博物馆、幼儿园、体育馆、展览馆等,可以采用PPP模式。对于能满足一定的担保付款条件,且有到期足额偿付的资金保障的项目,可以采用BT模式。

(三)大胆尝试,创新基础设施项目融资方式

针对目前投融资平台面临的困境,要积极调整融资结构,努力寻找新的融资渠道,在现行政策下进行融资方式的创新,以下几种渠道值得探索借鉴。①信托资金投资基础设施。信托融资可以通过直接项目投资、收购、参股等多种方式介入项目建设,而且不提高地方投融资平台的资产负债率。国内已经有上海外环隧道项目、江苏省沿江高速公路公司项目等成功案例。②保险资金投资基础设施。2012年保监会发布了《基础设施债权投资计划管理暂行规定》,允许保险资产管理公司等专业管理机构募集资金以债权方式投资基础设施项目。③基础设施融资租赁。在基础设施建设融资过程中,应用较多的是出售回租方式。地方融资平台将拥有的存量基础设施项目出售给金融租赁公司,再向金融租赁公司租回使用。国内的典型案例有福建省福宁高速公路公司以售后回租方式向国银金融租赁有限公司融资80亿元。④基础设施股权转让。对于已经完成而且有稳定现金流的项目,可以转让部分股权,以吸引外部资金进入。⑤发行城投债。2013年以来,城投债发行进入快车道。据国家有关部委透露,城投债发行的门槛还会逐渐放开,银行交易商协会近期已经进一步放开了可发债城投公司的类型,发改委也表示将允许非

百强县发行城投债,并考虑推出基础设施建设项目的私募债等,这都为发行城投债提供了便利。

(四)形成合理金融体系,助力县域产业发展

现有金融理论和实践表明,区域性、本土化的中小金融机构是为乡镇提供金融服务的最有效的制度安排,要从根本上解决县域及乡镇数量众多、规模较小且劳动力密集的经济活动的融资问题,必须造就一批能够为小微企业、农户和贫困人口提供金融服务的区域性中小银行、小额信贷和互助性金融组织。要大力发展村镇银行、小额贷款公司和资金互助组织等区域性、本土化的金融机构,丰富金融机构谱系,促进金融竞争,增加金融供给,改善金融生态,为当地经济发展提供更为全面和有效的金融支撑。要加大政策补贴力度,健全对金融机构涉农贷款、小微企业贷款的风险补偿制度,提高金融机构服务县域和乡镇的积极性。继续抓好信用体系建设,缓解市场主体信息不对称和风险偏好不匹配的问题,优化金融生态环境,用市场化的手段引导金融机构支持当地的经济发展。

参考文献

北京天则经济研究所课题组:《成都市统筹城乡涉农投融资体制改革的实践与经验》,2011。

付敏英、汪波:《城镇化大型产业园区开发融资模式选择与方案设计研究》,《财经理论与实践》2012年第7期。

孙富霞:《创新投融资体制机制是增强区域经济发展活力的关键环节》,《求知》2010年第2期。

黄勇、谢朝华:《城镇化建设中的金融支持效应分析》,《理论探索》2008年第3期。

刘莉亚:《金融支持农村城镇化建设的探讨》,《河北金融》2007年第1期。

许丽英:《中国金融发展与城市化进程研究》,重庆大学硕士学位论文,2007。

B.15
新型城镇化进程中杭州都市圈的商贸转型发展研究

商贸专业委员会课题组*

摘　要： 本文从新型城镇化的基本特征和关键要素出发，对杭州都市圈商贸发展的总体结构变化和新城城镇化推进中的影响因素进行分析，探讨了新型城镇化对商贸业的协同效应和推动作用，并结合杭州都市圈的基本特点，对未来新型城镇化发展中商贸业发展的趋势进行推导，提出商贸业发展的制度和政策建议。

关键词： 商贸业　新型城镇化　协同发展　杭州都市圈

一　新型城镇化进程中杭州都市圈商贸发展的总体概况

（一）新型城镇化进程及其对杭州都市圈商贸发展的影响

我国现阶段的新型城镇化建设是调整产业结构、扩大内需的主要抓手之一。商贸业作为挖掘内需的先导产业，也是促消费、调结构、保增长的重要手段。新型城镇化的核心是人的城镇化，关键是实现农业就业和增加农民收入，

---

* 课题组组长郑永标，杭州市贸易与粮食局副局长。副组长陈峰，嘉兴市商务局副局长；钱树春，湖州市贸易与粮食局副局长；章光华，绍兴市商务局局长。执行组长许新，杭州市贸易局行业发展处处长。成员陆建良，嘉兴市商务局市场发展处处长；孙晔，湖州市贸易与粮食局贸易流通处处长；傅国新，绍兴市商务局市场发展处处长；张全华，湖州市贸易与粮食局贸易流通处；汪胜洪，杭州市贸易局行业发展处。执笔王铜安，浙江工商大学工商管理学院讲师。

新型城镇化进程中杭州都市圈的商贸转型发展研究

而商贸业作为资金和劳动力密集型产业,一直是吸收农民创业和就业的重要途径。新型城镇化强调走集约、智能、绿色、低碳的新路子,着力提高内在承载力。商贸业作为现代服务业,越来越多地通过信息化和平台化等手段,展现资源整合放大和集约利用的新途径。以商圈、专业市场、物流、仓储、电子商务、产业园等为代表的商贸设施的层次化、梯度化布局,也体现了城市格局的重要内容,对科学性和前瞻性的规划要求越来越突出。总体来看,新型城镇化为商贸发展提供了新的发展机遇和更高要求。

从2010~2012年城镇化进程的统计数据来看,杭州都市圈各城市的城镇化水平在逐步提高。2012年末,杭州、湖州、嘉兴和绍兴城镇化率分别为74.3%、60.3%、55.3%和60.1%,平均增长0.50个、1.15个、1.00个和0.75个百分点。都市圈内除了杭州,其他三市的城镇化率虽高于全国平均水平,但低于浙江省的平均水平(见表1)。

表1 2010~2012年杭州都市圈各城市的城镇化率比较

单位:%

地区	2010年	2011年	2012年	平均增长(百分点)
全 国	50.0	51.3	52.6	1.30
浙江省	61.6	62.3	63.2	0.80
杭 州	73.3	73.9	74.3	0.50
湖 州*	58.0	59.5	60.3	1.15
嘉 兴	53.3	54.4	55.3	1.00
绍 兴	58.6	59.3	60.1	0.75

注:*采用2010~2012年湖州市国民经济和社会发展统计公报数据,其他为统计年鉴数据。

从新型城镇化进程及其对杭州都市圈商贸发展的影响机理来看,城镇化的主要功能是:引发消费升级从而创造消费需求;推动产业升级从而扩充产品和服务的市场需求;推动城镇建设从而创造商贸设施类的投资需求;促进郊区转型从而形成新的商贸产业区;促进新农村建设从而实现商贸资源和服务向农村渗透。

随着杭、湖、嘉、绍城镇化水平的不断提高,杭州都市圈各城市的社会消费品零售总额也都实现了快速增长。2010~2012年,杭州都市圈四城市的平均增速达到了16.9%,高于浙江省平均增长速度。2012年,浙江省实现社会消费品零售总额13546亿元,同比增长13.5%;杭州都市圈四城市实现社会消费品零售总额5890.9亿元,同比增长15.2%,占浙江省社会消费品零售总额的43.5%。

从杭州都市圈各城市的消费增长来看,四城市社会消费品零售总额差异大,但增长速度差异小。从2010~2012年的统计数据来看,杭州平均增速为17.1%,高于四城市平均增速0.2个百分点;湖州、嘉兴和绍兴的平均增速分别为16.8%、16.5%和16.6%,略低于杭州都市圈平均增速。2012年,杭州的社会消费品零售总额达到2944.63亿元,同比增长15.5%,占四城市社会消费品零售总额的50.0%,较为突出;绍兴和嘉兴均破千亿元大关,分别达到1158.66亿元和1083.74亿元,同比增长分别为15.1%和14.3%,分列第二位和第三位;湖州的增长速度仅次于杭州,社会消费品零售总额达到703.87亿元,同比增长15.4,居第四位(见表2)。

表2 2010~2012年杭州都市圈四城市社会消费品零售总额统计

单位:亿元,%

城市	2010年	2011年	2012年	同比	平均增速
杭州	2146.08	2548.36	2944.63	15.5	17.1
湖州	516.09	609.89	703.87	15.4	16.8
嘉兴	799.36	948.57	1083.74	14.3	16.5
绍兴	852.89	1006.75	1158.66	15.1	16.6
合计	4314.42	5113.57	5890.90	15.2	16.9

注:平均增速按可比价格计算。

从消费的城乡结构看,2012年,浙江省城镇社会消费品零售总额为11209亿元,同比增长13.8%;农村社会消费品零售总额为2137亿元,同比增长12.2%。同期杭州都市圈四城市的城镇社会消费品零售总额为5248.00亿元,同比增长15.1%,2010~2012年平均增长16.7%,均高于浙江省平均水平;农村社会消费零售总额为642.90亿元,同比增长15.2%,2010~2012年平均增长16.5%,也均高于浙江省平均水平(见表3、表4)。

新型城镇化进程中杭州都市圈的商贸转型发展研究

表3 2010~2012年杭州都市圈四城市城镇社会消费品零售总额统计

单位：亿元，%

城市	2010年	2011年	2012年	同比增长	平均增速
杭州	2074.24	2432.51	2805.07	15.4	17.1
湖州	378.12	448.56	516.69	15.3	16.9
嘉兴	691.78	811.07	925.96	14.6	16.8
绍兴	709.52	856.17	1000.28	15.1	16.6
合　计	3853.66	4548.31	5248.00	15.1	16.7

注：同比增长与平均增速均按可比价格计算。

表4 2010~2012年杭州都市圈四城市农村社会消费品零售总额统计

单位：亿元，%

城市	2010年	2011年	2012年	同比增长	平均增速
杭州	71.84	115.85	139.56	18.1	18.3
湖州	137.97	161.33	187.18	15.4	16.5
嘉兴	107.58	137.49	157.78	12.2	14.7
绍兴	143.36	150.58	158.38	15.0	16.3
合　计	460.75	565.25	642.90	15.2	16.5

注：同比增长与平均增速均按可比价格计算。

在城镇化进程的带动下，2010~2012年杭州都市圈四城市城乡居民的收入和消费支出都得到了不同程度的增长。杭州的城镇居民人均可支配收入由30035元上升到37511元，扣除价格因素年均增长7.8%；农村居民人均纯收入由13186元上升到17017元，扣除价格因素年均增长9.6%；城镇居民人均消费性支出由20219元上升到22800元，扣除价格因素年均增长6.4%；农村居民人均消费性支出由10267元上升到13612元，扣除价格因素年均增长15.2%。湖州、嘉兴和绍兴的城镇居民和农村居民人均可支配收入年均增长约10%；城镇居民人均消费性支出年均增长11.3%~16.2%，农村居民人均消费性支出年均增长9.9%~15.3%。城镇化不仅有效扩大了城市消费群体，也提高了农村居民的消费水平，消费增量形成明显。同时，在农村人口逐步转为城镇居民的进程中，也推进了农业适度的规模经营，对增加农民收入和提高农

民消费水平效果明显。

城镇化水平每提高1个百分点,将拉动最终消费增长约1.6个百分点,能带动居民消费总额增加1200亿元,而且每增加1个城镇人口,可带动固定资产投资50万元。从农民工打工就业,转向在商贸业就业和创业,再实现城镇化转化,构成了都市圈典型的农村人口的城镇化转化路径。一方面,浙江省农民工中从事制造业的比重最大,占35.7%;其次是建筑业(占18.4%),居民服务业(占12.2%),批发零售业(占9.8%),交通运输、仓储和邮政业(占6.6%),住宿餐饮业(占5.2%)。在"退二进三""机器换人"等产业发展策略引导下,从事制造业和建筑业的比重趋于下降,而个体商业、餐饮、电子商务、快递等从业人员的比例逐步提高。另一方面,浙江省农民工总数为1783万人,其中外省来浙农民工523万人,本省籍农民工1260万人。在来浙农民工中,受雇人员占95.3%,自营人员占4.7%;在本地农民工中,受雇人员占72.8%,自营人员27.2%。自营人员主要从事批发零售业,占38.9%。因此,商贸创业和就业成为杭州都市圈人口城镇化转化的重要途径。

(二)新型城镇化进程中杭州都市圈商贸结构的变化

新型城镇化能够扩充产品和服务的市场需求,创造商贸设施类的投资需求,促进郊区形成新的商贸产业区,实现商贸资源和服务向农村渗透。总体表现为城镇化进程中商贸结构的变化。

1. 商贸主体结构有均衡化发展趋势

从商贸核心构成即批发和零售来看,主体性质的集中度水平反映了商贸的演化历程及所处阶段,其变动趋势反映了流通渠道的市场配置及运作效率。根据2010~2012年的统计数据,杭州限额以上的批发零售贸易企业中,私营企业和港澳台商投资企业的数量分别从2010年的1975个和27个,增加到2012年的2166个和44个,整体占比上升,而国有企业比重有一定程度的下降。嘉兴2010年的变化最明显,限额以上的批发零售贸易企业中,国有及国有控股企业的数量由2009年的48个下降到2010年的23个,私营企业的数量则由2009年的359个上升到2010年的426个。湖州2011年的变化相对突出,限额以上的批发零售贸易企业中，国有及国有控股企业的数量由2010年的20个下降到2011年的18个，私营企业的数量则由2010年的166个上升到2011年的181个。总体来看，杭州都市圈内各市限额以上的批发零售贸易企业中，国有及国有控股企业的数量下降明显，而私营企业的数量持续增加，都市圈内商贸各主体类型有均衡化发展的趋势。

2. 城镇化扩充产品和服务市场需求的商贸方式愈发突出

城镇化扩充产品和服务的市场需求以商贸的批发零售业和住宿餐饮业为主要表现方式之一。从2010~2012年的统计数据来看[1]，杭州都市圈四城市批发零售业和住宿餐饮业的增速大致相同。2010~2012年批发零售业的平均增速为16.9%，住宿餐饮业的平均增速为16.6%，发展速度较快。2012年，浙江省批发零售业的零售额达到12101亿元，同比增长13.3%，同期杭州都市圈四城市的批发零售业实现零售额5289.99亿元，增幅高于浙江省3.6个百分点，占浙江省批发零售业总零售额的43.7%；浙江省住宿餐饮业零售额达到1445亿元，同比增长15.6%，杭州都市圈四城市的住宿餐饮业实现零售额600.90亿元，在浙江省内占比41.6%。从全省范围的比较来看，商贸作为都市圈城镇化扩充产品和服务市场需求的方式较为突出。

3. 电子商务和连锁专卖等流通方式发展迅速

杭州都市圈内的杭州和嘉兴电子商务发展迅速，前者作为中国电子商务之都，B2B、C2C等模式的电子商务平台建设走在全国前列，其中"阿里巴巴""淘宝""中国化工网""中国化纤信息网""全球纺织网"等平台在全国具有较大影响力，完成了全国2/3的电子商务成交额。近几年，嘉兴电子商务也获得了突飞猛进的发展。嘉兴依靠区位优势，拥有发达的物流和快递业，沃尔玛、顺丰、申通、速银通等多家企业在嘉兴建有配送中心，有力地支撑了嘉兴电子商务的发展，比较有代表性的有：麦包包皮具、保时捷服饰、五芳斋、嘉欣丝绸等。2012年，杭州都市圈四城市的网络零售额合计达到1248.7亿元，占浙江省的61.59%，同比增长96.43%（见表5）。

---

[1] 四城市的"同比"指标，根据各市国民经济和社会发展统计公报数据进行计算。

表5 2011~2012年杭州都市圈四城市网络零售额占比及增长情况

城市	2012年		2011年		增长情况	
	网络零售额（亿元）	全省占比（%）	网络零售额（亿元）	全省占比（%）	增长量（亿元）	增长率（%）
杭州	902.9	44.53	485.8	45.41	417.1	85.86
湖州	36.9	1.82	19.0	1.78	17.9	94.21
嘉兴	261.5	12.90	104.5	9.77	157.0	150.20
绍兴	47.4	2.34	26.4	2.47	21.0	79.55
合计	1248.7	61.59	635.7	59.43	613.0	96.43

杭州都市圈各城市连锁超市、便民店、专业店、专卖店等多种流通方式发展迅速，渗透力度逐步加大。例如，富阳以华辰连锁超市为主要载体，全力推进实施"万村千乡市场"工程，累计发展行政村、自然村、学校、社区超市、连锁门店539家（其中华辰连锁门店443家），基本形成网点建设合理、流通高效、功能齐全、服务上乘的新型农村现代流通网络，加速了农村商业业态的提升。

4. 商贸设施投资增长迅速，集聚效应明显

在城镇化推动下，杭州都市圈商贸设施投资增长迅速。2010~2012年，杭州的大型商业综合体发展较快，除了体量稳步增长的武林商圈，24万方的万象城、8万方的来福士商业广场，以及各6万方的高德商业广场和波浪文化城等，使得钱江新城商圈体量达到了70万方。2013年营业的西溪印象城和银泰城等，使得城西商圈迅速升温，加上各5万方的古墩印象城和西城广场，城西商圈体量接近40万方。正在投入建设的20万方的西田城、28万方的城北银泰城和35万方的万达广场，又将形成一个超过80万方的重量级城北商圈。在各类商贸设施投资驱动下，杭州形成了包括6个CBD、7个专业市场和10条特色商业街的23个商贸服务业集聚区，集聚效应明显。绍兴商贸设施投资驱动也较为明显，陆续实施了一批投资额大、单体规模大，涵盖商业综合体、酒店餐饮、专业市场、仓储配送等的商贸项目。2013年，绍兴投资额在1000万元以上的商贸项目共137个，同比增长20%；投资额在亿元以上的商贸项目共95个，其中5亿元以上的商贸项目42个，10亿元以上的商贸项目

15个。在超过40万方体量的解放路商圈基础上,绍兴陆续发展了以23万方世茂广场为核心的迪荡商圈,以及集聚万达广场和市中心广场达到30万方以上的柯北商圈。嘉兴在以江南大厦和戴梦得购物中心等为中心的城市中心商圈基础上,陆续形成了秀洲区商圈和南湖区商圈,正在打造国际商务区商圈、姚家荡商圈、空港新城商圈,以及湘家荡商圈。湖州在形成府庙商圈的基础上,积极打造西南新城的红星美凯龙和亿丰国际商圈。

(三)新型城镇化进程中杭州都市圈商贸的总体特征

1. 新兴业态层出不穷,专卖、连锁经营等快速发展

杭州都市圈城镇化进程对产业快速增长和居民消费水平的提升作用明显,品牌折扣店形式的奥特莱斯、线上线下结合的O2O体验店等新兴业态层出不穷,综合体、购物中心、大卖场、超市、便利店、专卖店等业态发展势头依旧强劲。跨国零售企业和国内大型连锁企业纷纷抢滩都市圈,基本形成了各级连锁企业齐头并进的流通格局,专卖、连锁经营成为专业化、标准化和规范化扩张的重要方式,杭州江南布衣、秋水伊人等女装专卖店已超过70家,知味观和楼外楼发展连锁门店数量分别为80家和36家。嘉兴五芳斋已在全国各地开设了近千家连锁店,并成功打入日本市场。

2. 商品交易市场稳步发展,专业市场地位得到巩固

杭州都市圈城镇化进程为商品交易市场的发展提供了持续发展的创业动力和经营空间。截至2012年末,杭州都市圈内拥有各类交易市场超过1700个,数量和成交额逐年递增。随着外资流通企业的介入及电子商务的快速兴起,部分专业市场的功能优势受到一定冲击,但在城镇化驱动下,杭州都市圈交易市场向链接上下游产业和服务区域经济发展的多功能、多层次现代市场集群方向发展,实现商品交易市场与制造基地、市场集群与产业集聚区、贸易中心与制造中心的融合。杭州都市圈专业市场也开始走"总部市场"之路,专业市场到省外、境外设立分市场,形成"根在浙江、枝在全国、叶在世界"的大市场。杭州都市圈专业市场向网上拓展也取得一定的成绩,绍兴"网上轻纺城"开通不到一年,交易额就达到了24亿元,已与实体市场相得益彰。杭州都市圈商品交易市场在激烈的市场竞争中继续保持良好的发展态势,交易规模不断扩大，辐射能力不断增强，成为带动周边市场发展和促进当地经济发展的助推器。各城市商品交易市场的大力发展对扩大商品流通规模、方便城乡居民生活、扩大城乡就业、推动国民经济持续快速发展起到了重要的作用。同时，随着经济的快速发展，杭州都市圈商品交易市场建设改造步伐也进一步加快，硬件设施档次不断提高，配套服务功能进一步完善。

3. 商贸资源跨区域整合局部形成亮点，发展态势趋好

杭州都市圈城镇化进程使得四城市的商贸资源逐渐形成区域金字塔结构特征。其中，杭州以人才和技术优势，形成都市圈商贸平台的集中高地，结合湖州、嘉兴和绍兴的土地、区位和产业等优势，为都市圈商贸资源跨区域整合创造良好条件。例如，杭州川山甲物流公司在嘉兴设立供应链整合基地；地处嘉兴海宁的奥特莱斯，却主要辐射了杭州下沙及邻近区域的客户；建德与阿里巴巴签订"阿里巴巴-建德产业带"合作协议；等等。这些都是商贸资源跨区域整合中的亮点，发展态势趋好。

二 杭州都市圈新型城镇化与商贸发展的互动机制

（一）新型城镇化与商贸协同发展的理论分析

1. 基于人口迁徙视角的城镇化与商贸发展理论研究

最早开始进行地区移民研究的是 Zipf，他于1946年建立迁徙动力机制函数，提出著名的"重力模型"。该模型验证了地区移民量与两个地区的人口规模成正比，与两个地区的距离成反比。Fieds 于1982年针对加勒比海地区的研究也验证了距离将成为人们进行决策的重要障碍。Harris 和 Todaro 构造迁徙模型，证明迁徙的动力机制是农村工资水平与城市工资水平的差异。还有些研究发现原住地人均资源状况对于农民进城有显著影响。人均资源状况一般是指人均土地拥有量，Amold 和 Cochrane 于1980年发现泰国寺庙拥有土地的比例越大，则农民拥有土地的比例越小，农民进城的动力就越大。在经济全球化背景下，Hein、Kasarda 和 Crenshaw 认为，外资投入、其他国际资本流动、国际生产对发展中国家的城市化进程有利。随着科学技术的发展和交通工具的改进，距离对人口移动的影响越来越弱。除此之外，人们开始从其他角度寻找影响城市化发展的动力和因素，比如人口规模、相对收入、人均资源状况、年龄、教育、裙带关系等。

中国的城镇化发展模式主要有两大类：其一是"从中央到地方"的政府主导发展模式；其二是"由村到镇"的地方工业主导发展模式。前者主要是指国家及各级政府有计划地投资建设新城或扩建旧城，以实现乡村到城市的转型；后者以乡村集体或个人为投资主体，通过乡村工业化实现乡村城市化。前者支配了中国20世纪50～70年代的城市化进程，至今仍在起作用；后者始于20世纪70年代的乡村工业化，从20世纪80年代起出现了迅猛增长的势头，由此导致了乡村城镇的崛起和发展。随后，不同的学者针对中国城镇化的特色，从不同视角进行了研究。宁越敏（1998）从政府、企业、个人三个城市化主体的角度分析了20世纪90年代中国城市化的动力机制和特点；林国蛟（2004）分别从工业化、集聚效应、制度、产业结构变化、技术进步和经济全球化六个角度分析了城市化的动力机制；张东霞（2006）认为产业结构的转换、制度、全球化与信息化四大因素相互联系、相互作用、互动发展，共同构成了城市化发展的一个良性统一的城市化动力机制；刘小青（2007）构造了城市化经济动力机制的系统模式，提出要素流动是城市化的微观动力，产业结构转换是城市化的中观动力，经济增长是城市化的宏观动力，市场机制是城市化的内在推力，城乡之间的相互作用是城市化的外在推力。

以杭州都市圈为代表的杭、湖、嘉、绍四城市，由于乡村工业和乡镇企业发展良好，农村工资水平与城市工资水平的差异并不大，城镇化人口集聚的动力不足，而且农村人口城镇化以后的消费需求增长有限。相对于中西部地区，杭、湖、嘉、绍四城市的总体面积较小，因此其各个乡镇之间以及乡镇与城市之间的距离总体来说并不大，有利于其人口在城镇的会集，也便于商贸设施在核心城镇的集聚发展。相对于西部地区，杭、湖、嘉、绍四城市农村人口的土地拥有面积较小，各种资源性资产不多，有利于农村居民的城镇化集聚；杭、湖、嘉、绍四城市的城镇化总体上属于"自下而上"的模式，在政府引导不足的前提下，依托村镇工业、旅游等产业发展，推动了人口在核心节点城镇的集聚，实现了农村的城镇化。

2. 基于交易成本视角的城镇化与商贸发展理论研究

交易成本理论最早由科斯于1937年提出,Williamson于1975年对其进行了发展,主要观点包括有限理性、机会主义行为、不确定性与复杂性、专用性投资、信息不对称。与交易成本理论具有较高相关性的另一理论叫作外部性。萨缪尔森和诺德豪斯认为,外部性是指那些生产或消费对其他团体强征了不可补偿的成本或给予了无须补偿的收益的情形。

从交易成本理论和外部性视角来分析城镇化演进,基本思路为:随着城镇化的不断推进,中心城镇的规模不断壮大;随着规模的延展,其资源与要素整合的能力不断增强,这将有利于各个要素之间交易成本的降低,产生外部性与互补性。中心城镇有利于在工人技能和工作要求之间或者在生产中间产品和最终产品的需求之间匹配,所以可能导致交易成本的外部性和生产的互补性。在劳动力市场,有效地降低了拥有不同技能的劳动者寻找更好工作机会的搜寻成本,也降低了需求不同的雇主寻找各自满意雇员的搜索成本。在物质资本和人力资本之间的互补性生产,意味着城市劳动力蓄水池里有比较大的人力资本存量,预计将雇用这些工人的企业会更多地投资于有形资本。在搜索成本昂贵和城市劳动力市场匹配不完善的情况下,一些低技能的工人为获取更多的物质资本,会变得更有生产效率从而赚取更高的收入。即使在每个工地都是按照规模报酬不变的方式进行生产,工人的人力资本回报和雇主的有形资本回报都会随着城市人力资本存量的增加而增加。同样的法则适用于专门的生产机器和公司的企业家。

对于杭州都市圈而言,杭、湖、嘉、绍四城市地域相邻、人缘相亲、习俗相近、文化相融、经济社会联系紧密,地处平原河网地带,加上钱塘江、运河等水路交通便利,其商贸业在历史上基本上是相通相依、共兴共荣的。近年来,四城市间的各种联系日益便捷,为进一步联合发展、协同培育都市圈商贸业打下了坚实基础。杭、湖、嘉、绍四城市的这些特点,使其在城镇化发展过程中,能够统筹规划以便推动都市圈内各类要素自然流动和相互匹配,在都市圈范围内实现信息搜集成本、协商决策成本、监督成本、契约成本、执行成本等各类交易成本的降低;通过都市圈内各节点城市在城镇化过程中的协同发展,实现资源效益的最大化、人力资源的最大化、消费需求的最大化,实现都市圈内各个产业尤其是商贸行业的外部性。

3. 基于经济非均衡发展视角的城镇化与商贸发展理论研究

与古典的均衡理论相对立，极化理论提出了经济发展的非均衡和趋异倾向的观点。法国经济学家法朗索瓦·佩鲁在20世纪50年代认为经济增长发源于一个"推动型单位"。推动型单位的推动力主要来自两个方面：一是内外部节约带来积极的内部效应和外部效应，二是创新。区域发展极化理论的代表人物是瑞典的缪尔达尔和美国的赫尔希曼，他们认为经济发展时最初的偏离会得到强化，随着时间的推移，这些向着积极或消极方向的刺激会累积起来并形成固定的发展差距，从而强化了非均衡状态。缪尔达尔用扩散效应与回流效应，赫尔希曼用渗透效应与极化效应分析了区域之间的相互作用关系。区域经济体系发展趋向于均衡还是趋向于极化，取决于扩散效应占优势还是回流效应占优势。在市场经济体制中，自由竞争的市场力量使区域经济向不均衡方向发展是一个内在的趋势。

自20世纪70年代美国率先进入信息化社会以来，人们开始关注信息革命可能带来的空间分散化趋势，并认定分散化趋势已经展开。

美国于20世纪70年代进入信息化社会，信息革命与空间分散的关系引起了学者们的关注，他们认为分散化正在成为主流趋势。但从更宏观的区域来看，集中化确实更加明显。国际研究的基本结论是，区域城市人口占总人口的比例达到50%时，城市总体呈现集群发展趋势，城市群成为主导模式。未来美国将呈现高度集群化的发展态势，未来40年将有可能形成10个巨型的地区，人口超过全国的62%，而土地面积不足20%。纵观全球，以交通线路为纽带的城市群正在以网状的形态对外进行辐射。20世纪70年代，在美国和欧洲地区同时发生了逆城市化现象，大城市人口明显减少。逆城市化本身并不意味着城市化水平有所降低，它是以一种新的形式的城市化在发展。因为在逆城市化过程中，文化、理念、生产和生活方式也在悄无声息地进行着传播与扩散。

杭州都市圈虽总体处于经济发达地区，但都市圈内经济总量、经济结构、经济质量均有所不同。加之各城市或城镇的区位不同，资源禀赋存在差异，使得其在发展时会沿着固有的特色和优势，不断自我强化和循环。例如，杭州旅游资源丰富、历史悠久,加之西湖申遗成功,使得其作为旅游目的城市的属性更加凸显;绍兴下辖的海宁,皮革加工和贸易基础雄厚,特别是随着近年来政府的大力扶持和引导,以及行业的大力投入和宣传,其皮革类产品的加工生产与商品贸易行业日益昌盛,全国闻名;绍兴的轻纺产业深度、厚度、国际地位、市场份额等也在与时俱进,不断突破和提升。从极化和扩散的进程来看,杭州都市圈当前总体还处于极化阶段,更多的农村或者外来的人口、资源等源源不断地向几个核心节点城市或城镇汇聚。与此同时,这种极化的趋势和速度呈现不断放缓的趋势,在局部地区已经开始出现了扩散和逆城市化的现象和特征。

(二)新型城镇化与商贸协同发展的效应分析

1. 城镇化引致的人口流动从供需两端为商贸业发展提供了有力支撑

相关研究表明,如果我国城镇化率提高10~15个百分点,未来10年的居民消费率就有望从35%提高到50%,即提高15个百分点,而最终消费率可由不足50%提高到60%。也有学者认为,从短期来看,城镇化对农村消费需求的增长没有形成有效的正向拉动作用,但从长期来看,城镇化对农村消费需求的增长具有显著的促进作用和拉动作用。

城镇化给商贸流通领域带来难得的历史发展机遇,户籍制度的改革必将极大地推动农村人口的流动。第十二届全国人大常委会第三次会议上,《国务院关于城镇化建设工作情况的报告》指出,我国将全面放开小城镇和小城市落户限制,有序放开中等城市落户限制,逐步放宽大城市落户条件,合理设定特大城市落户条件,逐步把符合条件的农业转移人口转为城镇居民,这是我国第一次明确提出各类城市具体的城镇化路径。我国城镇化每年以1.5%的速度实现递增,全国每年将有1500万人从农村走向城市;杭州都市圈每年约有23万人从农村走向城市。① 按照国际惯例计算,城市当中每人需要的商业面积是0.8~1平方米,加之城镇化让农民走向城市之后生活水平

---

① 杭州都市圈2011年末常住人口为2110.2万人,同期全国的总人口为134735万人,杭州都市圈相对于全国的人口占比为1.57%,据此测算杭州都市圈每年约有23万人从农村走向城市。

提高，逐步从温饱向小康过渡，从小康向富裕过渡，对商业的需求量将会进一步提升。预计我国每年需要新增城市商业面积1800万平方米左右。同样可以测算出，由于农村人口向城镇的转移，杭州都市圈每年至少需要新增城市商业面积28万平方米。① 这些商业设施可能以多种形式呈现：将农村传统集市改造形成规范化的市场；扩大已有批发市场规模的和完善服务功能；在城乡接合部发展与新型城镇接合点相适宜的商业；在农村交通要道建立邻里商业中心；依托乡镇的工业集聚区发展服务于产业工人的各项配套服务设施；等等。按照浙江省2012年的统计数据，浙江省城镇居民人均消费支出为21545元、农村居民人均消费支出为10208元，计算每年杭州都市圈内农村居民转变为城镇居民后增加的消费支出，大约为27亿元。

农民进城不只是户籍上的简单转化，它还为城镇商贸流通的发展带来了机会与挑战。新型城镇化不但要考虑农村人口向城镇集结，同时更应该解决好他们的就业和收入来源问题。按照浙江省2011年的统计数据，第一产业、第二产业、第三产业的就业人数占比分别为14.57%、50.86%、34.57%；人口构成为18岁以下占16.97%、18~35岁占23.62%、35~60岁占42.14%，60岁以上占17.27%。② 由此可推算出杭州都市圈每年从农村走入城市的人口当中，大约有9万人在第一产业就业，大约有6万人在第三产业就业。这也意味着每年可以为杭州都市圈的第三产业提供6万人的劳动力供给。商贸流通领域点多面广、门槛低，能够吸纳大规模就业，因此这6万人当中，相当大的一部分会进入商业流通领域，从事流通活动。

2. 城镇化引致的消费结构升级推动城乡商贸设施的格局调整与优化

城镇化从不同层面改变着社会消费心理，它与收入提高、消费环境改善等因素共同构成消费升级的必要条件。城镇化带来消费心理与内容的不断更新，进而为第三产业发展提供了无穷的商机，旨在使居民在物质和精神生活质量方面的服务产品层出不穷，在客观上起到了"供给创造需求"的作用。具体表现为：一是农村消费心理与城市的趋同，主要是农村消费者把城市尤其是县城

---

① 考虑到都市圈商贸业的发展状况高于全国水平，故参照每人需要的商业面积为1.2平方米。
② 《浙江统计年鉴2012》。

当作消费潮流的风向标,并主动模仿城市消费;二是由于大城市的消费信息更丰富,消费渠道更广泛,因此在小城镇消费中有巨大的示范效应;三是城市的全面扩张自然伴随着可消费品的不断增多,消费心理也逐渐认同国际化城市的标准。城镇化又是民生工程,既有利于协调城乡关系,加速社会主义新农村建设,有利于推进城乡居民消费结构的升级,也有利于促进城乡居民的安居、就业,提高他们的生活质量、健康水平与文明水平。

杭州都市圈内农村经济基础良好,人民生活水平较高,相对于中西部地区,粮食在农村居民消费中的占比相对较小,因此城镇化过程中其消费结构的变化具有自身的特点:其一,消费转型呈现高端化;其二,消费转型呈现多元化;其三,消费转型呈现跨区域特征。以宝马授权经销商为例,在杭、湖、嘉、绍地区共有17家宝马授权经销店,这个密度在全国也是排在前列的,而且还有部分宝马授权经销店坐落在一些县级市。例如,杭州有7家宝马授权经销商,分别是浙江金湖、杭州骏宝行、杭州宝荣、杭州宝信、杭州和诚之宝、富阳宝信、杭州金昌宝顺;嘉兴有3家宝马授权经销商,分别是嘉兴骏宝行、嘉兴宝华、嘉兴之宝;湖州有2家宝马授权经销商,分别是湖州骏宝行、湖州宝景;绍兴有5家宝马授权经销商,分别是绍兴宝顺、绍兴宝晨、上虞金昌宝顺、诸暨宝顺、嵊州宝诚。奔驰、奥迪的汽车销售渠道布局在杭州都市圈的密度也非常之大,部分县级市几乎囊括了所有的高端与豪华车品牌。除了汽车之外,都市圈内的村镇甚至农村消费者对于如爱马仕、路易·威登、杰尼亚、欧米茄等国际奢侈品牌的消费能力也令人咂舌。城市综合体项目汇集了吃、穿、用、行等各类产品以及各种娱乐设施,是一个城市消费水平的综合体现,这种商贸业态在杭州都市圈也正呈现高速增长之势。以嘉兴为例,近两年,嘉兴商业地产呈井喷之势,尤以商业综合体最为抢眼。据统计,截至2013年8月,出现在嘉兴的商业综合体有11家,其中除旭辉广场已正式营业外,其余项目都在建设中,或将在未来几年内陆续开业,同时还有在售的王江泾·佳源中心广场、桐乡·佳源中心广场等。此外,从对杭州大厦购物对象的分析可知,随着交通的改善和私家车辆的普及,对如杭州大厦等高端商贸载体而言,周边区域的消费者占比不断增大,也说明杭州都市圈内消费者的区域间流动趋势日趋明显。

3. 城镇化引致的城市功能转变推动商贸呈现多业态健康发展

目前，我国的城镇化水平与发达国家相比还有很大的发展空间，工业化发展也刚刚进入中后期，第三次产业还有很大的发展潜力。如果说工业化带来的是城市在"量"上的扩张，即城市数目增多和规模扩大；那么，第三次产业则促进城市在"质"上的进步，即城市基础设施和生活环境的改善。衡量城镇化水平更多的应该是反映城市功能提升的"质"的指标，以及反映市场化和社会分工程度的指标。城镇化的核心是农村人口转移到城镇，完成农民到市民的转变。当城市发展进入工业化后期时，服务业开始作为独立的第三次产业走向成熟。从原始的以吃、穿、住、行等为主要内容的商业流通领域，扩展到广告、运输、批发零售、金融、房地产等生产性服务行业，以及旅游、文化、娱乐等生活消费服务行业。

城镇化的必然结果是增加城市或城镇的服务性功能，这种服务性功能的增加以服务业的发展为主要存在形式。所以，从某种意义上来说，服务业是城市化或城镇化特别是城市现代化或城镇现代化的载体和依托。杭州都市圈的核心节点城市或城镇需要通过服务业这一主导性产业来还原城市或城镇的本来面目，变工业型城市或城镇为贸易型、服务型和消费型城市或城镇。强化城市或城镇的市场功能，强化城市或城镇作为要素和产品的市场中心和集散地的地位。对杭州都市圈内的村镇而言，在实现其城镇化发展的过程中，除了要满足农村人口城镇化之后的基本需求改变，如吃、穿、住、行等，更重要的是从全面的城市功能建设出发，为更多的城镇居民提供和开发更多的服务性产品。

（三）杭州都市圈新型城镇化推动商贸转型发展的路径分析

1. 交通一体化协调发展为城镇化和商贸业发展提供良好助推力

目前，杭州都市圈已通过高速公路、铁路、水路、公交、轨道交通等方式的有效衔接，形成一体化的综合交通体系。形成了以《杭州都市经济圈综合交通规划》为引领，以跨地区重点交通项目建设为抓手的区域交通合作推进新机制，建成了都市圈"一小时半交通圈"。第一，铁路交通方面，沪杭、杭甬、杭宁高铁以及杭州火车东站枢纽已经相继开通，杭长高铁在建，杭黄高铁正在开展前期工作，杭州都市圈"五线一枢纽"高铁网络体系初具雏形，当前从杭州出发30分钟到嘉兴，20分钟到绍兴，26分钟到上虞。第二，轨道交通方面，浙江省发改委于2013年10月13日发布的《浙江省都市圈城际铁路近期建设规划环境影响报告书》，揭示了杭州都市圈城际铁路建设规划任务。预计到2020年建成杭州都市圈的杭州至海宁、杭州至临安、杭州至富阳、杭州至绍兴4条线路，均采用地铁制式；远期到2030年，规划建成杭州至安吉、杭州至德清、杭州至桐乡、绍兴至诸暨等城际线路，最终在都市圈内形成"一心+八射"的城际轨道交通架构。第三，公路方面，杭州都市圈高速公路网规划以杭州为中心，辐射都市圈内县级以上节点"一个半小时交通时空圈"，同时实现都市圈范围县级以上节点10分钟内上高速，任意两个县级以上节点之间利用高速公路出行时间在2小时以内，形成横贯东西、纵贯南北，对内以圈层结构及城际快速通道为主体的高速公路网；杭长高速（杭州—湖州）、嘉绍大桥已经陆续通车，钱江隧道正在建设，加强了环杭州湾城市间的联系。第四，水运方面，随着京杭运河浙江段三级港道整治工程的不断推进，杭州都市圈内节点城市的内河港与京杭大运河连通，打通都市圈内各节点城市的水上通道。

通过推行同城化的都市圈交通运输服务、客运场站布局、区域客运班线网络和水上运输管理，都市圈内市民出行效率和水上交通运输效率显著提升。得益于交通先行，杭州都市圈已初具雏形，同城效应正在不断放大。一方面，随着杭州都市圈交通一体化趋势的增强，都市圈内消费者的流动性增加，这有利于各个节点城市的商贸业实现差异化发展，推动城乡商贸一体化发展。另一方面，以铁路和公路交通骨干线路为导向，都市圈交通一体化在连通各个节点城市的同时，更能有效地改善都市圈内核心乡镇的交通状况，增加核心乡镇的凝聚力和辐射力，推动都市圈内城镇化的有序发展。

2. 旅游一体化协调发展推动都市圈内多地区的商旅互动

旅游产业扩张成为新型城镇化的重要载体，我国旅游产业快速发展，其发展速度远远快于GDP增速。根据国家统计局发布的数据，2012年国内生产总值增长率为7.8%，而国内旅游增长率为17.6%，高出近10个百分点；在杭州都市圈以及周边的江浙沪等地区，该数据高出的还要多。

从2008年1月杭、湖、嘉、绍四城市组织的杭州都市圈旅游合作专题座谈会开始，四城市的旅游主管部门就杭州都市圈旅游合作展开了多层次、全方位的研讨与实践。在确保各个节点城市自身旅游高速、健康发展的同时，区域旅游协同发展的优势日益凸显。第一，杭州作为全国知名的旅游城市，在杭州都市圈的旅游"中心性"和"重要性"地位亦无可替代。杭州旅游未来将形成"一心、一轴、六区、五翼"的空间格局。除了要大力发展杭州区域内的旅游之外，重点提出了"五翼"的发展策略。旨在借助沪杭、杭宁、杭甬、杭徽、杭金衢五条高速公路，打造五个旅游合作翼，实现杭州与周边地区旅游的协同发展。第二，嘉兴市围绕"一心、八区、三带、二网"大旅游产业结构，推动全市城乡旅游大发展。以"统筹城乡"为导向，以"美丽乡村"为载体，推动乡村旅游取得新突破。先后成功创建2个省级旅游经济强县（嘉善、桐乡）、12个省级旅游经济强镇、19个浙江省特色旅游村。第三，绍兴市历史文化悠久，旅游资源充沛。现有对外开放的旅游景点200多处，其中鲁迅故里，兰亭、东湖、会稽山旅游区，柯岩风景区，大香林景区，新昌大佛寺景区以及诸暨五泄风景区为4A级旅游景区；周恩来纪念馆、沈园、诸暨西施故里景区为3A级旅游景区。此外，还有风景名胜区28个、国家级水利风景区2处、国家地质公园1个。第四，湖州市高度重视旅游业发展，以南太湖休闲旅游带、浙北自然生态旅游带、运河水乡民俗旅游带等"三带十区"为总体布局，构建乡村旅游、城市旅游、古镇旅游和红色旅游"四位一体"的产业发展体系。未来湖州将立足生态优势，突出休闲理念，彰显文化特色，把湖州市建设成为长三角重要的休闲旅游中心和旅游目的地。

旅游业与城镇化和商贸业的发展存在交互影响，重点体现在以下三个方面。其一，旅游业的发展对区域城镇化的发展模式提供了思路与借鉴。旅游业的发展思路在很多方面优于城镇化的发展思路。旅游业发展始终强调差异化，这是旅游业发展的一种基本理念。杭州都市圈的旅游业发展，也需要找到各节点城市的旅游资源特性，在追求各节点城市个性化发展的同时，提升整个都市圈的旅游业地位和影响力。基于竞合分析的方法，找到都市圈各节点城市旅游业发展与周边城市旅游资源相同或相异的地方，分析哪些地方存在竞争、哪些地方可以合作，使各地旅游形成互补，避免相互竞争。另外，旅游行业的人性化设计理念、商旅互动理念等都能对城镇化的发展提供很好的思路和借鉴。其二，旅游业的发展对区域城镇化的发展提供了充足的推动力。旅游业的发展,不但推动和影响旅游业本身,而且其巨大的拉动效应,直接推动和影响了包括新型城镇化在内的各项事业的发展,推动着城市的扩张,提高了城市的品位,推动着产业的转型,推动了乡镇向城市的发展。改变了当地居民的工作和生活方式,扩大了其收入来源。同时引发特色旅游景点、旅游村镇的居民在空间上有效集聚,充分发挥小城镇的聚合效应和辐射效应。针对旅游业的开发势必推动当地的交通体系等基本城市公共设施不断完善,带动酒店、餐饮、住宿、交通、娱乐等服务行业的大发展。其三,旅游业发展对区域经济尤其是商贸业的发展具有较大的拉动作用。已有的研究理论证明,旅游消费的发展有利于就业的增加、收入水平的提高,有利于产业结构的优化、升级并带动关联产业的发展,有利于培育新的消费热点和创造新的消费群体,从而拓展城乡居民的消费空间和增强区域经济的内生增长能力。旅游产业与其他产业不同,完全可以通过联合营销来提高区域的核心竞争力。近年来,杭州都市圈各节点城市针对都市圈的旅游协同开发颇有成效。杭州都市圈旅游一体化运营不仅完善了杭、湖、嘉、绍四城市旅游产业的运行结构,而且对都市圈各节点城市的城镇化和商贸业一体化发展提供了推动力,既引导了都市圈内城镇化的差异化发展,又引发了都市圈商贸业的格局调整。

3. 商业网点一体化协调发展推动商贸载体空间布局不断优化

浙江省改革开放发展的主导模式是"农村工业化+小城镇+专业市场",杭州都市圈属于发达地区,分析其城市边缘区村庄城镇化的发展进程和特点,尤其是产业推动力方面,基本上可以分为产业集聚型、旅游特色型和商贸市场型三类。产业集聚模式依托工业化推动城镇化进程,人口和产业向城市集聚是城镇化的核心内容,而城市人口的集聚要以产业发展为基础,该模式在浙江省的温州市、温岭市以及江苏省的苏南地区比较多见。旅游特色模式依托乡村旅游设施、项目的开发与建设,逐步转变乡村原有农村人口的收入来源,属于"不离乡、不离土"的本地化城镇转变方式,该模式在浙江省全境以及全国很多地方都有典型案例呈现。

基于专业市场的城镇化发展,确实是浙江省,尤其是杭州都市圈城镇化的一大特色。专业市场本来就是都市圈内核心节点城市的经济特色,比如杭州的丝绸城、绍兴的轻纺城、海宁的皮革城等。这些专业市场不仅带动了周边特色工业的发展，形成以商促工的态势，而且凭借专业市场自身的要素优势，逐渐融合集聚提升为商贸中心、物流中心、会展中心、信息中心和科研开发中心等多种产业。这种以专业市场为核心、商贸流通业为重点的多种产业集聚在促进城镇快速发展的同时，也逐渐形成了城市边缘区村庄城镇化发展的另一种典型模式。海宁市周边诸多村庄就是这一类型的典型代表，通过实施以贸促工、商贸兴市的发展战略，培育以中国皮革城为核心，专业市场与专业街相支撑，运输、产权、劳动力等要素市场相配套的市场体系，进而带动城区和周边地区的快速发展，逐步发展成为一座现代化商贸名城。

基于杭州都市圈内各城市的专业市场特色，杭、湖、嘉、绍四城市在大力发展各自的商贸体系之外，更是加强了都市圈区域内的专业市场一体化规划与协调发展。一方面，出台各类产业支撑政策，提升都市圈内一批影响大、引领作用强、符合都市圈网点布局规划要求的大型专业市场的整体水平。从都市圈大区域的高度，加大对如杭州四季青服装市场、杭州丝绸城、绍兴中国轻纺城、湖州中国织里童装城、嘉兴皮革城等专业市场的改造升级和扩能提质力度，形成一批真正体现区域特色、代表区域整体水准、达到长三角地区或国家级水平的集散中心、物流中心和交易中心。另一方面，杭州都市圈四城市的商贸主管部门，已经形成了形式多样的交流与协作机制，并且成立了专门的商贸协调机构。其主要任务是按照统一的都市圈网点规划要求，加强对重大项目、日常事务的协调推动，做到事前充分调研协商，掌握基本情况，提出具体推进思路；事中协调各方利益关系，解决各方冲突，推进项目迅速发展；事后总结反思，完善相关规章、机制，为下一步工作提供借鉴经验。为确保都市圈网点布局规划的有效落实，协调机构及法制部门还应根据实际情况，制定出台相应的规章，从制度上保障都市圈网点布局规划的实施。

三 新型城镇化进程中杭州都市圈商贸发展的趋势与措施

（一）新型城镇化进程中杭州都市圈商贸发展的总体趋势

分析新型城镇化进程中杭州都市圈商贸发展的总体趋势，其实质是在宏观经济结构变化趋势研究的基础上,在新型城镇化的背景下,结合商贸行业发展的基本态势,立足杭州都市圈的发展战略,做出全面而深入的前瞻性分析。杭州都市圈发展总体上处于"强核"和"外溢"阶段,"布网"刚刚开始,都市区的雏形正在形成。杭州都市圈的总体战略思路是:加快接轨大上海、融入长三角,构建杭州都市经济圈,着力构建"一主三副六组团"和市域网络化大都市,推动杭州城区发展从"西湖时代"向"钱塘江时代"迈进。商贸行业发展,将以服从和配合杭州都市圈的战略发展思想为根本,力争从空间布局、资源配置等方面保障、支撑和引领这一思想。

1. 城镇化进程中商贸发展一体化

首先是区域一体化。借助高铁建设,杭州将充分发挥作为沪杭、杭甬、杭湖宁三大综合运输通道和沪宁（沪）杭、沿杭州湾、杭湖宁、沿运河4条发展带重要节点城市的优势,长三角区域合作将不断深化。商贸企业可利用区域合作提供的企业合作平台,实现地区间产业转移和产业结构升级。龙头企业可通过资本运作、连锁经营等方式,突破原有行政区划的限制,加快实现区域内商贸一体化。其次是城市一体化。通过实施《杭州都市经济圈发展规划》,杭州中心城市辐射作用将得到进一步发挥,杭、湖、嘉、绍四城市的全面合作基本形成,实现规划共绘、交通共联、市场共构、产业共兴、品牌共推、环境共建、社会共享,实现联动发展。商贸业也必然成为城市一体化的突破口和首要的着力点。最后是城乡一体化。杭州将成为浙江省城乡区域一体化发展的先行区,各大型连锁企业,以日用生活品超市、农资超市、餐饮连锁店等为代表,积极向二、三线城市渗透,一方面加强了农村商贸体系建设,另一方面打通了城乡商贸之间的隔绝,最终构建城乡相互协调、相互沟通的商贸网络。

2. 城镇化进程中商贸布局立体化

在投资的强劲推动下,杭州市商业基础设施将更加完善,为商贸发展提供优越的外部环境。武林商圈、钱江新城等传统核心商业圈,区位优势更加突出,产业集聚力将进一步增强。同时,"两翼"将充分利用现有资源,实力得到了较大提升,扩大了商贸辐射范围和强度。杭州都市圈将打造立体化交通和综合运输网络,实现货运无缝对接、客运零换乘。杭州市已出台了相关规定和意见,对地下空间权界定、规划及用地审批等问题进行规范、统一,开始大规模开发利用地下空间，已在钱江新城建成约150万平方米的"地下新城"，地下空间的管理与实践走在了浙江省前列。地铁集聚人流带来商机，地铁商圈将成为发展潜力最大的商圈形式，其辐射能力不逊于传统中心区商圈。武林广场站综合体、九堡东站综合体等包含商业、酒店、写字楼的城市综合体，以及地铁周边包含超市、影院、餐饮等配套设施的购物中心，将得到更大发展。

3. 城镇化进程中商贸业态多样化

除了购物中心、连锁超市、大卖场、仓储式商场、便利店、专业（专卖）店等传统的商业业态，城市综合体、奥特莱斯、O2O等新型业态发展势头强劲，线上商务平台与线下实体平台逐步融合，特色街区日益增多，流通现代化进程不断加快。其中具有代表性的如下。一是商贸领域内混业经营、进行全价值链竞争的态势更加明显，竞争更加白热化。传统的制造商和渠道商加入B2C领域，自建网上直销商城，如苏宁易购、海信、国美等；网上商城如京东商城、当当网则一方面投入资金到第三方物流，另一方面在一些重要城市自建物流，积极向线下实体平台扩张，抢占市场份额；顺丰等物流企业则向商贸领域扩张，自建冷鲜产品销售网络。二是大型商品交易市场交易规模不断扩大，辐射能力不断增强。在目前已经形成的大市场大流通格局基础上，杭州都市圈四城市将逐步呈现有所分工、特色鲜明、在一定程度上功能互补的格局。批发业立足各个城市产业特色，服务城市产业，共性服务跨区域整合，逐步形成错位发展、协同壮大的格局。作为都市圈核心的杭州，发展以四季青服装批发市场为代表的服装批发业；绍兴以中国轻纺城和钱清轻纺原料市场为代表，大力发展纺织批发业；嘉兴则以海宁中国皮革城为代表。各市的特色商品交易市场协同互补，市场规模不断壮大。三是农村流通现代化进程不断发展，乡（镇）、村连锁超市及便利店已经达到网点全覆盖。

4. 城镇化进程中商贸业经营国际化

杭州城市发展战略明确提出"实施城市国际化战略，以城市化推动国际化，以国际化提升城市化"。作为率先实行改革开放的领域之一，商贸行业的发展中，国际化趋势也将是主旋律，将形成多种经济成分、多种流通渠道、多种经营方式的格局。国际化主要表现为：国际商贸企业的进驻，提升城市消费档次和能力；国际资本的进入，对本土商贸企业进行股份改造；国际商贸人才的涌入，改善商贸企业的人才结构；国际先进商贸管理模式的引入，提升商贸企业的管理水平；等等。外资企业将进一步加快调整布局，更多欧美品牌进入中国市场，在企业规模、赢利能力、管理经营能力等方面占据优势地位。随着居民消费水平的提高，加上旅游、商务会展业强有力的支持，一批大中型商贸企业将形成日益雄厚的实力。截至2012年底，杭州市共有销售额超过亿元的商贸企业1648家，超10亿元的企业243家，超百亿元的企业18家。未来将有更多年销售额超过百亿元的企业出现，一批代表杭州和浙江形象的商贸品牌企业将应运而生，品牌价值和市场号召力得到巨大提升，在杭州都市圈乃至全国都有较大知名度、美誉度和影响力，扩张速度也将进一步加快。

5. 城镇化进程中商贸发展智能化

将物联网、电子商务、智慧城市融入新型城镇化建设，促进杭州都市圈的智能化发展无疑是当今的一大趋势。以信息化为核心载体的智能物流、智能仓储、智能销售等将为商贸业带来新的面貌。电子商务将实现以物流为依托、资金流为形式、信息流为核心及商流为主体的全新战略，将杭州都市圈内的城乡体系连成一个统一的大市场，促进都市圈内各商贸要素的跨区域流动，优化各生产要素的配置，杭、湖、嘉、绍四城市及周边地区的商贸联系与合作得以大大加强。此外，大型商贸业企业以企业内部供应链为基础，纷纷建立销售时点管理系统（POS）、管理信息系统（MIS），积极应用电子数据交换系统（EDI）、全球卫星定位系统（GPS）等现代信息技术，推进企业信息化建设和电子商务。随着未来基于云计算、移动互联等先进科技手段的推广，企业微营销、社区电子化服务等形式也越来越普遍，越来越多的企业将加入这一潮流，交易手段越来越方便快捷，极大地推动商贸业的发展。

（二）新型城镇化进程中杭州都市圈商贸发展的主要问题

基于杭州都市圈以及商贸业发展的趋势，考虑到杭州都市圈以及商贸业发展的现状和特点，需要从发展环境和商贸业本身两个方面，重点关注以下问题。

1. 城镇化进程中商贸业发展的环境制约

高房价阻碍居民消费的转型升级，因此城镇居民消费支出下降的幅度大于农村居民，表明城乡居民特别是城镇居民的收入用于即期消费的部分逐步减少，用于储蓄的部分逐步增加。消费需求下降必然造成商贸流通行业发展后劲不足，不利于商贸流通业结构的调整，可持续性较差。杭州都市圈发展受限主要表现为发展平台缺乏、功能定位不准确、各自为政、空间布局散乱和制度变革尚不健全等。发展空间受限、高端集聚能力不足；都市区初显雏形，能级较低，辐射带动能力偏弱，还处于低联系度、高运行成本阶段；城市间发展合力不够……已经成为制约提升城镇化发展质量的主要矛盾。中国社会科学院发布的《中国城市竞争力报告（2012）》显示，虽然杭州的城市综合竞争力排在前10名，但在对全国51个重点城市的12个分项竞争力比较中，杭州的制度竞争力、政府管理竞争力、企业管理竞争力、开放竞争力、科技竞争力、人才竞争力和资本竞争力均弱于江苏。大城市竞争力不足，尤其是城市创新、金融、物流、信息、文化、总部服务功能不完善，在高端要素集聚的竞争中处于劣势。近年来，原材料价格、人工成本、融资成本、商铺租金持续上涨，不断推高商贸流通业的商务成本。无论是市中心的店铺，还是城郊的商品市场出租摊位，租金均显著提高，给企业经营带来了困难。高成本还使得杭州市商品价格居高不下，一些大型商场商品售价往往比出厂价高出数倍，甚至高于国外同类商品的价格，因而导致居民购物意愿的下降和部分奢侈品的销售外流。

2. 城镇化进程中商贸业本身存在的问题

一是区域一体化程度不够。从都市圈定义可以看出，杭州都市圈除杭、湖、嘉、绍四城市外，还应包括若干周边较大的城镇，区域范围比起四城市中任何一个城市都要大得多，加上四城市间消费取向、消费习俗等存在不少差异，商贸业信息不对称程度会有所提升。同时，消费者维权困难、投资者规避投资风险不易等商贸发展的阻碍因素也会因地域扩大而更加凸显。全国主要城市资料显示，2012年，杭州市社会消费品零售总额在15个副省级城市中居第六位，位列广州、深圳、武汉、成都、南京之后；增速居第五位，位列深圳、南京、成都、哈尔滨之后。从人均指标看，2012年，杭州市人均社会消费品零售总额为33454元（按2012年杭州市常住人口计算），居第六位。人均社会消费品零售额居前三位的分别是广州、南京和深圳，分别高于杭州市39.2个、13.7个和13.6个百分点。人均社会消费品零售额的高低，不仅反映了当地居民的消费能力强弱,同时也表明了一个城市商贸流通行业集聚力的强弱。可见,杭州市与国内一线商业中心城市在商业集聚力和辐射力方面的差距较为明显。

二是从利用外资水平看,对外开放程度偏低。近年来,杭州都市圈对外开放步伐不断加快,商业利用外资项目明显增多,国际商业巨鳄中沃尔玛、家乐福、麦德龙、欧尚等著名连锁超市纷纷登陆杭州市场。但总的来看,杭州都市圈内批发零售业利用外资水平仍不高,对外开放程度偏低。截至2011年末,杭州限上批发零售业港澳台商投资企业、外商投资企业仅有80家,只占全部限上法人单位数的2.4%,其他三城市的占比更低。

三是信息化程度不够。很多商贸企业当前仍然处于电子商务应用的初级阶段,信息孤岛现象严重,尚未形成能够贯通采购、配送、结算系统一条龙的信息化管理体系。尤其是难以在提高配送时效和控制配送成本之间找到平衡点,制约了很多商贸企业进一步采用和推广先进科技手段。

四是人才不足。近年来,由于竞争激烈,商贸业人才流失现象严重,人才结构不合理,储备严重不足,经营管理能力有待提高。随着电子商务的发展,迫切需要大量具备虚拟市场客户的消费心理、定价规则、商品组合、竞争机制等方面商务知识和专业技术的人才,以便解决和处理商贸业发展中的各种问题。此外,虽然已有多个商学院并开设相关专业,但仍然存在专业设置落后、学生能力较弱等问题,也尚未形成能够满足企业和行业需求的培养体系。

(三)新型城镇化进程中杭州都市圈商贸发展的对策措施

针对上述杭州都市圈城镇化与商贸发展的总体情况,需要从制度层面进行相关的制度和政策措施设计。

1. 强化区域商贸合作

第一,机制先行,推动杭州都市圈商贸产业协同发展。依托政策、标准、信用体系的建设,推进包括信息检测监测、发布、咨询在内的各类信息共享和服务,构建区域间协调发展的软环境。就杭州都市圈而言,要扎实推进各个地区商贸业态在资本、技术、人才、信息等方面的合作。第二,建立更加开放和融合的金融体系。借助上海自由贸易区的平台，建立长三角地区自由市场，推进国际合作的深化；借助上海国际金融中心战略的实施，将杭州更好地融入国际金融体系，形成以上海为龙头的长三角金融合作区，为杭州都市圈的物流、资金流价值提升创造更大的空间。第三，建设都市圈内的统一市场。由于都市圈中处于不同行政区划下的产业主体之间有着密切的联系和交流，需要在产业链上进行合作，所以商贸业应当推动生产要素的合理分配和无障碍流通，在统一的都市圈框架下构建统一的大市场。第四，强化都市圈内的统一商贸规划。各地以都市圈规划为依托，进一步调整和完善商贸规划框架。优化商业网点规划布局，构建多中心的商业网络体系。商业布局应当引导多级化格局发展，形成圈市—市区—区级—社区四级商业网络体系。例如，杭州将重点发展五大商贸聚集区、四条商业大街、六大组团重点镇商圈、九大区域性商圈，形成各级商业网络的科学互补。第五，进一步完善农村商贸流通体系。以"万村千乡市场工程"为依托，积极发展农资店、农家店、放心店，改造农村"代销店"为工业商品和农副产品双向流通的"中心店"，形成以城区店为龙头、乡镇店为骨干、村级中心店为基础的农村市场体系网络。鼓励各类中小型企业通过统一采购、统一建立销售网络的方式发展连锁经营。对于条件相对成熟的农村，规划建设"农村社区综合服务中心"，实现便民购物与公共服务、文化活动等的有机结合。加快农产品冷链物流配送系统建设，完善农产品流通体系，提高流通效率，降低流通成本，更好地促进农民增收，启动农村消费市场。此外，继续开拓农村家电、汽车市场，促进农村居民对电冰箱、电视机、移动电话、电脑、汽车等耐用消费品的消费和升级换代。

2. 实施分类发展战略

第一，积极培育龙头企业，重点扶持一批市场，提高市场的综合竞争力。出台支持政策，像支持、资助工业一样，着力提升一批影响大、引领作用强、符合都市圈网点布局规划要求的大型专业市场的整体水平。推动都市圈四城市间互设连锁店、专卖店，着力培养一批代表现代零售方向、面向杭州都市圈区域及长三角乃至全国的大型连锁集团、顶级品牌专卖店。第二，充分发挥市场的主导作用，引导中小企业和个体经营户发展。杭州都市圈商贸流通业在抓"大"的同时，还要扶"小"，让中小商贸流通企业通过特许加盟、自由连锁、联合采购等办法，提升其组织规范化程度。此外，进一步拓宽融资渠道，帮助中小流通商贸企业解决融资难题，创造良好的产业发展环境。

3. 完善配套政策体系

要全方位大力推进商贸业体制和政策创新，为商贸业发展创造更大的空间。第一，放宽市场准入条件，鼓励更多民间资本进入商贸领域。出台商贸业转移与结构优化升级政策，引导社会资本合理流动。例如，引导浙江省丰富的民营资本进行地下图书馆、音乐厅、体育馆等公共设施以及商场、娱乐中心等地下商业综合体投资开发，深化中心城市地下空间开发，打"城市特色牌"。第二，完善投融资体制，实施更加有利的投资与产业政策。加大对商贸业的信贷支持力度，积极支持符合条件的商贸企业通过发行股票、债券等多渠道筹措资金。对新型商贸业态积极扶持，引入风险投资等形式促进新型业态发展。第三，构建智慧物流体系，加强现代商贸业发展用地保障政策。在坚持城市集约化发展的前提下，对市重点商贸业集聚区的项目及列入鼓励类的商贸业重大项目，在供地安排上予以倾斜。第四，进一步落实扶持现代商贸业发展的税收优惠政策，调整商贸业用水、用电、用气价格及收费政策。加大财政投入，通过转移支付和税收政策，充分发挥财政资金对商贸业发展的引导作用；鼓励有条件的商贸企业通过并购等手段做大做强，培育更多现代商贸业商标品牌。第五，实施优惠人才政策。有计划、有步骤地放开嘉兴、湖州和绍兴三市的户籍管理，逐步解决户籍的即时变更，实现"户随人走"。针对商贸业发展，实施有选择的人口迁入政策，放宽商贸科技、教育、管理等方面紧缺人才和高技能人员的落户条件，在经济适用房和廉租房分配方面给予倾斜和优惠。

4. 积极推动商贸先进手段的应用

积极跟进国际商贸行业智能手段的前沿，加大商贸智能手段的应用力度。利用政府的产业引导和支撑作用，整合杭州都市圈内的各类信息资源，提高资源的集聚度和利用率。重点做好以下三方面的工作：第一，构建杭州都市圈的电子商务法律规划体系，协同各地区电子商务发展的现状，重点对支付、安全、认证、信用等问题进行梳理和分析，打造都市圈统一的电子商务法律法规的产业环境；第二，整合各方资源打造统一的电子商务商贸平台，依托各地的支柱产业，分门别类地打造各类商贸平台，通过构建大数据中心，整合都市圈内各个平台系统的数据资料，打造都市圈的智能商贸平台；第三，构建智慧物流体系，梳理和分析都市圈内的物流和快递要素资源，结合都市圈各城市的产品特点、消费特点、区位优势等，统一规划、布局物流和快递资源，提升物流和快递的响应速度，有效提升物流和快递的运营成本，增强区域核心竞争力。

参考文献

殷庆坎：《注重科学开发中心城市地下空间》，《浙江经济》2012年第11期。
贾玲芝：《大都市圈背景下浙江县域经济发展研究》，《经济师》2010年第11期。
朱李鸣：《新型城市化需要明确战略着力点》，《浙江经济》2012年第11期。
王亮：《杭州都市圈产业集聚与整合研究》，《中共杭州市委党校学报》2012年第1期。
甘小文、黄小勇、胡宾：《城镇化对农民消费结构影响的实证研究》，《企业经济》2011年第6期。
宁越敏：《新城市化进程——90年代中国城市化动力机制和特征探讨》，《地理学报》1998年第5期。
王国刚：《城镇化：中国经济发展方式转变的重心所在》，《经济研究》2010年第12期。
方辉振：《城镇化创造国内需求的机理分析》，《现代经济探讨》2010年第3期。
李健、宁越敏、石崧：《长江三角洲城市化发展与大都市圈圈层重构》，《城市规划学刊》2006年第3期。
叶磊、欧向军、卿圆圆：《长三角城市群的空间梯度分析》，《地理与地理信息科学》2012年第1期。
马永俊、张艳明：《县域生态环境质量演化过程的定量评价研究——以浙江义乌为例》，《浙江师范大学学报》（自然科学版）2009年第3期。
洪银兴：《城市功能意义的城市化及其产业支持》，《经济学家》2003年第3期。
葛宝琴：《城市化、集聚增长与中国区域经济协调发展》，浙江大学博士学位论文，2010。
薛国琴：《城市化模式探析——一个后发优势视角》，《经济学家》2007年第3期。
赵培红、孙久文：《城市型社会背景下的城镇化：他国的经验与中国的选择》，《城市发展研究》2011年第9期。
孙虹乔：《中国城乡居民旅游消费与经济增长的实证检验》，《统计与决策》2012年第7期。
吕景春、胡钧浪：《城镇化与扩大内需的作用机理——兼谈我国农村城镇化的基本路径》，《中国流通经济》2011年第8期。

刘庆龙:《切实推进杭州都市圈商贸业协同发展》,《中共杭州市委党校学报》2009年第2期。

林国蛟:《中国城市化的动力机制研究》,浙江大学博士学位论文,2004。

刘小青:《城市化的经济动力与作用机理研究——以山东省为例》,山东师范大学硕士学位论文,2007。

张东霞:《城市化动力及其机制研究——以广州市为例》,暨南大学硕士学位论文,2006。

宫玉波:《世界城市发展特点之浅析》,《现代商业》2007年第21期。

徐绍史:《将全面放开小城镇和小城市落户限制》,《新京报》2013年6月27日。

张艳明、章旭健、马永俊:《城市边缘区村庄城镇化发展模式研究——以江浙经济发达地区为例》,《浙江师范大学学报》(自然科学版)2009年第3期。

B.16 会展业创新促进都市圈新型城镇化建设研究

会展节庆专委会课题组*

摘　要： 会展业通过加速产业转型、提高中心城市集聚辐射能力等手段促进新型城镇化建设。本文通过剖析会展业推动新型城镇化建设的原理和实践经验，总结了杭州都市圈会展业创新发展的重点与实践，设计了会展业支持新型城镇化建设的战略目标和步骤，并对金融政策及产业政策等的支持提出对策建议。

关键词： 会展经济　创新发展　新型城镇化　都市圈

党的十八大提出"坚持走中国特色新型工业化、信息化、城镇化、农业现代化道路"，使新型城镇化和城乡一体化成为国内外媒体和社会各界关注的重点。新型城镇化是以城乡统筹、城乡一体、产城互动、节约集约、生态宜居、和谐发展为基本特征的城镇化。城市是会展的发源地，会展是城市的加速器。从世界都市圈发展进程来看，会展业促进了城镇化发展，扩大了都市圈中心城市的吸引力，加强了都市圈成员城市间的相互联系。当前世界的六大都市圈是：以纽约为中心的美国东北部大西洋沿岸都市圈、以芝加哥为中心的北美五湖都市圈、以东京为中心的日本太平洋沿岸都市圈、以伦敦为核心的英国都

---

* 课题组顾问惠秀琴，杭州市西博办副主任。组长金中伟，杭州市西博办外联处处长、高级会展师。成员沈杨根，杭州市西博办会展处处长助理、高级经济师；林观涵，杭州市西博办外联处；曹颢婕，杭州市西博办外联处。执笔黎菲，浙江育英职业技术学院会展策划与管理专业教研室主任、副教授。

市圈、以巴黎为中心的欧洲西部都市圈和以上海为中心的长三角都市圈。在这些都市圈的主要城市先后举办过19次世界博览会，它们的会展业都非常发达。由此可见，会展与城市发展之间是相辅相成、相互促进的关系。

一 会展业创新推动新型城镇化建设

（一）会展业对杭州都市圈的孵化作用

会展业是一个高效益的行业，其利润率为20%～25%。会展业在自身创造经济效益的同时，也在增加就业机会、改变产业结构、提高城市知名度、推动基础设施建设、加强信息沟通与对外交流、促进技术交流、加大对外贸易与招商引资力度、促进城乡一体化发展和提高市民素质等方面做出了重大的贡献。

杭州西湖国际博览会（以下简称"杭州西博会"）自2000年恢复举办以来，其影响力、规模、质量逐年提升，在海宁、上虞、诸暨、德清、安吉、武义、龙泉、南浔、枫泾、江山、朱家尖、昆山、徽州、铁岭、嵊泗设立15个分会场，举办各类特色项目，培育了中国（杭州）休闲发展国际论坛、中国杭州国际汽车工业展览会、中国国际丝绸博览会等一大批国家级、国际级会展项目，实现会展地点从主城区到都市圈、从省内到省外的跨越。杭州西博会各项经济指标见表1。

由表1可知，杭州西博会与其他行业有很高的关联性。杭州市统计局在杭州西博会期间对服务业进行的相关统计分析结果显示：每届西博会对杭州GDP增长的贡献率在0.5%左右，会展业的发展促进了都市圈形成动力因素之一——产业扩散与转移。一方面，会展业搭建产业服务平台带动了杭州文化创意、旅游休闲、金融服务等十大产业的发展，还大力推动了商贸、餐饮、交通、通信、娱乐、宾馆、广告、印刷、物流等相关行业的发展，从而推进了产业结构转型和升级。另一方面，会展经济增强了中心城市对周边地区的服务功能，促使中心城市集聚辐射能力不断升级。以宣传公关功能为例，据统计，国内外各级媒体对杭州西博会和西博会项目所在城市的报道总量逾10万篇次，极大地提高了城市的曝光率和关注度，带来了大量中外游客。西博会作为杭州都市圈优质会展资源的集聚体，如同一个强大的磁场，吸引了都市圈中心城市与节点（县）市，促进了都市圈城市间的相互联系。从此角度看，虽然会展业的发展对于都市圈的形成并非必要条件，但是会展业通过加速城市产业转型、提高中心城市集聚辐射能力等手段，促使都市圈的形成过程加快、时间缩短。

表1 杭州西博会历届经济指标一览

年 份	会期（天）	项目（个）	参加人数（万人）	贸易成交额（亿元）	协议引进外资（亿美元）	协议引进内资（亿元）
1999	128	—	2000	—	—	—
2000	21	39	573.72	69.61	3.11	173.30
2001	22	46	606	74.00	7.10	119.00
2002	22	58	631.70	81.59	8.05	66.40
2003	22	39	641.58	103.17	6.34	72.43
2004	22	55	672	89.64	7.20	84.83
2005	16	53	672.37	80.84	7.27	87.28
2006	184	240	3422	133.56	10.17	108.34
2007	15	72	730	85.80	10.32	119.34
2008	21	102	1020	108.00	10.49	127.78
2009	22	124	1290	138.00	10.62	132.00
2010	22	130	1350	162.10	10.88	164.70
2011	63	245	3745	226.00	11.60	133.48
2012	23	132	1487	202.04	10.55	221.34
2013	29	50	800	202.35	10.22	152.30
合 计	—	1385	19641.37	1756.70	123.92	1762.52

（二）会展业促进杭州都市圈产业结构转型

会展产业链以会展业为核心，以为会展业发展直接提供服务的各种产业（如旅游休闲、交通物流、广告搭建等）为上游产业，以与展会主题相关的目标产业（如文化创意、金融服务等）为下游产业。会展业是城市发展到一定阶段的产物，要了解会展业对都市圈产业结构的影响，首先要了解会展产业链。

1. 会展业对杭州都市圈相关产业的联动作用

产业关联效应指的是一个产业的生产、产值、技术等方面的变化引起其前向关联关系和后向关联关系对其他产业部门产生直接和间接的影响，可以分为前向关联效应和后向关联效应。在市场经济体制下，会展业引领带动对全球资源的优化配置，降低产业结构转型成本。从产业链的角度来看，根据会展业对上下游产业影响的方向不同，可将杭州都市圈会展业的产业关联效应分为前向关联效应和后向关联效应，其作用见图1。

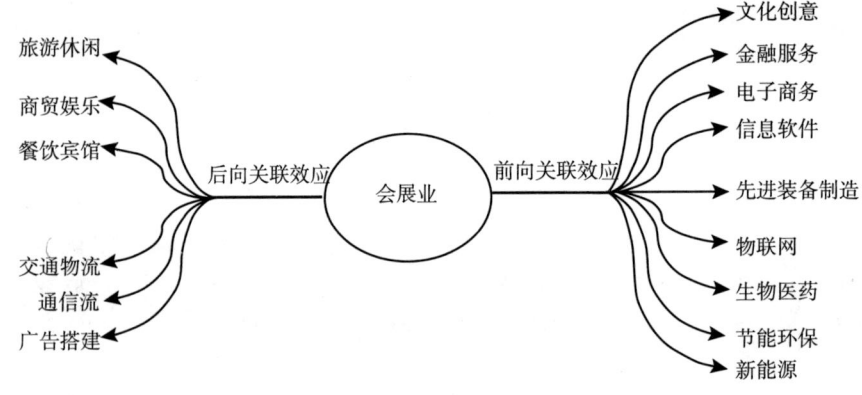

图1　会展业关联效应

（1）前向关联效应。前向关联效应是指通过举办会展活动给都市圈经济发展带来的产品流动和生产要素重新组合配置方面的影响，这些影响有力地促进了都市圈的产业转型升级。会展业对相关产业的前向关联效应可以从产品、资金流动与组合配置效应，企业品牌宣传效应，技术带动效应三个方面来考察。

首先是产品、资金流动与组合配置效应。会展活动以组展方提供的主题化时空节点为平台，实现参展方资源信息与采购方市场需求的高度聚集和全方位沟通，在会展活动的强凝聚力下，巨大的信息流、技术流、商品流和财富流跨区域、跨行业、跨国家流动，都市圈内各成员城市发挥自身优势，形成分工与合作，获得规模经济效益。

其次是企业品牌宣传效应。对于参展企业而言，展览是一个吸引眼球的宣传窗口。一方面，参展企业通过参与以杭州西博会为代表的各种展览得到相当的举办效应;另一方面,参展企业通过展示新技术、新材料、新工艺、新产品,提高了自身与产品的知名度,获得了参与充满竞争的销售市场的机会。

最后是技术带动效应。会展场所是大多数企业展示高新技术和创新产品的重点场所。以杭州西博会为龙头的会展活动同时也是交流前沿研究成果的过程,不同理念的交锋、思想火花的迸发对参与者的思想启迪、视野拓宽、学习示范效应不言而喻;参展企业通过会展活动把握产业技术的未来趋势,获取机会以较低的成本直接引进先进技术,发挥后发优势,实现技术上的跳跃式发展,增强核心竞争能力。

(2)后向关联效应。后向关联效应则是指会展业在发展过程中,对后向关联的产业部门提出投入需求,从而促进后向关联产业部门在技术、组织及制度等方面进行创新与发展。会展业的后向关联效应可以从对相关产业带来客源和提出服务需求两个方面来考察。

首先,杭州西博会、休博会等会展活动将大量的人流会集到举办地,为交通通信、商旅餐饮、金融保险等行业带来丰富的客源,形成"需求拉动型"的发展模式。以旅游休闲业为例,继杭州西博会"2009 杭州十大特色潜力行业休闲主题活动"之后,2011 年第二届休博会期间针对全方位的休闲体验进一步推出十大类型的 10 条休闲体验线路和 200 个休闲体验点,带动 2011 年杭州入境游客 306.31 万人次、旅游外汇收入 19.57 亿美元、国内游客 7180.96 万人次、国内旅游收入 1060.84 亿元,带动 2012 年杭州入境游客 331 万人次、国内游客 8236 万人次、旅游总收入 1392 亿元。在需求拉动下,杭州的休闲服务市场迅速发展,目前拥有咖啡厅 60 多家、酒吧 300 多家、茶馆 900 多家,传统餐饮企业达到近万家,足浴业从业人员近 10 万人。

其次,会展业对相关产业提出与其高速发展相匹配的服务需求。以杭州西博会、休博会为龙头的展会项目的举办需要大量的规划工作和配套服务,产生了多样化的经济技术要求,尤其对旅游休闲、交通物流、餐饮宾馆、广告搭建、通信、商贸娱乐等行业提出了更高的服务需求,相关产业必须进行技术、人员、资金等方面的投入,提供必要的基础设施和相关服务。会展业及其关联产业的加速发展同时带来专业化的管理、投融资和法律服务需求,推动第三产业的纵深发展,加快了杭州都市圈现代服务业专业化、国际化、市场化、规模化的速度。

2. 会展业影响都市圈产业结构的过程

（1）会展业推动都市圈成员城市成为科技型综合城市

以杭州西博会、休博会为龙头的都市圈会展业在发展过程中，推动了第二、第三产业互动，形成生产性服务业。这种由产业互动、渗透而成的业态，有利于创建企业品牌，催生新行业、新技术、新产品，既强化了第二产业的竞争力，又为第三产业注入了活力，从而进一步加速新型城镇化建设进程。

第一，促进旅游休闲产业发展，举办休闲发展论坛、休闲产业博览会，把杭州西博会国际旅游节、杭州西博会市民休闲节、富阳休闲运动节、建德荷花节、千岛湖秀水节、婚庆博览会、丝绸时尚节、中华老字号精品博览会等项目包装打造成为具有较强品牌影响力的旅游产品。据杭州市旅游部门统计，自西博会举办以来，特别是在2005年以后，杭州市会展旅游收入占旅游总收入的比重已超过了传统的观光游，旅游业由观光游"一枝独秀"向观光游、会展游、休闲游"三位一体"转变。

第二，推进杭州市文化创意产业的发展，整合推出文化创意产业博览会、中国国际动漫节休闲与文化论坛、国际雕塑年鉴展、海报国际双年展、西湖艺术博览会、亚洲设计管理论坛等项目，积极打造"全国文化创意产业中心"。

第三，打造"天堂硅谷"，举办全球网货大会、移动商务峰会、西湖问道企业家论坛、网商大会、国际生物医药外包服务大会、国际传输与覆盖研讨会、互联网技术创新与知识产权保护高峰论坛、照相器材与数码影像博览会、电子信息博览会、科技合作周、电子竞技节等项目，策划举办国际宜居城市论坛、生活品质展、宜居生活展、循环经济产业博览会、中国城市森林论坛、中国国际科技与信息产业周等项目，服务杭州市打造全球宜居城市。

第四，促进产业项目交流对接，与商务部、科技部等国家部委合作举办中国中西部投资环境说明会暨产业项目推介会，与杭州市各部门合作共同办好经贸科技合作洽谈会主题展、杭州工业经贸洽谈会等系列活动，举办理财博览会、金融服务研讨会等，推进杭州金融服务业、商贸物流业的建设。

（2）会展业提高都市圈中心城市辐射能力

为发挥杭州西博会统筹区域会展经济发展的作用，2009年"杭州都市经济圈会展节庆专业委员会"成立，出台《中国杭州西湖国际博览会分会场实施管理办法（试行）》。在区域会展合作的框架下，西博会与安吉、上虞、诸暨、德清、南浔、海宁等城市签订西博会分会场建立协议，各分会场组织策划了一系列有影响的活动，与西博会主会场交相辉映。以2012年第十四届西博会为例，安吉举办了第五届中国美丽乡村·安吉投资贸易洽谈会暨第十四届西博会安吉分会场大型活动等11项活动；上虞举办了2012年浙东新商都（上虞）购物节和四季鲜果之旅两个系列共16项活动；诸暨围绕西施文化节和五泄山水节两大主题组织系列活动；德清成功举办了第三届游子文化节、德清旅游新业态高端论坛等活动；南浔举办了第六届湖笔文化节、浙江湖羊产业发展大会暨第三届南浔湖羊文化节等一系列大型活动；海宁首次整合举办海宁潮国际博览会，举办了第十九届中国国际钱江（海宁）观潮节等10多项活动。西博会的联动效应由此成为杭州都市圈区域一体化的典范和样板，2011年，在杭州都市圈第五次市长联席会议上，"在都市圈节点县（市）设立西博会分会场"被评为杭州都市圈"十大品牌项目"。

《杭州市"十二五"会展业发展规划》提出，重点增强杭州会展业辐射影响力，强化主城会展核心圈，打造市域会展产业圈，特别是要拓展都市圈会展辐射圈，全面发挥西博会效应，使西博会真正成为杭州都市圈成员城市共建共享发展会展经济的平台和"孵化器"。

（三）会展基础设施加快新型城镇化建设

现代化的会展设施是会展业发展最重要的物质基础和先决条件，它作为城镇化建设中基础设施建设的重要组成部分，为新型城镇化持续发展提供了有利条件。首先，杭州都市圈内会展综合体的兴建与完成，带动了场馆周边给排水、电力电信、交通能源、防灾及环境卫生等系统的发展完善，促进了城市的发展。其次，会展设施除了满足展览期间办展、办会、办节的需求，以及进行经济政治交流外，平时还成为当地民众的文化中心、传统节日聚集场所、政策宣传场所、丰富的娱乐活动载体。截至2013年12月底，杭州都市圈共有10家专业会展场馆，建筑面积共约51.31万平方米，室内展览面积约为30.09万平方米（见表2）。

表2 2013年杭州都市圈会展场馆情况

单位：平方米，个

场馆名称	建筑面积	室内展览面积	室外展览面积	国际标准展位	2013年办展面积
杭州和平国际会展中心	61000	20000	8000	1000	756000
浙江世贸展览中心	15000	12800	2200	600	306000
杭州国际会展中心	127000	60000	20000	3000	116000
杭州新农都会展中心休博园会展中心	60000	30000	10000	2000	118000
杭州白马湖会展中心	68000	45000	8000	1500	262000
杭州海外海国际会展中心	12000	10000	3000	520	82000
嘉兴国际会展中心	40000	23200	—	1290	—
中国嘉兴桐乡市科技会展中心	36000	25000	—	—	—
中国纺织采购博览城国际会展中心	48000	48000	—	—	—
绍兴柯桥世界贸易中心	46149	26889	—	—	—
合计	513149	300889	—	—	—

在建会展设施有杭州国际博览中心，预计2016年投入使用，总建筑面积为84万平方米，设有国际标准展位7500个（其中室外展位1000个），建有展览中心、会议中心、综合物业、屋顶花园（城市客厅）、地下商业及车库五大功能区，将极大地改善杭州的展览基础设施条件，对杭州都市圈会展业发展也具有重要意义。海宁市在中国皮革城的基础上，也在抓紧建设会展中心，展示面积将达2万平方米。

二 杭州都市圈会展业创新发展的重点与实践

（一）会展业创新推动新型城镇化建设的契合点、着力点和突破点[①]

1. 分析发展基础，找准工作契合点

会展活动的举办对当地经济、社会、文化及产业资源等具有较高的依存

---

① 叶敏：《以休博会为抓手推进杭州城乡区域统筹发展的思考研究》，2011。

度。杭州各县（市）会展业的发展基础在于各地生态环境优美，文化传承深厚，民俗、文化、旅游等资源丰富，旅游休闲、商贸服务等产业发展迅速。同时，以每年一届的西博会为平台，培育了一批具有特色和影响的会展活动项目。因此，各地良好的发展基础以及西博会、休博会独特的带动功能成为会展业推进城乡区域统筹发展的工作契合点。

2. 把握主要任务，找准工作着力点

杭州市推进城乡区域统筹发展的主要任务是"六个一体化"，即规划建设一体化、产业发展一体化、要素配置一体化、生态保护一体化、公共服务一体化和民生保障一体化。围绕六大主要任务，通过发挥会展业在项目培育、产业带动、宣传联动、民生互动等方面的独特作用，着力推进城乡区域在提升产业、集聚要素、保障民生等方面的统筹发展。

3. 突出鲜明特色，找准工作突破点

以第十五届杭州西博会为例，该届西博会继续发扬创新办会的作风，紧紧围绕"建设创新型城市、发展创新型经济""建设美丽杭州""文化强市""城乡区域统筹发展"等，以"促进经贸科技发展"为主线，创新推出"经贸科技、文化体验、旅游休闲、传统项目"等主题板块，重点办好西博会经贸科技合作洽谈会17项系列活动，展示总面积达到31万平方米，国际展位比例为23.9%，吸引专业观众12万人次，有力地推动了西博会转型升级发展。

再如，休闲主题是休博会的最大特色。各县（市）一流的生态环境也正是各地最具特色和竞争力的优势所在。以休博会为平台，以项目为载体，加强对各县（市）休闲、旅游资源的挖掘整合、串珠成链，加快各地休闲旅游产业的提升发展，推进杭州"国际重要的旅游休闲中心"建设，是以休博会为抓手推进城乡区域统筹发展的突破点，也是其鲜明特点所在。

（二）杭州都市圈会展业创新发展的实践

杭州都市经济圈会展节庆专业委员会积极贯彻杭州市关于城乡区域统筹发展和"三江两岸"建设的战略部署，为加强与都市圈各成员城市的交流合作，进一步发挥会展业在项目培育、产业带动等方面的作用，通过培育举办一批各地的特色品牌会展活动，以西博会、休博会为抓手和载体，带动招商引资，加强经贸合作，推进相关产业要素的集聚，培育特色的产业体系，推进各地的特色发展，提升各地的发展水平。

1. 培育特色产业体系，推进城乡统筹

（1）创新提升旅游休闲产业附加值。杭州都市经济圈会展节庆专业委员会整合杭州都市圈山、林、江、湖等生态、休闲、旅游资源丰富的优势，年年创新、孵化特色项目，使淳安的度假休闲，富阳的运动休闲，临安的生态休闲，以及桐庐、建德沿新安江、富春江形成的体验式休闲等特色休闲旅游业成为各县（市）富有特色和竞争力的优势产业，从而带动了当地农产品热销，提高了农民收入，真正推进了城乡区域统筹发展，加快了都市圈新型城镇化进程，把杭州西博会办成了"没有围墙的博览会"。

2011年，借助休博会平台，在萧山湘湖突出现代娱乐特色，设立休博会产业馆，举办休闲大舞台、休闲运动嘉年华等活动；在滨江白马湖主园区突出生态创意特色，设立休博会主题馆，举办动漫设计、技术比武大赛、国际休博会体验等活动；在淳安千岛湖主园区突出休闲度假特色，举办中国·杭州千岛湖秀水节开幕式、千岛湖漂流节、环千岛湖国际公路自行车邀请赛等项目。在桐庐县突出乡村旅游，举办第三届"潇洒桐庐"户外运动嘉年华、休闲美食节等活动，以及乡村文化体验观光旅游、露营大会等。在富阳市展示富阳重要的休闲运动产业基地的发展潜力，举办富春江运动节、第六届永安山滑翔伞（国际）嘉年华等休博会活动，展示富阳龙门作为江南千年古镇悠久醇厚的历史文化与民俗风情，举办杭州龙门古镇民俗风情节，以古镇建筑文化展示、民俗风情表演、休闲健身登山活动等为主要活动内容。在建德市突出体现亲水特色，举办新安江旅游节、七里扬帆、葫芦峡谷生态漂流等活动。在临安市突出山岳型风景名胜，举办杭徽古道文化旅游节、金秋浪漫登山节等活动。在诸暨分会场举办浙江（诸暨）森林旅游节、观瀑节、杭州西湖-诸暨西施故里荷花会；在上虞分会场举办购物节和"四季仙果"之旅等系列活动；在海宁分会场举办中国·嘉兴端午民俗文化节；在德清分会场举办低碳休闲旅游论坛、休闲体验之旅等活动；在安吉分会场举办"中国美丽乡村安吉——中国最美丽城区西湖共建美丽事业合作签约仪式暨《美丽宣言》发布仪式"。

2012年，杭州西博会创新策划了"三江两岸休闲文化体验季"，举办了十大新型中心镇评选展示活动、萧山钱江观潮节暨钱塘江国际冲浪挑战赛、余杭乡村狂欢节等32个特色节庆活动，以旅游观光体验、美丽乡村体验、休闲运动健身、民俗文化欣赏四大主题推出24个重点休闲体验点，在提供丰富旅游文化体验的同时，展示杭州"三江两岸"建设取得的突出成就。通过举办丰富多彩的节庆活动，共吸引450万人参与本届西博会。

2013年，突出地方特色文化资源，推出西博之旅系列文化体验活动，举办国际市民体验日、东方文化交流展示会、国际棋文化博览会、中法文化交流等深受群众欢迎的文化类会展节庆活动，繁荣杭州市的文化市场，丰富群众的精神文化生活。杭州西湖-诸暨西施故里荷花会、中国·海宁潮国际博览会、武义温泉节、德清莫干山国际休闲旅游节、徽州区上九庙会、浙东新商都（上虞）购物节等西博会分会场项目获得"长三角最具影响力会展节庆品牌"荣誉。

（2）服务十大产业，推动技术成果转化。为深入贯彻《杭州市"十二五"规划纲要》"服务业优先""工业兴市""软实力提升"战略，重点扶持文化创意、旅游休闲、金融服务、电子商务、信息软件、先进装备制造、物联网、生物医药、节能环保、新能源十大产业的发展，培育一批在国内业内具有领先地位的会展品牌项目，2011年杭州市共举办十大产业相关重点会展项目43个，其中文化创意类6个、旅游休闲类10个、金融服务类3个、电子商务类3个、信息软件类3个、先进装备制造类5个、物联网类2个、生物医药类6个、节能环保类3个、新能源类2个，十大产业实现增加值3010.39亿元，比上年增长13.6%，占全市GDP的42.9%。① 2012年，在2011年项目的基础上，为丰富杭州西博会的创新办会内容，杭州市召开了"转型升级·产业发展"经贸合作洽谈会和十大产业展示交流会，当年十大产业实现增加值3511.85亿元，比上年增长13.6%，占全市GDP的比重由上年的42.9%提高至45.0%。全市十大产业投资项目1964个，比上年增加259个，完成投资

---

① 杭州市统计局：《2011年杭州市国民经济和社会发展统计公报》，http://www.hzstats.gov.cn/web/ShowNews.aspx?id=hJG3ZeP7co8=。

718.97亿元，比上年增长25.9%，占全部项目投资的33.8%，比上年提高2个百分点。① 2013年，杭州市共举办十大产业会展品牌培育支撑项目112个，其中包括文化创意类37个、旅游休闲类41个、金融服务类6个、电子商务类5个、信息软件类5个、先进装备制造类5个、物联网类5个、生物医药类6个、节能环保类1个、新能源类1个，举办会展品牌培育核心项目26个，实现贸易成交额202.35亿元，吸引了21万名专业观众。2011~2013年，十大产业各自产值（增加值、收入）的年均增幅基本保持在15%以上，其中电子商务、物联网、新能源产业的三年产值（增加值、收入）年均增幅更是高达40%以上，多数产业的产值（增加值、收入）年均增幅明显高于同期杭州市国内生产总值的增幅。西博会继续推进"杭州都市圈"建设，通过设立15个西博会分会场，结合各地产业优势和文化特色举办系列特色品牌项目，输出西博会品牌，提升杭州在长三角乃至全国的城市地位和影响力。

2. 整合营销传播，会展品牌定位鲜明

通过杭州西博会、休博会大范围、多渠道、宽平台的立体宣传网络，以加强联动宣传为重点，进一步提升和扩大杭州都市圈成员城市的影响。一是加强整体宣传。将各地会展项目的宣传纳入杭州西博会宣传总盘子，组织各分会场参与西博会大型新闻发布会、对外宣传推介会、专题项目信息发布会以及各类宣传造势活动等宣传推广活动，在休博会会刊等相关宣传品上刊登各县（市）的宣传内容，共享品牌资源和宣传平台，不断扩大和提升各县（市）的知名度和影响力。二是突出特色宣传。围绕休博会的办会主题，进一步深入挖掘各县（市）的特色资源、优势产业等，加强对各县（市）在举办项目、发展产业以及优势资源等方面的宣传，建立大杭州主题突出，同时又各具地方特点的立体化宣传内容，打响各地发展的特色品牌。三是营造整体氛围。统一策划宣传素材，加强与杭州都市圈各成员城市的合作，挖掘整合各市的户外广告、广场宣传以及公交广告等方面的资源，在各辖区入城口、交通干道、中心广场等重点区域开展休博会环境宣传，营造大杭州共同举办西博会、休博会的良好氛

---

① 杭州市统计局：《2012年杭州市国民经济和社会发展统计公报》，http://www.hzstats.gov.cn/web/ShowNews.aspx?id=3RV8hYMdOpI=。

围,以西博会、休博会品牌为载体,扩大各地影响。

3. 提升幸福指数,营造社会和谐氛围

杭州都市经济圈会展节庆专业委员会始终以亲民办会、为民办会为根本。根据中央、省、市的有关要求,2013年杭州西博会取消了烟花大会和大型开幕文艺晚会等活动,在亲民办会方面更显特色。西博会成功举办市民休闲节,开展休闲美食、休闲运动、休闲度假、休闲文化系列活动,推广休闲理念,提升市民生活品质;推出西博之旅系列文化体验活动,向都市圈广大群众累计赠送142万份西博会通票,丰富了群众的文化生活;邀请孔胜东等5名杭州最美人物参加西博会活动,共有5000多名志愿者投入志愿服务,展现了市民的文明素质和精神风貌;加强交通保障、环境保护、安全文明、食品卫生、信息发布等方面的工作,努力满足市民、游客的需求,使西博会成为新老杭州人及中外游客欢乐的节日,助力群众共享社会发展成果,努力营造社会和谐氛围,打造幸福杭州。

4. 注重开放,提高都市圈国际影响力

围绕城市国际化的发展战略,杭州西博会以打造"最具潜力的中国展览城市、最具活力的中国节庆之都、最具魅力的国际会议目的地"为目标,不断提升项目国际化水平。首先,加强国际合作,加强与国际节庆协会、联合国教科文组织中国代表处、国际大会与会议协会、世界展览业协会、国际展览管理协会和国际会议观光局协会等国际组织的交流,与英国、葡萄牙、西班牙、南非、菲律宾等国家以及意大利意中交流协会、日本贸易振兴机构、澳大利亚商会、德国工商总会上海分会等驻华商务机构合作,吸引各国企业、机构参加杭州西博会相关活动,成功组织了南美五国旅游巡展、南非专场推介会等活动。其次,着力提升项目国际化水平,策划、引进、举办世界文化大会、国际新闻摄影比赛(华赛)颁奖活动、亚洲设计管理论坛等国际性会展项目。最后,扩大杭州西博会的境外宣传,加强与美通社等境外知名媒体合作,使西博会成为杭州对外开放的重要窗口和交流合作的重要纽带,充分展示杭州城市国际化的新形象。

5. 文化浸润,推进文化统筹发展

进一步加强杭州西博会的会展文化与经济的融合,更加注重在会展活动的策划举办中融入地方的文化元素,充分挖掘整合各区县(市)的文化特色、文化资源等，加快形成会展彰显文化、文化滋养发展的良性互动，有力地提升各县（市）发展的软实力，彰显地方的品位与魅力，推进文化建设和城乡文化的统筹发展。例如，以临安竹笋节提升竹文化品牌，富阳龙门古镇旅游节挖掘名人故里的文化内涵，桐庐剪纸节展示当地民间手工艺文化特色，建德荷花节打造荷文化产业链，千岛湖有机鱼文化节凸显淳安以湖兴农的特色产业文化等，加强对各县（市）历史积淀、文化特质、民风民俗等的挖掘和结合，更加注重文化的浸润，以文化为内核，彰显各地会展活动的内涵和特色。

三 会展业创新促进新型城镇化建设的对策与建议

（一）会展西进的战略目标与步骤

1. 战略目标

围绕"杭州都市经济圈"和"新型城镇化"建设，加快以杭州为中心的"杭湖嘉绍会展核心圈"的形成，使中心城市杭州成长为具有全国重要影响力的会展产业名城，培育节点（县）市富有地域特色的会展品牌，集中培育若干会展经济功能，构建完善"主城区+五县（市）"的杭州西博会和会展业联动发展新格局，成为浙江省会展业发展的核心增长极，发挥会展业在经济社会文化发展中的重要平台和抓手作用，推进城乡区域统筹发展。

杭州都市圈会展业创新发展支持新型城镇化建设战略规划见图2。

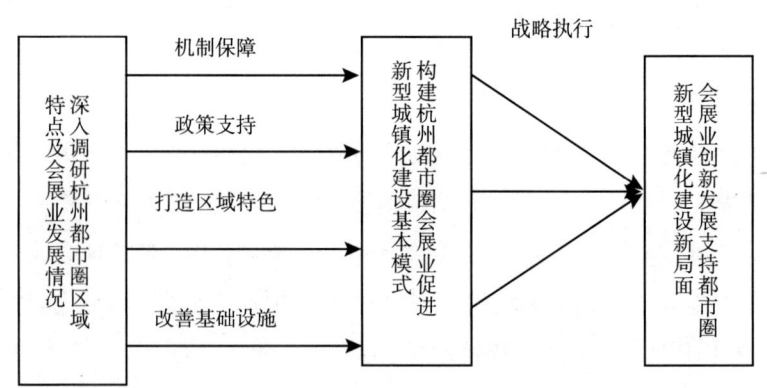

图2　杭州都市圈会展业创新发展支持新型城镇化建设战略规划

2. 工作步骤

(1) 加强联络，有序推进

充分发挥杭州都市经济圈会展节庆专业委员会组织的作用，做到年初有布置、年中有交流、年底有总结。利用西博会开幕活动、杭州举办的会展高峰论坛、休闲发展论坛等载体，不间断地邀请各专委会成员相聚杭州，加强业务交流与沟通。同时，在每年的年初和年底召开会议，专题研究专委会工作，并邀请业内专家进行专业培训，提高专委会成员单位的业务水平，每年年中组织专委会及分会场单位开展学习考察活动。

(2) 用好平台，共享资源

充分发挥杭州都市经济圈会展节庆专业委员会及西博会分会场的平台作用，以推进合作共赢为目标，积极挖潜，创新发展分会场特色项目，拓展西博会分会场，加强与中国会展联盟城市的互动，做到各地会展资源共享，共促双赢发展。

(3) 项目互动，共推发展

杭州都市经济圈会展节庆专业委员会积极参与成员单位举办的会展节庆项目，做到宣传共推，组织各自的会展企业参与，每年商议共同扶持各地的一批项目，如嘉兴端午民俗文化节、湖州湖笔文化节、绍兴兰亭国际书法节、杭州新型中心镇发展成就展等项目。通过培育，把它们打造成区域性名牌项目，共同推动区域发展。

（二）会展业创新发展促进新型城镇化建设的金融政策

1. 在扶持政策方面

推动会展经济发展，发挥会展业1∶9的经济带动作用，政府在会展行业总体规划和战略设计、资金提供、协调土地、投资、银行、服务等各方面发挥着不可替代的作用。从国外的经验看，美国的巴尔的摩市，以及德国的汉诺威、法兰克福、科隆、慕尼黑、杜塞尔多夫等城市出台一系列鼓励措施和优惠政策吸引展会组织者和参展商，换来了会展业腾飞。

杭州市西博办在推动全市会展业发展的过程中，一直遵循"政府主导、企业主体、社会配置"的办会原则，推动杭州会展业发展。为了满足杭州经济发展及国际关注度上升带来的需要，杭州市应加大对会展业的政策扶持力度，具体建议如下：一是加大会展发展专项资金扶持力度，优化专项资金的管理办法；二是通过国内外机构赞助等多渠道筹集资金；三是优化审批手续，对项目举办实行核准或备案的"一站式"服务，缩短会展活动登记审批时间，降低项目成本；四是给予前来杭州都市圈投资的国外（境外）知名会展机构优先审批权。

2. 税收改革

会展服务内容非常丰富，涉及领域和行业十分广泛，除了会议、展览的策划组织外，还需要提供会展场馆和设备租赁、现场设计与布置、会展物品运输与采购、受托方人员交通与食宿、项目宣传推介与广告等多方面的服务。这些服务费用大多由会展组织者代为收支或垫支，属于代理收支性质，会展行业从本质上看属于代理服务行业。研究会展行业特征，落实国家财税〔2011〕110号文件精神，认定会展行业为大量代收转付或代垫资金行业，同意其代收代垫金额予以合理扣除。制定会展行业"营改增"实施细则，明确、规范会展行业可以抵扣的具体项目。要研究制定全国统一、规范、合理的会展行业税改政策，明确可抵扣项目，认可未改革行业营业税发票和小额纳税人开具发票的抵扣资格。

落实国家财税〔2011〕131号文件精神，向境外单位提供的服务（有明确规定的除外）免征增值税。会展行业有一部分业务属于为境外企业和机构提供的服务，属于服务贸易出口范畴，应当享受服务贸易出口优惠政策。应当研究会展行业对外服务收入免征增值税实施细则，准确界定会展服务出口的概念、项目内容和免征款项。

适当降低会展行业增值税税率。国家税改文件规定，会展行业增值税实行分类管理，年销售额超过500万元（含）的一般纳税人适用增值税一般计算方法，税率为6%；年销售额不超过500万元的小规模纳税人适用增值税简易计算方法，征收率为3%。一般纳税人的名义税率比原来营业税增加了0.8个百分点，考虑到改革前地方优惠政策的实际效果，改革后会展企业的实际税负确实有所增加，建议适当降低会展行业增值税应税税率。

（三）会展业创新发展促进新型城镇化建设的产业政策

1. 建立都市圈会展评估体系

由政府主管部门或行业协会牵头，按照科学性、可行性、代表性的原则，运用数理统计、运筹学等原理，建立有效的杭州都市圈会展评估体系。评估指标体系由"会展环境""会展绩效""会展效果"三个一级指标组成，分别对会展项目举办的环境、过程、成果进行评估。会展环境是指被评估城市举办会展活动具备的客观条件，包括城市区位条件、经济发展状况、居民收入水平、目标行业发展水平、政府扶持力度、基础设施和会展场馆设施条件、服务业发育程度、会展人力资源情况等；会展绩效是指被评估城市在一定时段内会展活动的举办情况，包括会展活动的数量和规模、宣传公关效率、会展设计功能效率、项目管理质量、会展活动开支以及活动参与机构的数量、来源与质量；会展效果是指会展业为被评估城市带来的各种影响，包括会展业的规模、会展记忆率、成本效益比、成本利润、接待观众数量和质量、拉动GDP增长贡献率、政治效益、社会效益等。建立会展评估体系，使政府能够深刻地了解被评估城市的会展环境和会展业发展情况，与国内外其他城市的会展业进行比较分析，进而做好管理规划工作并采取相应的调控手段。

2. 促进场馆设施和各种服务设施的建设

提升杭州都市圈成员城市展览设施水平，完善场馆功能和周边设施配套建设，《杭州都市经济圈发展规划》要求：加快杭州国际博览中心、钱江新城国际会议中心、湖州太湖国际会展中心等大型会议会展场馆及配套设施建设，加大杭州和平国际会展中心、浙江世贸国际展览中心、嘉兴国际会展中心、绍兴柯桥世界贸易中心等会展场馆的改造升级力度，完善现有场馆配套设施，提升服务能级。

完善会议酒店设施，综合考虑都市圈网络化发展格局、区域功能、用地条件、旅游交通等影响因素，依托西湖、运河、湘湖、白马湖、西溪、千岛湖、之江下沙副城、空港新城、临江新城、奥体博览中心等自然人文资源，加快建设钱江新城会议酒店集群、城东新城会议酒店集群、环西湖会议酒店集群、湘湖－白马湖会议酒店集群、西溪会议酒店集群、千岛湖会议酒店集群、良渚会议酒店集群、之江会议酒店集群、金沙湖会议酒店集群、奥体博览中心会议酒店集群"十大酒店集群"，形成"会展+酒店+旅游"点面结合的布局模式。

3. 加强对外交流，提升杭州国际影响力

推动杭州都市圈会展业的国际化水平，提升杭州西博会、休博会等自有品牌向高层次发展。以现代服务业和高新技术产业为支撑，积极培育会展品牌的国际影响力；依托杭湖嘉绍的特色产业、生态优势、历史文化、幸福民生等资源禀赋，加强与联合国教科文组织中国代表处、国际节庆协会等机构的合作，带动区县（市）积极打造"国际会议目的地""中国节庆之都"的品牌。

加强与国际大会与会议协会、国际会议观光局协会、国际展览管理协会等国际权威机构的联系，加强与会展跨国公司、商会、驻华使领馆、杭州友好城市的贸易机构等沟通；积极组织会展企业开展境内外的学习考察和交流合作活动，帮助杭州都市圈会展企业学习借鉴国外成功会展项目管理经验，利用国际资源进行会展业务合作，拓展海外市场，扩大会展业的国际影响力。

积极争取国际知名会展项目、会展机构、行业协会、各大商会落户杭州都市圈，不断创新会展题材和办会办展形式，培育金融、创意与设计、信息、旅游、广告、物流等现代服务业展览，培育填补新材料、生物医药、新能源等专业会展，进一步增强杭州市集聚产业发展要素能力的各种题材会展，推出一批重大文体活动和文化会展。

4. 加强人才培养，引进优秀的会展人才

将杭州都市圈打造成深具吸引力的"会展人才培训基地"，依托12所开设会展专业的在杭高校，建设政产学研联盟，完善师资培养，积极培育高素质的会展专门人才，倡导创新和对在职人员进行再培训。充分利用国际性会展机构资源，邀请国内外会展机构的精英人士到杭州开展专项讲座，组织会展从业人员到中国的台湾和香港以及韩国等地进行访问学习，游学取经，开阔视野与眼界。抓紧在都市圈范围内推广"会展策划师国家职业资格"、"会展设计师国家职业资格"、"CEM"（注册会展经理）等认证培训项目，强调会展专业人员必须具备一定的执业资格。

引进和培育会展高端人才。依托"杭州钱江特聘专家计划""杭州市全球引才'521'计划""现代服务业高级人才培养计划""杭州市低碳专业人才开发计划""马云式杰出创业人才培育计划"，通过浙江杭州国际人才交流与合作大会、组团到海外招才引智等途径，吸引具备国际会展操作经验和国际会展视野与理念的高端会展专业人才，培育会展领军人才。

B.17 "农民市民化"劳动就业和社会保障研究

劳动就业和社会保障专委会课题组*

摘　要：

农民市民化进程已经成为促进经济增长方式转型、提高劳动者幸福指数的重要手段，也为各级人民政府实施经济结构调整、维护农民工的合法权益提供了重要依据。本文主要从杭州都市圈农民市民化的基本现状入手，分析其存在问题与发展趋势，进而提出加强杭州都市圈农民市民化工作的对策建议。

关键词：

农民市民化　劳动就业　社会保障　杭州都市圈

农民市民化是推进城镇化建设的核心内容，是维护农民生存权和发展权、实现城乡健康可持续发展的重要途径，是构建和谐社会、提前进入小康社会的必然要求。对农民市民化劳动就业和社会保障进行研究，对于促进企业转型升级、缩小城乡差距、促进城镇化健康快速发展具有十分重要的意义。

社会主义市场经济转型以来，各地按照国家统一部署，逐步取消对企业使用农民工的行政审批，取消对农民进城务工就业的职业工种限制，逐步建立平等就业制度。2006年，国务院印发《国务院关于解决农民工问题的若干意见》（国发〔2006〕5号）等政策文件，建立国务院农民工工作联席会议制度，统

---

* 课题组组长黄菊火，杭州市人力资源和社会保障局副局长。副组长钱斌，杭州市人力资源和社会保障局办公室主任。成员张文林，杭州市就业管理服务局副局长；肖春华，杭州市就业管理服务局副处长。执笔罗传银，杭州市就业管理服务局副调研员。

筹协调解决政策落实中的重点难点问题，努力促进农民工转移就业，维护农民工合法权益。浙江省率先在全国提出"统一城乡就业政策、统一失业登记制度、统一劳动力市场、统一就业服务制度、统一劳动用工管理制度"的工作目标，促进城乡就业一体化，在全国起到了示范作用。社会主义市场结构调整时期，中央提出"以新型城市化为主导，积极推进城乡区域规划建设、产业发展、要素配置、生态保护、公共服务、民生保障一体化，促进城乡一体化"的发展目标。2011年中央政府工作报告明确提出，"因地制宜，分步推进，把有稳定劳动关系并在城镇居住一定年限的农民工，逐步转为城镇居民"。2013年党的十八大提出：加快改革户籍制度，有序推进农业转移人口市民化，努力实现城镇基本公共服务常住人口全覆盖。为有效推动农民市民化工作指明了方向。

一　杭州都市圈农民市民化的基本现状

农民市民化是指城镇化进程中农民向城市转移并逐渐变为市民的一种状态或过程，其间伴随着身份地位、意识形态、行为方式、生活方式、民主权利的一系列变化。农民市民化至少包括相互关联、依次递进的三个层次，即农民的非农化职业转换、农民的城市化地域转移、农民的市民化角色转变。其中，非农化职业转换是农民市民化的前提条件，城市化地域转移是农民市民化的基本标志，市民化角色转变是农民市民化的最终状态。政府要为农民市民化提供基本而有保障的公共产品和公共服务，使农民在转移过程中学有所教、劳有所得、病有所医、老有所养、住有所居，以促进社会公平正义。

近年来，杭州都市圈经济社会发生了深刻变化。结合城镇化进程，各地充分发挥自身经济优势，认真贯彻人力资源和社会保障部关于进一步解决农民工问题的有关指示，提出以加强职业技能培训、稳定和扩大农民工就业为基础，以维护农民工劳动保障权益为基本，以推动农民工享受基本公共服务和在城镇落户为重点，以同步发展工业化、信息化、城镇化、农业现代化为根本要求，积极推动农民市民化工作。截至2013年8月底，杭州市农转非人员共计56.71万人，占常住人口870.04万人的6.52%；嘉兴市被征地人员共计60.58万人，占常住人口450.17万人的13.46%；绍兴市农转非人数为21.66万人，外地农民工入籍5.22万人，两者合计占常住人口438.91万人的6.12%；湖州市农转非人员13.19万人，占常住人口290.96万人的4.53%。有力地推进了杭州都市圈人力资源配置，极大地促进了本地区城镇化快速发展。

（一）建立城乡平等就业制度

1. 赋予农民工平等就业权

2003年，《国务院办公厅关于做好农民进城务工就业管理和服务工作的通知》（国办发〔2003〕1号）要求，各地取消对农民进城务工就业的不合理限制。按照《就业促进法》的规定，农村劳动者进城就业享有与城镇劳动者平等的劳动权利，不得对农村劳动者进城就业设置歧视性限制，维护农民工就业权利。目前，对农村劳动者限制性的就业政策障碍已经消除。

2. 建立就业扶持政策体系

杭州建立农村劳动力求职登记证制度，强化市区农村公益性服务岗位管理，建立农村劳动力转移就业用工补助和社会保险费补贴管理，并且建立新杭州人求职登记人员就业援助政策，提供职业介绍补贴、自谋职业自主创业补贴、一次性带动就业奖励、小额担保贷款和贴息、场地租金减免以及与城镇失业人员同等培训六类帮扶政策。嘉兴推行"两分两换"工作，将就业扶持政策由城镇延伸到农村，被征地农民可享受职业介绍补贴、职业培训补贴、岗位补贴、社会保险补贴等相关政策。湖州、绍兴将就业失业登记对象的范围拓展到符合登记条件的进城落户农民，持有《就业失业登记证》的农民可享受与城镇登记失业人员同等的权益保障。

就业扶持政策体系将积极的就业政策延伸到农村，将城乡统筹就业逐步扩大到农民就业平等、就业保障、就业稳定、就业援助等方面，基本上摆脱了过去的城乡就业完全分割、城市就业统包统配、乡村就业自然经济状态的局面，确立了本地农民和外地农民在市场经济中的主体地位，呈现农民自主择业、市场调节就业、政府促进就业的良好局面。

3. 建立创业扶持政策体系

杭州等地将农民工创业纳入政策扶持范围，完善并落实税收优惠、小额担保贷款及贴息、场地安排、创业孵化基地、创业培训、创业服务等扶持政策。针对农民工创业特点，创新贷款担保方式。对于有创业愿望的农民工，可享受税收优惠、资金补贴、场地安排等扶持政策。对于被征地农民难以实现就业的人员，可作为就业困难人员，享受就业援助和有关扶持政策。

4. 强化公共就业服务

各地基本建立覆盖城乡的公共就业服务体系，免费为农民工提供政策咨询、岗位信息、职业指导、职业介绍等公共服务。开通公共招聘信息服务网，不断提升就业信息服务水平。不断改进为农民工服务的方式。指导人力资源服务机构为农民工提供就业服务。在农民工输入相对集中的城市，通过建立农民工综合服务平台或依托街道社区居民服务平台、劳动就业社会保障服务平台等方式，整合各部门公共服务资源，为农民工提供便捷、高效、优质的"一站式"综合服务。加强农民工输出输入地劳务对接，健全职业培训、就业服务、劳动维权"三位一体"的工作机制。

5. 提高农民工就业质量

各地落实就业优先战略，实行城乡统筹的就业政策，保障城乡劳动者平等就业权利，推动农民工实现更高质量的就业。湖州、嘉兴、绍兴等地完善城市管理政策，建设减免收费的农贸市场和餐饮摊位，满足市民生活需求和农民工就业需求。深化小城镇行政管理体制改革，大力发展县域经济，积极支持农产品产地初加工、休闲农业和农村小微企业发展，促进农民工就地就近转移就业。同时，做好劳务输出、山海协作、西部大开发农民转移就业工作，促进农民工境外就业。

（二）维护农民工职业发展权

1. 加强农民工职业培训

各地将提升农民工职业技能作为职业培训工作重点，杭州积极开展农村"学历证书、职业资格证书"双证制教育培训、农民工技能培训和农村预备劳动力培训，规范农民工学校建设。嘉兴、绍兴实施专项培训计划，制定项目管理制度和年度计划并组织开展培训。湖州完善培训质量监管体系，建立健全五项制度，即培训机构资质审查制度；开班过程中的训前检查、训中检查、训后督察制度；以资格证书获取率、转移就业率为重点的目标责任制考核制度。

2. 完善培训补贴方式

各地加大培训资金投入，逐步提高就业专项资金用于职业培训补贴的比例，落实好培训补贴和职业技能鉴定补贴政策。重点开展订单式培训、定向培训、企业定岗培训，推动建立面向市场确定培训职业（工种）、具备资格的培训机构平等竞争、农民工自主选择、政府购买服务并考核评估培训效果的机制；对经认定具备培训能力的企业自主培训农民工，直接给予职业培训补贴。

3. 大力发展农民职业教育

从源头上提高农民工职业技能水平和综合素质。落实中等职业教育农村学生免学费政策和家庭经济困难学生资助政策。根据需要改扩建符合标准的主要面向农村招生的职业院校、技工院校，加强面向农村招生的职业教育教师队伍建设，创新办学模式，提高农民工教育质量。

（三）维护农民工参加社会保险权利

1. 努力实现农民工社会保险全覆盖

各地以实施《社会保险法》为契机，健全完善城乡统筹、公平合理的社会保障体系。督促各类用人单位依法为其招用的农民工参加社会保险、缴纳社会保险费。对劳务派遣单位或用工单位侵害被派遣农民工社会保险权益的，依法追究连带责任。研究完善基本养老保险缴费基数和比例政策，促进农民工等各类群体普遍参加养老保险。研究保障农民工中的个体工商户、未在用人单位参加基本养老保险的非全日制从业人员以及其他灵活就业人员参加基本养老保险的权利。建立健全职工基本养老保险与城乡居民养老保险制度衔接办法，整合城乡居民基本医疗保险制度，保障农民工顺畅转移社会保险关系。完善和落实相关法规，努力做好未参保用人单位的农民工工伤保险待遇保障工作，实现农民工与城镇职工平等参加失业保险、生育保险并平等享受待遇。

2. 解决被征地农民的社会保障问题

按照国务院《关于做好被征地农民就业培训和社会保障工作的指导意见》（国办发〔2006〕29号），各地对被征地农民社会保障对象、资金来源、待遇水平等做出原则规定，及时足额安排被征地农民社会保障费用，社会保障费用

不落实的不得批准征地，实行"先保后征"；被征地农民基本生活和养老保障水平，不低于当地最低生活保障标准。《物权法》和《社会保险法》也对被征地农民社会保障费用、参保方向做出原则规定。嘉兴、绍兴、湖州实施被征地农民"土地换社保"，将农民承包的土地置换为农民的社会保障。

3. 不断完善农民工参加养老、工伤保险政策

杭州实施城乡居民社会养老保险三年行动计划，建立城乡居民参保情况信息登记和动态管理制度。从2012年起统一执行职工基本养老、医疗保险制度，农民工在杭参保期间，其子女也可享受与本市城乡居民同等的医疗保障待遇。积极推进工伤保险市级统筹，提高建筑工程项目农民工工伤保险待遇，实现农民工与城镇职工工伤参保、工伤认定、工伤鉴定和工伤待遇基本一致。

4. 完善农民工参加医疗保险政策

杭州稳步提高医疗保障待遇水平，职工基本医疗保险和城乡居民医疗保险住院报销比例分别提高至80%和70%以上，最高支付限额分别提高至当地职工年平均工资和居民可支配收入的6倍以上。按照农民工基本公共卫生"同城待遇"的目标，加快社区卫生服务网络建设，提高农民工医疗服务质量。减轻农民工就医负担，将经济困难的外来务工人员纳入惠民医疗救治范围，对"无主病人"开通救治绿色通道，落实医疗费用直接减免等各项优惠措施。杭州都市圈内其他城市均进行了城乡统筹探索，主要是整合基本制度，将城镇居民医保和新农合制度整合成一个制度；整合行政管理体制，将城镇居民医保和新农合的行政管理职能归口到一个部门；整合经办服务、基金管理、药品目录、信息系统等基本公共服务，开展一体化管理和服务，探索推进医疗保险城乡统筹。

（四）切实维护农民工劳动保障权益

1. 强化农民工劳动合同签订工作

杭州等地开展劳动合同签订"春暖行动"，督促用人单位补签、续签劳动合同，农民工劳动合同签订率达92.07%。推出"网络监察"模式，扩展投诉渠道，湖州、嘉兴开展小微企业劳动合同制度实施专项行动和农民工劳动合同签订"春暖行动"，推广适用于农民工的简易劳动合同文本，农民工劳动合同签订率稳步提高。逐步提高农民工工资水平。杭州等地实施"彩虹计划",重点推进非公有制企业工资集体协商工作,推动建立包括农民工在内的企业职工工资正常增长机制。通过稳步提高最低工资标准促进农民工工资增长。落实农民工与城镇职工同工同酬原则,加强劳动定额标准管理。稳步提高最低工资标准,推动农民工参与工资集体协商,努力使最低工资标准增长幅度适当高于社会平均工资增长幅度,生产一线职工工资增长幅度适当高于本企业职工平均工资增长幅度,促进农民工工资水平合理提高。

2. 规范农民工劳动用工管理

嘉兴、绍兴、湖州深入开展农民工劳动合同签订"春暖行动",在流动性大、季节性强、用工时间短的行业中推广适合农民工的简易劳动合同示范文本,对小微企业经营者开展《劳动合同法》培训,努力实现农民工签订劳动合同广覆盖。规范劳务派遣用工行为,依法清理建设领域违法发包分包行为。整合劳动用工备案及就业失业登记、社会保险登记,实现对企业使用农民工的动态管理。健全劳动标准体系和劳动关系协调机制,构建和谐劳动关系。

3. 保障农民工劳动报酬权益

杭州加大劳动监察执法力度,建立完善防范处置企业拖欠工资联动机制,深入开展农民工工资支付专项检查,打击恶意欠薪或欠薪逃匿行为,打造"无欠薪杭州"品牌。绍兴定期开展整治非法职业介绍、非法用工和拖欠工资"三春"专项行动。各地在建设领域和其他欠薪多发的行业全面推行工资保证金制度,市县政府建立完善欠薪应急周转金制度,完善并落实工程总承包企业对所承包工程的农民工工资支付全面负责制度、劳动保障监察执法与刑事司法联动治理欠薪制度和地方政府负总责制度,推广实名制工资支付银行卡,努力实现农民工工资基本无拖欠。

(五)加强农民工安全生产和职业健康保护

1. 加强农民工安全生产工作

各市生产经营单位均成立安全领导小组。突出隐患排查治理,推进安全生产标准化,狠抓安全培训教育,全面改善农民工工作条件。全面落实企业安全生产和职业病防治主体责任,督促企业完善相关制度,加大相关投入,改善劳动条件,加强工程技术防护、个人防护以及女职工、未成年工特殊劳动保护,对接触职业病危害作业的农民工开展职业健康检查、建立监护档案。完善工作机制,强化高危行业和中小企业一线操作农民工安全生产和职业健康教育培训,将安全生产和职业健康相关知识纳入职业技能教育培训。

2. 加大农民工职业病防治力度

杭州等地开展重点职业病危害行业专项检查和职业健康状况调查工作。加强培训,强化监督,树立职业病防治意识,保护农民工职业健康。严格执行特殊工种持证上岗制度、安全生产培训与企业安全生产许可证审核相结合制度。建立健全联合执法机制,依法查处企业安全生产和职业健康违法违规行为。建立重大职业病危害预警机制,完善职业病诊断、鉴定、治疗的法规、标准和机构网络。实施农民工职业病防治和救助行动,深入开展粉尘与高毒物品危害治理,保障无法追溯用人单位及用人单位无法承担相应责任的农民工职业病患者享受相应的生活和医疗待遇。

(六)畅通农民工劳动维权渠道

1. 建立快速有效的农民工劳动争议长效机制

各地全面推进劳动保障监察网格化和网络化管理,完善劳动保障违法行为排查预警、快速处置机制,加强用人单位用工守法诚信管理,健全举报投诉制度,及时受理和依法查处用人单位侵害农民工权益的违法行为。按照"鼓励和解、强化调解、加快仲裁、衔接诉讼"的要求,及时妥善处理农民工劳动争议。畅通农民工劳动争议仲裁申诉"绿色通道",简化受理立案程序,提高仲裁效率。建立农民工集体劳动争议调处机制。大力加强劳动保障监察机构、劳动人事争议仲裁院和基层劳动争议调解组织建设,完善服务设施,提高维护农民工权益的能力。

2. 加强对农民工的法律援助和法律服务工作

杭州拓宽"12348"法律咨询热线服务功能,加大"农民工维权绿色通道"建设力度,打造"一小时法律援助服务圈"。健全完善仲裁、监察联动和仲裁、民事审判协商工作机制。健全基层法律援助和法律服务工作网络,积极支持依法成立的专业化农民工法律援助机构,继续利用中央专项彩票公益金支持农民工法律援助工作。建立法律援助补充事项范围和经济困难标准的动态调整机制,将更多农民工纳入法律援助覆盖范围。简化法律援助申请受理审查程序,完善异地协作机制,方便农民工异地申请获得法律援助。畅通法律服务热线,加大普法力度,不断提高农民工的法治意识和法律素质。

(七)推动农民工享受基本公共服务和在城镇落户

1. 加强农民工公共服务组织保障

各地协调联席会议各成员单位不断加强农民工基本公共服务工作,经过各有关部门的共同努力,农民工子女教育、住房保障、在城镇落户等工作取得了显著成绩。同时,各地文化部门普遍将文化馆等公共文化机构免费向农民工开放,推动"两看一上"活动,不断丰富农民工精神文化生活。卫生和计划生育部门加强了农民工适龄子女预防接种、农民工医疗卫生和计划生育服务以及职业病防治工作。全国妇联推动加强留守流动儿童关爱服务体系建设。

2. 深化基本公共服务制度改革

农民工及其随迁家属在进入城镇落户前,应依法进行居住登记、就业服务、社会保险、子女教育、住房优惠等"一条龙"基本公共服务。各地区、各有关部门要按照常住人口配置基本公共服务资源,明确持居住证明和就业证明的农民工及其随迁家属可以享受的基本公共服务项目,并不断提高综合承载能力、扩大项目服务范围,努力实现各项基本公共服务与户口性质脱钩、与常住人口挂钩,努力实现公共服务均等化。

3. 保障农民工随迁子女平等接受教育的权利

杭州按照"以公办学校为主、民办进城务工人员子女学校为辅"的原则,妥善做好农民工子女入学工作。建立教育、公安、人力社保等部门协调联动机制,搭建进城务工人员子女入学信息服务网络平台,进一步完善"免补同步"的进城务工人员子女教育的资助体系,公办义务教育学校、幼儿园要普遍对农民工随迁子女开放,与城镇户籍学生(儿童)混合编班,统一管理。绍兴对在公益性民办学校、幼儿园接受义务教育、学前教育的,采取政府购买服务等方式落实支持经费,督促和帮助学校、幼儿园提高教育质量。简化程序,实行农民工持居住证和相关就业证明办理随迁子女义务教育、学前教育入学（入园）手续。嘉兴、湖州完善和落实好符合条件的农民工随迁子女接受义务教育后在输入地参加中考、高考的政策。开展关爱流动儿童活动，帮助农民工随迁子女解决因学习条件艰苦、学业基础薄弱而产生的问题。

4. 加强农民工医疗卫生服务工作

建立健全社区卫生服务网络，将农民工纳入服务范围，强化社区卫生服务设施，提高基层医疗服务能力。加强农民工疾病预防控制工作，特别要做好农民工疾病监测、疫情处置和突发公共卫生事件应对，强化农民工健康教育、妇幼保健和精神卫生工作。全面实施扩大国家免疫规划，保障农民工适龄随迁子女平等享受免疫服务权益。加强农民工艾滋病防治工作，落实"四免一关怀"政策。

5. 推进农民工计划生育基本公共服务

绍兴等地努力为农民工提供平等的计划生育基本公共服务。国家、省级免费孕前优生健康检查试点地区将农民工纳入目标人群。巩固完善流动人口计划生育服务管理全国"一盘棋"工作机制，加强考核评估，落实输入地和输出地责任。加强流动人口计划生育协会建设，开展流动人口计划生育"关怀关爱"活动。

6. 逐步改善农民工居住条件

杭州将外来务工人员公寓纳入公共租赁住房管理范畴。按照"谁出租、谁负责"的原则，实行房屋出租人信息登记报送制度。鼓励农民工较为集中的开发区、工业园区、大中型企业和村集体经济组织建设公共租赁住房（农民工公寓），改善和提高农民工在杭生活居住条件。嘉兴深化土地管理制度改革，将农民工住房问题纳入城市发展规划，合理安排土地供应，健全住房供应体系，通过个人、企业和政府共同努力，完善农民工住房保障制度。绍兴将符合条件的农民工纳入公共租赁住房范围，并且将在城镇稳定就业的农民工纳入住房公积金制度，督促和指导建设施工企业改善农民工住宿条件。湖州允许企业在符合规划和规定标准的用地规模范围内，利用企业办公及生活服务设施用地建设农民工集体宿舍。

7. 加快改革户籍制度

杭州充分拓展流动人口居住登记信息采集方式，开通电话、传真、网络等申报渠道，为流动人口和有关单位办理居住登记、领取居住证提供便捷服务。在充分尊重农民工意愿的前提下，各地按照国家有关户籍制度改革部署，统筹考虑本地区经济社会发展水平和城市综合承载能力，加快落实放宽中小城市和小城镇落户条件的政策，有序推进符合条件的农民工及其随迁家属在城镇落户。建立多部门协作机制，申请在城镇落户的农民工人数多的地方可开通专门服务通道，做好政策衔接和服务工作。

8. 保障农民工土地和集体经济权益

农民工落户城镇，是否放弃宅基地和承包的耕地、林地、草地，必须完全尊重农民本人的意愿，不得强制或变相强制收回。建立健全土地承包经营纠纷的调解仲裁体系和调处机制。嘉兴做好农民工土地承包经营权确权、登记、颁证工作。健全土地承包经营权流转市场，促进农民土地承包自由转换。绍兴完善相关法律和政策，妥善处理农民工及其随迁家属进城落户后的土地承包经营权、宅基地使用权、集体收益分配权等问题。

（八）努力促进农民工社会融合

1. 保障农民工依法享受民主政治权利

杭州重视从农民工中发展党员，健全城乡一体、输入地党组织为主、输出地党组织配合的农民工党员教育管理服务工作制度。嘉兴、绍兴、湖州积极推荐优秀农民工作为各级党代会、人大、政协的代表和委员，在评选劳动模范、先进工作者等方面与城镇职工同等对待。支持农民工在职工代表大会、居民委员会、村民委员会等组织中依法行使民主选举、民主决策、民主管理、民主监督的权利。

2. 丰富农民工精神文化生活

杭州等地推动图书馆、文化馆（站）、博物馆等公共文化服务设施向农民工免费开放。定期举办导向性和示范性文化活动，继续推进"两看一上"（看报纸、看电视，有条件的能上网）活动。湖州完善公共文化服务体系，提高服务效能，利用社区文化活动室、公园、城市广场等场地，经常性地开展群众

文体活动，促进新老市民交往、交流。引导农民工积极参与全民阅读活动。嘉兴、绍兴鼓励企业开展面向农民工的公益性文化活动，加强企业文化建设。鼓励文化单位、文艺工作者和其他社会力量为农民工提供免费或优惠的文化产品和服务，有条件的地方要为农民工文化消费提供适当补贴。

3. 加强对农民工的人文关怀

杭州以"广普查、深组建、全覆盖"为目标，开展集中建工会行动，积极吸收外来务工人员加入工会组织，以"新杭州人文化家园"建设为抓手，丰富外来务工人员的业余文化生活，把农民工公共文化服务、提高农民工文化素质纳入城市公共文化服务体系，保障农民工基本文化权益。关心农民工工作、生活和思想状况，加强思想政治工作，引导农民工树立社会主义核心价值观，培育自尊自信、自立自强、理性平和、积极向上的心态。开展新市民培训，引导农民工培养诚实劳动、爱岗敬业的工作作风和文明健康的生活方式，尽快顺利融入城镇。对有需要的农民工开展心理疏导。

4. 关爱农村留守儿童、留守妇女和留守老人

杭州建立健全农村留守儿童、留守妇女和留守老人关爱服务体系。依托中小学、村委会或农村社区普遍建立关爱服务阵地，做到有场所、有图书、有文体器材、有志愿者服务。开展平安家庭示范县、示范村创建活动，保障留守儿童、留守妇女和留守老人的安全。绍兴按照安全、便利原则，加快农村幼儿园和寄宿制学校建设，落实农村义务教育阶段家庭经济困难寄宿生生活补助政策。嘉兴实施农村义务教育学生营养改善计划，开展心理关怀等活动，促进学校、家庭、社区有效衔接。绍兴培育和扶持妇女互助合作组织，帮助留守妇女解决生产、生活困难。

综上所述，杭州都市圈加强农民工职业转换过程中平等就业权保护，强化社会主义市场就业主体培育，使农民工获得了自主择业权、就业平等权、工资谈判权、劳动保护权、社会对话权和社会保障权，从而实现了农民工的生存权和发展权。更为重要的是，社会各个方面把保障平等就业权和禁止就业歧视各项工作纳入了农民市民化法律日程。农民市民化进程已经成为促进经济增长方式转型、提高劳动者幸福指数的重要手段，也为各级人民政府实施经济结构调整、维护农民工的合法权益提供了重要依据。

二 杭州都市圈农民市民化存在的问题与发展趋势

（一）杭州都市圈农民市民化存在的问题

1. 农民整体素质非和谐

农民能否转为市民，还取决于农民自身的文化技术素质和自我发展能力等因素。这些因素是农民自我发展乃至融入城市社会，最终取得市民资格不可缺少的。大量农民工职业技能不高。农民工培训缺乏统筹规划和统一管理，农民工接受职业技能培训的比例偏低，农民工就业难与企业招工难结构性矛盾突出，难以实现稳定就业。

2. 人力资源市场存在歧视

农民工通常工作条件差、劳动强度大、劳动报酬低，在就业机会、就业地点以及行业或者工种的选择等方面受到诸多禁止或限制。大多数农民工处于二级人力资源市场，无法享有平等的提高自身素质和生存技能的教育机会。政府提供的职业教育、职业培训、职业技能培训机会普遍较少，进城农民综合素质很难提高，直接影响了农民工在城市的生存能力。

3. 劳动保障权益受损

农民工劳动合同签订率相对偏低，工资收入水平较低，拖欠工资等侵权现象时有发生。还存在着拖延工时、超负荷劳动等不合法现象。而且劳动报酬低、同工不同酬、工伤和职业病普遍。特别是在矿山开采、建筑施工、危险化学品生产三个农民工就业集中的行业，农民工受伤、死亡人数较多。致使进城农民的就业质量得不到应有的保障，劳动保护权益受到侵害。

4. 社会保障滞后且不完善

农民工从事的行业主要集中在建筑、餐饮、家政等技术含量较低的劳动密集型产业，企业利润空间小，没有能力为其缴纳各种社会保险费。农民工参加职工基本养老保险、医疗保险的比例总体偏低，社保经办管理和信息系统能力不足。被征地农民社会保障资金筹集难、养老待遇标准低的问题比较突出。不少已经参保的进城农民（工）"退保"现象，严重损害了参保农民的利益。

5. 公共服务发展不平衡

农民工在基本公共服务等方面还不能平等享受市民权益，在城市落户困难问题仍未得到很好的解决，大量农民工及其随迁家属难以融入城市社会，难以成为真正的城镇居民。有的用人单位管理不规范，进城农民无法享有平等的就业机会、职业培训、社会保险，无法获得应有的劳动报酬以及提高自身素质和生存技能的教育机会，这些都会极大地削弱进城农民向市民转化的物质基础和他们对城市的认同。

6. 户籍、住房改革进展缓慢

当前在外来人口的迁移定居上，发达地区也只处在投资入户口、技术入户口和婚嫁入户口的阶段上，而不允许就业多年的农民工（其中包括熟练工人、从农民工成长起来的技术管理人员等）迁移定居，户籍制度改革进展缓慢，再加上劳动报酬、劳动保护、社会保障等劳动权益受损，极大地抑制和延缓了农民市民化的步伐。

（二）杭州都市圈农民市民化发展趋势

1. 农民市民化规模扩大

按照城市化发展的一般规律，美国城市地理学家诺瑟姆预测：在未来的十年里，我国农民将以每年850万人的速度向城镇转移。第六次全国人口普查数据显示，杭州都市圈有40%的进城农民工表示了定居城市的意愿。对照发达国家平均70%~80%的城镇化水平，杭州都市圈农民市民化的总体规模还相当庞大。可以预见，在未来的数十年内，随着农业现代化水平和土地集中程度的不断提高，杭州都市圈仍将会有数万农民进入城市，未来相当长时期内杭州都市圈的农民市民化进程将会大规模地快速推进。

2. 农民市民化速度加快

随着城镇化速度的加快，农业劳动力转移呈上升趋势，农民市民化不断加速，农民的非农转移和非农就业发展迅猛，各地通过创建充分就业行政村和劳动保障服务站建设，突出稳定和扩大农民工就业工作重点，强化公共就业服务和创业服务，加大农民工职业技能培训投入；逐步建立城乡一体化的基本公共服务制度，健全促进区域基本公共服务均等化的体制机制，规范农民工工资支付行为，稳定扩大劳动合同覆盖面，积极扩大社会保险参保率，努力实现农民工就业保障、社会保障、劳动关系、职业能力提升有新的突破，在促进农民工社会融合方面将取得重要进展。

3. 农民市民化诉求增强

农民职业转换的实质在于维护法律规定的公民享有公正、正义的劳动就业和社会保障权益。按照《宪法》《劳动法》《工会法》《就业促进法》《就业训练规定》《职业教育法》《劳动力市场管理规定》，农民职业转换表现为以就业权（工作权）为主导，以劳动报酬权、休息权、职业培训权、劳动保护权、社会保障权、劳动福利权、参加和组织工会权、民主管理权、劳动争议处理权等相关权利为主要特征的综合性权利，农民市民化法制理念将不断得到加强。

4. 农民市民化地位提升

按照国家公共服务"十二五"规划，公民享有基本的公共服务权益。在实现"八个有"的推动下，农民具有迁移、选择居住权、就业择业、竞争职业和职位、工资和工作条件谈判、辞职、劳动诉讼、受教育和培训等方面的权利和利益。农民工的劳动条件、工资水平、劳动关系、职业培训、社会保险、职业安全与卫生也得到一定程度的改善和提高，最大限度地促进农民市民化。

三 对杭州都市圈农民市民化工作的对策建议

（一）稳定和扩大农民工就业

健全农民工成为市民的政策支持体系。加强对农民工的就业创业扶持，就业政策和创业政策向农民市民化延伸，形成全民共享、城乡统筹的就业政策体系，以进一步推动农民市民化。落实促进农民工就业和创业的各项政策，按照"劳动者自主就业、市场调节就业、政府促进就业和鼓励创业"方针，强化公共就业服务和创业服务，做好被征地农民的就业工作，推动农民工实现更高质量的就业。鼓励自主创业，要建立提供开业指导、项目开发、融资服务、创业孵化、跟踪扶持等"一条龙"的创业服务平台网络，对农民市民化开放。

积极拓展农民市民化的就业渠道。为失地农民提供稳定的就业岗位，推动产业化经营，在农业产业化经营中重点鼓励发展"农产品加工龙头企业＋合作组织＋农户"的模式。鼓励跨区域发展现代化物流配送中心等；农村第二、第三产业要在发展中加强技术改造，同时继续支持乡镇企业二次创业，并把交通、通信、保险、金融、信息服务、技术服务等行业作为发展重点，推动产业升级换代。

加大农村剩余劳动力的转移力度。开拓公益性岗位，包括交通执勤、市场管理、环境管理、物业管理、社区保安、卫生保洁、环境绿化、停车场管理、公用设施维护等。促进农民工灵活就业，发展家庭服务业和养老服务业，围绕家庭服务需求提供农民市民化就业岗位，重点任务是细化和落实扶持家庭服务企业的政策，对困难人员实施就业援助。

（二）加强农民工就业服务

发挥农民工联席会议成员单位的作用，健全人力资源和社会保障基层平台、网上人力资源市场、职业培训机构等各类服务组织建设，增强城镇基本公共服务承载能力。建立进城农民的分类管理制度，对符合一定条件的进城农民，纳入所在地市民的管理体系，发挥流动人口信息系统功能；对没有固定和稳定工作单位的进城农民，逐步完善其各方面的社会保障权利。通过基本公共服务均等化、精细化和属地化，逐步缩小城镇内部户籍人口和非户籍人口之间的公共服务水平差距。提供劳务信息、职业介绍、职业指导、职业培训、失业保险、职业素质测评、劳务派遣、劳动监察等人力资源"一条龙"服务。

（三）提高农民工整体素质

加大对农民工职业教育和技能培训的投入力度，健全农民工职业教育和技能培训体系，大幅度提高技术熟练型农民工的比重，以技能促就业。加强对农民工职业培训资源的整合力度，进一步完善农民工职业培训政策体系，加大培训资金投入，提高培训质量；逐步实现未升入普通高中、高等院校的农村应届初高中毕业生都能接受职业教育，从源头上提高农民工职业技能水平和综合素质。

（四）扩大农民工社会保险覆盖面

贯彻落实《社会保险法》，加大劳动保障监察执法力度，督促各类用人单位为农民工缴纳社会保险。尽快出台《城乡养老保险制度衔接暂行办法》，完善相关配套的业务规程和信息管理规定。进一步研究非本地户籍未参保非全日制农民工以及其他灵活就业农民工参加养老保险政策问题。完善被征地农民社会保障政策，将被征地农民纳入现有的城乡养老保险体系，建立由用地单位缴纳、国有土地出让收入提取、政府补贴等多方筹资机制。加快推进医疗保险城乡统筹工作，整合职工基本医疗保险、城镇居民基本医疗保险、新农合的职责；按统一制度、均衡待遇、体现差别的思路，整体规划城乡居民基本医疗保险制度建设。

（五）加大农民工劳动保障力度

完善农民工工资合理增长机制，促进和谐劳资关系。继续完善最低工资标准制度，根据经济发展情况提高最低工资标准，引导企业按照最低工资标准、工资增长指导线、市场工资指导价位，提高农民工工资水平。发挥工会维权作用，加快建设企业劳资对话机制，建立工资集体协商机制，确保农民工收入与企业效益、社会工资平均水平联动。消除城乡劳动者就业的身份差异，实现城乡劳动者同工同酬。

（六）维护农民工合法权益

进一步健全长效机制，努力实现农民工工资基本无拖欠、工资水平合理提高。深入贯彻新修订的《劳动合同法》，不断提高农民工劳动合同签订率，依法规范劳务派遣。全面推进劳动保障监察网格化和网络化管理，建立健全农民工劳动争议调解仲裁快速处理机制，加强农民工法律援助和法律服务。

（七）提供农民工基本公共服务

政府在建立统一的、标准化的全国性跨部门农民工信息互联互通系统的基础上，可以支持和引导社会力量建立健全布局科学、结构清晰、分类合理、设

置规范、特点鲜明的农民工信息网站,发布农民工子女教育、医疗卫生、文化生活、居住条件、政治参与等方面的信息,推动农民工随迁子女接受学前教育,统筹做好农民工随迁子女和流入地学生升学考试工作。促进农民工及其随迁家属享受基本医疗卫生和计划生育公共服务。促进将农民工纳入住房建设规划,加快解决农民工在城市的居住问题。积极稳妥地推进农民工在城镇落户,发布并落实《居住证管理办法》。

(八)促进农民工社会融合

保障农民工依法享有民主政治权利,重视从农民工中发展党员,积极推荐优秀农民工作为各级党代会、人大、政协的代表和委员。加强农民工人文关怀,建立健全农村留守儿童、留守妇女和留守老人关爱服务体系。促进农民工个人融入企业、子女融入学校、家庭融入社区、群体融入城镇。

B.18 市民卡在都市圈新型城镇化建设中的价值与发展研究

信息化专业委员会课题组*

摘　要： 市民卡作为城市信息化服务的载体，能协助政府提高城市管理效率，促进基本公共服务均等化，实现城乡统筹发展，因此它是新型城镇化建设重要的载体和平台。本文分析了市民卡在新型城镇化建设中的作用，调查研究了杭州都市圈市民卡的发展现状，指出了市民卡在推进杭州都市圈城镇化建设中的难点，提出了市民卡在杭州都市圈新型城镇化建设中的发展思路。

关键词： 市民卡　城乡统筹　服务均等化　新型城镇化　杭州都市圈

城镇化建设的经验表明，坚持走中国特色的新型城镇化道路，加大城乡统筹发展力度，逐步缩小城乡差距，促进城乡共同繁荣，形成以工促农、以城带乡、工农互惠、城乡一体的新型工农、城乡关系，是全面贯彻落实党的十八大精神、转变经济发展方式的战略抉择，是有效扩大国内需求、推动经济平稳健康发展、提高人民群众生活水平的重要举措。

与过去片面注重追求城市规模扩大、空间扩张不同，新型城镇化的核心是人的城镇化、人的市民化，关键是提高城镇化质量，加强城市承载能力，推动社保、医疗、公交、就业、教育、养老等基本公共服务的发展，推进城乡基础

---

* 课题组组长鲍正敏，杭州市经济和信息化委员会。成员周宇彤，杭州市民卡有限公司战略规划部经理。执笔江瑾，杭州市民卡有限公司信息分析员。

设施一体化和基本公共服务均等化，目的是促进经济社会全面发展，实现共同富裕。

而市民卡能紧密围绕人的城镇化需求，充分体现政府"以人为本、服务市民"的理念，通过信息化、智能化手段，不断增强城市公共服务的有效供给能力，促进政府在社会管理、民生服务、公共服务等领域实现可持续发展。同时，它能协助政府有序推进基本公共服务均等化和城乡统筹发展，促进杭州与周边城市的互联互通，加速杭州都市圈区域经济的融通和一体化，加快建成全面小康社会。因此，市民卡在新型城镇化建设中起着重要的作用，对国家发展战略有着积极的意义。

一 市民卡在新型城镇化建设中的作用

（一）市民卡是新型城镇化建设重要的载体和平台

为了进一步提高城镇化质量，更好地满足人的城镇化需求，新型城镇化建设离不开市民卡这一重要的载体和平台。

1. 市民卡是新型城镇化建设重要的载体

市民卡是政府为市民提供各类公共服务的信息化载体，是政府与百姓间的重要纽带。杭州市民卡自2004年在国内率先推出以来，在覆盖人群、应用成效和社会影响等方面的发展已经走在国内前列。

发卡规模大、覆盖面广。截至2013年12月底，杭州市民卡累计发放788万张，发卡范围遍及杭州市主城区及下属两区县（市）城乡。户籍居民主城区和两区五县（市）发卡覆盖率超过90%，部分覆盖参加市级企业基本医疗保险的外地户籍人员，成年人市民卡、中小学生市民卡及学龄前儿童市民卡已覆盖全年龄段市民。

应用领域逐步扩大。经过近十年的发展，市民卡的功能潜力得到较为充分的发挥，应用领域持续扩大，覆盖到市民生活的方方面面，已成为一张名副其实的跨领域、多功能、综合型应用卡，真正实现了"多卡合一、一卡多用"，实现了"一卡在手、尽享杭州"。据统计，杭州市民卡已经替代或兼容了20

余种卡、证的功能，极大地方便了市民的生活，有效地避免了重复投资建设。

社会影响进一步扩大。截至2013年底，市民卡各应用取得了较好的成效，社会影响不断扩大。在社会保障方面，在杭参保人员拥有市民卡数量超过300万张，市民卡在医保的使用人次占总医保就诊人次的80%以上，40多万人开通了智慧医疗诊间结算服务，累计交易量达210万笔，诊间结算比例突破55%；在公共交通方面，城市交通逐步实现"一卡通"，让市民体验"一卡在手、行遍杭州"的便捷；在公共服务方面，市民已累计开通公园年卡21万余张，31万余人通过市民卡借书，公共事业缴费的应用功能也已开通；在商盟支付方面，已与加油站、汽车服务、农贸市场、商场超市等领域超过2100家门店合作，安装机具3600多台，为市民提供了多层次、跨行业、全方位的便民小额支付和电子钱包支付服务。

2. 市民卡是新型城镇化建设重要的平台

杭州市民卡是全国首张实现跨领域、多层次、多功能应用的智能卡，作为城市信息化、智能化的载体，市民卡能协助政府有序完成现阶段智慧城市建设的各项重要工作。首先，它有利于积极推动政府在社会管理、民生服务和公共服务等方面的资源整合，促进各行业、各应用产生的数据有效归集、共享和交换，逐步实现城市的信息化与数字化；其次，它有利于加快城市信息化步伐，实现整合平台数据共享、分析和挖掘，通过数据交换实现智慧化的服务，发掘更多的服务需求和商业价值；最后，它有利于构建并完善社会保障、公共交通、信息服务、金融服务、家庭服务、教育培训等一系列民生和公共服务应用平台，确保智慧城市运营服务可持续发展，从而为杭州智慧城市建设乃至整个都市圈的协同发展提供重要保障。

基于市民卡数据共享与交换平台和各类公共服务应用平台，政府能在推进新型城镇化建设过程中妥善解决城市管理、民生改善和城乡协调发展等问题。一方面，它能协助政府开展基本公共服务普惠，实现教育、交通、医疗、就业、养老等城市服务与保障覆盖进城务工农民，使他们可以在城市安居乐业，真正实现农民市民化；另一方面，它能有效推进城乡一体化发展，通过提升公共服务智能化水平、民生保障信息化水平和政府服务协同化水平，将社会保障、医疗卫生、教育培训等各类公共服务通过信息网络不断向农村地区延伸，并逐步扩大覆盖范围，使农村社区、新兴小城镇可以享受城市建成区同等水平的城市服务质量与数量，推进城乡公共资源和公共服务的均衡配置，让广大农民可以共享经济社会发展的成果。

作为新型城镇化建设重要的载体和平台，市民卡的发展与建设得到了杭州市政府的高度重视和密切关注。2012年印发的《"智慧杭州"建设总体规划（2012~2015）》明确指出要以杭州市民卡为基础，建设面向全体公众服务的统一公共智能卡服务平台，实现杭州市公共服务类智能卡的统筹规划、统一发行，最终达到市民卡应用全面深化，覆盖杭州城乡，社会保障、公共交通、公用事业和商业服务"一卡通"初步实现。在未来，杭州市民卡的成熟应用还将向周边地区及都市圈延伸，促进杭州都市圈内实现"一卡通"，进一步推动新型城镇化建设健康快速发展。

（二）市民卡有利于促进公共服务均等化和城乡统筹发展

杭州都市圈经济发展的目的是让各经济区域得到共同发展，并在共同发展中不断缩小差距。随着《杭州市"十二五"城乡区域统筹发展规划》的进一步实施，市民卡能有效协助政府增强民生领域信息服务能力和公共服务均等普惠水平，改进公共服务模式和提供方式，加大统筹城乡区域发展的力度，促进基本公共服务均等化。

现阶段，通过技术创新和资源整合，杭州市民卡"一卡通"建设取得了较好的成绩。基本实现社会保障服务"一卡通"，为大杭州地区医保统筹和"同城同服务、同城同待遇"服务提供载体支持；初步完成城市交通"一卡通"，实现公交、地铁、道路停车、水上巴士、公共自行车租赁等刷卡应用；积极拓展便民支付"一卡通"，已实现加油站、汽车服务、农贸市场、商场超市等领域为市民提供跨领域、多层次、全方位的小额电子支付服务。未来政府还将积极推动市民卡数据交换平台建设，进一步落实社保、医疗、公交、教育、养老等公共服务在大杭州地区和杭州都市圈的共享工作，推进公共服务由城市向农村逐步延伸，加快城乡之间的信息共享与交互，促进资本、人力、资源等要素的流动，实现城乡统筹发展。

（三）市民卡在新型城镇化建设中的意义

在新型城镇化建设中，市民卡有助于实现"一卡在手、尽享杭州"的百姓品质生活；有助于政府适时地感知百姓对公共服务的需求，从而进行科学决策；有助于促进产业发展，提高社会效率。因此，市民卡对市民、政府和社会有着非常积极的意义。

对市民而言，通过市民卡这一信息载体能适时地感知政府提供的公共交通、社会保障、公用事业等公共服务和惠民政策，并方便快捷地办理个人相关事务。目前，杭州市民卡已成为杭州市使用范围最大、覆盖人群最广的智能卡，在居民小区、商业楼宇、政府部门和合作商户中配备了近万台专用刷卡设备和自助服务终端。通过市民卡建立连接杭州市大部分职能机构的电子政务综合信息交换平台，形成了个人基础信息库，实现了医保卡、就诊卡、公园卡、公积金卡、公交卡、停车卡、加油卡、消费卡、借书证等各类卡、证合一或功能兼容，做到了市民出行、看病、办事、消费"一卡在手、尽享杭州"，让市民真正享受到了杭州的品质生活。

对政府而言，市民卡作为杭州市民的电子标签，是政府服务、关怀民生的有力工具。通过市民卡可实现政府部门信息共享、服务协同和效能增长，为政府公共政策的制定及执行提供数据依据和技术支持，积极推动电子政务建设，进一步提高政府资源集约、统筹利用的能力和水平。同时，充分发挥市民卡的身份识别和信息记录等功能，通过对刷卡数据的分析和挖掘，预测市民和社会对公共服务的需求趋势，按照不同人群、不同区域，差异化地实施交通、教育、医疗等公共政策和相关措施，方便政府部门及时掌握公共政策执行情况，也为政府购买公共服务、制定和修正公共政策提供可靠依据。

对社会而言，市民卡作为智慧城市的应用载体之一，可为社会各机构提供支付清算、信用管理、客户关系管理等服务，推动城市电子商务平台建设和信息服务业的发展，提高社会效率。现阶段，市民卡支付清算平台已为杭州700多家商户提供清、结算服务，同时积极拓展支付清算功能，与各金融机构、第三方支付服务机构、预付卡运营机构加强合作，为杭州更多的商户提供优质的服务。同时，市民卡体系内资源的集约利用能加快资本集聚，促进产业发展，

为各类商户提供客户信用报告、商务咨询等服务，帮助商户对目标客户进行精准营销，创造更大的商业价值。未来还将打造个人征信平台，让市民卡真正变成市民的"个人信用记录卡"，在商户信用消费管理、银行信用卡发放审核和企业招聘等方面发挥作用，为杭州市信息服务业发展提供有力的支持和保障。

二 杭州都市圈市民卡发展现状与推广难点

总体来讲，杭州都市圈信息一体化进入实质性建设阶段，民生领域信息化日益普及和深化。2012年底，都市圈已基本建成覆盖城乡的社会保障、医疗卫生、教育文化和人力资源等社会信息化服务体系，信息化的公共服务正逐步进入小区和家庭，公共服务和社会管理水平显著提升，城市运行、服务和管理等主要功能的智能化程度大幅提高。同时，市民卡集成应用不断深化，市民办事服务平台、综合生活服务平台和社区服务平台已初步建立。

目前，杭州都市圈市民卡发展尚不均衡，只有杭州和嘉兴的市民卡具备了比较完备的医保、社保和商业支付服务功能，湖州和绍兴的各种卡片仍然处于功能割裂的状态，公共服务卡的资源未得到有效整合。在《杭州都市经济圈区域信息化发展规划》和《杭州都市经济圈区域社保卡、公交卡统一技术标准研究》的指导下，都市圈内信息合作与应用对接等各项工作有序进行。现阶段，杭州、湖州、嘉兴和绍兴四城市公交卡、市民卡的多边合作互通技术方案和建设框架已基本确定，正在逐步落实中。

（一）杭州市民卡应用日趋成熟

杭州市民卡项目是杭州市委、市政府为民办实事的重点项目之一，也是杭州智慧城市建设的一项基础工程。经过近十年的发展，目前市民卡已基本形成杭州市人口基础信息库和政务信息综合交换平台，初步建立服务体系完善、覆盖杭州市主城区、具备较强综合应用功能的智能卡系统和网络。作为国内首张真正实现跨部门、跨行业应用的智能卡，杭州市民卡项目2008年获得"国家金卡工程优秀应用成果奖"，2011年获得"2011年度国家金卡工程金蚂蚁奖"，2013年又获得"国家金卡工程20年优秀应用成果奖"。

1. 定位民生服务

市民卡是杭州市政府授权发放给市民用于办理个人社会事务和享受公共服务的多功能智能卡,具有信息存储、信息查询、交易支付等基本功能。

2. 发卡情况趋好

市民卡是系列卡,根据不同人群、不同需求发行,目前已形成市民卡、杭州通卡(公交卡)、杭州消费卡三大类。截至2013年12月31日,大杭州地区市民卡累计发行788万张,其中主城区340万张、区县448万张;杭州通卡(公交卡)累计发行300多万张;杭州消费卡累计发行50多万张。

3. 应用功能丰富

市民卡的应用功能日趋丰富,应用领域覆盖到市民生活的各个方面,主要内容包括:社会保障"一卡通",全面替代西湖医保卡,成为杭州市基本医疗保险参保人员就医结算单凭证,智慧医疗结算应用逐步推广和普及;城市交通"一卡通",已实现公交、地铁、道路停车、水上巴士、出租车、公共自行车租赁等城市交通"一卡通";公共服务"一卡通",以公共图书馆、公园等应用为基础,积极拓展公共事业缴费和青少年第二课堂应用;商盟支付"一卡通",实现市民卡账户和钱包刷卡消费,刷卡范围、商户签约质量均居同行之首。

4. 服务体系完善

市民卡已形成由服务窗口、服务网站、96225服务热线、短信平台、自助服务机等组成的公共服务体系和由市民之家中心大厅、营业厅、公交服务中心等网点组成的人工服务体系,为广大市民办理市民卡业务提供便捷完善的服务。

5. 市场价值巨大

政治效益。杭州市民卡极大地促进了杭州市公共服务信息化和智能化建设,为政府各部门的高效率、透明化、公正性管理提供了平台支持。

经济效益。市民卡项目通过市场化运作和资源整合,减轻了政府财政负担,保障了政府资源和社会资源的高效利用。

社会效益。市民卡服务体系完善、后台系统强大、应用功能丰富,为市民日常应用和享受各类公共服务和便民服务提供了保障。

管理效益。市民卡架起了市民与政府部门之间"双感知"的桥梁，为政府部门服务和管理提供信息化手段，提高了公共服务和管理的效率。

（二）嘉兴市民卡功能不断完善

嘉兴社会保障市民卡为实名制双芯片卡，其中接触式芯片符合人社部制定的《社会保障（个人）卡规范》，非接触式芯片符合住建部制定的《城市公用事业互联互通卡通用技术要求》。嘉兴市民卡目前已汇集了医保、公交、金融、公共服务等功能，具有"一卡多能、一卡多用"的特点。

1. 职能定位明确

嘉兴社会保障市民卡是嘉兴市政府授权发行的用于市民办理个人社会事务和享受政府公共服务的智能卡，市民卡的建设、应用和管理纳入市公共事务信息系统建设管理体系。

2. 应用功能丰富

嘉兴社会保障市民卡具有公共服务、社会保障、公用事业和商业便民四大功能，目前已开通的功能分别为图书借阅、医保诊疗、公交乘车和消费购物。

3. 支付方式灵活

嘉兴社会保障市民卡有联机账户、脱机账户两种支付方式。同时绑定了银行卡账户，方便用户向市民卡联机账户和脱机账户圈存充值，未来还可利用该账户领取养老金、失业金、低保金、优抚金等政府转移支付资金或用于缴纳社保费用以及水、电、气等公用事业费用。

4. 服务体系健全

目前，嘉兴社会保障市民卡构建了全方位服务体系，并成立了嘉兴市民卡服务中心，与市社会保障事务局、市社会保障信息中心共同构成三位一体的公共事务信息系统支撑体系，承担嘉兴社会保障市民卡的制作、申领、发行及运营等职能。市民卡服务体系具体包括中心大厅服务网点、代理服务网点、客服热线、服务网站和自助终端。

（三）绍兴公共服务卡的资源有待整合

目前，绍兴公共服务卡的资源尚未得到有效整合，没有统一的市民卡，发行的行业智能卡主要有社保卡、公交卡、停车卡、公共自行车借车卡、健康卡等，功能有待进一步完善。各类卡的发展情况大致如下。

社保卡。主要包含社保和银行两个账户，用于办理社保参保、医保结算、养老金发放、存取现金、消费转账等。

公交卡。在完成市县一卡通、出租车刷卡和与上海、宁波、台州、湖州等地公交异地互通的基础上，实现网上充值服务。

停车卡。绍兴市区停车位已实行POS机刷卡收费，原咪表卡将停止使用。

公共自行车借车卡。绍兴公共自行车借车卡分为普通卡和旅客卡两类，市民可上网查询公共自行车租赁信息。

健康卡。绍兴健康卡"一卡通"于2013年9月正式启动，新发行的健康卡可分为社保卡和自费办理的健康卡两类，在绍兴市各类医保参保人员中占比达到80%以上。

（四）湖州公共服务卡的资源有待整合

湖州尚未发行统一的市民卡，各类卡功能仍处于割裂状态。目前各职能部门通过发行行业卡实现市民公共服务的需求，主要包括社保卡、公交卡、自行车租用卡和停车卡等，公共服务卡的资源有待整合。各类卡的发展情况大致如下。

社保卡。湖州以社保卡为载体，已建成面向城乡参保人员、技术标准统一、多领域使用的社保卡服务体系与运行管理机制。

公交卡。已与包括上海、宁波、绍兴、台州等城市实现互联互通。

自行车租用卡。市民可凭身份证办理自行车租用卡，并在任何一个网点实现公共自行车的通租通还。

停车卡。湖州市民逐步开始使用停车专用卡，原来的咪表卡已停用。

（五）市民卡在推进杭州都市圈新型城镇化建设中的难点

1. 尚须设定统一标准和规范

由于缺乏统一的国家标准和规范，市民卡地方试点和推广普及存在标准选择的差异性。目前，国内发行的市民卡主要遵照以下四大标准：一是人社部颁布的《社会保障（个人）卡规范》；二是住建部制定的《城市公用事业互联互通卡通用技术要求》；三是人民银行颁布的《中国金融集成电路（IC）卡规范（V3.0）》；四是交通运输部发布试行的《城市公共交通 IC 卡技术规范（试行）》。倘若市民卡的国家标准和规范问题得不到妥善解决，后期将会阻碍各城市间的数据共享、技术应用对接及未来的全国大联通。从目前来看，至少在杭州都市圈范围应有统一的标准和规范。

2. 公共数据开放和共享仍有局限

很多城市市民卡项目推广遇到较大阻力，其中一个非常重要的原因是"数据共享难"，而市民卡运营的基础就在于政府各职能部门的底层数据库共享。当前，基于系统安全和部门利益等因素，政府部门间的数据开放和共享仍存在较大的局限性。即使共享了数据库，在应用时的数据开放程度也没有相关规章或标准可循。从长远来看，杭州都市圈应在区域范围内开放和共享建设市民卡的公共数据。

三 市民卡在都市圈新型城镇化建设中的发展思路

2013 年底召开的中央经济工作会议明确提出了 2014 年经济工作要坚持稳中求进的总基调，始终将改革创新贯穿于经济社会发展的各个领域和各个环节，加快转方式、调结构，进一步加强基本公共服务体系建设，着眼于民生问题改善，切实提高经济发展的效益和质量，同时，促进经济健康发展、社会和谐稳定。结合杭州发展与建设的实际情况，确保杭州都市圈经济快速增长而不会带来后遗症，各级政府需要大力调整产业结构，实施创新驱动发展；深入实施区域发展的总体战略，完善并创新区域政策，积极促进区域协调发展；妥善解决百姓关注的医疗、教育、社保、就业、养老等民生问题，扎实做好保障和改善民生工作；走新型城镇化道路，推进信息惠民工程实施，提倡智慧城市建设，充分发挥信息技术在提升效率、降低成本、拉动消费、转型升级、创新支撑、公共服务均等化等方面的积极作用。

从长远来看，市民卡的建设将紧密围绕民生问题，充分利用信息化、智能化手段，协助政府开展各项保障和改善民生领域的公共服务，促进信息惠民服务向均等化、一体化、智能化和普惠化方向发展。同时，鼓励社会资本以多种方式参与，增强多层次供给能力，满足市民多样化需求。为促进城镇化战略健康发展，推进信息惠民工程建设，实施民生优先战略，未来市民卡在杭州地区乃至整个都市圈民生领域建设中将大有可为。

（一）推进都市圈公共服务均等化

1. 推进都市圈社会保障"一卡通"

杭州积极推进社会保障"一卡通"，利用市民卡实现就医凭证、电子病历、个人健康档案、救助保障、老年人优待等一系列民生服务。在国家信息惠民工程和杭州市政府为民办实事工程实施的有利条件下，市民卡智慧医疗惠民工程建设取得了一定的成效：应用范围不断扩大；应用领域不断拓展；自助服务不断深化。未来市民卡智慧医疗惠民工程建设总体目标要实现"四个全"，即实现在医院就医所有环节"全覆盖"、实现就医"全人群"、实现持卡就医"全自助"、实现持一张卡在杭州地区乃至整个都市圈就医"全城通"，完善统一的医疗信息服务平台，实现医疗信息的全面互联互通，为患者提供便捷、高效的就医服务。

医生诊间延伸至外围科室，实现"全覆盖"。市民卡智慧医疗诊间结算省去了反复排队付费环节，提升了患者的就诊体验，让患者享受到了方便和快捷的服务。智慧医疗惠民工程后期建设需从医生诊间延伸到医技科室、注射室、治疗室、药房、住院部和后勤服务部等收费环节，实现市民卡在医院所有环节刷卡支付"全覆盖"。

发放健康卡，实现"全人群"。为提升医疗部门服务百姓的水平，实现电子病历、健康档案的统一管理，智慧医疗惠民工程后期建设需积极落实健康卡的发放工作，使患者能持市民卡便能在杭州地区乃至整个都市圈就医，进一步加快实现就医"全人群"。

完善自助服务体系，实现"全自助"。智慧医疗惠民工程后期建设需逐步优化医院就诊流程，改善医院就诊环境，提高自助终端投放量，完善自助终端的功能。在市民卡现有自助终端及网络的基础上，完善智慧医疗自助服务体系。通过自助服务终端建设逐渐替代人工挂号收费窗口，实现挂号、结算、发

卡、发票打印等功能"全自助"。

扩大使用面，实现"全城通"。目前，智慧医疗诊间结算应用区域延伸功能尚不完善，市民卡医保人群到应用未上线的医院仍需到窗口排队付费。要实现市民卡在杭州地区乃至整个都市圈所有医院通用，智慧医疗惠民工程后期建设需加大对杭州及都市圈内智慧医疗诊间结算应用未上线医院的拓展与合作力度，逐步实现市民就医"全城通"。

完善医疗信息服务平台。未来智慧医疗惠民工程的重点是医疗信息服务平台建设。在市卫生局的支持和协助下，逐步完善以市民卡为介质的医疗信息服务平台，方便市民通过网站、手机APP查询个人医疗信息。同时，创建统一的手机医院门户，向患者提供社保医保查询、周边医院查询、预约挂号、查叫号、检验检查结果查询、健康档案、用药提醒、健康宣教等服务。

在未来，市民卡将进一步加强与国内领先的智慧医疗解决方案提供商的合作，推进杭州都市圈医疗信息化建设，积极拓展数字医院、区域医疗、电子病历、远程医疗、移动医疗和医疗物联网等领域的技术与应用，确保都市圈社会保障"一卡通"顺利实施。

2. 推进都市圈公共交通一体化

杭州市在国内率先进行都市圈"公交一体化"实践，并取得了初步成效。基本形成了以《杭州都市经济圈综合交通规划》和《关于杭州都市经济圈"公交一体化"实施办法》为抓手，以杭州都市经济圈交通专委会为主体，以杭州、湖州、嘉兴、绍兴四城市交通部门为主力的区域交通合作推进新机制。目前，杭州市民卡已实现城市交通"一卡通"，并在《关于以新型城市化为主导进一步加强城乡区域统筹发展的实施意见》指导下，有序推进主城区与区县乃至杭州都市圈的公交一体化，推动杭州市区轨道交通、直达公交线路和出租车服务逐步向湖州、嘉兴、绍兴市区及沿线县城延伸，让市民体验到"一卡在手、畅行无忧"的便捷。

在未来，杭州都市圈"公交一体化"将按照"政府主导、企业运作、总体规划、分步实施"的原则，通过优化杭州地区乃至整个都市圈区域内的公共交通资源，形成一体化的城市公共交通运营体系，发挥市民卡便捷支付、信息记录和身份识别功能，实现比国内其他城市更为先进的城市交通"一卡通"

杭州模式，既能让市民能持卡便捷地乘坐公交、地铁、出租车、水上巴士、自行车等城市交通工具，又能让政府的城市交通政策和措施能有效地按照不同人群、不同区域，差异化、精准化地实施，为政府提供公交财政补贴依据，为公交管理部门提供数据支持。

另外，遵循统一的国家标准将有利于市民卡今后在杭州都市圈和长三角区域的推广与普及，为城市交通的互通共用奠定了基础。按照既定目标，到2015年要基本落实都市圈"紧密层"的公交互联互通，初步实现都市圈"联动层"的公交一体化，为市民出行提供便捷、联通、经济、舒适的公交服务。

3. 推进都市圈家庭服务城乡统筹

随着老龄人口的快速增长，发展家庭服务业，贯彻落实《国务院办公厅关于发展家庭服务业的指导意见》，推进家庭服务社会化、市场化、产业化，扩大服务性消费，对于扩大内需、调整产业结构、增加就业、改善民生具有重大意义。

为适应杭州人口老龄化和生活节奏加快的趋势，杭州市政府将积极推进基本养老服务体系建设，重点发展养老、家政和社区服务。同时，制定并实施家政服务业发展规划，鼓励发展家庭保洁、烹饪、保姆、家务管理、精神陪护和小学生接送等多种类型的社区家政服务，以满足不同层次家庭对家政服务的需求；建立专业的养老服务机构，号召社会力量参与公立养老服务设施的运营，提供多层次的养老服务；加快实施社区服务体系建设工程，发挥社区服务中心的重要作用，逐步实现各区、县（市）及都市圈社区服务全覆盖，使之成为发展社区服务业的主要平台。

在未来，杭州将加快家庭服务相关政策法规建设。不断完善涉及家庭服务业的社会组织、社会保障、劳动关系和投融资等方面的政策法规，大力推动家政服务、养老服务、社区服务以及其他家庭服务的法规规章和政策措施的制（修）订工作。在政策法规不断健全的前提下，坚持以市民卡信息交换平台为重要基础，有效归集、整合市民各项个人基本信息，包括社保信息、医疗信息、家庭信息、就业信息和教育信息等，加快推进公益性家庭服务平台的建设。建立区域性家庭服务语音呼叫系统，充分发挥移动设备、公共服务电话、互联网等信息资源的平台作用，逐步扩大信息的覆盖面和服务范围，为杭州地区乃至整个都市圈的家庭、社区和服务机构提供公益性平台服务，实现平台信息共享和互联互通。同时，依托公益性家庭服务平台，不断健全和完善供需对接、信息咨询和服务监督等功能，整合家庭服务资源，并对家庭服务机构的资质和服务质量进行监督评价，逐步构建便利、规范的家庭服务体系。力争到2020年，实现家庭服务的供给与需求基本平衡，惠及城乡居民的家庭服务体系相对健全，家庭服务总体发展水平基本与全面建设小康社会的要求相适应这一国家发展目标。

（二）推动都市圈信息服务全覆盖

1. 推动都市圈信息服务建设数据共享

为贯彻落实《国务院关于促进信息消费扩大内需的若干意见》中关于实施信息惠民工程的工作部署，增强民生领域信息服务能力，提升信息便民惠民利民水平，市民卡项目始终围绕"一卡、一库、一网"的建设，已实现杭州市人口基础信息库和政务信息综合交换平台，与市信息资源管理中心建立的政府联合征信系统共同构成公共服务信息平台的框架。信息服务平台建设的目标是以市民卡信息应用平台为基础，逐步建立面向公众的统一信息服务平台，健全信息收集和应用机制，完善社会诚信体系建设，推进民生领域信息化深度应用，提升城市运行、管理和服务的效能，促进信息惠民工程可持续发展。

信息服务后期建设要积极拓展信息技术在政府服务、社会保障、文体教育等领域的应用，通过市场化手段，引入优质社会服务资源，提供多渠道、多形式的信息服务，不断提高信息服务水平。同时，整合社保、医疗、教育、民政等政府部门信息和市民生活服务信息，通过数据分析和挖掘，为政府部门、金融机构、企业及个人提供广覆盖、多层次、差异化、高品质的信息服务。

在未来，教育信息服务将依托学生市民卡推进优质教育共享，完善教育信息基础设施和教育资源公共服务平台，加快缩小区域、城乡间的教育差距；就业信息服务将立足于市民卡个人基础信息建立就业困难人员数据库，积极鼓励社会力量建设公共就业服务信息平台，创造平等就业机会；社保信息服务将围绕市民卡社会保障一体化建设，实现市民跨地区医保即时结算；养老信息服务将以市民卡为抓手，推进养老服务机构和社区信息化建设，探索养老、保健、医疗服务一体化发展；家庭信息服务将基于市民卡个人基础信息建立智慧家庭综合应用平台，整合生活服务信息，面向城乡个人和家庭提供优质、多样、便捷的信息服务；医疗信息服务将打造以市民卡为载体的预约挂号、短信候诊、诊间结算、远程医疗、统一健康档案和电子病历等全方位服务，促进医疗资源共享和卫生服务普惠；信用信息服务将以市民卡基础信息为依据，协助政府构建城市社会信用体系，完善公共信用信息平台建设，提供社会征信服务，致力于"信用杭州"的建设；食品药品安全信息服务将以市民卡为核心，利用物联网技术、溯源技术、防伪技术和云计算技术，加快食品药品安全信息系统建设，强化食品药品电子追溯，方便信息公开查询。

2. 推动都市圈社会信用体系建设

为实现党的十八大提出的加强政务诚信、商务诚信、社会诚信和司法公信的建设目标，推动诚信建设，完善公共信用信息平台应用，提升政府公信力，创新社会管理，建立健全社会信用体系已成为共识。2014年初召开的国务院常务会议发布了《社会信用体系建设规划纲要（2014～2020年）》，提出要制定全国统一的信用信息归集和分类的管理标准，积极推动地方和行业信用信息平台的建设及互联互通，逐步消除"信息孤岛"，努力构建信息共享机制，在保护涉及个人隐私、商业秘密和公共安全等信用信息的前提下，推动各类社会主体的信用状况透明化和可核查；充分发挥市场机制作用和行业组织自律，有效形成全社会共同参与和推进信用体系建设的合力。与此同时，要重视诚信文化的建设，积极打造良好信用环境，让诚实守信真正成为全社会共同的行为准则。

杭州社会信用体系建设起步较早，经过十年的努力，建成了杭州市政府联合征信系统和"信用杭州"门户网站，出台了公共信息归集和使用办法，信用应用成效显著。但"十二五"期间是杭州经济社会进入"转型发展"的关键时期，特别是"一基地四中心"（即高技术产业基地，国际旅游休闲中心、全国文化创意中心、电子商务中心、区域性金融服务中心）的城市定位和"美丽杭州"建设，对"信用杭州"建设提出了更新、更高的目标和要求，未来杭州地区乃至整个都市圈信用体系建设依然任重道远。

杭州都市圈社会信用体系建设主要可以从信息归集、信息公开和信息应用三方面入手。第一，要积极推进信息归集，完善都市圈公共信用信息平台建设。发挥统一的信息资源交换平台功能，丰富公共信用信息平台的信息类别，保障基础信用信息的实时交换与共享；按照"统分结合"的建设原则，优化公共信用数据平台架构，实现公共信用信息综合共享数据库和部门信用信息数据库互联互通和实时查询；施行公共信用信息归集督促机制，确保公共信用信息归集的及时性、权威性和完整性；实现区域信用信息联动，进一步推进杭州市联合征信系统向区、县（市）及杭州都市圈延伸，打通信息共享渠道；构建公共信用信息与金融信用信息的共享机制，加强与人民银行、金融机构的沟通和协调。第二，要大力推进信息公开，实现公共信用信息发布和查询。按照《中华人民共和国政府信息公开条例》的有关规定，明确可公开的信用信息类别；建立统一的公共信用信息发布平台，在符合法律、法规、规章的条件下，逐步分级别、分层次开放公共信用信息综合查询功能；充分利用市民卡信息记录和身份识别的优势，将市民卡作为个人信用的查询凭证，通过市民卡网点实现个人信用档案现场查询。第三，要把社会各领域都纳入信用体系，全面推进信用应用，建立守信激励和失信惩戒的联动机制，促进信用服务业发展，培育和规范信用服务市场。鼓励政府购买和使用第三方信用服务，加快推动信用的市场化进程；建立开放公共信用信息的资格审查制度，对符合条件、信誉良好的信用服务机构开放公共信用信息；制定具有实际操作性的行业信用评价标准，发挥各行业协会监督、协调和引导等作用。

总体来讲，完善杭州都市圈公共信用信息平台建设和应用，提高信息归集质量，建立评信用信机制，健全信用规章制度，加强区、县（市）信用机构建设，实现整个都市圈信用联动，有助于营造良好的信用生态环境，增强社会诚信体系建设的影响力，促进地区、部门、行业的工作协同，形成合力推进社会信用体系发展。

（三）促进都市圈惠民金融服务不断完善

为响应国家改善民生和加强社会保障的政策号召，贯彻国务院《关于金融支持经济结构调整和转型升级的指导意见》的重要精神，进一步发展消费金融，促进消费升级，保持货币信贷及社会融资规模合理增长，改善和优化融资结构和信贷结构，增强金融运行效率和服务实体经济能力，浙江省正在积极推进金融体制改革，加快金融服务现代化建设，切实改善金融服务，不断满足浙江地区经济发展和人民群众对金融的多元化需求。

2013年初发布的《浙江省政府工作报告》中明确指出要加快浙江中小企业金融服务和民间财富管理机构的建设，积极推动地方金融业发展；综合利用保险市场、资本市场、信贷市场等资源，进一步扩大企业融资渠道，同时降低融资成本；有效加强民间融资管理，推进民间金融阳光化和规范化，积极引导民间借贷利率合理化；加强社会信用体系建设，不断强化金融监管，以防范区域性金融风险。

随着新兴信息技术的快速发展，金融信息化和智慧化程度不断加深，惠民金融已走在了城市民生服务各领域的最前沿。目前，杭州正在努力构建并逐步完善都市圈惠民金融服务平台，为杭州地区乃至整个都市圈区域的企业和个人提供便捷、安全、全方位的普惠金融服务，并致力于金融体系创新（包括制度创新、机构创新、产品创新和科技创新），丰富金融市场层次和产品，促进金融服务可持续发展。

现阶段，杭州将依托市民卡个人信息数据库和公共信用信息平台，按照"人人有信用，信用有价值"的原则，深入分析、挖掘各类高成长性人群的现状和需求，为有社会保障、医疗卫生、公共事业、教育助学、便民缴费、住房建设、投资创业、资金周转、个人消费等合理信贷需求的客户提供无抵押贷款。在未来，随着信用立法和社会信用体系建设的进一步推进，基于更加公开、全面、丰富的个人信用信息和公共信用信息，市民卡将以互联网金融为创新主体，加强社会信用体系和金融风险控制体系建设，注重线上线下信息和数据的融合，积极打造教育贷款、汽车贷款、房屋贷款、P2P网络信贷、融资租赁、基金批发、投资理财、保险销售、小微企业信贷、资产管理等金融服务应用平台，为杭州地区乃至整个都市圈区域经济体提供更多一站式、全覆盖的消费贷款、个人理财服务，进一步提高资金的利用率，实现融资和理财的无缝对接。

参考文献

〔美〕希尔等：《战略管理》（中国版），孙忠译，中国市场出版社，2007。

辛薇主编《杭州都市圈经济社会发展报告（2007~2012）》，社会科学文献出版社，2012。

浙江省城市科学研究会课题组：《杭州都市圈公交一体化研究》，《现代城市》2011年第1期。

主要文件：《中华人民共和国国民经济和社会发展第十二个五年规划纲要》《国务院关于促进信息消费扩大内需的若干意见》《关于金融支持经济结构调整和转型升级的指导意见》《国务院办公厅关于发展家庭服务业的指导意见》《全国促进城镇化健康发展规划（2011~2020）》《2006~2020年国家信息化发展战略》《国家基本公共服务体系"十二五"规划》《社会信用体系建设规划纲要（2014~2020年）》《国家智慧城市试点暂行管理办法》《中国人民银行关于推进金融IC卡应用工作的意见》《长江三角洲地区区域规划》《浙江省国民经济和社会发展第十二个五年规划纲要》《浙江省国民经济和社会信息化"十二五"规划》《浙江省城镇体系规划（2011~2020）》《浙江省物联网产业发展规划（2010~2015年）》《杭州市国民经济和社会发展第十二个五年规划纲要》《杭州市"十二五"城乡区域统筹发展规划》《杭州都市经济圈发展规划》《杭州都市经济圈综合交通规划》《"智慧杭州"建设总体规划（2012~2015）》《杭州市"十二五"现代服务业发展规划》《杭州市市民卡管理办法》。

B.19 杭州市推进城乡文化一体化发展研究[*]

城乡文化一体化发展课题组[**]

摘　要：
推动城乡文化一体化发展，是实施统筹城乡发展战略的重要组成部分，更是新时期杭州推进"三城三区"建设的重要抓手。总结杭州推进城乡文化一体化发展的创新实践，主要体现在城乡文化政策设计、城乡文化投入支持、城乡文化设施建设、城乡文化产业发展、城乡文化资源共享、城乡文化队伍建设"六大统筹"的路径上，并在不断健全政策保障、完善发展机制、创新培育方式、优化发展环境上，进一步加快推进城乡文化一体化发展的进程。

关键词：
城乡文化　一体化发展　路径选择　杭州

党的十八大明确指出，加快完善社会主义市场经济体制和加快转变经济发展方式，必须加快推动城乡发展一体化。解决好农业、农村、农民问题是全党工作的重中之重，城乡发展一体化是解决"三农"问题的根本途径。推动城乡文化一体化发展，是推动城乡一体化发展的重要内容，也是推动社会主义文化大发展大繁荣的有力抓手。在新的历史起点上，加快推动城乡文化一体化发展，不仅是杭州市深入贯彻落实科学发展观、扎实推进社会主义文化强国建设战略的具体体现和生动实践，也是加快转变经济发展方式、实现经济社会又好

---

[*]【基金项目】2012年度全国党校系统重点调研课题、浙江省党校系统中国特色社会主义理论体系研究中心第14批立项课题阶段性成果。

[**] 执笔章伟良，杭州图书馆专题文献中心副主任、历史学硕士；沈小勇，中共杭州市委党校哲学与法学教研部副教授、哲学博士。

又快发展的重要内容和有益补充。面对新形势、新要求,如何在巩固已有发展成果的基础上,努力开创推动城乡文化一体化发展的新局面,并为推进文化名城、文化强市建设和实现杭州文化大发展大繁荣做出新的更大贡献,是摆在我们面前迫切需要解决的问题。

一 杭州市推进城乡文化一体化发展的背景及意义

"城乡关系"这个词的内涵十分丰富,在《辞海》和相关文献中也有详细的阐述。一般而言,国内外研究者普遍认为,"城乡关系是人类社会发展最基本、最重要的关系之一。从一定意义上说,城乡关系处理是否得当,直接关系到国家现代化进程是否顺畅"。它是"所有争取现代化的国家所必须面对的重大的理论和现实问题"。关于城乡发展一体化的概念,目前一般认为主要包含以下两层基本含义:一是指城乡之间的关系和发展,要做到统筹兼顾,不能顾此失彼;二是指城乡的经济与社会发展,要相互适应、共同发展。而城乡文化一体化发展作为城乡一体化发展的重要组成部分,其主要含义就是指在一定行政区域内,对城乡文化事业和文化产业进行统筹规划,实现城乡文化事业和文化产业资源共建共享,实现城乡文化大发展大繁荣。

(一)城乡文化一体化发展的国内外背景

历史和发展经验证明,推动城乡一体化、加快农村城市化是传统农业国走向发达工业国的必由之路。考察西方资本主义国家现代化发展之路,其每一次跨越式发展都离不开城乡一体化发展。比如,美国、德国、日本、澳大利亚、意大利等发达国家从20世纪初期或中期开始,就逐步走上工业反哺农业、实行城乡一体化发展的道路。美国坚持"集约化、专业化、产业化、社会化"四化联动的原则,通过大力发展科学技术,推动农业的现代化,实现城乡一体化发展;日本通过法律、资金、组织、人才保障,推动了农村的现代化,促进了产业振兴,实现了城乡均衡发展;韩国实施了"新村运动",缩小了城乡差距,增加了农民收入,改善了农村生活环境,提高了农业现代化水平;挪威通过发挥政府的宏观调控作用,创新发展体制机制,消除影响城乡协调发展的制度障碍，缩小了城乡差距；澳大利亚实施"均等化机制"，向经济不发达地区提供公共物品，促进了城乡公共服务的一体化。

在我国，城乡关系在新中国成立前主要表现为城市与乡村的差异和非均衡，突出表现为城市与乡村的二元分离和对立。新中国成立后，由于以工农联盟为基础的社会主义制度的建立，城乡在形式上确立了一种平等互助的新型关系，然而由于当时的国际环境和国内经济状况，国家采取了"工业先导、城市偏向"的发展战略和"挖乡补城、以农哺工"的资金积累模式。改革开放以来，为推进我国城乡一体化进程，党的十六大明确提出"统筹城乡经济社会发展"是全面建设小康社会的重大任务。十六届三中全会的"五个统筹"首先强调了统筹城乡发展。十七大进一步明确要"形成城乡经济社会发展一体化的新格局"。十七届六中全会又提出了"加快城乡文化一体化发展"的重要任务。为切实破解"三农"问题，国内重点城市也积极探索城乡一体化发展的新思路、新方法，取得了明显成效。比如，重庆市依托传统文化的积淀、新兴直辖市文化的亮点以及统筹城乡综合配套改革试验区得天独厚的平台，通过共进共荣、统筹城乡文化建设观念形态，共建共享、统筹文化建设各类资源，互动联动、统筹文化建设工作层面等方式，推进了城乡文化的大发展大繁荣。嘉兴市积极探索建立科技、教育、文化、卫生、体育等为主要内容的城乡一体化公共文化服务支撑体系。实施农村文体基础设施发展工程，加快农村文体基础设施建设；实施农村文化信息资源共享，加快推进农村公共图书馆服务体系建设，深化农村广播电视村村通工程；实施小康健身工程，健全群众身边的健身组织网络；等等。台州市从改善文化民生、切实保障人民群众基本文化权益入手，以农村、社区、企业建设为重点，大力实施"三个三"文化计划（建设"三类文化俱乐部"，举办"三个文化节会"，建立"三项文化制度"），形成了相对比较完整的基层文化服务体系。此外，作为国家统筹城乡综合配套改革试验区的成都、义乌等城市，积极探索城乡一体化发展新思路、新举措，并把城乡文化一体化发展作为其中的一项重要内容来抓，呈现了良好的发展态势。

（二）杭州推进城乡文化一体化发展的意义

对于杭州发展而言，加快推进城乡文化一体化发展具有以下三个方面的重要意义。

第一，推进城乡文化一体化发展是贯彻落实科学发展观的根本要求。科学发展的理论，要求我们必须坚持以人为本，树立全面、协调、可持续的发展观，促进经济社会和人的全面发展。加快推进城乡文化一体化发展，实际上是在现代化杭州建设过程中，不仅要坚持经济社会的全面、协调、可持续发展，而且要主动将科学发展观的精神实质加以内化。这是以人为本、执政为民理念的生动写照。

第二，推进城乡文化一体化发展是继续深化改革、加快转变经济发展方式的必然要求。工业化的外延式扩张已经接近临界值，而第三产业仍滞后于经济社会发展水平，并且发展乏力，这成为制约中国经济社会发展的重大障碍，亟须通过转变经济发展方式来解决。转变经济发展方式，主要由依靠投资、出口拉动向依靠消费、投资、出口协调拉动转变和由依靠第二产业带动向第一、第二、第三产业协调拉动转变，尤其是要充分发挥第三产业的重要推动作用。而杭州把文化产业作为推进经济发展的重要支柱性产业，并将其列为十大产业之首。因此，积极推进城乡文化一体化发展，不仅是推进杭州文化事业和文化产业发展的重要抓手，也是更好地服务于杭州经济社会发展大局的客观需要。

第三，推进城乡文化一体化发展是统筹经济与社会协调发展的内在要求。城乡协调发展实际上是解决"三农"问题，促进二元结构转变，实现城乡共同发展和繁荣。"三农"问题的实质是城市与农村之间发展不同步、结构不协调，而"三农"问题的解决是关系到我国工业化和城市发展进程的重要问题，也是关系到我国社会长治久安和构建社会主义和谐社会的重要问题。因此，积极推进城乡文化一体化发展，不仅有助于破解"三农"瓶颈问题、实现城乡之间的协调发展，也有利于完善城乡的精神文化家园，提升广大人民群众的文化生活品质和幸福感。

二 杭州市推进城乡文化一体化发展的路径分析

2010年以来，在市委、市政府的正确领导下，杭州市深入贯彻落实科学发展观，立足杭州实际，高度重视统筹城乡文化发展，以推进城乡公共文化一体化发展为目标，整合资源，汇聚力量，分级推进，基本形成覆盖城乡的公共文化设施网络，基本建立公共文化服务体系框架，初步实现了城乡在文化政策上的一致、在文化资源上的互补、在文化权利上的平等、在文化发展上的互动，推动城乡文化一体化发展工作取得了明显成效。

（一）统筹城乡文化政策设计

杭州市强化组织领导，注重上下联动，首先建立健全了全市合力推进统筹城乡文化发展的组织机构和管理体系。2011年3月，根据杭州市委和杭州市统筹委的统一部署，专门成立了杭州市农村文化建设工作推进领导小组及办公室，负责统筹城乡区域文化发展的领导工作，加强对农村文化建设的指导。成立了杭州市"文化精品工程"领导小组，负责研究制定推动文化发展的政策措施，提供组织保障、人才保障和资金保障。为推动政策创新，杭州市积极深化城乡文化一体化发展的制度建设。制定实施了《中共杭州市委 杭州市人民政府关于以新型城市化为主导进一步加强城乡区域统筹发展的实施意见》《中共杭州市委办公厅 杭州市人民政府办公厅关于进一步加强农村文化建设的实施意见》《杭州市人民政府关于加强基层文化建设的若干意见》《中共杭州市委办公厅 杭州市人民政府办公厅关于加强杭州市文艺精品工程建设的意见》《市委办公厅 市政府办公厅关于印发〈杭州青年文艺家发现计划〉的通知》《市委办公厅 市政府办公厅关于进一步加强乡镇综合文化站建设的若干意见》《杭州市"十二五"公共文化服务体系建设规划》《杭州市"风情小镇"规划设计导则（试行）》《市委办公厅 市政府办公厅关于开展中心村培育建设的实施意见》等一系列政策文件，为农村文化建设提供了政策保障。特别是2011年5月，根据中央和省有关文件精神，中共杭州市委宣传部、市委组织部、市编办等七部门联合下发的《关于加强地方县级和城乡基层宣传文化队伍建设的实施意见》，对区、县（市）文明办和网宣办机构建设，乡镇（街道）综合文化站人员编制以及行政村专职宣传文化指导员配备等提出了明确要求，为进一步培育和壮大基层公共文化工作者队伍提供了有力保障。2012年，编制出台了《市委办公厅 市政府办公厅关于进一步加强杭州市公共图书馆服务体系建设的实施意见》《杭州市人民政府办公厅关于进一步加快推进

农家书屋工程建设的通知》等政策规划，实现了城市与农村同步规划，形成了职责明确、运转有序、科学有效的城乡文化一体化发展管理格局。

（二）统筹城乡文化投入支持

杭州市积极建立公共财政对文化建设投入稳定增长机制，不断加大对农村文化的倾斜支持力度。市级财政从2004年起，每年安排400万元基层文化建设专项资金；从2006年起，每年安排400万元农村文化建设专项资金和350万元农村文化活动扶持资金。根据杭州市委、市政府的工作要求，《杭州青年文艺家发现计划》每年有3000万元的专项经费用于人才引进。每年均安排一定数额的文化专项资金用于保障不同阶段的农村文化建设需要，如安排了1200万元和800万元分别用于广播电视"村村通"工程、乡镇综合文化站建设。五县（市）每年安排不低于500万元的专项经费，用于扶持文化创意产业发展，同时，在每年的文化创意产业专项资金中拿出一定数额用于农村文化建设项目。2010~2012年，平均每年安排资金2760万元，用于扶持农村"数字兴农"工程建设。自2011年起，市级财政每年投入1300余万元，区、县（市）再给予配套，用于保障行政村宣传文化员队伍建设。为进一步推动五县（市）文化创意产业的发展，根据五县（市）的文化创意产业立项情况，积极向五县（市）拨付扶持资金。同时，市财政根据财力情况，进一步加大对农村基层公共文化事业建设的资金投入，如根据《市委办公厅 市政府办公厅关于进一步加强杭州市公共图书馆服务体系建设的实施意见》，拨专款对五县（市）的乡镇（街道）图书分馆和村（社区）图书室（农家书屋）建设予以补助，预计后续将投入300多万元。"十二五"期间，市财政每年安排3亿元用于扶持五县（市）中心镇建设，其中农村文化体育设施建设是扶持内容之一。

（三）统筹城乡文化设施建设

随着杭州公共文化建设步伐的不断加快，全市实施的一批重点发展、优先发展、鼓励发展的项目，逐步形成并完善了优势互补、错位发展、优化配置、布局合理的城乡公共文化服务体系。

文化基础设施建设进展顺利。先后建成的杭州图书馆新馆、杭州大剧院等

27个大型文化设施已成为杭城文化新景观，152个文化特色广场为开展群众文化活动提供了舞台。同时，另有一批行业文化设施和专业文化设施向社会公众开放，包括纪念馆、博物馆、名人故居等各种公共文化设施，成为市民经常、就近、可选择地参与各类文化活动的重要阵地和精神家园。另据统计，截至2013年3月底，杭州市共创建省、市级"东海文化明珠工程"① 182个，覆盖率达91%，数量与质量均居浙江省前列；建成市、区县级文化馆14个，覆盖率达100%，总建筑面积71031平方米，平均面积5073.6平方米，其中一级馆13个，一级达标率为92.9%。

文化惠民工程不断推进。杭州市累计建成社区（村）级文化活动室2988个，总建筑面积1557126平方米，覆盖率达98.78%；建成公共电子阅览室385个，总面积34170平方米，2012年度累计接待读者257.5万人次。

公共文化服务水平提高。截至2012年底，杭州地区数字电视用户超过140万户，其中农村用户104万户，有线电视覆盖全市18182个村（含20户以下自然村），入户率达到90%以上，成为全国首个数字电视用户突破100万户的城市；完成有线广播"村村响"建设3544个村，每个乡（镇）和行政村都建有可自行切换、播出的广播设施，广播通响率达到80%以上；杭州地区有线、无线广播电视的综合覆盖率达99.8%以上；城镇有线电视数字化、网络化双向改造达到100%；全市两级广播电视台每周开办广播和电视对农节目达74档，其中广播50档、电视24档，内容涉及农业新政、农技推广、农村文化、致富信息等各个方面。

"集约化、一体化"的群众文化运行机制基本构建。积极探索与公共图书服务一体化推进的农家书屋建设模式，全市现已建成农家书屋2016家，覆盖率达到100%；打造"一网、一团、一体系"三大平台，形成了群众文化"集约化、一体化"运行机制，荣获文化部"群星奖"项目奖，当前该项目又特别推出"你点我演——送戏到基层"的群众文化服务菜单，面向全市所有乡

---

① "东海文化明珠工程"是全国"万里边疆文化长廊建设"的重要组成部分，是加强农村文化建设的主要抓手之一，从文化建设重视程度、文化设施设备状况、文化活动丰富经常、文化遗产保护有力、队伍建设稳定活跃、日常管理科学规范6个方面，对农村文化建设提出了明确要求。

镇（街道）和近200个社区开放网上预约通道；采取城乡群众通过专门的网页菜单在线点播、政府组织送戏的城乡一体化预约配送方式，组织市属文艺院团专业演员下基层演出。仅2012年，杭州市通过这一形式组织的文化活动就超过了2000场，其中市本级配送546场演出到乡镇（街道）、村（社区），让农村和社区居民在家门口就能免费享受优质文化服务，这已成为杭州群众文化的一个重要品牌。

文化信息资源共享工程形成特色。累计建成文化信息资源共享工程①数量如下：市级支中心1个、区县级支中心11个、乡镇（街道）基层服务点200个、村（社区）基层服务点3003个，在浙江省率先实现村（社区）服务点全覆盖。

（四）统筹城乡文化产业发展

杭州市文化产业围绕打造全国文化创意中心的奋斗目标，大力实施文化引领战略，有效推动全市文化创意产业持续稳定发展。

产业实力持续增强。2012年，杭州市文化创意产业增加值超过千亿元，达1060.70亿元，增长15.6%（按可比价），占全市增加值的比重为13.59%，比上年提高1.56个百分点；高于全市GDP增速6.6个百分点，高于服务业增加值增速5.5个百分点，占全市GDP的比重达13.59%，比上年提高1.6个百分点。2012年末，杭州市文化创意产业限额以上企事业单位资产总计4622.07亿元，增长15.0%；从业人员达53.19万人，增长5.9%。

产业结构日趋优化。2012年，杭州市文化创意产业核心层限额以上企业实现收入1668.47亿元，增长21.0%，占文化创意产业限额以上企业全部收入的82.3%，比上年提高1.2个百分点。其中，信息服务业、设计服务业企业分别实现收入647.79亿元和445.09亿元，分别增长37.4%和15.1%；文化创意产业外围层限额以上企业实现收入359.04亿元，增长11.7%。

重点项目推进顺利。据最新统计，杭州市16家市级文化创意产业园区建成面积289.08万平方米，其中已使用面积255.34万平方米，比2012年底增

---

① 文化信息资源共享工程是利用现代信息技术，将农村适用信息和优秀文化资源进行数字化加工整合，方便快捷地送到基层群众手中的一项文化创新建设工程。

加18.3%；入驻企业数为3841家，就业人数达44301人，园区企业实现营业收入103亿元。成功推动"中国（浙江）影视产业国际合作实验区"总部落户杭州。成功引进2012年中国广告4A金印奖。浙江乐富创意产业投资有限公司被命名为第五批国家文化产业示范基地。全市30家文化企业、7家文化产业园区、9家助推上市企业入选浙江省"122"工程，入选园区和企业数量位居浙江省第一。

文化科技融合发展。成功申报首批"国家级文化和科技融合示范基地"，华数集团、中南卡通、之江文化创意园等5个项目获得国家文化科技专项资金资助，资助金额达4500万元，其中之江文化创意园项目作为创意类国家大学科技园获得资助，在全国仅有两家。研究制定了《杭州建设国家级文化和科技融合示范基地的实施方案》、《关于促进文化和科技融合的若干政策意见》（暂名）以及有关文化和科技融合示范园区、企业和公共服务平台的认定管理办法，成立了杭州市建设国家级文化与科技融合示范基地领导小组。中国国际动漫节永久落户杭州，已成功举办了八届，其中第八届中国国际动漫节吸引了61个国家和地区的461家中外企业参展，超过208万人次参加，实现签约项目165个，涉及金额104亿元。成功举办六届中国杭州文化创意产业博览会，尤其是"2012中国杭州文化创意产业博览会"的"国际化、专业化、产业化、品牌化"程度都有大幅提升。统计显示，此届博览会共完成签约项目28项、意向签约项目80项，项目实际成交签约及意向合作签约涉及金额达45亿元。

区、县（市）文化创意产业渐成规模，"产业西进"成效初显。2012年，五县（市）实现文化创意产业增加值142.59亿元，增长11.9%。其中，富阳市增加值总量最大，达51.61亿元；淳安的增加值增幅最高，达15.0%。尤其是随着"创意富阳"、临安"国石文化"、建德"美丽江城"、"潇洒桐庐·中国画城"、淳安"金木水火土综合文化工程"等重点项目的打响，文化特色在杭州西部由点及面逐步铺开。

（五）统筹城乡文化资源共享

杭州市扎实开展"三下乡""双千结对、共享文明""乡风文明千里行"文艺宣传大篷车巡回演出、"文化春风行动""我们的节日""到人民中去"

"你点我送"等系列主题文化惠民活动,活动内容和形式不断丰富。积极推进特色文化广场活动向县(市)延伸,实现农村文化活动每年在万场以上,实现农村每村每月看1场以上电影。2012年以来,周末特色文化广场演出活动连续演出500余场,观众人数超过50余万人次。组织杭州爱乐乐团乐手赴临安青山湖街道和灵隐街道对基层乐队进行现场指导,促进市文联所属文艺家赴基层服务点进行指导培训,开展文化共建工作,努力将文化"种"在基层,为推动基层文化繁荣发展夯实基础。大力推动基层文化建设,认真做好基层文化建设示范点评选工作。2012年,牵头组织杭州市文广新局、杭州文广集团、杭州市文联等市级文化主管单位,会同各区、县(市)委宣传部,对全市申报的基层文化建设示范点单位进行考核验收,命名表彰了17家基层文化建设示范点,引领带动基层文化建设的发展。全年共举办200余项节庆活动,观众人数超过1200万人,开展群众文化活动2.02万场,送戏下乡2213场次,送书下乡210万册。建设30个乡镇(村)级公共电子阅览室,创建示范性乡镇(街道)综合文化站25个、文化示范村(社区)128个,社区(村)文化活动室覆盖率由上年的96.1%提高至98.7%。

(六)统筹城乡文化队伍建设

随着推进城乡文化一体化发展的逐步深入,杭州市的文化人才队伍建设呈现良好的发展态势。数量不断增加。杭州市政府组织的《杭州市公共文化服务均等化研究》统计结果显示,截至2012年底,杭州市共有专职群众文化工作者1477人,其中图书馆从业人员531人、群艺馆(文化馆)工作人员264人、街道(乡镇)综合文化站文化员682人。同时,杭州市还有近百个民间职业剧团和6000多支业余群众文化队伍,有数千名活跃在各类文化艺术事业单位的文艺工作者。从数量上看,杭州市公共文化工作者队伍已逐步形成了一定的规模。学历结构明显改善。近年来,不断完善人才培养使用机制,努力营造有利于文化人才脱颖而出、施展才干的良好环境。随着《杭州青年文艺家发现计划》等政策的深入推进,成功引进潘公凯、余华、约翰·霍金斯、刘恒、邹静之、赖声川、朱德庸、蔡志忠等一批国内外文化名人,入住西溪创意产业园、之江文化创意园、白马湖生态创意城等园区,并认定了一批大学生创业孵化基地和大学生实训基地，全市的文化人才队伍持续壮大，学历结构明显改善。根据2012年度浙江省社会文化动态数据填报系统统计，杭州市各文化馆工作者中，大专以上学历占91.3%；公共图书馆工作者中，大专以上学历占84.3%；乡镇文化员中，大专以上学历占84.9%；村文化管理员中，大专以上学历占43.6%。职称层次明显提升。近年来，围绕打造"全国文化创意中心"的目标，中共杭州市委宣传部、市委组织部、市编办等七部门联合下发的《关于加强地方县级和城乡基层宣传文化队伍建设的实施意见》，要求在各区、县（市）委宣传部设立文化创意产业办公室，明确为当地正局级机构，编制不少于5人；建立党委对外宣传办公室（政府新闻办公室、互联网宣传管理办公室），明确为当地局级机构，下设互联网宣传指导中心，编制不少于4人；充实文明办工作力量，明确为当地局级机构，编制不少于4人。在乡镇（街道）一级，明确要求党委班子成员中必须配备1名宣传委员，并配备1名宣传文化干事。同时，乡镇（街道）综合文化站至少配备3个编制，大的中心乡镇（街道）要适当增加编制。在村（社区）一级，所有行政村配备了1名专职宣传文化员，同时要求各社区至少安排1名工作人员负责开展社区宣传文化服务工作，基层文化队伍力量不断增强，公共文化人才队伍职称层次明显提升。根据2012年度浙江省社会文化动态数据填报系统统计，杭州市各文化馆工作者中，中级以上职称占59.1%；公共图书馆工作者中，中级以上职称占25.8%；乡镇文化员中，中级以上职称占27.1%；村文化管理员中，中级以上职称占2.3%。以杭州图书馆为例，截至2012年底，有正式员工162人，其中高级职称22人、中级职称71人，中级以上职称占57.4%。

总体而言，近年来，杭州市在构建城乡区域统筹的公共文化服务体系方面取得了明显成效，有力地提升了农民群众的文化生活品质。但我们也要清醒地认识到，与新形势、新要求、新任务相比还存在一些差距，存在思想认识有待进一步提高、财政投入有待进一步加大、人才队伍建设有待进一步加强、城乡文化发展还不均衡等一些亟待解决的问题，迫切需要我们以高度的文化自觉，按照"公益性、基础性、均等性、便利性"的要求，进一步完善四级公共文化设施网络，加快城乡文化一体化发展，争创国家公共文化服务示范区，着力让城乡群众广泛享有免费或优惠的基本公共文化服务体系。

三 进一步加快杭州市城乡文化一体化发展的对策思考

党的十七届六中全会通过的《中共中央关于深化文化体制改革 推动社会主义文化大发展大繁荣若干重大问题的决定》指出，要加快城乡文化一体化发展，增加农村文化服务总量，缩小城乡文化发展差距，提高基层文化消费水平。党的十八大对加快推动城乡一体化发展提出了新的要求。基于杭州发展路径的实践特点，联系当前的发展实际，要特别遵循城乡文化一体化发展的自身规律，创新运作模式，构建平台载体，完善政策保障，着力打造人才集聚、机制灵活、持续发展能力强、绩效明显的城乡文化一体化发展格局。

（一）健全政策保障，推进城乡文化一体化

一是完善领导建设。农村文化建设工作推进领导小组在推进城乡文化一体化发展重要作用的基础上，要进一步健全完善党委统一领导，宣传部牵头，有关部门各司其职、密切配合、大力支持，社会力量广泛参与的城乡文化一体化发展组织领导体制，形成推动城乡文化一体化发展的工作合力。

二是注重理念创新。根据城乡文化一体化发展的工作实践，提出具有杭州区域特色的城乡文化一体化发展理念，以先进理念来确定城乡文化一体化发展的思路、机制和方式方法。根据城乡文化发展定位和杭州区域特点优势，确定城乡文化一体化发展思路，着重抓好城乡文化一体化发展过程中各类典型事例和先进经验的挖掘与培育，在全省上下形成重视、培育、关心城乡文化一体化发展的共识。

三是强化规划推动。各级党委宣传部门和宣传文化单位应对城乡文化一体化发展资源的宏观布局、层次结构、发展模式和要求进行系统规划，建立健全规划实施的工作机制，制定完善规划实施的政策措施，着力打造城乡文化一体化发展工作新品牌、新载体，增强城乡文化一体化发展的集聚效应和开发效益，全面落实城乡文化一体化发展的各项规划。

（二）完善发展机制，推进城乡文化一体化

一是优化工作机制。建立城乡文化一体化发展信息收集和反馈机制、重大

事项通报制度和领导联系制度等，及时了解和通报城乡文化一体化发展的重要事项、重大活动、重点工作进展等情况。建立健全考核机制，采取定期和专项督促检查的方式，重点对各地、各部门贯彻落实有关城乡文化一体化发展的方针、政策和制度情况进行考评。

二是创新运行机制。建立城乡文化一体化发展具体项目和任务负责人负责制以及责任连带制，扩大具体项目和任务负责人的资源配置权，充分调动广大文化工作者的积极性和创造性。建立规范化、制度化、科学化的内部运行规则，按照群众认可、社会认可和业内认可的原则，构建完善适合城乡文化发展特点的业绩考核体系、薪酬制度和激励奖惩制度。探索建立城乡文化一体化发展投资主体多元化、运行效率化、发展社会化的发展机制，制定切实可行的"以奖代补"等政策和项目化资金管理模式，逐步形成以社会发展和民生需求为导向的城乡文化一体化发展组织建设和投资运行机制。

三是健全扶持机制。建立完善以城乡文化一体化发展责任单位为主、各级政府和主管部门为辅、社会化多渠道支持的城乡文化一体化发展资金投入机制。尤其是在新农村建设的规划、实施和资金投入过程中必须充分考虑农民的文化需求，因地制宜、因人制宜地推进农村公共文化服务体系建设。各区、县（市）、街道（乡镇）、村（社区）要建立相应的资金配套机制，形成制度性约束。各区、县（市）财政要对城乡文化一体化发展在人才培养、技术引进、项目研发等方面给予连续稳定的资助。积极拓宽资金投入渠道，逐步形成以社会发展和民生需求为导向的城乡文化一体化发展回报机制，促进城乡文化一体化发展投入与回报的良性循环。建立与城乡文化一体化发展相适应的激励保障体系，主持或参与城乡文化一体化发展的单位和个人，可优先承担国家、省、市重大文化攻关项目，优先获得省、市级文化项目资助。

（三）创新培育方式，推进城乡文化一体化

一是加强文化人才开发。根据文化发展尤其是城乡文化一体化发展的特点，以提高自主创新能力为核心，以年轻优秀人才为重点，以培养拥有自主知识产权的创新文化人才为目标，健全完善分层次、多渠道造就创新型文化人才的培养体系，促进文化人才多元发展。同时，要根据创新文化人才成长的规

律，树立重实绩重贡献、向优秀人才和关键岗位倾斜的用人导向，不断完善有利于优秀人才脱颖而出、人尽其才的体制机制。继续实施好"五个一批"人才、青年文艺家发现计划等文化创新人才培养工程，统筹抓好青年文艺人才、文化创新型人才、文化经营管理人才、文化遗产保护人才以及新兴文化业态发展人才等的培养。

二是畅通文化投入渠道。鼓励民间资本捐建或捐资助建博物馆、图书馆、文化馆、美术馆等公共文化基础设施，引导和鼓励民间资本通过捐助机构、资助项目、赞助活动、提供设施等形式参与公共文化服务。逐步建立和完善公共文化服务政府采购制度，支持民营文化企业的产品和服务进入政府公共文化产品和服务采购目录。鼓励民间资本以招投标等方式，参与基础文化设施建设、公共文化产品创作生产、公益性文化产品和服务供给、重大文化惠民工程、重大公益性文化活动和其他公共文化服务。

三是深化文化载体建设。推动城乡文化一体化发展的重点在农村，服务的对象是农民，要针对农村实际和农民需求，坚持农民群众的主体地位，以农民群众的实际需求为导向，创办适合农村社会发展的文化载体，开展农民群众喜闻乐见的文化活动形式，提高农民群众的主动参与性和积极性、创造性，让广大农民群众实现城乡文化共建共享。同时，还应积极支持各类民间项目参与由政府组织的各项文化活动，并可设立相应的奖项以增强其参与的主动性和积极性；鼓励民俗文化实现异地交流，在机会、信息、经费等方面创造条件，由官方或民间组织跨区域的民俗文化"走亲"、交流等活动，相互学习，共同提高，推动民俗文化的大繁荣；畅通农民文化需求诉求通道，通过设置农民文化意见箱、农村文化建设热线等方式，听取农民群众对城乡文化建设的意见建议，不断提升城乡文化一体化发展共建共享工作的影响力和实效性。

（四）优化发展环境，推进城乡文化一体化

一是优化服务环境。建立政府引导、社会参与、所在单位为主体的城乡文化一体化发展服务机制，形成支持有力、配套齐全的服务体系。把城乡文化一体化发展创新团队及其骨干人才作为重点对象纳入人才库进行统一管理，在项目支持、经费保障、学术交流、技术培训、社会保障、住房医疗、职称评定、

配偶就业、子女入学等方面提供服务。

二是优化政策环境。贯彻执行当前浙江省关于推动城乡文化一体化发展的有关规定，出台相关配套政策和具体措施。认真总结城乡文化一体化发展的成功经验和案例，梳理现有的相关政策法规，确保现有政策落实到位，形成政策聚焦。

三是优化社会环境。大力倡导勇于创新、宽容失败、崇尚竞争、力戒浮躁的社会文化，为城乡文化一体化发展提供深厚的思想文化基础。积极宣传和推广各地各单位推动城乡文化一体化发展的典型经验和成功实践，深入挖掘和弘扬城乡文化一体化发展过程中涌现出的杭州"最美现象"和模范事迹，努力营造全社会重视、关心、支持、参与城乡文化一体化发展的浓厚氛围。

参考文献

洪银兴：《成为世界经济大国后的经济发展方式转型》，《当代经济研究》2010年第12期。

杨娜：《县域城乡统筹发展综合评价研究——以河南省偃师市为例》，中国农业科学院硕士学位论文，2010。

郑春华：《转型时期的城乡经济协调发展研究》，华中师范大学硕士学位论文，2001。

完世伟：《区域城乡一体化测度与评价研究——以河南省为例》，天津大学博士学位论文，2006。

周尔鎏、张雨林：《中国城乡协调发展研究》，（香港）牛津大学出版社，1994。

杨荫凯：《中国县域经济发展论——县域经济发展的思路与出路》，中国财政经济出版社，2005。

徐同文：《地市城乡经济协调发展研究》，社会科学文献出版社，2008。

柳思维、晏国祥、唐红涛：《国外统筹城乡发展理论研究述评》，《财经理论与实践》2007年第6期。

王洋：《我国城乡统筹发展的国际理论借鉴》，《科技资讯》2006年第27期。

Abstract

Hangzhou metropolitan circles is consisted of Hangzhou as centre, the downtown of Huzhou, Jiaxing and Shaoxing as sub-center, the five counties (cities) of Hangzhou and the six adjacent counties (Deqing, Anji, Haining, Tongxiang, Shaoxing, Zhuji) of Hangzhou as close layer. Namely, Hangzhou cooperates with the downtown of Huzhou, Jiaxing and Shaoxing, constructs the gold south-wing of the Yangtze River Delta region. The acreage of Hangzhou metropolitan circles is 34585 square kilometers, accounting for 33.97% of the acreage of Zhejiang Province. In 2012, resident population of Hangzhou metropolitan circles was 22.1027 million, accounting for 40.39% of Zhejiang Province's resident population (5.47 million); GDP of Hangzhou metropolitan area was 1597.103 billion, accounting for 46.15% of Zhejiang Province's GDP (3460.63 billion); per capita GDP was more than 69000 yuan, per capita disposable income of urban residents was 35324.5 yuan, per capita net income of rural residents was 17636.75 yuan. Economic and social development of Hangzhou metropolitan circles has made remarkable achievements, and Hangzhou metropolitan circles has been an urban agglomeration possessing the best developing foundation, optimal system and mechanism, and the strongest holistic competitive.

The development mode dominated by urban agglomeration has great influence on the new urbanization development. It is the leading mode of current China's urbanization, and also the inevitable trend of the new urbanization development. The new urbanization construction of Hangzhou metropolitan circles is a great event related to 22.1 million population since the four large and medium size cities Hangzhou, Huzhou, Jiaxing and Shaoxing develop together, and 13 cities and areas also develop together. In 2012, urbanization rate of the above four cities has reached 74.3%, 60.3%, 55.3% and 60.1%, respectively. The average urbanization rate is 62.5%, 9.75 percentage points more than the national average level (52.57%).

Among the new urbanization development, Hangzhou metropolitan circles has great urban cohesion and radiation. Hangzhou metropolitan circles has pervasive developmental megacities, metropolis, small and medium-sized cities and small towns. It is one of the best and strongest industrial agglomeration cities in China. Comprehensive planning, connected transportation, structured market, prosperous industry, promoted brand, established environment and shared society are the seven common processes in the development of Hangzhou metropolitan circles. The city integration mode, urban expansion mode, suburban urbanization model, new university model, development model of small towns and urban and rural new patterns of community gatherings are evolved during the process of urbanization. All these are the development experience of Hangzhou metropolitan circles and also the basis of later urbanization development of Hangzhou metropolitan circles.

Annual Report on the Development of Hangzhou Metropolitan Circles (2014) is written by mayors of Hangzhou, Huzhou, Jiaxing and Shaoxing as adviser, deputy mayor of Hangzhou as director of the editorial board, domestic economic cooperation offices of the four cities (Development and Reform Commission) and Academy of Social Sciences as United editorial board. Related specific compilation is undertaken by Hangzhou Academy of Social Sciences and Hangzhou Urban Economic Cooperation and Development Coordination Office. *Annual Report on the Development of Hangzhou Metropolitan Circles* (2014) has conducted a lot of researches from the level of decision-making needs. It reflects the latest information of new urbanization of some certain areas from the field of entity, city and profession. It concludes previous practice experience and shortage, studies the development trend of new urbanization, and provides some opinions and suggestions of countermeasures for the new urbanization development in Hangzhou metropolitan circles.

Contents

B I General Report

B.1 Mode Selection and Strategic Innovation of the
New-type Urbanization in Hangzhou Metropolitan Circles

Research Group of the New-type Urbanization

in Hangzhou Metropolitan Circles / 001

Abstract: The new urbanization construction of urban agglomeration in Hangzhou metropolitan circles is the collaborative development of 4 large and medium cities of Hangzhou, Huzhou, Jiaxing and Shaoxing. 13 nodal counties, cities and areas develop commonly, which relate to the great event that over 22.1 million populations enter a new period. The Research Group starts with new urbanization values in Hangzhou metropolitan circles, forms the judgments on the urban developing similarities and characters in Hangzhou metropolitan circles with the investigation on various cities, analyzes the acquired experience and encountered main problems, studies the main patterns of urbanization development in Hangzhou metropolitan circles, analyzes the developing trend of new urbanization developments in the future Hangzhou metropolitan circles and puts forward the further promoting strategies and measures on the developing goals, ideas, basic principles of the new urbanization in Hangzhou metropolitan circles, developing strategies, strategic innovations, strategic breakthroughs, patterns and path selections and other aspects.

Keywords: New-type Urbanization; Development patterns; Experiences and Problems; Innovation and Breakthrough; Hangzhou Metropolitan Circles

B. 2 Research on Optimizing and Improving the Structure of Urban System in Hangzhou Metropolitan Circles

Research Group of the Urban System Structure in Hangzhou Metropolitan Circles / 057

Abstract: Reasonable and orderly urban architecture can play a promoting role for centre cities to influence surrounding cities, for surrounding cities respond effectively centre cities' influence, and for regional coordinated development of social economy. This paper starts from the basic situation of the urban system in Hangzhou metropolitan circles, analyzes the evolving process of metropolitan circles' urban architecture and existing problems, and then discusses the overall positioning, target and countermeasure for optimizing and improving Hangzhou metropolitan circles' urban architecture.

Keywords: Urban System; Space Structure; Industrial Distribution; Hangzhou Metropolitan Circles

B II Urban Topic

B. 3 Research on Status Quo and Countermeasure of the New-type Urbanization Development in Huzhou

Research Group of Huzhou / 085

Abstract: The subject research is based on the status quos and existing problems of urbanization development in Huzhou, follows the trend of new-type urbanization development, and through solving effective the bottleneck of new-type urbanization development, proposes some strategies to accelerate the new-type urbanization development in Huzhou.

Keywords: Urbanization in Medium-sized City; Regional Integration; Hangzhou Metropolitan Circles; Huzhou's Practice

B.4　Characteristics and Path Selection of the New-type Urbanization
　　　Development in Jiaxing　　　　　　*Research Group of Jiaxing* / 103

Abstract: To build a modern, network type and garden city, is the target of urban development in Jiaxing during the twelfth five-year. As one city of Hangzhou Metropolitan Circles, accelerating the new-type urbanization development is central to Jiaxing's economic and social development. This paper analyzes the characteristics and Causes of urbanization development in Jiaxing since the new century, notes some deviations between the urbanization development and the economic and social development in Jiaxing, and also envisions preliminarily the trend of new-type urbanization development in the next stage.

Keywords: New-type Urbanization; Analysis of Development; Hangzhou Metropolitan Circles; Jiaxing

B.5　Research on Experiences and Thoughts for Promoting the
　　　New-type Urbanization Development in Shaoxing
　　　　　　　　　　　　　　　　　　　Research Group of Shaoxing / 125

Abstract: Through various cooperation such as planning, transport, tourism, environmental protection, industry, commerce and trade, statistics, finance, etc., Shaoxing municipal government sped up the process of urbanization in Hangzhou metropolitan circles to some extent, optimized allocation of element resources, and also promoted Shaoxing's own sustainable new-type urbanization development. This paper researches on the key issues, constraints and objectives of the urbanization development in Shaoxing, clarifies the ideological issues in theory, provides some countermeasures and proposals for decision-making on the operation, which has the vital practical significance.

Keywords: City and Countryside Integration; Urban Management; Motivation of Development; New-type Urbanization; Shaoxing

Contents

B.6 Fuyang's Dream: Exploration of Urbanization's Five-in-one
Research Group of Fuyang / 146

Abstract: This paper focuses on the realization of strategic vision about Fuyang Dream, analyzes Fuyang's objective factors and practical gaps in the construction of ecological environment, people's lives, functional industry, urban space and cultural landscape, etc., and resolves Fuyang Dream to five sub-dream, they are ecology, wealthy, takeoff, development and sunlight. In the end, this paper proposes Fuyang's five-in-one path to new-type urbanization development.

Keywords: The Dream of Fuyang; Vision; Five-in-one; New-type Urbanization

B.7 Thought on the Way to Characteristic Urbanization of Tonglu Central Town
Research Group of Tonglu County / 170

Abstract: After the construction of Beautiful China was proposed in the 18th National Congress of the Communist Party of China, based on the need of Hangzhou's strategic development, Tonglu County made the strategic decision of constructing the most beautiful county and developing county tourism. In the context of urbanization becomes the focus of reform in Tonglu county, through the development of Fenshui town, Hengcun town, Fuchun River and Jiangnan town, will realize harmony and stability urbanization development.

Keywords: Central Town; Urbanization; Characteristic Development; Tonglu County

B. 8　Status Quo and Countermeasure of Constructing Eastern New Town in Hangzhou by Chang'an Town, Haining
Research Group of Haining / 179

Abstract: Promoting the new-type urbanization development and building the eastern new city of Hangzhou metropolitan circles, that is a new task of Chang'an town, Haining. This paper starts from the feasibility and necessity of developing Chang'an Town (Hi-tech Zone), investigates and analyzes the status quo, existing problems and developing trend of Chang'an Town (Hi-tech Zone), proposes strategic measures about developing Chang'an Town (Hi-tech Zone) into a small city.

Keywords: Integrate into Hangzhou; New Town Construction; High-tech Zone; Chang'an Town, Haining

B. 9　Promoting the Quality of New-type Urbanization by Urban-rural Integration in Anji County　*Research Group of Anji County* / 191

Abstract: In the process of constructing Chinese Beautiful Countryside, Anji county had a valuable probe into constructing a new-type relation between industry and agriculture, between City and Countryside. And as the starting point of constructing Elegant Bamboo City, Attractive Town and Beautiful County, through the cooperation of city, town and county, Anji found a scientific way to promote the synergetic development between new rural construction and the construction of ecological civilization, to promote the overall development of city and county, to promote the integrative development of the primary industries, secondary industries and tertiary industries.

Keywords: Anji County; City and Countryside Integration; New-type Urbanization; Interactive Development

Contents

B.10 Research on the Growth Pole of Development for the New-type Urbanization in Tongxiang
Research Group of Tongxiang / 201

Abstract: This paper analyzes the effectiveness of Tongxiang City in enhancing urban comprehensive strength, transforming the pattern of economic development, integrating the urban and rural development, and improving the situation of people's livelihood, and then analyzes the existing problems of the new-type urbanization development in Tongxiang City, proposes finally some countermeasures which include the five strategies for spatial distribution, effective promotion, talent agglomeration, overall urban-rural development and rural construction, include the pattern of scientific development and new-type urbanization, include Tongxiang how to play a growth pole in the process of the new-type urbanization development in Hangzhou metropolitan circles.

Keywords: New-type Urbanization; Growth Pole; Overall Urban-rural Development; Supporting Services; Tongxiang

B.11 Path Selection for Constructing and Developing Central Towns or Small Cities in Zhuji
Research Group of Zhuji / 217

Abstract: The construction of central towns and small cities construction is an important strategic measure in the promotion of the new urbanization development. Zhuji City tightly grasps the strategic opportunity, distributes with the city field developing space of "One main, one associate, five groups" and promotes the rapid development of new style of urbanization by a series of measures of planning guidance, industry supports, function improvements, system innovations and etc. Zhuji City takes the construction of "transforming and upgrading demonstration areas, planning developing demonstration areas" as the leading, rolls the implementation of the medium and long term development plans of central town and small city cultivation, fastens the promotion of the population concentration in central towns and small cities, industrial aggregation, function integration and factor intensive development, implements five modernizations of industry, town, society, ecology and management and initiatively walks out the path of central town and small city cultivation development in Hangzhou metropolitan circles.

Keywords: Small Cities; Central Towns; Path of Urbanization; Zhuji

B.12 Patterns and Countermeasures Based on Industrial and Urban Integrated Development in Deqing County

Research Group of Deqing County / 237

Abstract: The integrative development between Industry and city is one pattern of the new-type urbanization construction. This paper starts from Deqing County selecting the pattern of integrative development between Industry and city, analyzes the current situations and existing problems of the integrative construction between Industry and city in Deqing, then offers some countermeasures to promote the integrative development between Industry and city in Deqing.

Keywords: Industrial and Urban Integrated; Patterns of Development; Overall Planning; Deqing County

B.13 Practice and Exploration on Nurturing and Developing Small Cities in Keqiao District, Shaoxing

Research Group of Keqiao District, Shaoxing / 245

Abstract: Constructing center town to small modern city is the characteristic handle to promote the construction of new-type urbanization construction in Zhejiang Province. This paper bases on keqiao district's practice and experience of development the small city in Shaoxing, explains the significance of fostering small cities and the current challenges, and then offers the suggestions of appropriate

Contents

protection for keqiao district to foster small cities.

Keywords: Growing Small Cities; Construction of Central Town; Practice on Urbanization; Keqiao District, Shaoxing

B Ⅲ Special Topic

B. 14 Investment and Financing Research of the New-type Urbanization Development in Hangzhou Metropolitan Circles
Research Group of Hangzhou Municipal Finance Office / 256

Abstract: As the core of modern economy, finance provides the blood and the impetu for the new-type urbanization. This paper analyzes the current situation of financing and the major difficulties for the urbanization in Hangzhou metropolitan circles, uses for reference the domestic and overseas pattern of investment and financing, analyzes the trend of investment and financing in the future, and then offers some policy recommendations to perfect the Investment and Financing Mechanism of the new-type urbanization in Hangzhou Metropolitan circles.

Keywords: Financial Support; Financing Platform; Industrial Innovation; New-type Urbanization; Metropolitan Circles

B. 15 Research on the Transformational Development for Hangzhou Metropolitan Circles' Commerce and Trade in Process of the New-type Urbanization
Research Group of Commercial and Trade Special Committee / 266

Abstract: This paper starts from basic characteristics and key elements of the new-type urbanization, analyzes the global structural transformation of commercial development in Hangzhou Metropolitan and effect Factors of the new city's urbanization, explores the synergistic effect, opportunity and motivational role which

373

between the new city's urbanization and commercial industry, and then combines with the basic characteristics of the Hangzhou metropolitan circles, forecasts the developing trend of commercial industry in the process of the new-type urbanization development, finally offers some institutional and policy recommendations for the development of commercial industry.

Keywords: Commerce and Trade; New-type Urbanization; Synergetic Development; Hangzhou Metropolitan Circles

B.16 Research on Promoting the New-type Urbanization Development in the Metropolitan Circles by the Innovation of MICE Industry

Research Group of Exhibition and Festival Special Committee / 295

Abstract: Through accelerating industrial restructuring and improving the ability of the central city as radiation, MICE Industry accelerates the construction of new urbanization and shortens the time. This paper starts from the analysis of the principles and practical experiences of MICE Industry promoting the construction of new-type urbanization, sums up the focus and practice of MICE Industry's innovation development in Hangzhou Metropolitan circles, formulates the strategic objectives and procedures to support the new-type urbanization construction by MICE Industry, and then offers some countermeasures and suggestions in financial policy and industrial policy.

Keywords: Exhibition Economy; Innovative Development; New-type Urbanization; Metropolitan Circles

B. 17　Research on Labor, Employment and Social Security for Farmers' Transformation into Urban Inhabitants

Research Group of Labour Employment and
Social Security Special Committee / 313

Abstract: Farmers' transformation into urban inhabitants becomes to an important means of promoting the transformation of economic growth mode and improving workers' well-being index, also offers the important basis to readjust the economic structure and safeguard the legitimate rights and interests of migrant workers. This paper starts from the current situation of farmers' transformation into urban inhabitants in Hangzhou metropolitan circles, analyzes existing problems and developing trends, and then offers some suggestions to strengthen the work of the farmers' transformation into urban inhabitants in Hangzhou metropolitan circles.

Keywords: Farmers' Transformation into Urban Inhabitants; Labor and Employment; Social Security; Hangzhou Metropolitan Circles

B. 18　Value and Development Research of the Citizen Card in Process of the New-type Urbanization Construction in Metropolitan Circles

Research Group of Informatization Special Committee / 331

Abstract: As a carrier of urban information service, citizen card can assist the government to improve the efficiency of urban management, promote the equalization of basic public services and achieve the Coordinative development of urban-rural area. Citizen card is an important carrier and platform to construct the new-type urbanization. This paper analyzes the function of citizen card in the construction of new-type urbanization, investigates the developing status of citizen card in Hangzhou metropolitan circles, points out the difficulties of promoting the new-type urbanization construction, as well as offers some developing ideas of citizen card in the process of the new-type urbanization construction in Hangzhou metropolitan circles.

Keywords: Citizen Card; Overall Urban-rural Development; Equalization of Services; New-type Urbanization; Hangzhou Metropolitan Circles

B.19 Research on Promoting the Integrated Development of Urban and Rural Culture in Hangzhou

Research Group of the Integrated Development of Urban and Rural Culture / 349

Abstract: The promotion of the integration of urban and rural cultural development is the important composing part of the implementation of planning urban and rural development strategies as a whole, which is the important gripper of the promotion of "Three cities and three areas" construction in the new period of Hangzhou. The summary of the creative practice of Hangzhou in the promotion of the integrated urban and rural culture development is mainly reflected in the paths of "six great arrangements" of urban and rural culture policy design, urban and rural culture investing supports, urban and rural culture facility construction, urban and rural culture industrial development, urban and rural culture resource share and urban and rural culture team construction and fasten the promotion of the process of the urban and rural culture integrated development.

Keywords: Urban and Rural Culture; Integrated Development; Path Selection; Hangzhou

权威报告　热点资讯　海量资源

当代中国与世界发展的高端智库平台

皮书数据库　www.pishu.com.cn

皮书数据库是专业的人文社会科学综合学术资源总库，以大型连续性图书——皮书系列为基础，整合国内外相关资讯构建而成。该数据库包含七大子库，涵盖两百多个主题，囊括了近十几年间中国与世界经济社会发展报告，覆盖经济、社会、政治、文化、教育、国际问题等多个领域。

皮书数据库以篇章为基本单位，方便用户对皮书内容的阅读需求。用户可进行全文检索，也可对文献题目、内容提要、作者名称、作者单位、关键字等基本信息进行检索，还可对检索到的篇章再作二次筛选，进行在线阅读或下载阅读。智能多维度导航，可使用户根据自己熟知的分类标准进行分类导航筛选，使查找和检索更高效、便捷。

权威的研究报告、独特的调研数据、前沿的热点资讯，皮书数据库已发展成为国内最具影响力的关于中国与世界现实问题研究的成果库和资讯库。

皮书俱乐部会员服务指南

1. 谁能成为皮书俱乐部成员？
- 皮书作者自动成为俱乐部会员
- 购买了皮书产品（纸质皮书、电子书）的个人用户

2. 会员可以享受的增值服务
- 加入皮书俱乐部，免费获赠该纸质图书的电子书
- 免费获赠皮书数据库100元充值卡
- 免费定期获赠皮书电子期刊
- 优先参与各类皮书学术活动
- 优先享受皮书产品的最新优惠

卡号：6474791934841098
密码：

3. 如何享受增值服务？

（1）加入皮书俱乐部，获赠该书的电子书

第1步　登录我社官网（www.ssap.com.cn），注册账号；

第2步　登录并进入"会员中心"—"皮书俱乐部"，提交加入皮书俱乐部申请；

第3步　审核通过后，自动进入俱乐部服务环节，填写相关购书信息即可自动兑换相应电子书。

（2）**免费获赠皮书数据库100元充值卡**

100元充值卡只能在皮书数据库中充值和使用

第1步　刮开附赠充值的涂层（左下）；

第2步　登录皮书数据库网站（www.pishu.com.cn），注册账号；

第3步　登录并进入"会员中心"—"在线充值"—"充值卡充值"，充值成功后即可使用。

4. 声明

解释权归社会科学文献出版社所有

皮书俱乐部会员可享受社会科学文献出版社其他相关免费增值服务，有任何疑问，均可与我们联系
联系电话：010-59367227　企业QQ：800045692　邮箱：pishuclub@ssap.cn
欢迎登录社会科学文献出版社官网（www.ssap.com.cn）和中国皮书网（www.pishu.cn）了解更多信息

法律声明

"皮书系列"（含蓝皮书、绿皮书、黄皮书）由社会科学文献出版社最早使用并对外推广，现已成为中国图书市场上流行的品牌，是社会科学文献出版社的品牌图书。社会科学文献出版社拥有该系列图书的专有出版权和网络传播权，其LOGO（ ）与"经济蓝皮书"、"社会蓝皮书"等皮书名称已在中华人民共和国工商行政管理总局商标局登记注册，社会科学文献出版社合法拥有其商标专用权。

未经社会科学文献出版社的授权和许可，任何复制、模仿或以其他方式侵害"皮书系列"和LOGO（ ）、"经济蓝皮书"、"社会蓝皮书"等皮书名称商标专用权的行为均属于侵权行为，社会科学文献出版社将采取法律手段追究其法律责任，维护合法权益。

欢迎社会各界人士对侵犯社会科学文献出版社上述权利的违法行为进行举报。电话：010-59367121，电子邮箱：fawubu@ssap.cn。

社会科学文献出版社